CAPTIVITÉ
ET
DERNIERS MOMENTS DE LOUIS XVI

RÉCITS ORIGINAUX & DOCUMENTS OFFICIELS

RECUEILLIS ET PUBLIÉS

POUR LA SOCIÉTÉ D'HISTOIRE CONTEMPORAINE

PAR

LE MARQUIS DE BEAUCOURT

TOME I. — RÉCITS ORIGINAUX

PARIS
ALPHONSE PICARD
LIBRAIRE DE LA SOCIÉTÉ D'HISTOIRE CONTEMPORAINE
Rue Bonaparte, 82

1892

CAPTIVITÉ

ET

DERNIERS MOMENTS DE LOUIS XVI

CAPTIVITÉ

ET

DERNIERS MOMENTS DE LOUIS XVI

RÉCITS ORIGINAUX & DOCUMENTS OFFICIELS

RECUEILLIS ET PUBLIÉS

POUR LA SOCIÉTÉ D'HISTOIRE CONTEMPORAINE

PAR

LE MARQUIS DE BEAUCOURT

TOME I. — RÉCITS ORIGINAUX

PARIS
ALPHONSE PICARD
LIBRAIRE DE LA SOCIÉTÉ D'HISTOIRE CONTEMPORAINE
Rue Bonaparte, 82

1892

BESANÇON. — IMPR. ET STÉRÉOTYP. DE PAUL JACQUIN.

EXTRAIT DU RÈGLEMENT

Art. 14. — Le Conseil désigne les ouvrages à publier et choisit les personnes auxquelles il en confiera le soin.

Il nomme pour chaque ouvrage un commissaire responsable chargé de surveiller la publication.

Le nom de l'éditeur sera placé en tête de chaque volume.

Aucun volume ne pourra paraître sous le nom de la Société sans l'autorisation du Conseil et s'il n'est accompagné d'une déclaration du commissaire responsable portant que le travail lui a paru digne d'être publié par la Société.

Le commissaire responsable soussigné déclare que l'ouvrage Captivité et derniers moments de Louis XVI. Récits originaux et Documents officiels, *préparé par M. le marquis* de Beaucourt, *lui a paru digne d'être publié par la* Société d'histoire contemporaine.

Fait à Paris, le 29 septembre 1892.

Signé : Paul Lacombe.

Certifié :

Le Secrétaire de la Société d'histoire contemporaine,

E. Ledòs.

INTRODUCTION

L'histoire de la captivité et des derniers moments de Louis XVI est bien connue, et il semblerait, au premier abord, qu'il n'y a rien à ajouter à tout ce qui a été dit ou publié à ce sujet. Pourtant, en y regardant de plus près, on s'aperçoit qu'il reste encore quelque chose à faire. La Société d'histoire contemporaine a voulu saisir l'occasion que lui offrait le centenaire de celui qu'on a appelé à juste titre le Roi-martyr pour acquitter à son égard et la dette de la Patrie et la dette de l'Histoire. Cet ouvrage sera donc à la fois un hommage rendu à une mémoire illustre et vénérée, et une contribution à la vérité historique, qu'on ne saurait trop s'attacher à dégager des ombres dont elle a été obscurcie.

Et d'abord, de quoi se compose le recueil offert aujourd'hui au public ?

1º De la réunion de tous les récits dus, soit à des témoins oculaires, soit à des écrivains contemporains, sur la captivité de Louis XVI au Temple et sur ses derniers moments.

C'est l'objet de notre premier volume.

2º De la réunion de tous les textes officiels relatifs au même sujet, depuis le 10 août 1792 jusqu'au 21 janvier 1793.

C'est l'objet de notre second volume.

Nous allons passer en revue les éléments de ces deux volumes et faire connaître la nature, l'origine et la valeur des documents qui s'y trouvent groupés pour la première fois.

I.

RÉCITS ORIGINAUX

Les récits originaux que nous possédons sur la captivité et la mort de Louis XVI sont les suivants :

1° La *Relation* de Madame Royale ;

2° La portion des *Mémoires* de la marquise de Tourzel qui s'étend du 13 août, date de l'entrée de la famille royale au Temple, au 19 août, date de l'arrrestation de la marquise et de sa fille, en compagnie de la princesse de Lamballe et des autres personnes de l'entourage du Roi et de la Reine ;

3° La partie de l'ouvrage de François Hue : *Dernières années du règne et de la vie de Louis XVI*, qui comprend la période où ce fidèle serviteur du Roi suivit son maître au Temple, jusqu'à son enlèvement, à la date du 2 septembre, et à sa comparution devant la Commune ;

4° Le *Journal du Temple*, par Cléry, source la plus précieuse et aussi la plus connue ;

5° Des *Fragments historiques sur la captivité de la famille royale à la tour du Temple*, rédigés par Eckard, d'après les notes de Turgy ;

6° Un récit fait par Charles Goret, l'un des commissaires au Temple, de ce dont il a été témoin dans l'exercice de ses fonctions, à partir du 10 août ;

7° Un *Tableau historique de la famille royale au Temple depuis le 10 août*, rédigé par Verdier, l'un des commissaires au Temple, et resté inédit ;

8° Un écrit intitulé : *Six journées passées au Temple et autres détails sur la famille royale qui y a été détenue*, par Moelle, commissaire au Temple, à partir du 5 décembre 1792 ;

9° Des *Souvenirs ou notes fidèles sur mon service au Temple depuis le 8 décembre 1792 jusqu'au 26 mars 1793*, rédigés par Lepitre, commissaire au Temple ;

10° Des récits faits par Malesherbes, et que divers contemporains ont recueillis ;

11° La *Relation des derniers moments de Louis XVI*, due à l'abbé Edgeworth de Firmont ;

12° Enfin des récits de l'exécution de Louis XVI, empruntés aux journaux et aux écrits contemporains.

§ I. — MADAME ROYALE

Marie-Thérèse-Charlotte de France, fille aînée et seule fille de Louis XVI et de Marie-Antoinette (sa sœur, *Madame Sophie*, étant morte en 1787, âgée d'un an à peine), était née le 19 décembre 1778. Elle avait par conséquent moins de quatorze ans à son entrée au Temple, le 13 août 1792, et juste dix-sept ans quand elle en sortit, le 19 décembre 1795 [1]. C'est donc presque une enfant qui est l'auteur de la Relation célèbre publiée le 21 janvier 1817 sous le voile de l'anonyme ; mais cette enfant a été mûrie par le malheur : elle a vécu près de son père et de sa mère, d'abord, dans cette prison témoin des humiliations, des angoisses et des suprêmes douleurs de ses parents ; puis près de sa tante Madame Élisabeth, jusqu'au jour où cette sainte princesse fut arrachée au Temple pour être conduite au tribunal révolutionnaire et de là à l'échafaud (9-10 mai 1794) ; puis enfin seule, séparée de son frère, qui succomba le 9 juin 1795 aux indignes traitements de ses bourreaux ; ignorant la mort de sa mère et de sa tante ; entourée des seuls gardiens que la Commune avait placés auprès

---

[1]. Dans la nuit du 18 au 19, et plus exactement le 18, à onze heures et demie du soir. Voir le récit fait par la princesse elle-même, publié pour la première fois dans les *Mémoires concernant Marie-Antoinette*, etc., imprimés en 1804, sous le nom de Weber, et reproduit par M. de Beauchesne, *Louis XVII*, t. II, p. 430-432, et en fac-similé dans son édition illustrée, t. II, à la page 5. — Nous avertissons ici le lecteur que nous suivons la quinzième édition du beau livre de M. de Beauchesne, donnée en 1889 (Paris, E. Plon, Nourrit et Cⁱᵉ, 2 vol. gr. in-18), laquelle est d'ailleurs conforme aux précédentes à partir de la cinquième, donnée en 1866. — L'édition illustrée en 2 vol. gr. in-8 est la troisième ; elle a été publiée en 1861 (Paris, Henri Plon).

x INTRODUCTION.

d'elle [1]; sans même une femme pour l'entourer des soins les plus élémentaires, jusqu'au moment où Mme de Chanterenne, désignée par la Convention [2], vint adoucir l'amertume de sa réclusion.

C'est seulement dans les derniers jours de sa captivité au Temple que Madame Royale écrivit sa *Relation*. Le manuscrit [3] que nous suivrons, et dont il sera parlé plus loin, se termine ainsi : « Fait à la tour du Temple, ce 14 octobre (1795). »

Le 21 janvier 1817 paraissait un écrit intitulé : *Mémoires particuliers, formant avec l'ouvrage de M. Hue et le journal de Cléry l'histoire complète de la captivité de la famille royale à la tour du Temple*. Paris, Audot, 21 janvier 1817, in-8 de IV-77 pages. — On lisait dans la préface :

« Mais quelle confiance, dira-t-on, méritent des récits dont on ne connaît pas l'auteur? Nous avions prévu l'objection. Tout ce que nous dirons pour y répondre, c'est que, s'il nous était permis de laisser connaître l'auteur, nous n'aurions pas besoin de recommander le livre; il paraîtrait au-dessus de tout éloge, et son prix n'aurait d'autre mesure que l'attachement des bons Français à la famille dont il décrit une partie des malheurs. »

Dans l'*Avant-propos* placé en tête du livre intitulé : *Histoire de la captivité de Louis XVI et de la Famille royale*, publié chez L.-G. Michaud en 1817 (in-8), l'auteur, ou plutôt le compilateur, qui signait L. D. S. (Louis de Sévelinges), écrivait (p. 12) :

« Déjà l'un des deux écrivains qui jouissent du privilège de faire autorité (Hue), avait annoncé qu'une MAIN AUGUSTE *avait pris soin de recueillir pour l'histoire* des détails qu'il n'essaierait pas même de retracer [4]. Les

---

1. Laurent et Gomin, puis Lasne. Voir M. de Beauchesne, *Louis XVII*, t. II, p. 368 et suiv.
2. Madeleine-Élisabeth-Renée Hilaire La Rochette, âgée d'environ trente ans, femme de M. Bocquet de Chanterenne, ancien inspecteur des menus plaisirs et affaires de la chambre du Roi. Voir l'arrêté du Comité de sûreté générale en date du 2 messidor an III (20 juin 1795), publié par M. de Beauchesne, *Louis XVII*, t. II, p. 376, note.
3. Ce passage de Hue se trouve, non pas à la page 464 des *Dernières années de Louis XVI*, mais à la page 563 de l'édition de 1814, la première que

vœux du siècle présent sont comblés, ceux des âges à venir sont prévenus. Elle a paru, cette relation précieuse dont toutes les paroles sont non seulement *officielles*, mais, pour ainsi dire, *sacramentelles*. Tous les tableaux en sont tracés d'après nature. On croit entendre une voix plaintive et sacrée qui s'écrie :

> *Quæque ipsa miserrima vidi*
> *Et quorum pars magna fui.* »

De son côté, Eckard, dans ses *Mémoires historiques sur Louis XVII*, publiés en 1818 et dédiés à Madame Royale, devenue la duchesse d'Angoulême, s'exprime en ces termes au sujet des *Mémoires particuliers* :

« Il a paru, le 21 janvier 1817, des MÉMOIRES *particuliers*, formant, *dit l'éditeur*, avec l'ouvrage de M. Hue et le Journal de Cléry, l'Histoire complète de la captivité de la famille royale à la tour du Temple.

« Ces Mémoires ont été lus avec empressement, avec le respect dû à d'illustres infortunes, et à la persuasion que les souvenirs douloureux qu'ils renferment ont été tracés par le témoin qui, seul, a survécu aux désastres de l'auguste Famille.

« Des personnes, qui paraissent avoir obtenu la faveur de lire le manuscrit original de ces Mémoires, assurent que le récit y est toujours à la première personne; ce qui le rend plus vif, plus intéressant; qu'au lieu de ces termes : le *Roi*, la *Reine*, le *Dauphin*, *Madame Élisabeth*, etc., il y a : *mon père, ma mère, ma tante, mon frère, le petit*; expressions si douces et si touchantes! Quelques-unes de ces personnes regrettent, surtout, de ne point retrouver dans l'imprimé des faits, des détails, qui se sont gravés dans leur mémoire en lisant le manuscrit original. Toutes s'accordent pour dire que la copie qui a servi à l'impression est inexacte et incomplète; enfin elles appréhendent que la révélation inespérée des MÉMOIRES *particuliers* ne prive à jamais de MÉMOIRES plus étendus auxquels ils devaient servir de base.

» Nous nous bornons à rapporter ces observations, et nous ne chercherons pas à pénétrer les causes de cette publication anticipée [1]. »

nous possédions. Le voici : « Une main auguste ayant recueilli pour l'histoire ces affligeants détails et d'autres faits plus intéressants, je dois me borner à rapporter, le plus succinctement qu'il sera possible, quelques particularités qui précédèrent l'instant où la jeune princesse recouvra sa liberté. »

1. *Mémoires historiques sur Louis XVII*. Note, à la suite de *l'avant-propos*, p. XII. Dans une note de la page 337, Eckard fait encore allusion à « des *Mémoires* que l'indiscrétion (nous adoucissons le mot) n'a révélés qu'en les altérant. »

Eckard ignorait que le vœu qu'il formulait était déjà exaucé. Dans le courant de 1817, avait paru à Montpellier, chez Seguin aîné, une brochure sous ce titre : *Copie imprimée d'un manuscrit intitulé « Mémoire écrit par Marie-Thérèse-Charlotte de France, sur la captivité des princes et princesses ses parents, depuis le 10 août 1792 jusqu'à la mort de son frère, arrivée le 9 juin 1795* [1]. » On lisait dans l'*Avis au lecteur* :

« Nous possédions depuis longtemps une copie manuscrite de l'ouvrage intéressant que nous donnons aujourd'hui au public.... Nous avons éprouvé un sentiment pénible après avoir lu les *Mémoires particuliers sur la captivité de la famille royale à la tour du Temple*, qui ont paru le 21 janvier chez Audot, libraire à Paris. Nous espérions, sur l'annonce de cet ouvrage, et surtout d'après la pureté des sentiments politiques qui distinguent cet estimable libraire, de voir ces mémoires imprimés tels que nous les connaissions manuscrits depuis plusieurs années; notre espoir a été déçu. Les faits racontés sont bien à peu près les mêmes et paraissent empruntés des mêmes manuscrits; mais la couleur de l'ouvrage a perdu de sa grâce native. Ce n'est plus MADAME ROYALE qui fait le récit; mais bien un tiers indifférent au lecteur....

« C'est d'après cette considération importante que nous nous sommes déterminés à livrer à l'impression la copie manuscrite qui est entre nos mains. Nous ne la garantissons pas exactement conforme au texte original, mais les différences qui pourraient exister entre l'un et l'autre seraient très peu de chose, puisqu'elles proviendraient uniquement de quelques petites négligences qui auraient pu échapper aux copistes dans les transcriptions nombreuses et successives qui en furent faites dans un temps où il était impossible de les faire circuler autrement. »

On ne sait à qui était due la publication de cette brochure. Quoi qu'il en soit, on possédait désormais le texte authentique de la Relation de Madame Royale.

En 1823, le libraire Audot fit paraître une nouvelle brochure sous ce titre : *Récit des événements arrivés au Temple depuis le 13 août 1792 jusqu'à la mort du Dauphin Louis XVII* (Paris, Audot, 1823, in-8 de 82 p.). L'ouvrage, aux armes royales, n'était accompagné d'aucun préambule; on y donnait

---

[1]. Se vend au profit des pauvres filles orphelines de Montpellier, dans la maison des orphelines, et chez Aug. Seguin, libraire, place Neuve, 1817, in-8 de 49 p. (Bibl. nat., Lb⁴¹ 2119).

le texte à la première personne ; mais, si l'on compare ce texte avec celui donné à Montpellier, chez Seguin, on peut y relever d'assez nombreuses variantes [1].

En 1825, Berville et Barrière reproduisirent le nouveau texte d'Audot dans la *Collection de mémoires relatifs à la Révolution française* publiée par la librairie Baudouin, et nous retrouvons ce même texte dans le tome IX (1847) de la *Bibliothèque des mémoires relatifs à l'histoire de France pendant le XVIIIe siècle*, publiée par François Barrière à la librairie Firmin Didot.

Après la mort de Madame la duchesse d'Angoulême, survenue au château de Frohsdorf, le 19 octobre 1851, M. le marquis de Pastoret publia une brochure intitulée : *Madame Marie-Thérèse de France, fille de Louis XVI. Relation du voyage de Varennes et Récit de sa captivité au Temple*, écrits par elle-même ; précédés d'une notice par le marquis de Pastoret [2]. Le texte de la *Relation* de Madame Royale est donné, non d'après l'édition Audot de 1823, mais d'après l'édition altérée du 21 janvier 1817 [3].

En 1862 parut, chez Poulet-Malassis, une plaquette in-16, avec une courte préface signée des initiales M. DE L., c'est-à-dire Mathurin de Lescure. Elle portait ce titre : LA DUCHESSE D'ANGOULÊME. *Relation de la captivité de la famille royale à la tour du Temple*, publiée pour la première fois dans son intégrité et sur un manuscrit authentique [4]. Le manuscrit en question avait été acquis par M. de Lescure, en novembre

---

1. Une réimpression du texte du 21 janvier 1817 fut faite à Londres en 1824. Nous trouvons la mention suivante dans le catalogue n° 81 de Mme veuve Hénaux (mars 1892, n° 290) : *Mémoires particuliers sur la captivité de la famille royale à la tour du Temple*, par Mme la duchesse d'Angoulême. Londres, 1824, in-8.

2. Paris, Auguste Vaton, 1852, in-12 de 135 pages.

3. M. de Barghon-Fortrion a publié en 1858 (Paris, au bureau de la *Mode nouvelle*, 1 vol. in-8) la *Relation du voyage de Varennes* et le *Récit des événements arrivés au Temple* d'après le texte de la brochure de 1823, dans un ouvrage intitulé : *Mémoires de Marie-Thérèse, duchesse d'Angoulême*.

4. Paris, 1862, in-24 de 126 p.

1860, à la vente Leber; il est mentionné en ces termes au *Catalogue* (t. IV, p. 129) : « N° 494. *Mémoires écrits par* MADAME *sur la captivité de la Famille royale au Temple, depuis le 10 août 1792 jusqu'à la mort de son frère, le 9 juin 1795*, in-4 de 55 pages. — Transcription rigoureusement exacte du *manuscrit autographe* de Mme la duchesse d'Har...., que ses rapports de presque intimité et de haute confiance avec Madame la duchesse d'Angoulême ont mise à portée de reproduire mot pour mot la rédaction génuine de la vierge royale dans toute sa naïveté, et qui a bien voulu nous communiquer sa copie. Ce récit est incontestablement de la fille de Louis XVI. Il a été imprimé, mais avec des différences qui n'ont pas toujours leur excuse dans la discrétion de l'éditeur. Sans altérer la simplicité du style, on l'a corrigé en plusieurs endroits; on a fait aussi quelques additions et des retranchements.... L'écrit est, d'ailleurs, avoué comme l'œuvre d'une personne auguste, et, à cet égard, notre manuscrit ne laisserait subsister aucun doute. Il est terminé ainsi : *J'atteste que ce Mémoire contient vérité*. Et plus bas est écrit en gros caractères : MARIE-THÉRÈSE-CHARLOTTE. *Fait à la tour du Temple*. »

En rendant compte, dans l'*Amateur d'autographes* du 16 août 1862 [1], de la publication de M. de Lescure, M. Charavay aîné signalait une autre copie qu'il venait d'acquérir à la vente Glover-Melvil. « Elle se termine, disait-il, par cette mention : *D'après l'original, écrit par Son Altesse Royale elle-même*. Cette copie, d'une bonne écriture, a 72 pages in-4. On y a joint les fac-similés des testaments de Louis XVI et de Marie-Antoinette, et l'original du dernier billet autographe écrit par l'abbé Edgeworth à la princesse, qui a mis de sa main en tête : « Dernier billet que m'a écrit l'abbé Edgeworth, le lundi 18 mai, à six heures et demie du matin, le jour où il s'est alité, à neuf heures, après sa messe, quatre jours avant sa mort, ayant expiré le vendredi 22 mai, à cinq heures après midi. » D'après les quelques citations faites par M. Charavay,

---

[1]. T. I, p. 241-243.

nous avons pu constater que cette copie est plus correcte et plus conforme à l'original que celle publiée par M. de Lescure.

La copie acquise par celui-ci, et imprimée en 1862, n'était pas, en effet, comme le supposait l'éditeur, « la reproduction authentique du manuscrit original. » C'était une version qui s'en rapprochait davantage; ce n'était pas encore le texte du manuscrit original.

Ce manuscrit, nous avons eu l'heureuse fortune de l'avoir entre les mains, au mois de mai 1874, et nous en avons fait alors la collation attentive sur le texte de la plaquette de 1862, avec lequel il offre plus d'une variante. Nous sommes donc à même de donner, pour la partie reproduite dans ce recueil, une leçon meilleure et vraiment définitive. Tout en respectant le texte, nous n'avons pas cru pourtant devoir en reproduire les incorrections. D'ailleurs, nous savons que le manuscrit en question, qui est celui-là même que Madame Royale laissa, au sortir de la prison du Temple, entre les mains de Mme de Chanterenne, et qui, arrivé en la possession de Monsieur le comte de Chambord peu de temps avant sa mort, est aujourd'hui encore dans la bibliothèque du château de Frohsdorf, doit être l'objet d'une publication intégrale, scrupuleusement conforme à l'original. Madame la duchesse de Madrid a bien voulu autoriser un des plus fidèles serviteurs de son oncle, M. Gabriel de Saint-Victor, à copier le manuscrit, et c'est M. le marquis Costa de Beauregard, l'auteur bien connu d'écrits justement appréciés, qui s'est chargé de le présenter au public dans une édition de haut luxe, enrichie de portraits et de fac-similés [1].

---

[1]. Depuis que ces lignes ont été écrites, M. le marquis Costa de Beauregard a fait paraître dans le *Correspondant* (livr. du 10 août 1892), sous ce titre : *A propos du 10 août*, l'introduction de la publication qu'il prépare, et qui sera éditée par la maison Plon.

§ 2. — MADAME DE TOURZEL

Les *Mémoires* de Louise-Élisabeth-Félicité-Françoise-Armande-Anne-Marie-Jeanne-Joséphine de Croy-Havré, marquise de Tourzel, sont restés pendant longtemps inédits, dans les archives de la famille. Pourtant plusieurs écrivains, notamment M. de Beauchesne, en obtinrent communication et en reproduisirent quelques fragments. C'est seulement en 1883 que M. le duc des Cars, dont la mère était Augustine du Bouchet de Sourches de Tourzel (fille du marquis de Tourzel), morte en 1870, se décida à les livrer au public.

Née le 11 juin 1749, et mariée le 8 avril 1764 à Louis-François du Bouchet de Sourches, marquis de Tourzel, grand prévôt de France, l'auteur de ces *Mémoires* avait été nommée gouvernante des enfants de France au lendemain de la prise de la Bastille, en remplacement de la duchesse de Polignac, qui venait de quitter la France. Veuve depuis trois ans, la marquise de Tourzel se consacra entièrement à la tâche importante et périlleuse qui lui incombait, et elle sut la remplir avec une distinction qui n'eut d'égale que son incomparable dévouement.

Les *Mémoires de la duchesse de Tourzel* — le titre de duchesse lui fut conféré en 1816 — (morte à quatre-vingt-deux ans, le 15 mai 1832) forment deux volumes [1] et sont précédés d'une introduction due à la plume de M. le marquis de la Ferronnays, gendre de M. le duc des Cars. Ils sont suivis d'une lettre écrite par Mlle Pauline de Tourzel à sa sœur la comtesse de Sainte-Aldegonde, en date du 8 septembre 1792 [2], offrant le récit de sa sortie des Tuileries, le 10 août, et de son séjour au Temple, où l'on trouve une partie des détails qui ont été consignés depuis dans les *Souvenirs de quarante ans*.

---

1. *Mémoires de Mme la duchesse de Tourzel...*, publiés par le duc des Cars. Paris, E. Plon et Cie, 1883, 2 vol. in-8.
2. T. II, p. 279-302.

Nous avons donc, pour l'incarcération de la famille royale et les premiers jours de son séjour au Temple, trois sources d'informations : les *Mémoires* de Mme de Tourzel, la lettre de sa fille Pauline et les *Souvenirs de quarante ans*. Un mot sur ce dernier ouvrage.

C'est seulement en 1832 que, sur les instances de son fils, Pauline de Tourzel, devenue comtesse de Béarn, ancienne dame de Madame la duchesse d'Angoulême, commença des récits qui remplirent plusieurs soirées. Un abbé, qui servait de chapelain à la comtesse, recueillait chaque soir, sous l'impression de ce qu'il venait d'entendre, les faits racontés par Mme de Béarn à ses enfants. « Jamais, a-t-il dit, aucun de mes sermons n'était aussi facilement entré dans ma mémoire. Aussi je puis dire que le manuscrit qui va suivre a été véritablement écrit sous la dictée.... J'ai laissé au récit, ajoutait-il, la forme sous laquelle je l'ai entendu et sous laquelle ma mémoire me l'a fidèlement rendu. » Publiés pour la première fois en 1861 [1], les *Souvenirs de quarante ans* ont été réimprimés en 1868 [2] par les soins de M. le comte de Béarn.

Voici ce que dit la comtesse de Béarn (p. 106), relativement à la période qui suivit le 10 août : « Pour ce qui arriva dans cette funeste journée et dans celles qui la suivirent, je ne puis vous dire rien de plus complet et de plus précis que ce que vous trouverez dans la lettre que je vais vous lire. Je l'écrivis après ma sortie de prison à ma sœur, Mme de Sainte-Aldegonde. » Le texte des *Souvenirs* est conforme à cette lettre, mais moins développé, et l'on peut y relever de légères variantes.

On trouvera plus loin, avec un court fragment des *Mémoires* de Mme de Tourzel, quelques extraits empruntés aux *Souvenirs* de sa fille Pauline.

---

1. *Souvenirs de quarante ans, 1789-1830*. Récits d'une dame de Madame la Dauphine. Paris, Lecoffre, 1861, in-18. Quérard dit (t. IV, col. 550) qu'Alfred Nettement passe pour avoir pris part à la rédaction de cet ouvrage ; cela nous paraît peu vraisemblable.
2. Paris, Victor Sarlit, 1868, in-8.

§ 3. — HUE

François Hue, né à Fontainebleau le 18 novembre 1757 [1], était fils du greffier en chef de la maîtrise et capitainerie royale de Fontainebleau, charge qui était héréditaire dans sa famille. Un brevet du 21 janvier 1787 lui octroya la charge d'huissier de la chambre du Roi, et, en 1791, Louis XVI le nomma premier valet de chambre du Dauphin. Le 10 août, il n'échappa au massacre qu'en sautant par une des fenêtres des Tuileries dans le jardin, et, poursuivi par les envahisseurs, en se jetant dans la Seine et gagnant à la nage, au milieu des balles, un bateau où on le recueillit. Le lendemain il vint aux Feuillants reprendre son service auprès du Roi et du Dauphin. Il suivit Louis XVI au Temple et y resta jusqu'à son arrestation. Il a raconté lui-même par quel concours providentiel de circonstances il échappa à la mort.

Après de vains efforts pour rentrer au Temple, il resta à Paris, se mit en relations indirectes avec son maître par Malesherbes, l'aperçut le 26 décembre lorsque Louis XVI fut transféré du Temple à la barre de la Convention, et, placé à l'une des issues de la salle, put entendre la belle plaidoirie de l'avocat de Sèze et les paroles prononcées par le Roi. Traîné de prison en prison, il se trouva avec Malesherbes à Port-Royal et recueillit du noble vieillard des confidences qu'il a conservées à l'histoire. En relations secrètes avec Turgy, il put établir une correspondance avec la Reine et avec Madame Élisabeth; il pénétra même à la Conciergerie, et fut mêlé à la tentative du chevalier de Rougeville pour faire évader Marie-Antoinette. Arrêté de nouveau, il fut emprisonné à la Force. Quand Madame Royale fut mise en liberté, il la rejoignit à Huningue et l'accompagna jusqu'à Vienne; peu après Louis XVIII le nomma commissaire général de sa maison.

---

1. Et non 1777, comme le porte, par une grossière faute d'impression, l'édition donnée par M. H. Plon en 1860 (p. 50).

Voilà l'homme courageux, le serviteur fidèle, auquel on doit le bel et touchant ouvrage consacré aux dernières années de Louis XVI.

Quand et comment cet ouvrage fut-il composé? C'est ce que Hue nous apprend lui-même dans son *Avant-propos*.

« Lorsque j'entrepris de rassembler tant de tristes souvenirs, la France, couverte de ruines, fumait encore du sang des victimes immolées à la fureur des partis. Une fermentation sourde, des secousses fréquentes, annonçaient de nouveaux bouleversements : ce fut donc au bruit des armes, au son du tocsin, que je traçai les premières lignes de ce récit. Combien de fois l'apparition subite d'inquisiteurs soudoyés pour épier les sentiments secrets, pour interroger les pensées, m'a forcé de détruire mon ouvrage! Enfin je le terminai, mais en me réservant de lui donner plus de développement, lorsque cela me serait possible [1]. Ma famille, à qui je laissai mon manuscrit en partant pour l'Allemagne, le remit à un étranger qui partait pour l'Angleterre, d'où il me fut renvoyé à Vienne, en 1796 [2]. Depuis cette époque, la preuve que j'ai acquise de l'abus qui a été fait de la confiance avec laquelle j'ai communiqué ce manuscrit à une personne, ainsi que moi, sortie de France, a été le principal motif qui en a retardé la publication ; mais j'ose espérer que cette circonstance n'atténuera point l'intérêt que la nature de cet ouvrage doit inspirer [3]. »

Ailleurs il a écrit :

« J'ai retracé des faits dont la connaissance m'était personnelle ; j'ai mis

---

[1]. Ce manuscrit fut communiqué alors à Mme de Tourzel : « J'avais de plus, chez moi, écrit-elle, le manuscrit de l'ouvrage de M. Hue, qui avait insisté pour que je prisse le temps de le lire, malgré l'inquiétude que je lui avais témoignée d'en être dépositaire. » *Mémoires de Mme la duchesse de Tourzel*, t. II, p. 337.

[2]. Quelques mois après la remise de ce manuscrit, je le reçus avec la lettre suivante :

« Londres, ce 3 juillet 1796.

« Il y a déjà plus de trois mois, Monsieur, qu'en retournant de France
« en Angleterre, je me suis chargé avec plaisir du manuscrit de vos Mé-
« moires ; j'ai cherché en vain une occasion sûre pour vous les faire par-
« venir ; mais je profite de la première que je peux regarder comme telle.
« Incertain sur votre véritable séjour, je vous expédie ce paquet, dont
« M. le comte Charles de Damas veut bien avoir la bonté de se charger. Je
« désire qu'il vous parvienne bientôt.
    « J'ai l'honneur d'être, etc., etc.
                                « LOUIS D'AUERWECK. »

(Note de Hue, *Dernières années*, etc., p. 62.)

[3]. *Dernières années*, etc., p. 62-63.

les *touchantes vertus de mon Roi en opposition avec les crimes de ses ennemis. Quelquefois le confident de ses peines, plus souvent le témoin de ses douleurs, j'ai voulu, quand ma bouche ne pourra plus les redire, que cet écrit du moins en consacrât le souvenir* [1]. »

L'ouvrage de Hue fut imprimé à Londres en 1806, et il en parut la même année une traduction anglaise [2]. Mais l'édition originale est devenue introuvable; on ne la possède point à notre Bibliothèque nationale, qui n'a que celle publiée en 1814, sous ce titre : *Dernières années du règne et de la vie de Louis XVI*, par François Hue, l'un des officiers de la chambre du roi, appelé par ce prince, après la journée du 10 août, à l'honneur de rester auprès de lui et de la famille royale, avec cette épigraphe : *Je meurs innocent et je pardonne* (dernières paroles du Roi). A Paris, de l'imprimerie royale, 1814 (avec les armes de France), gr. in-8 de xiv-592 pages; orné d'un portrait de Louis XVI, représentant le Roi dans les derniers moments de sa vie; il a la main posée sur l'*Imitation de Jésus-Christ;* sur une table à côté on aperçoit son testament; au-dessous est le buste du jeune Dauphin. Au bas du portrait on lit : *F. Hue invenit; N. Schiavonetti sculp.*

Dans une note de l'avant-propos, Hue fait allusion à l'édition de 1806 en ces termes : « C'est en 1806 qu'une première édition de cet ouvrage a été publiée en Angleterre et c'est à ce temps que le lecteur doit le plus généralement se reporter. Alors il eût été impossible et surtout il eût été dangereux de l'introduire en France; on a même lieu de croire que le peu d'exemplaires qu'on a essayé d'y faire pénétrer n'a pas échappé à la surveillance de la police, qui, sans doute, aura craint de les y voir circuler. Mais le retour du Roi n'ayant pu que favoriser la publication de l'ouvrage, on s'est empressé de le faire paraître. Les seuls changements qu'on se soit permis en le réimprimant n'ont consisté qu'en de légères corrections et quelques additions peu considérables. »

---

[1]. *Dernières années*, etc., p. 477.
[2]. *The last years of the reign and life of Louis XVI*, by Francis Hue.... Translated by R. C. Dallas. London, Cadell and Davies, 1806, in-8 (Lb39 60).

INTRODUCTION.   XXI

L'ouvrage de Hue eut une seconde édition en 1816; il en a été fait une troisième de nos jours, revue sur les papiers laissés par l'auteur, et publiée par les soins de M. Henri de L'Épinois, qui l'a fait précéder d'un avant-propos, et de M. René du Menil de Maricourt, petit-gendre de Hue, qui y a joint une notice biographique malheureusement trop succincte [1]. M. de L'Épinois a ajouté en appendice une traduction de l'admirable allocution de Pie VI sur la mort du Roi de France, prononcée dans le consistoire du 17 juin 1793.

Le fragment que nous donnons ici n'est qu'une très faible portion des récits de Hue, mais ce n'est pas la moins intéressante. On y trouvera les détails les plus circonstanciés sur les premiers moments de la captivité de Louis XVI jusqu'au 2 septembre, date de l'enlèvement de Hue, détails qui ne sauraient se rencontrer dans le *Journal* de Cléry, car celui-ci n'arriva au Temple que le 26 août au soir.

§ 4. — CLÉRY

Jean-Baptiste-Cant Hanet-Cléry était né à Jardy-le-Vaucresson, dans le grand parc de Versailles, le 11 mai 1759. Le nom de Cléry lui venait d'une propriété que possédait son grand-père : celui-ci l'avait pris pour se distinguer de ses frères. Élevé par les soins de la princesse de Guéméné (Victoire-Armande-Josèphe de Rohan), gouvernante des enfants de France en survivance, qui s'était faite la protectrice de la famille Hanet, Cléry fit partie de son secrétariat particulier. Valet de chambre barbier de Louis XVI dès le 29 juin 1782 [2], et nommé d'avance par la Reine, le 1er décembre 1784, valet de chambre de l'enfant à naître, il fut attaché à la personne de Louis-Charles, duc de Normandie, né le 27 mars 1785. Il avait épousé Marie-Élisa-

---

1. Paris, H. Plon, 1860, in-8.
2. « État des services de Cléry comme valet de chambre-barbier de Louis XVI et de son fils, du 29 juin 1782 au 1er mars 1793, remis au commissaire liquidateur de la ci-devant liste civile. » *Mélanges curieux et anecdotiques tirés d'une collection de lettres autographes et de documents historiques ayant appartenu à M. Fossé-Darcosse.* Paris, 1861, n° 286.

beth Duverger, admise depuis l'âge de quatorze ans aux concerts particuliers de la Reine, et qui devint ensuite musicienne de la chambre du Roi et des concerts spirituels de la cour 1.

Cléry était de service auprès du Dauphin le 10 août 1792. Après le départ de la famille royale pour l'Assemblée nationale, il s'échappa par une fenêtre de l'appartement de la Reine donnant sur la terrasse des Tuileries, et gagna le Pont-Tournant. Caché dans une maison du voisinage, il quitta Paris le soir même et se rendit à Versailles. A la nouvelle que la famille royale venait d'être conduite au Temple et que le Roi avait déterminé le choix de ceux qui devaient être à son service, il résolut de se retirer dans une maison de campagne qu'il possédait à Juvisy. Mais bientôt il fut informé que toutes les personnes de l'entourage du Roi avaient été emprisonnées, et que seul M. Hue avait été autorisé à rentrer au Temple; il apprit en même temps que le maire de Paris, Pétion, était chargé de trouver deux autres personnes pour le service du Roi. Cléry se présenta chez lui le 24 août, fit agréer sa demande par Louis XVI, et entra au Temple le 26 2.

Après la mort du Roi, Cléry tenta vainement de reprendre son service auprès de la famille royale. Il fut enfermé dans une des petites tours du Temple, et y resta jusqu'à la fin de février 3. Mis en liberté le 1er mars 1793, il comparut devant le ministre de la justice, Garat, qui lui ordonna de quitter Paris et de se retirer à la campagne avec sa famille. Cléry s'établit à Juvisy; mais il ne tarda pas à être appréhendé 4 et conduit dans la prison de la Force, où il resta

---

1. Ces détails sont donnés par Mlle de Gaillard, dans la *Vie de Cléry* publiée en tête de leur édition du *Journal* (Paris, Bertin, 1861, gr. in-8), p. 3. On trouve aussi des détails sur Mme Cléry dans le *Dictionnaire néologique* du cousin Jacques (Beffroy de Reigny), t. III, p. 327.

2. Voir la citation du *Mémoire au Roi*, faite par Mlle de Gaillard, p. 4-6.

3. Arrêté du Conseil général de la Commune en date du 28 février, portant que Cléry sortira du Temple dans les vingt-quatre heures. *Journal de Cléry*, édit de 1861, p. 198. Cf. Aulard, *Recueil des actes du Comité de salut public*, etc., t. II, p. 216.

4. Ordre d'arrestation en date du 25 septembre 1793. *Journal de Cléry*, l. c., p. 25.

près d'un an, attendant chaque jour la mort. « Treize fois il fut porté sur la liste fatale; treize fois des mains vigilantes effacèrent son nom [1]. » Enfin, le 22 thermidor an II (9 août 1794), il fut mis en liberté [2]. Il chercha à gagner sa vie, et trouva moyen d'entrer dans un des bureaux de la liquidation des subsistances de la ville de Paris. Pendant les négociations entamées pour la libération de la fille de Louis XVI, il tenta vainement de pénétrer au Temple. Décidé à la suivre à Vienne, il vendit sa maison de Juvisy, laissa la moitié du prix aux siens, et se rendit à Strasbourg, chez son frère, alors inspecteur des vivres à l'armée du Rhin, pour y attendre le passage de Madame Royale. Il quitta Paris le 5 octobre 1795, et passa trois mois à Strasbourg, où il remplit les fonctions d'inspecteur de l'agence des subsistances [3].

Aussitôt informé du départ de Madame Royale, Cléry se mit en route, et rejoignit la princesse à Wels, à trente-six lieues de Vienne. Chargé par elle d'une mission auprès de Louis XVIII, alors à Vérone, il fut accueilli avec empressement. Louis XVIII lui donna le titre de premier valet de chambre, en le dispensant des devoirs de sa charge [4].

Quand et comment fut rédigé le *Journal* du Temple? La rédaction doit-elle en être attribuée à Cléry? Telles sont les questions qui se posent et qu'il s'agit de résoudre.

1. *Vie de Cléry*, par Mlle de Gaillard, *l. c.*, p. 8. Cf. lettre de Cléry à sa femme en date du 23 messidor (11 juillet), donnée en fac-similé, p. 6.
2. *Vie de Cléry*, p. 9, note 1. — On a une lettre de Cléry adressée à son frère, en date du 24 thermidor an III (lisez an II), annonçant sa mise en liberté. N° 674 du catalogue Lucas de Montigny, 1860 (et non n° 442, comme le dit M. Charavay dans l'*Amateur d'autographes*, t. III, p. 156).
3. *Vie de Cléry*, *l. c.*; art. d'Eckard dans la *Biographie universelle* de Michaud.
4. Louis XVIII était alors à Vérone; de là il se rendit en Allemagne, dans le camp de l'armée de Condé; il était le 19 juillet 1796 à Dillingen, où il faillit être victime d'un attentat dirigé contre sa personne; puis il se fixa à Blankenbourg, dans le duché de Brunswick; après le traité de Campo-Formio, il se vit obligé de quitter l'Allemagne; acceptant l'hospitalité que Paul Ier lui avait offerte à Mittau, il partit au mois de février 1798 pour se rendre dans ce lieu. C'est là seulement que, dans les premiers jours de juin 1799, la fille de Louis XVI retrouva la famille royale.

M. Maurice Tourneux dit à ce propos, dans son excellente *Bibliographie de l'histoire de Paris pendant la Révolution* (p. 300-301).

« Cléry est-il réellement l'auteur du récit publié sous son nom? La paternité lui en a été plusieurs fois contestée. Lafont d'Aussonne, dans ses *Mémoires secrets et universels des malheurs et de la mort de la Reine de France* (1824), prétend qu'ils ont été rédigés par M. de la Fare, évêque de Nancy [1] ; Barbier nomme la comtesse de Schomberg, sœur de Dumouriez, sans alléguer aucune preuve à l'appui de son dire; une note, relevée par de Manne sur un exemplaire des *Dernières années de Louis XVI*, de Hue [2], laisse entendre qu'un sieur Mariala, homme d'affaires du prince d'Aremberg, aurait été le *teinturier* de Cléry; enfin Sauveur Le Gros, secrétaire du prince de Ligne, poète ingénieux et graveur assez habile, terminait l'énumération de ses titres à la décoration de la Légion d'honneur par la déclaration suivante : « ....J'ai rédigé le Journal de Cléry, où j'ai été assez heureux pour ne rien gâter par l'enflure du style que la douleur ne peut pas toujours éviter. J'en ai fait des lectures déchirantes dans les plus grandes sociétés de Vienne, et j'ose dire que le lecteur eut aussi son mérite. » (Lettre du 9 avril 1821, citée par Quérard) [3].

Interrogeons d'abord Cléry sur la façon dont il composa son *Journal*.

« J'ai servi pendant cinq mois le Roi et son auguste famille dans la tour du Temple, dit-il au début de son ouvrage; et, malgré la surveillance des officiers municipaux qui en étaient les gardiens, j'ai pu cependant, soit par écrit, soit par d'autres moyens, prendre quelques notes sur les principaux événements qui se sont passés dans l'intérieur de cette prison.

« En classant ces notes en forme de Journal, mon intention est plutôt de fournir des matériaux à ceux qui écriront l'histoire de la fin malheureuse de l'infortuné Louis XVI, que de composer moi-même des Mémoires : je n'en ai ni le talent ni la prétention.

« Seul témoin continuel des traitements injurieux qu'on a fait souffrir

---

1. On lit en note, à la page 230 : « Cléry a fourni les notes, et M. le cardinal de la F.... a rédigé ce touchant écrit. »

2. Cette note est ainsi conçue : « Il me coûte de dire qu'un sieur Mariala, qui rédigea le *Journal de Cléry*, abusa, lors de ce travail, de la confiance avec laquelle je lui avais prêté, à Vienne en Autriche, le manuscrit de mon ouvrage. »

3. Voir *les Supercheries littéraires dévoilées*, par J.-M. Quérard ; seconde éd., publiée par MM. Gustave Brunet et Pierre Jannet, t. I, col. 756. Cf. *Le Quérard, Archives d'histoire littéraire*, etc., t. II, p. 423.

INTRODUCTION. XXV

au Roi et à sa famille, je puis seul les écrire et en attester l'exacte vérité ; je me bornerai donc à présenter les faits dans tous leurs détails, avec simplicité, sans aucune réflexion, et sans partialité [1]. »

Dans la suite inédite du *Journal du Temple*, Cléry donne le détail suivant :

« Trois jours après (la mort du Roi), je me trouvais à la salle du Conseil. Le municipal, nommé Toulan, copiait le testament du Roi sur les registres ; on vint le chercher, il me pria de vouloir bien continuer cette copie, ce que je fis ; entra alors Jacques Roux ; il trouva mauvais que j'écrivisse sur les registres ; il fit une dénonciation en règle à la Commune, ajoutant qu'il m'avait trouvé compulsant les registres du Temple pour en faire une histoire de la vie de Louis XVI dans ce séjour ; que ma présence était dangereuse au Conseil, qu'il fallait me tenir renfermé jusqu'à ce que le gouvernement eût prononcé sur mon sort [2]. »

Nous trouvons dans un journal du temps d'intéressants renseignements sur les recherches faites par Cléry dans les registres du Temple, durant sa détention. On lit dans *la Révolution de 92*, en date du 7 février 1793 :

« Les effets du jeune Louis furent mis sous les scellés le jour même de la mort de son malheureux père. Aujourd'hui le valet de chambre de cet enfant infortuné a fait la demande au conseil du Temple que les scellés fussent levés, attendu le besoin urgent qu'on avait à chaque instant des hardes du jeune prisonnier et de celles qui lui appartenaient à lui-même. Cléry concluait donc que ces différents effets fussent mis à sa disposition. Le conseil de service au Temple n'a pas cru devoir accéder à cette demande, sans l'avoir préliminèrement soumise aux lumières et à la sagesse du Conseil général de la Commune. Il l'en a instruit, et aussitôt une longue discussion s'est élevée à ce sujet.

« Le citoyen Mercereau a pris le premier la parole ; il a dit que le citoyen Cléry était un bon patriote, que son civisme était reconnu, mais que son utilité actuelle au Temple ne l'était pas également ; il a ajouté que si, du vivant de défunt Louis XVI, les services de Cléry avaient pu être avantageux dans la tour du Temple, ils ne pourraient être aujourd'hui que dangereux. Enfin il a opiné pour qu'on payât Cléry et le renvoyât.

« Le municipal Baudrais a trouvé mauvais qu'un arrêté du Conseil général accordât à ce valet de chambre la faveur de manger avec les commissaires du Temple ; il a observé que cet homme entravait les opérations, et

---

1. *Journal de Cléry*, édit. de 1861, p. 37-38.
2. *Id., ibid.*, p. 182.

il s'est plaint qu'il lisait les registres de la Commune. Malgré cela, l'orateur était d'avis que les scellés, qui furent apposés par le citoyen Cailleux sur tous les effets qui se trouvèrent dans l'appartement de Louis, le jour de sa mort, fussent levés aujourd'hui par ce même commissaire. Passant ensuite sur la situation de Cléry, il a dit que l'affliction dont fut atteint ce valet de chambre avait seule engagé le conseil à l'inviter de manger avec lui ; qu'alors Cléry manifesta le désir de prendre communication des registres, et qu'il motiva ce vœu sur le projet qu'il avait d'écrire l'histoire du procès et de la mort de Louis XVI ; que les commissaires ne s'étaient jamais refusés à ce qu'il compulsât les registres et en tirât les notes qui pouvaient être nécessaires à son travail. A ces derniers mots Réal s'est écrié : « Peu nous importe que Cléry ait pris ou n'ait pas pris des notes ; « nous ne craignons pas plus Capet mort que vivant. »

« Un pareil jet de lumière a ébloui le conseil, qui a ajourné indéfiniment cette affaire....

« Nous avions cru cette affaire absolument conclue, lorsqu'un membre a reproduit la question du renvoi de Cléry ; mais cette reproduction a eu le malheur de l'avortement, et le conseil a seulement conclu à l'ajournement. Il est vrai que Cléry sera désormais obligé de manger seul dans sa chambre [1], et qu'il n'aura plus l'honneur de partager la table de ces messieurs. »

Il résulte donc, et du témoignage de Cléry, et de ce compte rendu des séances du Conseil général de la Commune, que Cléry avait pris des notes pendant son séjour au Temple, et qu'il avait profité de sa réclusion, durant près de six semaines, dans la petite tour, pour compulser les registres de la Commune.

Écoutons maintenant un témoin bien informé. Voici ce que nous apprend Eckard, l'auteur des *Mémoires historiques sur Louis XVII*, dans une notice sur Cléry, publiée en 1825 [2] :

« M. Barbier nous avait assuré, et depuis il a imprimé, que Mme la comtesse de Schomberg, domiciliée à Vienne en Autriche, avait aidé l'auteur dans cette rédaction [3]. Mais présentement, nous sommes fondés à

---

1. Arrêté du 4 février 1793, reproduit dans le *Journal de Cléry*, l. c., p. 197.
2. Dans l'ouvrage intitulé : *Captivité de Louis XVI et de la famille royale tant à la tour du Temple qu'à la Conciergerie*. Seconde édition, revue, corrigée et augmentée. Paris, L.-G. Michaud, 1825, in-8, p. XV-LXXII. Tirage à part, à 100 ex. in-8 de 86 p. (Bibl. nat., Ln²⁷ 4426, réserve).
3. *Dictionnaire*, 2e édition, n° 8975 (Note d'Eckard).

INTRODUCTION. XXVII

croire que ce bibliographe, d'ailleurs si instruit, n'a pas été bien informé sur ce point.... Ce fut pendant le séjour que Cléry fit à Strasbourg chez son frère qu'il se livra uniquement à rédiger son *Journal* sur les notes qu'il avait prises au crayon ou de toute autre manière, durant son service dans la tour, et que sa femme avait recueillies lors de ses visites dans cette prison ; de sorte que l'ouvrage était entièrement terminé lorsqu'il se rendit, à la suite de Madame Royale, dans la capitale de l'Autriche [1]. »

Ailleurs, et quelques années auparavant, Eckard avait écrit que ce fut sur l'invitation de la princesse de Hohenlohe que Cléry « exécuta le projet de mettre en ordre les matériaux qu'il avait conservés sur les principaux événements qui s'étaient passés sous ses yeux pendant la captivité de Louis XVI [2]. »

Donnons enfin la parole aux petites-filles de Cléry, Mlles de Gaillard, qui, en 1861, ont publié une édition très soignée du *Journal du Temple*, enrichie de documents inédits.

Elles nous disent d'abord, ce qu'Eckard avait dit avant elles [3], que ce fut à Strasbourg que Cléry « classa les notes écrites furtivement au Temple, et qui constituent son *Journal* [4]. »

« Le manuscrit du *Journal*, lit-on plus loin, avait été laissé à Strasbourg, entre les mains de Mlle Hélène Kugler (depuis Mme Dupreuil). Cléry, autorisé par le Roi à faire imprimer ce récit, pria Mlle Kugler de le lui faire passer ; cette demoiselle, n'osant se confier à personne, copia elle-même le manuscrit feuille par feuille sur petit papier à lettres, ce qui en facilita l'envoi. Cléry le rédigea et le présenta au Roi, alors à Blankenbourg [5] : le

---

1. *Notice*, etc., p. XXXII.
2. *Mémoires historiques sur Louis XVII*, 3e édit. Paris, 1818, p. 336.
3. Voici ce qu'on lit encore dans l'article CLÉRY de la *Biographie universelle* : « Il s'était procuré une commission d'inspecteur de l'agence des subsistances, et ce fut en cette qualité qu'il séjourna pendant trois mois dans cette ville (Strasbourg) ; mais étranger à toute comptabilité, il ne s'y occupa que de la rédaction de son *Journal du Temple*. Cette rédaction était terminée lorsqu'il fut informé que Madame s'était mise en route pour l'Allemagne. »
4. *Vie de Cléry*, p. II.
5. Nous avons donné plus haut (p. XXIII) des renseignements sur les séjours de Louis XVIII. Ce prince était encore à Blankenbourg au commencement de 1798. Le 27 janvier, il écrivait au comte de Saint-Priest : « Je pars le 10 du mois prochain pour Mittau. » *Lettres et instructions de Louis XVIII au comte de Saint-Priest*, publiées par M. de Barante, p. 35.

prince inscrivit de suite sur la première page ce vers de Virgile.... *Animus meminisse horret*. Enfin, pour répondre dignement aux attaques de l'envie, le Roi donna comme devise au fidèle serviteur ces mots significatifs : *Fides multis spectata periclis*.

« Heureux de ces preuves si délicates de l'approbation royale, Cléry partit pour Londres; le gouvernement autrichien s'opposait à ce que l'impression eût lieu dans ses États. Voici la traduction de la note écrite à la dernière feuille du manuscrit, qui avait été déposé à la Chancellerie:

« L'impression de ce manuscrit ne peut être permise ni à Vienne, ni
« même dans les endroits dépendants de ces États où il se trouverait des
« imprimeries. Cependant l'auteur est libre de le faire imprimer hors des
« États autrichiens.

« Signé OLIVA, *manu propriâ*.

« Vienne, 30 novembre 1797 [1]. »

Parmi les documents précieux pour la biographie de Cléry qui ont été réunis par ses petites-filles, nous trouvons la lettre suivante, que Cléry reçut au moment où il se rendait à Londres pour diriger l'impression de son œuvre.

« J'ai eu, Monsieur, l'honneur de prendre les ordres de Madame de
« France au sujet du journal que vous avez rédigé. Madame m'a chargé
« de vous dire que, dans tout ce que vous avez rapporté et dont cette
« princesse a pu être instruite, elle a reconnu l'exacte vérité des faits et
« les preuves soutenues de votre zèle pour le service des augustes au-
« teurs de ses jours.

« J'ai l'honneur d'être, avec une parfaite considération, Monsieur, votre
« très humble et très obéissant serviteur,

« † A. L. H. DE LA FARE, évêque de Nancy.

« Vienne, 28 décembre 1797 [2]. »

On a pu remarquer que Mlles de Gaillard disent que Cléry *rédigea* son *Journal* sur les notes envoyées de Strasbourg par Mlle Kugler. Dans une note, fort brève, elles s'élèvent contre l'assertion, tant de fois formulée, que Cléry n'en est pas l'auteur.

« Les détracteurs de Cléry ont nié qu'il fût l'auteur du *Journal du Temple* : quelques-uns en ont attribué la rédaction à Mgr l'évêque de Nancy, d'autres à Mme la comtesse de Schomberg, laquelle est demeurée tout à

---

1. *Vie de Cléry*, p. 12-13.
2. *Vie de Cléry*, p. 17, avec reproduction du fac-similé de cette lettre.

fait inconnue à la famille de Cléry. Ceux qui ont pu avoir une pareille opinion étaient sans doute sous le coup de l'émotion qu'ils avaient ressentie à la lecture du *Journal;* ils croyaient subir un *effet de l'art d'écrire,* lorsqu'ils subissaient le contre-coup d'une grande infortune simplement exposée; l'ancien attaché au secrétariat des Enfants de France devait avoir assez d'instruction pour raconter ce qu'il avait vu [1]. »

Cléry, frappé de paralysie, mourut le 27 mai 1809, à cinquante ans, chez la comtesse de Rombeck, qui, de Vienne, l'avait fait transporter chez elle à Hetzing. Mlles de Gaillard nous apprennent que « le manuscrit du *Journal*, celui du mémoire au Roi et de toutes les Lettres autographes, confiés aux soins de Mme la comtesse de Rombeck, par Cléry mourant, sont aujourd'hui en la possession de ses petites-filles [2]. »

A peine arrivé à Londres, Cléry s'occupa de l'impression et de la mise en vente de son *Journal.* L'ouvrage fut mis en souscription et parut à la fin de mai 1798 [3], en un volume in-8 (de 16 pages non chiffrées, 232 p., et un *nota* non chiffré et deux fac-similés), sous ce titre : *Journal de ce qui s'est passé à la tour du Temple pendant la captivité de Louis XVI, roi de France,* par M. Cléry, valet de chambre du Roi. A Londres, de l'imprimerie de Baylis, Greville Street. Se vend chez l'auteur, 29, Great Pulteney Street, Golden square, et chez MM. les libraires de Londres et des principales villes de l'Europe,

---

1. *Vie de Cléry*, p. 12.
2. *Id., ibid.,* p. 181, note. — On lit à la page 27, note E : « Bien des pièces nous manquent, par suite d'une circonstance malheureuse et qu'on aura peine à comprendre dans notre pays de France : au moment de la mort de Cléry, Vienne subissait le joug de nos armes; ses papiers, mis sous les scellés, furent déposés à la Chancellerie, et sa famille n'a jamais pu en obtenir la remise. »
3. Le 31 mai, Cléry écrivait à Louis XVIII, sans doute en lui envoyant le premier exemplaire du *Journal.* (Lettre autographe signée, mentionnée dans l'*Amateur d'autographes*, t. III (1864-65), p. 155.) — Le 28 juin 1798, Louis XVIII écrivait à M. de Saint-Priest pour le charger de remettre de sa part, à l'empereur de Russie, le premier exemplaire de « l'ouvrage du fidèle Cléry, le plus beau monument qui puisse être érigé à mon malheureux frère. » (Lettres du 28 juin et du 5 juillet. *Lettres et instructions de Louis XVIII*, etc., p. 46 et 49.) — Le 11 juillet, Louis XVIII annonçait à Cléry, par une lettre autographe, qu'il le nommait chevalier de Saint-Louis. (Fac-similé dans le *Journal de Cléry,* éd. de 1861, p. 13.)

1798, avec cette épigraphe : *Animus meminisse horret* (Virg.).

Cette édition originale du *Journal* est facile à distinguer des subséquentes. Elle a en tête la *List of suscribers*, qui remplit seize pages non chiffrées et se termine par une note, en anglais, datée du 25 mai 1798, dans laquelle Cléry remercie ses souscripteurs et leur présente ses excuses sur les erreurs qu'il a pu commettre en transcrivant les noms.

Les fac-similés, qui sont au nombre de deux, offrent la reproduction de deux billets adressés, l'un au comte de Provence par Marie-Antoinette et signé par elle, par ses deux enfants et par Madame Élisabeth, l'autre au comte d'Artois, relatifs à l'envoi à ces deux princes du cachet et de l'anneau de fiançailles de Louis XVI.

En regard du titre de départ, il y a une vue de la tour du Temple, signée, à la pointe : AUDENET *sculpt*. Entre les pages 90 et 91, on trouve des plans du 2ᵉ et du 3ᵉ étage de la tour [1].

Ainsi, d'après des témoignages dont l'autorité ne peut être contestée, Cléry fit à Strasbourg, pendant son séjour, à la fin de 1795, une première rédaction ; puis il la revisa à Vienne, après avoir été remplir une mission à Vérone auprès de Louis XVIII, et avoir reçu de ce prince l'autorisation d'imprimer son *Journal*. Une fois le manuscrit prêt à être livré à l'impression, il s'occupa de le faire paraître ; mais le gouvernement autrichien opposa une fin de non-recevoir absolue. Il se décida alors à se rendre en Angleterre pour faire imprimer son *Journal*. Muni d'une lettre de l'évêque de Nancy qui, au nom de Madame Royale, attestait l'exacte vérité des faits exposés dans l'ouvrage et dont la princesse avait pu être instruite, Cléry partit pour Londres. Il s'arrêta au passage à Blankenbourg, dans le duché de Brunswick, où il présenta son *Journal* à Louis XVIII [2]. L'ouvrage, dont le manuscrit est

---

1. Cette édition originale se trouve à la Bibliothèque nationale, sous la cote Lb³⁹ 47D.

2. M. Maurice Tourneux, dans son excellente *Bibliographie de l'histoire de Paris pendant la Révolution française*, a commis ici de légères erreurs,

resté dans la famille de Cléry, parut à Londres entre le 25 et le 31 mai 1798.

Eckard nous apprend qu'il se vendit, en trois jours, six mille exemplaires du *Journal*.

Il fallut donc faire des tirages successifs. On rencontre un certain nombre d'éditions qui ne se distinguent de l'édition originale que par quelques différences dans le titre et des détails purement typographiques; nous n'y insisterons pas, et nous renverrons au savant travail de M. Maurice Tourneux, où ces éditions sont décrites avec le plus grand soin [1]. Disons seulement que la difficulté de se procurer en France des exemplaires du *Journal* amena MM. Giguet et Michaud à l'imprimer secrètement, en reproduisant exactement l'édition originale, ce qui rend la contrefaçon assez difficile à reconnaître [2].

Il n'en est pas de même pour une autre édition qui parut en 1800, sous ce titre : *Mémoires de M. Cléry ou Journal de ce qui s'est passé dans la tour du Temple pendant la détention de Louis XVI, avec des détails sur sa mort, qui ont été ignorés jusqu'à ce jour.* Édition originale, seule avouée par l'auteur. A

---

en parlant de la lecture faite par Cléry à Blankenbourg, « en présence du comte de Provence *et de sa nièce*, » et en disant que, « après cette lecture, Cléry était passé à Vienne, où il se vit refuser l'autorisation d'imprimer son livre. » Outre l'impossibilité géographique, il y a la parole même de Cléry. On lit dans une note inédite de l'édition de 1861 (p. 194) : « Étant parti de Vienne pour me rendre en Angleterre, je passai à Blankenbourg, dans l'intention de faire hommage au Roi de mon manuscrit. »

[1]. Voir *Bibliographie*, etc., t. I, p. 300-301. — Nous avons comparé ces différentes éditions à la Bibliothèque nationale, qui en possède une bonne partie. Le texte est scrupuleusement conforme à l'original. Elles peuvent être classées ainsi : 1. Lb39 47D. — 2. Lb39 47. — 3. Lb39 47F. — 4. Lb39 47A. — 5. Lb39 47B. — 6. Édition de la Bibliothèque de M. Paul Lacombe. — 7. Lb39 47C. — Une traduction italienne et une traduction anglaise parurent à Londres en 1798.

[2]. M. Tourneux croit la reconnaître dans les éditions suivantes : Lb39 47A et Lb39 47B, et dans une autre édition que possède M. Paul Lacombe. — Ce qui lui permet de constater la contrefaçon, c'est une faute d'impression, carte *ouverte*, pour carte *couverte*, qui se trouve à la p. 29. Nous ajouterons que cette faute d'impression se rencontre à la p. 40 de Lb39 47F, et que le titre, avec *Gréville Stréat*, semble bien indiquer une impression faite à l'étranger.

Londres, de l'impr. de Baylis, Greville Street. Se vend chez l'auteur, Great Pulteney Street, Golden square, et chez MM. les libraires de Londres et des principales villes de l'Europe, 1800, in-8°, 2 ff. et 155 p. [1].

Cette édition, qui fut imprimée la même année à Londres dans le format in-18 [2], est une audacieuse supercherie, dont l'auteur, au dire de Quérard [3], fut Daujon, l'un des commissaires au Temple, auquel on doit un récit de la journée du 3 septembre, que nous publierons en appendice. « Le Directoire, dit Eckard [4], pour détruire le puissant intérêt et la sensation pénible qu'excitait la lecture du *Journal de la captivité du Temple*, et pour donner le change, en fit répandre une fausse édition sous le titre de *Mémoires de M. Cléry.... sur la détention de Louis XVI*, etc., dans laquelle l'imposture a dénaturé les faits et semé des traits odieux contre ce prince et la famille royale. Aucune personne de sens ne fut la dupe de ce libelle. Dès que Cléry en eut connaissance, il protesta avec indignation, et sa réclamation fut insérée dans le *Spectateur du nord*, à Hambourg (février 1801) [5]. »

Un dernier mot sur Cléry.

Que doit-on penser de l'accusation portée contre lui d'avoir donné dans la Révolution ?

Madame Royale, dans la précieuse *Relation* dont nous donnons plus loin la première partie, s'exprime en ces termes :

« *Cléry demanda pardon à mon père de sa conduite passée, et dont les manières de mon père dans sa prison et les exhortations de ma tante l'avaient fait revenir; il fut depuis toujours très fidèle à mon père* [6]. »

On a vu plus haut que Mercereau, l'un des commissaires

---

1. Bibl. nat., Lb39 48.
2. Bibl. nat., Lb39 48A.
3. *Supercheries dévoilées*, t. I, col. 75 b. — Eckard dit (*Captivité de Louis XVI*, etc., p. XLI) : « .... Quels que soient les auteurs de ce libelle, et nous n'avons pu les découvrir, ni leurs fauteurs.... »
4. *Biographie universelle*, art. CLÉRY.
5. M. Maurice Tourneux reproduit, t. I, p. 302-303, le texte de la lettre de Cléry, qui se trouve dans la notice d'Eckard : *Captivité*, etc., p. LIX-LXII.
6. Voir plus loin, p. 14.

au Temple, traitait Cléry de « bon patriote, » et cela après la mort de Louis XVI.

Un autre commissaire au Temple, Verdier, dans un de ses rapports au Conseil général de la Commune sur les dépenses du Temple, parle de Cléry en ces termes :

« Le citoyen Cléri, actuellement au service de Louis Capet et de son fils en qualité de leur valet de chambre, était l'un des deux valets de chambre du ci-devant prince royal depuis sa tendre enfance, et le 10 d'août dernier il était de service auprès de lui aux Tuileries, où il fut exposé au double feu des combattants. Il est entré dans la tour pour servir le jeune Louis en la même qualité, d'après deux lettres du citoyen Pétion, écrites le 26 août, l'une à Louis, et l'autre au Conseil de la Commune.

« Il a été appelé à ce poste important et délicat par la confiance du maire de Paris et du Conseil de la Commune, qui l'a adopté, et il paraît qu'il l'a bien méritée. Depuis le 14 juillet 1789, il a constamment démontré son patriotisme à la section de Bonne Nouvelle, et il a fait un service continu dans la garde nationale, où il a passé par les grades [1], et s'est acquitté avec zèle des commissions dont il a été chargé. Il offre de démontrer son patriotisme par le témoignage des citoyens Pétion, Manuel, Santerre, Gorsas, Grégoire, Prieur, du Vergier, chef de légion, etc.

« La place qu'occupe le citoyen Cléri auprès des deux Louis père et fils est sans contredit la plus gênante, la plus captivante, la plus délicate, la plus exposée à la séduction et à la critique, la plus dangereuse et de la plus grande responsabilité de toutes celles du Temple. Ce poste, que le citoyen Cléri occupe dans l'appartement de Louis, est pour lui une vraie captivité. Il ne peut en sortir sans en être requis, sans être accompagné par un commissaire de la Commune; jamais il ne peut s'absenter du Temple; il ne peut avoir d'autre communication qu'avec le conseil séant au Temple pour les demandes et les besoins de ceux qu'il sert, et cependant le citoyen Cléri est père d'une famille nombreuse, à laquelle il lui faut renoncer pendant sa captivité. Enfin les fonctions du citoyen Cléri le mettent en butte aux soupçons et même aux calomnies des malveillants et des ennemis de la Patrie, acharnés contre ceux qui, suivant leur langage, « ont abandonné et trahi leur Roi. » Il n'est pas fortuné, quoiqu'il soit au service de la Cour depuis environ huit ans, ce qui peut démontrer son désintéressement et sa probité.

---

[1]. Nous avons trouvé à la Bibliothèque nationale, dans un placard imprimé de la section du Roule (ms. fr. nouv. acq., 2646, f. 10), la mention suivante : « COMPAGNIE DES GRENADIERS. *Compagnie du Roule.* M. Cléry, 11ᵉ s.-lieut., rue du Faubourg du Roule. » Ce ne doit pas être notre Cléry, puisqu'il était — lui-même le dit (voir édit. de 1861, p. 5) — de la section de Bonne-Nouvelle. C'était sans doute Alexis-Fuscien Cléry, épicier, électeur de la section du Roule (*Almanach national* de 1793, p. 346).

« D'après ces considérations, les commissaires chargés des comptes du Temple estiment qu'il ne peut pas être donné au citoyen Cléry annuellement, pour son service auprès des deux Louis père et fils, moins de 6,000 livres, payables par mois. Nous avons consulté le conseil séant au Temple. Deux opinants ont voté pour 6,000 l., deux pour huit et deux pour dix [1]. »

M. de Lamartine ayant dit, dans son *Histoire des Girondins*, que Cléry, choisi par Pétion à cause de ses opinions révolutionnaires, « avait laissé amollir son patriotisme par les tendres reproches de Madame Élisabeth et par le spectacle de ces cœurs déchirés où il lisait tant de souffrances, » et que « sa passion pour la liberté lui donnait des remords depuis qu'elle se traduisait en supplice pour la famille de son Roi, » s'attira une chaleureuse protestation de la fille de Cléry. Dans une lettre datée de Rouen, 18 avril 1847, Mme veuve de Gaillard [2] déclarait que son père n'avait pas été *choisi par Pétion*, que « *jamais*, avant son entrée au Temple, il ne partagea les erreurs ni les sentiments des ennemis de son maître.... Ce ne furent donc pas, ajoutait-elle, les sentiments révolutionnaires qu'il n'eut *jamais* qui lui ouvrirent le Temple; ce furent encore moins, comme vous le dites, les remords de sa passion pour la liberté qui lui dictèrent son admirable conduite. » Mme de Gaillard terminait ainsi : « La fidélité et l'honneur furent la seule fortune qui resta à Cléry à sa sortie du Temple, la seule qu'il ait léguée à ses filles, la seule qu'après plus de quarante ans passés dans l'exil et en France près de l'auguste fille de Louis XVI, je puisse laisser à ma famille.... Au nom de l'honneur et de la vérité, je vous somme de nouveau, Monsieur, de rayer de votre ouvrage les passages que j'ai cités. »

Mme de Gaillard aurait pu invoquer le témoignage de son père lui-même, si elle avait connu une lettre de Cléry adressée, de Schierensee, le 20 janvier 1801, à la duchesse de ***. On y lit :

---

[1]. Bibliothèque Carnavalet, ms. n° 2976, f. 46 bis.
[2]. Cette lettre a été publiée par M. Alfred Nettement dans ses *Études critiques sur les Girondins* (Paris, 1848, in-8), p. 82-84.

« M. le duc m'accuse d'ambition [1]. De l'ambition, moi ! ah ! si j'avais été enivré de cette passion, n'ai-je pas trouvé mille occasions de la satisfaire pendant mon séjour à Vienne, à Londres et à Berlin, où le feu Roi voulait me donner une maison et une place honorable ? N'ai-je pas tout refusé pour suivre la malheureuse destinée de mes augustes maîtres ? Cet effort n'a jamais été pénible; le sentiment de reconnaissance, d'attachement et de devoir est et sera éternellement gravé dans mon cœur. Cléry, simple valet de chambre et dernier serviteur de Louis XVI au Temple, est le plus beau titre que je puisse jamais posséder, et avec lequel les personnes sensibles m'accorderont toujours quelque intérêt [2].... »

Quoi qu'on puisse penser des sentiments de Cléry avant son entrée au Temple, ce qui domine tout, c'est l'admirable dévouement dont il fit preuve, c'est le témoignage que son maître lui a rendu dans l'immortel testament du 25 décembre : « Je lui (mon fils) recommande aussi Cléry, des soins duquel j'ai eu tout lieu de me louer depuis qu'il est avec moi; comme c'est lui qui est resté avec moi jusqu'à la fin, je prie messieurs de la Commune de lui remettre mes hardes, mes livres, ma montre, ma bourse, et les autres petits effets qui ont été déposés au Conseil de la Commune; » c'est aussi la bénédiction qu'il reçut de Louis XVI le matin du 21 janvier, quand, le serrant dans ses bras, le Roi lui adressa cette dernière parole : « Faites-en part à toutes les personnes qui me sont attachées; « dites aussi à Turgy que je suis content de lui.... Rentrez, ne « donnez aucun soupçon contre vous [3]. »

Nous terminerons en reproduisant une esquisse de Cléry,

---

[1]. Cléry fut alors en butte à des attaques auxquelles il fait allusion dans un mémoire au Roi cité par Mmes de Gaillard (p. 11) : « Heureusement, dit-il, je trouvai dans le cœur et dans les procédés de Monseigneur de Nancy (M. de la Fare) tout ce que je pouvais souhaiter; et l'amitié de M. Hue, qui lui-même manqua d'être enveloppé dans cette incroyable intrigue, me soutint courageusement dans cette épreuve. » Et Mmes de Gaillard ajoutent : « Nous passons rapidement sur cette époque : Cléry ne voulut confier qu'au Roi les motifs de la conduite des personnes qui tentèrent de l'éloigner de ses maîtres; sa famille, respectant ses volontés, saura garder le secret dont tout lui fait un devoir. »

[2]. Lettre autographe signée, n° 110 du catalogue Lalande (1844), citée dans l'*Amateur d'autographes*, t. III, p. 155.

[3]. *Journal de Cléry*, p. 172.

citée par Eckard dans sa notice de la *Biographie universelle*, et dont l'auteur n'est autre que Walter Scott, le célèbre romancier :

« Nous avons vu et connu Cléry, et il est impossible d'oublier l'extérieur et les manières de ce modèle de fidélité et de loyauté antiques. Ses manières étaient aisées et distinguées ; mais le sérieux profond peint sur sa figure et son air triste annonçaient que les scènes dans lesquelles il avait joué un rôle si honorable n'avaient jamais cessé d'être présentes à sa mémoire [1]. »

§ 5. — TURGY

Louis-François Turgy, né à Paris le 18 juillet 1763, entra en 1784 comme officier de bouche dans la maison du Roi. Il parvint, non sans peine, à s'introduire au Temple, en compagnie de Chrétien et de Marchand, pour continuer son service auprès de Louis XVI. Tous trois figurent comme « garçons de service auprès des prisonniers du Temple, » dans le certificat de civisme qui leur fut délivré le 2 décembre 1792 [2]. Turgy resta au Temple jusqu'au 13 octobre 1793, époque où il fut congédié par la Commune. Il y rendit les plus grands services à la famille royale. Quand Madame Royale fut mise en liberté, elle fit donner à Turgy l'ordre de l'accompagner à Vienne et elle le garda auprès de sa personne.

Lors de la Restauration, Turgy fut anobli, nommé officier de la Légion d'honneur, et attaché à Madame la duchesse d'Angoulême comme premier valet de chambre et huissier de cabinet. Il mourut à Paris le 4 juin 1823 [3].

Turgy avait réuni des matériaux sur le séjour de la famille royale au Temple. En 1799, quand Cléry retrouva Turgy à Mittau, où Madame Royale venait d'arriver près de son oncle,

---

1. Ce passage se trouve dans la *Vie de Napoléon Buonaparte, précédée d'un tableau préliminaire de la Révolution française*. Paris, 1827, 9 vol. in-8, t. II, p. 162, note 2.
2. Archives nationales, F7 4391.
3. Voir sur Turgy la notice donnée par Mahul, dans son *Annuaire nécrologique*, année 1823, p. 281-283.

il les lui demanda pour les insérer dans la nouvelle édition qu'il préparait de son *Journal*. Turgy ne put satisfaire à cette demande, nous dit Eckard, « parce qu'en arrivant à Vienne près de l'auguste princesse qui daignait l'y appeler, il lui remit les documents qu'il avait emportés avec lui, et parce qu'il avait laissé les autres en France, chez le père de sa femme [1]. » Celui-ci, craignant des persécutions après le 18 fructidor, détruisit les papiers que lui avait confiés son gendre. Seules les notes emportées par Turgy furent conservées. C'est sur ces notes, qui lui furent communiquées [2], que Eckard rédigea les pages publiées par lui en 1818, dans ses *Mémoires historiques sur Louis XVII* [3], sous ce titre : *Fragmens historiques sur la captivité de la famille royale à la tour du Temple*, recueillis par M. de Turgy pendant son service, du 13 août 1792 au 13 octobre 1793, et publiés par M. Eckard, auteur des Mémoires historiques sur Louis XVII, et à part en une brochure in-8 tirée à cinquante exemplaires (Paris, de l'imprimerie de Lefebvre, 1818 [4]). « Ces *Fragmens historiques*, dit Eckard [5], ont été rédigés sur les écrits que M. de Turgy avait heureusement emportés avec lui. Il n'a point voulu remplir les lacunes ni expliquer le contenu des billets, par des *Souvenirs* presque toujours infidèles après un laps de vingt-cinq ans.... Néanmoins ces fragmens, notamment la correspondance par signaux, répandront une lumière aussi intéressante qu'elle est certaine, sur ce qui s'est passé de plus secret dans l'intérieur de la tour du Temple [6]. »

---

1. *Mémoires historiques sur Louis XVII*, p. 337.
2. « Une circonstance aussi heureuse qu'honorable, la présentation des *Mémoires historiques,* nous a procuré la communication de ces matériaux intéressants ; nous la devons à un des plus fidèles serviteurs de la famille royale, à M. de Turgy.... » *Mémoires historiques sur Louis XVII*, p. xv.
3. Voir pages 333-383.
4. Bibliothèque nationale, Lb[41] 2648 (*Réserve*). Tirage à part à 50 ex. des *Mémoires historiques*, p. 332-383. On a placé en tête la notice sur le chevalier de Turgy, donnée par Eckard en 1825 dans l'ouvrage *Captivité de Louis XVI*, etc., p. 67-72, avec la même pagination.
5. *Mémoires historiques*, p. 338.
6. Eckard, dans les notes de ses *Mémoires historiques sur Louis XVII*, dit

Nous ne donnerons ici, des *Fragmens historiques*, que la partie qui s'étend jusqu'à la mort de Louis XVI; le reste n'est plus de notre sujet.

§ 6. — GORET

Nous arrivons aux relations dues aux commissaires de la Commune au Temple.

La première en date, par les événements qui s'y trouvent relatés, est due à Charles Goret, qui était, avant la Révolution, inspecteur de l'approvisionnement aux halles [1]. C'est à ce titre que Goret publia deux brochures, sans nom d'auteur : *Doléances à MM. les députés de la ville de Paris aux états généraux pour les marchands forains et autres des halles de Paris* (mai 1789) [2], et *Observations sur l'approvisionnement de Paris, ou moyens d'empêcher le haut prix du pain*, par l'auteur des *Doléances*, etc. (1791) [3]. Une autre brochure parut en 1791, cette fois avec le nom de l'auteur; elle portait ce titre : *La lanterne sourde, accompagnée de notes lumineuses*, par Ch. Goret, citoyen de Paris [4].

Goret appartenait à la section de Sainte-Geneviève. Il figure parmi les commissaires chargés de rédiger l'adresse des sections demandant la déchéance de Louis XVI et qui la présen-

---

que Mennessier, l'un des commissaires au Temple, lui avait communiqué « une note historique très circonstanciée de tout ce qui s'est passé au Temple dans l'après-midi du 3 septembre et le lendemain. » — « Son étendue (elle aurait au moins vingt pages d'impression), ajoute-t-il, nous empêche de l'insérer ici. » Dans les notices qu'il a fournies au recueil intitulé *Captivité de la famille royale au Temple* (2e édit., 1825), Eckard parle encore (p. LXV) de cette *note historique*, qu'il se proposait de publier, et dit que l'auteur mourut en juin 1828. Cet écrit n'a jamais paru, et l'on ne sait ce qu'il est devenu.

1. C'est ce qui résulte d'une lettre, en date du 28 avril 1785, publiée à la fin de sa brochure : *Mon témoignage sur la détention de Louis XVI*, et aussi de son écrit : *Charles Goret aux vrais sans-culottes de Pontoise*, cité plus loin.

2. Bibl. nat., Lb^{39} 1563.

3. Bibl. nat., Lb^{39} 10190.

4. Bibl. nat., Lb^{39} 5347.

tèrent le 3 août à l'Assemblée nationale [1]. Il est nommé, dans la nuit du 9 au 10 août, membre de la Commune insurrectionnelle [2]. Le 23 septembre suivant, il est appelé à faire partie du Comité de surveillance, dont Panis et plusieurs autres venaient d'être écartés [3]. Il se trouve alors en conflit avec Panis, récemment nommé membre de la Convention nationale, et l'assigne devant le juge de paix de sa section. Mais celui-ci refuse de se saisir de l'affaire sans l'autorisation de la Convention. La question fut portée, sans succès, par Goret devant cette assemblée, dans la séance du 31 octobre 1792 [4]. C'est sans doute à cet incident que Hébert fait allusion en ces termes, dans le n° 193 du *Père Duchesne* : « Le pauvre *Goret*, que je connais depuis longtemps pour un brave bougre et que j'ai visité souvent dans sa solitude plus de dix ans avant que l'on songeât à des révolutions, était là comme un patient devant les ci-devant parlemens. Il fut jugé sans être entendu et d'écharpé *(sic)* par des jean-foutres qui méritent d'être écharpés. Je m'enfuis d'horreur à ce spectacle [5]. »

Goret fit partie de la nouvelle municipalité provisoire qui entra en fonctions le 2 décembre 1792. Il figure parmi les membres du Conseil général qui, sous la présidence de Lesguilliez, décidèrent la convocation des quarante sections pour le 24 décembre, « à l'effet de procéder à la nomination de cent quarante-quatre notables pour le renouvellement de la municipalité, » — celle du 2 décembre leur paraissant trop réactionnaire [6]. Il était — lui-même nous l'apprend — de garde au Temple le 21 janvier 1793. Nous trouvons en effet sa signature :

---

1. Mortimer-Ternaux, *Histoire de la Terreur*, t. II, p. 395. On le nomme ici *Gorrel*.

2. *Commune de Paris, Tableau général des commissaires des 48 sections qui ont composé le Conseil général de la Commune du 10 août 1792*, in-4; il est nommé ici *Gorel*.

3. Voir Mortimer-Ternaux, *Histoire de la Terreur*, t. III, p. 509.

4. Voir le *Journal de Paris* du 1ᵉʳ novembre et le *Moniteur universel* du 2 novembre 1792.

5. Collection du *Père Duchesne* à la Bibl. nat., Lc2 508; vol. contenant les nᵒˢ 151 à 225.

6. Voir Mortimer-Ternaux, t. VII, p. 473 et suiv.

Ch. Goret, *officier municipal*, sur un « Extrait du registre des demandes du Temple » à la date du 22 janvier [1], et son nom figure au bas de deux autres documents de la même date [2]. Il signe, comme administrateur de la police, un document en date du 27 mars 1793 [3]. Que devint-il pendant la Terreur ? Voici ce que lui-même nous apprend à cet égard : « Pour moi, j'ai échappé à cette époque, parce que j'étais alors en mission, en qualité d'agent du ministre de l'intérieur et de la commission des approvisionnements pour les subsistances de la ville de Paris [4]. » Ce n'est pas que, malgré ses preuves de *civisme*, il n'eût été inquiété. « Il y a près d'un an que j'habite Pontoise, raconte-t-il dans une brochure intitulée : *Charles Goret aux vrais sans-culottes de Pontoise* [5] (p. 3), et que je suis chargé d'y remplir une mission importante ; elle ne pouvait être légitimement confiée qu'à un homme qui avait fait preuve de patriotisme ; or, un homme du 10 août 1792 et qui n'a cessé d'être employé dans nombre de missions que cette célèbre Commune de Paris et celle provisoire qui l'a suivie avaient à faire remplir pour sauver la chose publique ; un homme, dis-je, qui fut ainsi employé, peut avoir donné quelques preuves de patriotisme.... »

Goret raconte que, le 13 messidor an II (1er juillet 1794), il fut chassé de la Société populaire de Pontoise, dite *des vingt et un*. Sa brochure avait pour but de se défendre contre d'injustes accusations formulées contre lui. « Ce que j'ai fait avant l'époque du 10 août, dit-il, se prouve par quelques écrits patriotiques que j'ai fait imprimer et qui ont été accueillis par la Société des Jacobins.... La conduite que j'ai tenue avant la Révolution se prouve par le témoignage écrit et signé de tous les magistrats de la commune d'Hennin-Liétard, près Lens, en la

---

1. *Papiers du Temple, 1792-1794*, par le baron de La Morinerie. Paris, typ. Georges Chamerot, 1884, gr. in-8 de 43 p. Voir n° XXXIX. (Extrait de la *Nouvelle Revue* du 1er avril 1884, et tiré à 25 exemplaires.)
2. *Papiers du Temple*, n°s XXXVII et XXXVIII.
3. *Moniteur universel* du 29 mars 1793.
4. *Mon témoignage sur la détention de Louis XVI*, etc., p. 68.
5. Pontoise, impr. Dufey, s. d., in-4. (Bibl. nat., Ln27 8626.)

ci-devant province d'Artois. Cette pièce prouve qu'il a été reconnu, plusieurs années avant la Révolution, que je m'étais montré le défenseur des droits du peuple que je défendis généreusement et en bon patriote pendant dix années consécutives contre les attaques des ci-devant prêtres, nobles et grands de ce temps-là. Enfin la conduite que j'ai tenue avant la Révolution se prouve par la conduite que j'ai tenue pendant quinze années dans les halles de Paris, où j'ai été chargé de l'inspection de l'approvisionnement. Je puis dire qu'après y avoir combattu le despotisme lorsqu'il régnait, j'ai contribué à l'y faire anéantir par mes écrits patriotiques et imprimés depuis la Révolution. »

Ces belles protestations ne mirent pas Goret à l'abri : jusqu'à la chute de Robespierre, ceux qui l'avaient fait chasser de la Société populaire essayèrent de l'envoyer à la guillotine. Nous perdons ensuite la trace de Goret. Il réussit à entrer dans les bureaux des contributions directes, où sa vie paraît s'être écoulée [1]. C'est là que nous le retrouvons en 1823, publiant une brochure intitulée : *Exposé sur la nécessité de réformer la commission des contributions directes de Paris* [2]. Deux ans après, il livrait au public l'écrit qui nous occupe : *Mon témoignage sur la détention de Louis XVI et de sa famille dans la tour du Temple*, par Ch. Goret, ancien membre de la Commune du 10 août 1792 [3].

« C'est dans ma retraite, dit-il dans l'*Avis* qui est en tête, et après avoir parcouru une carrière de plus de cinquante années dans des emplois en administrations publiques à Paris, que je joins mon tribut à celui des personnes qui ont écrit sur la révolution. Peut-être les faits que j'expose aujourd'hui, comme en ayant été témoin, piqueront-ils la curiosité de ceux qui fixent leur attention sur l'une des plus remarquables époques de cette révolution, celle du 10 août 1792, époque à laquelle le hasard, ainsi que je l'expliquerai, me porta sur les bancs du Conseil général de la Commune de

---

1. Notre savant confrère M. Bégis nous apprend qu'il épousa, par contrat du 5 messidor an V (23 juin 1797), Marie-Perette Lemercier, femme divorcée de Louis-Jacques-Antoine de Junquières, représentant du peuple.
2. Br. in-8 de 44 p. Bibl. nat., Lk7 6805.
3. Paris, F.-M. Maurice, 1825, in-8 de 71 p.

Paris. Ma narration doit se ressentir de douloureux souvenirs; mais j'aurai atteint mon but si, ainsi que je me le propose, j'ai jeté quelque lumière sur des faits assez intéressants, qui ont pu échapper ou qui ne sont pas parvenus à la connaissance de nos historiens. »

Goret, écrivant longtemps après les événements et sous la Restauration, fait le bon apôtre : il cherche à se laver, ainsi que ses collègues, des reproches dont ils ont été l'objet; il affecte le plus grand respect pour la famille royale; son témoignage ne doit être accueilli qu'avec une certaine réserve.

§ 7. — VERDIER

Verdier est l'auteur d'un *Tableau historique de la captivité de la famille royale au Temple*, resté inédit jusqu'à ce jour.

Né à la Ferté-Bernard (Sarthe) en 1735, Jean (dit Martin) Verdier fut à la fois avocat au Parlement de Paris, docteur en médecine et chef d'une maison d'éducation; mais c'est surtout au second titre qu'il se fit connaître : on lui doit de nombreux ouvrages de médecine. Dès 1763, il publiait trois volumes in-12 sur la *Jurisprudence de la médecine en France;* l'année suivante, il donnait deux volumes in-12 sur la *Jurisprudence particulière de la chirurgie;* en 1778, il imprimait un *Cours d'éducation à l'usage des élèves destinés aux premières professions et aux grands emplois de l'État* (un vol. in-12), et, en 1792, un *Discours sur l'éducation nationale, physique et morale des deux sexes* (un vol. in-18) [1]. Ces renseignements ne sont point inutiles, car, à lire le *Tableau historique*, à entendre le membre de la Commune du 10 août, à voir cette écriture presque indéchiffrable par endroits, on ne s'attendrait guère à rencontrer un médecin-légiste, un éducateur de la jeunesse doublé même d'un littérateur, — car Verdier publia plus tard un texte, « corrigé dans cent vingt endroits, » de l'*Art poétique* d'Horace, avec une traduction nouvelle, — et d'un grammairien, car, parmi ses nombreux ouvrages, on remarque

---

1. Quérard, *France littéraire*, art. VERDIER.

le suivant : l'*Art de discourir grammaticalement, ou grammaire générale du discours purement grammatical* (in-12).

Le seul des ouvrages de Verdier dont Quérard ignorait l'existence est aussi le seul qui nous intéresse. Nous en avons donné le titre. Il se trouve en minute dans un manuscrit conservé à la Bibliothèque du musée historique de la ville de Paris, à l'hôtel Carnavalet, sous le n° 29726. Ce manuscrit se compose de trois volumes. Le premier contient le manuscrit autographe de Verdier, monté sur onglets, et la minute des rapports de Verdier, comme l'un des commissaires examinateurs des comptes au Temple, et divers documents officiels, dont certains en expédition originale. Le second volume contient une copie, arrangée et fautive, du texte de Verdier, préparé pour l'impression à l'époque de la Restauration, et la copie des rapports et d'autres documents; le troisième contient des « notices sur les illustres prisonniers du Temple et sur plusieurs personnes dont les noms figurent dans les Mémoires de M. Verdier. » Ces notices n'offrent rien d'original, et il en est de même de celle consacrée à Verdier, qui ne donne aucun détail sur sa vie, et se borne à résumer son rôle à la Commune et à analyser ses rapports. On y fait l'éloge de Verdier, et l'on va jusqu'à célébrer son dévouement au Roi.

Verdier était un ardent révolutionnaire : il fut désigné par la section du Jardin des Plantes, à laquelle il appartenait, comme commissaire pour la rédaction de l'adresse demandant la déchéance de Louis XVI, le 3 août 1792. Son rôle politique ne paraît pas s'être prolongé au delà de ses fonctions de membre de la Commune du 10 août et de commissaire au Temple : il ne fut point réélu le 2 décembre. Nous perdons ensuite sa trace; nous savons seulement qu'il mourut à Paris, le 6 juin 1820, à l'âge de quatre-vingt-cinq ans.

Nous avons copié le *Tableau historique* sur la minute, et nous le reproduisons presque intégralement. Au moment même où nous en achevions la transcription, M. Gaston Maugras, auquel il avait été signalé par M. Lucien Faucou, l'habile conservateur adjoint du musée Carnavalet, en a donné quelques extraits dans le numéro du 30 avril 1892 de la *Revue Bleue* [1]. Mais les fragments reproduits dans ce travail ont été établis presque exclusivement sur la copie fautive jointe à la minute, et n'offrent point, par conséquent, toutes les garanties désirables d'exactitude. Il est regrettable que M. Gaston Maugras ne se soit pas astreint au déchiffrement, assez pénible, mais indispensable, du texte original.

§ 8. — MOELLE

Claude-Antoine-François Moelle, né à Dieuze (Meurthe), en 1756, était commis à la caisse d'escompte quand il fut nommé membre du jury d'accusation auprès du tribunal criminel du 17 août [2], puis appelé par la section du faubourg Montmartre à faire partie de la nouvelle municipalité provisoire du 2 décembre 1792, et nommé officier municipal [3]. Le 23 novembre précédent, il avait demandé une attestation de civisme, et, dans la lettre qu'il écrivait à cet effet, il se déclarait « un des champions de la mémorable journée du 10 août [4]. On s'étonne qu'il ait eu besoin d'une attestation de civisme, lui qui écrivait : « L'on peut se rappeler comment je traitai Manuel, qui voulait qu'on épargnât les officiers suisses dans la crainte des représailles [5]. » En décembre, il figure dans le groupe des membres de la Commune qui provoqua le renouvellement de la municipalité [6]. Lui-même nous apprend que, lors de l'élection qui eut lieu dans sa section au mois de février 1793, il fut réélu; mais que, exclu par le club électoral, où dominait la faction jacobine,

---

1. Tome XLIX, pages 558-566 : *Trois mois à la tour du Temple*.
2. Archives nationales, F7 4774[11]. Communications de M. Bégis et de M. Lecestre.
3. *Liste générale des cent quarante-quatre citoyens élus par les quarante-huit sections pour composer le Conseil général, le corps et le bureau municipal de la ville de Paris*. 1793, in-4 de 19 p. Voir p. 10. — Conseil général de la Commune, dans l'*Almanach national de 1793*, p. 390.
4. L'original de cette lettre se trouve à la Bibliothèque nationale, ms. fr. nouv. acq. 2686, f. 63.
5. Archives nationales, F7 4774[11].
6. Mortimer-Ternaux, t. VII, p. 474.

il sortit du corps municipal et dut renoncer aux fonctions d'administrateur, tout en continuant à faire partie du Conseil général de la Commune, où il siégea jusqu'au 31 mai 1793 [1]. Au commencement de cette année, il était l'un des quatre administrateurs des domaines, finances et contributions, et occupa un moment le siège de suppléant du procureur de la Commune près les tribunaux de police municipale et correctionnelle [2]. Appelé, avec Cailleux et Toulan, à faire partie du bureau des comptes de l'administration du Temple, il signa en cette qualité le rapport présenté par Cailleux, au nom de ses collègues, le 19 mai 1793 [3]. Un peu avant cette date, le 19 avril, il avait été dénoncé par Tison et sa femme, de concert avec Toulan, Lepitre et plusieurs autres commissaires au Temple, comme ayant eu des conférences secrètes avec les prisonniers, comme leur ayant fourni de la cire, des pains à cacheter, des crayons, du papier, et enfin comme s'étant prêtés à des correspondances secrètes [4]. L'affaire n'eut pas de suite en ce qui concernait Moelle. Mais, impliqué dans le procès de la Reine, il fut arrêté le 24 septembre, conduit à l'Abbaye, et traduit le 14 octobre suivant devant le tribunal révolutionnaire. Le lendemain, il fut confronté avec la Reine [5]. Transféré à la Conciergerie, il comparut le 16 novembre devant le tribunal révolutionnaire, en compagnie de Michonis, Toulan, Lepitre, etc. Il fut acquitté trois jours après (29 brumaire an II) [6].

Voilà tout ce que nous savons de Moelle [7].

1. *Six journées passées au Temple*, p. 39.
2. Il est qualifié en avril de « ci-devant suppléant du procureur de la Commune. » Mortimer-Ternaux, t. VII, p. 481.
3. *Papiers du Temple*, par le baron de la Morinerie, n° XLII.
4. *Moniteur universel* du 23 avril 1793; Beauchesne, t. II, p. 38 et suiv.; Mortimer-Ternaux, t. VII, p. 482.
5. Voir *Histoire du dernier règne*, etc., t. II, p. 237, 242, 321, et *Marie-Antoinette à la Conciergerie*, par Émile Campardon, p. 69, 114, 326.
6. *Six journées passées au Temple*, p. 57-58, 62, 65, 70-74. Cf. Wallon, *Histoire du tribunal révolutionnaire*, t. II, p. 206.
7. M. Bégis nous donne, au dernier moment, le renseignement suivant : Moelle mourut à l'hôpital Saint-Louis, âgé de soixante-seize ans, le 10 juin 1832; il était veuf de la demoiselle Spilleux.

C'est en 1820 qu'il fit paraître l'écrit intitulé : *Six journées passées au Temple et autres détails sur la famille royale qui y a été détenue*, avec cette épigraphe, tirée du testament de Louis XVI : « Je pardonne encore très volontiers à ceux qui me gardaient les mauvais traitements et les gênes dont ils ont cru devoir user avec moi. J'ai trouvé des âmes sensibles et compatissantes ; que celles-là jouissent dans leur cœur de toute la tranquillité que doit leur donner leur façon de penser [1]. »

« Ce récit, dit Moelle dans l'*Avertissement*, peut se lier à ce qui a été publié de plus authentique sur la captivité de la famille royale dans la tour du Temple et les malheurs inouïs qui l'ont accablée. Touchant ce que je rapporte de l'intérieur de cette prison, et de ce qui s'y est passé lorsque j'y ai pénétré, je pourrais invoquer le plus auguste témoignage ; mais je me borne à dire que si je suis lu, je ne serai pas désavoué.... Dans la position où je me suis trouvé à l'égard de la famille royale, j'ai regardé comme un devoir, après y avoir survécu et après nos vicissitudes, d'ajouter mon témoignage à tous ceux qui publient les vertus, les nobles douleurs et surtout l'inaltérable bonté de ceux que nous avons perdus. Je viens en révéler de nouvelles preuves, et y attacher, au milieu de tant d'erreurs, tant de complots et d'ingratitude, un nouvel hommage de mon dévouement et de mes regrets. »

« J'ai vu, dit-il encore au début de sa relation, j'ai vu Louis XVI et son auguste famille au Temple ; j'ai vu cet excellent et infortuné prince devant ceux qui se sont établis ses juges ; j'ai vu la Reine devant un tribunal de sang, sur ce siège où se sont succédées tant de victimes des systèmes et des réactions révolutionnaires ; j'ai vu, enfin, Madame Élisabeth montrer le ciel aux compagnons de son martyre.... Elle les y suivit la dernière. Qu'il me soit permis, en retraçant ces souvenirs, d'y mêler quelques faits qui me sont personnels ; cette association était indispensable à mon récit. Je l'offre aux âmes sensibles et à l'histoire. »

Le récit de Moelle s'ouvre au 5 décembre, date à laquelle il parut pour la première fois au Temple comme commissaire de la Commune. Il raconte avec une grande précision tout ce dont il a été témoin, et donne des détails circonstanciés sur le régime de la prison, la vie intime du Roi, etc.

---

[1]. Paris, J.-G. Dentu, imprimeur-libraire, 1820, in-8 de III-77 p.

§ 9. — LEPITRE

Jean-François Lepitre, né le 6 janvier 1764, fut d'abord professeur de rhétorique à l'université de Paris et attaché au collège de Lisieux. Il était chef d'institution quand, après le 14 juillet 1789, il fut appelé à faire partie de la première Commune de Paris. Démissionnaire en 1790, il ne reparut sur la scène politique qu'au 2 décembre 1792, comme membre de la nouvelle municipalité provisoire pour la section de l'Observatoire ; il était en même temps administrateur de police et président de la commission des passeports. Lepitre fut du nombre des commissaires au Temple qui, touchés des infortunes de Louis XVI et de la famille royale, leur témoignèrent un respect qui bientôt fit place au plus absolu dévouement. Il fut mêlé au complot de Jarjayes, en mars 1793 [1]. Dénoncé le 19 avril [2] avec Moelle et d'autres de ses collègues, comme nous venons de le voir, il fut également impliqué avec eux dans le procès de la Reine et acquitté le 19 novembre (29 brumaire an II) [3]. Au 13 vendémiaire, Lepitre présidait l'une des sections qui se soulevèrent contre la Convention. Peu après, il reprenait ses fonctions d'instituteur. Directeur d'un établissement dans le Marais, il fut nommé en 1816 professeur de rhétorique au collège de Rouen, d'où il passa au collège de Versailles. C'est dans cette ville qu'il mourut, le 18 janvier 1821. Louis XVIII l'avait fait chevalier de la Légion d'honneur [4].

---

1. Voir, dans la *Biographie universelle* de Michaud, les articles LEPITRE et JARJAYES, dus à Eckard.
2. Voir *Quelques souvenirs*, etc., p. 35 et suiv., 51 et suiv. Le *Moniteur universel* du 25 avril donne le compte rendu de la séance du Conseil général de la Commune du 23, où fut lue une lettre où Lepitre demandait la levée des scellés apposés chez lui et sollicitait un prompt examen de sa conduite, « pour prouver au Conseil qu'il n'a point à rougir de l'avoir vu siéger parmi ses membres. »
3. Voir *Quelques souvenirs*, etc., p. 62 et suiv. ; *Histoire du dernier règne*, etc., t. II, aux pages citées et pages 302 et 304; *Marie-Antoinette à la Conciergerie*, etc., par Émile Campardon, p. 88, 109, 309-310.
4. Dans le dossier *Louis XVII*, qui se trouve aux Archives nationales,

Lepitre avait composé un chant funèbre sur la mort de Louis XVI, que M*me* Cléry mit en musique et qu'il offrit à la Reine le 7 février 1793 [1]. Quand il reprit son service au Temple, le 1*er* mars, Marie-Antoinette le fit entrer dans la chambre de Madame Élisabeth, et le jeune Dauphin, accompagné par sa sœur, chanta la romance, au milieu des larmes des assistants [2]. Lepitre composa pour Madame Royale une autre romance intitulée *Consolation*, qui fut également mise en musique par M*me* Cléry, et dont on a le texte [3].

C'est donc à un fervent royaliste qu'est dû l'opuscule intitulé : *Quelques souvenirs, ou notes fidèles sur mon service au Temple, depuis le 8 décembre 1792 jusqu'au 26 mars 1793, et sur quelques faits relatifs au procès de la Reine et à celui des membres de la Commune accusés de conspiration avec la famille royale,* par M. L****** (Paris, Nicole et Le Normant, 1814, in-8 de 92 pages), et qui eut en 1817 une seconde édition, avec le nom de l'auteur (Paris, Nicole, in-8 de 92 pages) [4].

Voici ce qu'écrit Lepitre au début de son récit (p. 3) :

« La moitié de ma vie s'écoula paisiblement, et je soupçonnais peu que je dusse un jour être pour quelque chose dans les divers événements dont le souvenir cruel se retrace sans cesse à ma pensée. Déjà deux fois je les avais confiés au papier et deux fois j'eus à peine le temps de livrer aux flammes ce que j'avais écrit ; mais tous les faits sont trop bien gravés dans

---

F7 6808, n° 1496), il y a une note sur Lepitre ainsi conçue : « Officier municipal à l'époque de la captivité du Dauphin, sa conduite fut digne d'éloges. Sa Majesté l'a récompensé en le nommant chevalier de la Légion d'honneur et professeur de belles-lettres au collège de Rouen.... »

1. On en trouvera le texte dans le *Louis XVII* de M. de Beauchesne, t. II, p. 18, note, et avec la musique dans l'édition de 1861 du *Journal de Cléry*.

2. Voir *Quelques souvenirs*, etc., p. 80 et suiv.

3. Il a été donné, paroles et musique, dans l'édition de 1861 du *Journal de Cléry*. — On publia en 1814 : *Cinq romances composées en 1793 et 1795 pour les illustres prisonniers du Temple*, par M. Lepitre ; musique de M*me* Cléry (Paris, Sieber, in-4).

4. L'exemplaire de la 2*e* édition de *Quelques souvenirs*, etc., qui se trouve à la Bibliothèque Carnavalet (E, 2272), est celui de M. Monmerqué ; il est accompagné de notes manuscrites où se trouve relatée une conversation que Monmerqué eut avec Lepitre le 26 juin 1816, et de plusieurs lettres autographes de celui-ci.

ma mémoire pour que je puisse craindre d'omettre la moindre circonstance. »

Nous ne donnerons ici que la portion de la relation de Lepitre qui concerne Louis XVI.

§ 10. — MALESHERBES

Sainte-Beuve, dans un article sur Malesherbes, cite ce trait remarquable : « Voyageant en Suisse dans l'été de l'année 1792, à l'époque, je crois, du 20 juin, il entra un matin à Lausanne chez une de ses parentes (la marquise Daguesseau), qui s'y trouvait alors et qu'il visitait tous les jours : « Je pars pour Paris, » dit-il. — « Et pourquoi ? » — « Les choses deviennent « plus graves ; je vais à mon poste : le Roi pourrait avoir « besoin de moi [1]. »

Nous n'avons point à nous arrêter au rôle admirable de Malesherbes comme défenseur de Louis XVI ; nous devons seulement rechercher l'origine et établir l'authenticité du fragment souvent cité sous ce titre : *Journal de Malesherbes*, et dont les bibliographes qui ont énuméré les œuvres du célèbre magistrat ne parlent pas [2].

Dans un ouvrage, intitulé *Malesherbes*, publié en 1803 [3], et dont l'épître dédicatoire au prince héréditaire de Linange est signée DE L'ISLES DE SALES [4], membre de l'Institut national de France, on lit (p. 271) :

---

[1]. *Causeries du lundi*, t. II, p. 404.
[2]. Nous trouvons, dans le *Catalogue d'une curieuse collection d'autographes composant le cabinet d'un amateur connu*, dont la vente eut lieu le 30 janvier 1882, la mention suivante (p. 48) : « *Anecdote relative à la mort de Louis XVI*, pièce aut. sig. L. P., 5 p. in-4, d'une écriture serrée. Détails curieux sur les diverses entrevues du Roi et de Malesherbes à la prison du Temple, donnés par celui-ci huit jours avant sa mort et écrits en quelque sorte sous sa dictée. »
[3]. *Malesherbes*. Avec cette épigraphe : *Bonum virum facile crederes, magnum libenter....* (TACIT., *in Vita Agricolæ*). De l'imprimerie de Guillemenet. A Paris, chez L. Duprat-Letellier et Cⁱᵉ, 1803, in-8 de XLV-295 p.
[4]. J.-B. Claude Isoard, connu sous le nom de DELISLE DE SALES. Voir la *France littéraire* de Quérard, à ce nom, t. II, p. 456-459.

« Cette histoire de ce qui se passa au Temple entre Louis XVI et son illustre défenseur s'imprimait, lorsqu'on me fit passer, de Londres, un papier public qui renfermait, sur le même sujet, quelques anecdotes tirées d'un *Ouvrage posthume* de Malesherbes; ne connaissant pas cet écrit, ses amis les plus intimes étant, à cet égard, dans une ignorance absolue, et ne pouvant ainsi prononcer sur son authenticité, je prends le parti de transcrire le papier anglais : l'intérêt qu'il inspire est assez grand pour qu'en cas de fiction, si l'homme de goût la rejette, l'homme sensible la pardonne. »

Jean-Baptiste Dubois, auquel Malesherbes avait confié l'éducation de son petit-fils Louis Le Pelletier de Rosambo [1], publia en 1806 une *Notice historique sur Chrétien-Guillaume de Lamoignon de Malesherbes* (troisième édition, corrigée et considérablement augmentée [2]), où on lit (p. 140 et 143) :

« Dans la première édition de cette Notice, j'avais passé sous silence tout ce qui était relatif au procès du malheureux monarque et à la conduite de Malesherbes dans cet intervalle. Les détails que j'aurais pu donner alors eussent été prématurés, et, d'ailleurs, je n'osais pas publier ce que Malesherbes m'avait confié successivement pendant l'année qu'il survécut à Louis XVI. Je n'en eusse point encore parlé aujourd'hui, si je n'avais retrouvé, dans l'ouvrage publié par M. de l'Isle de Sales, les faits les plus intéressants de cette époque et de l'authenticité desquels il ne m'est pas permis de douter..... M. de l'Isle de Sales rapporte un morceau extrait des papiers anglais, et qui renferme des anecdotes tirées, dit-on, d'un ouvrage posthume de Malesherbes. Je commence par avouer que je ne connais point cet écrit; mais les détails qu'il renferme sont si exacts, si conformes à ce que Malesherbes m'a raconté à différentes reprises, que je ne balance pas à le lui attribuer, et certifie que les faits qu'il contient m'ont été racontés par lui. »

Le morceau cité par Delisle de Salles n'avait point paru seulement dans les journaux anglais; il avait été inséré par Bertrand de Moleville dans ses *Mémoires secrets pour servir à l'histoire de la dernière année du règne de Louis XVI*, publiés à Londres en 1797 [3]; il avait été donné également, avec quelques passages qui ne se trouvent pas chez Bertrand de Moleville, dans un ouvrage intitulé : *Vie privée et publique de*

---

1. Voir l'article Dubois (Jean-Baptiste), dans la *Biographie universelle*.
2. Paris, Potey, 1806, in-8 de 186 p.
3. Tome III, p. 21.

Louis XVI, roi de France, imprimé à Londres en 1800 [1]. Bertrand de Moleville reproduisit le récit de Malesherbes dans son *Histoire de la Révolution de France pendant les dernières années du règne de Louis XVI*, dont le tome X porte le millésime de l'an X (1802) [2], en l'accompagnant de la note suivante : « M. de Malesherbes avait écrit des mémoires sur le procès de Louis XVI et sur ses différentes entrevues avec ce monarque infortuné. Ces mémoires ont péri avec leur auteur; il m'en est tombé entre les mains un fragment que je dois faire connaître au lecteur [3]. » Enfin, nous retrouvons ce même fragment dans la nouvelle édition des *Mémoires secrets*, publiée en 1816 [4].

Il faut faire observer que le texte donné par Bertrand de Moleville n'est pas le même dans les *Mémoires secrets* que dans ses deux publications postérieures. Cette remarque a déjà été faite par Sainte-Beuve. « On trouve, écrivait-il en 1850, une conversation de Malesherbes rapportée au long dans les Mémoires de Bertrand de Molleville et rapportée un peu différemment dans les deux éditions de ces mémoires (1797 et 1816). Je l'aime mieux dans le premier texte de 1797; elle y est moins écrite et plus *parlée*, et comme plus près de la source. Cette conversation a fort choqué, je ne sais pourquoi, M. Boissy d'Anglas, qui la trouve *joviale*; elle n'est que très vive et très naturelle [5]. »

---

[1]. A Londres, et se trouve à Paris chez tous les marchands de nouveautés. 1800, in-12 de viii-431 p. Nous possédons un exemplaire de cet ouvrage, qui ne se trouve pas à la Bibliothèque nationale. Voir pages 388-395. — Le morceau est précédé de ces lignes (p. 387) : « Voici comment lui-même s'est expliqué sur cette philosophie d'où sont dérivées tant de calamités, et ce qu'il raconte de la constance, des vertus et de la piété de Louis. C'est dans la prison des Madelonnettes, sous le règne de nos décemvirs, que M. de Malesherbes a fait part à un ami de ce fragment historique. Lorsqu'il arriva à ce séjour de détention, plusieurs prisonniers s'empressèrent autour de lui, en lui donnant des marques du plus respectueux attendrissement. »
[2]. Voir tome X, p. 404, note.
[3]. *Histoire de la Révolution de France*, t. X, p. 404, note.
[4]. *Mémoires particuliers pour servir à l'histoire de la fin du règne de Louis XVI*. Paris, L.-G. Michaud, 1816, 2 vol. in-8.
[5]. *Causeries du lundi*, t. II, p. 418.

Cette version a été fort souvent reproduite, mais seulement d'après le deuxième texte, que l'auteur a arrangé et expurgé, en y supprimant, entre autres passages, ceux relatifs à Target et Tronchet. On la rencontre, en particulier, à la suite des *Mémoires particuliers sur la captivité de la famille royale au Temple* (Relation de Madame Royale), publiés en 1817 par le libraire Audot (p. 73-77); dans l'*Histoire de la captivité de Louis XVI et de la famille royale*, donnée par M. de Sévelinges en 1817 (Paris, L.-G. Michaud, in-8, p. 331-334); dans *Les Bourbons martyrs ou les augustes victimes* (Paris, 1821, in-8), avec une pagination spéciale à la fin du volume; dans la deuxième édition de la *Captivité de Louis XVI et de la famille royale*, donnée en 1825 (in-8, p. 324-328); dans la *Collection des Mémoires* de Berville et Barrière (1825), à la suite de Cléry (p. 287); dans la *Bibliothèque des Mémoires* de François Barrière, tome IX (1847) (p. 195).

Mais le fragment cité, et mal cité, du prétendu *Journal de Malesherbes* n'est pas la seule version qu'on possède des récits de l'illustre défenseur de Louis XVI. Nous en avons une autre, bien plus développée, bien plus importante, qui nous a été transmise par François Hue dans ses *Dernières années du règne et de la vie de Louis XVI*.

« Quelques mois après la mort du Roi, dit-il, ayant été traîné de prison en prison, je me trouvais dans celle de Port-Royal, lorsque M. de Malesherbes y fut conduit.... « Mon « ami, » me dit-il un jour, « vous survivrez, je l'espère, au « supplice qui m'attend. Retenez donc ce que vous méritez « d'entendre : ajoutez aux traits sous lesquels vous avez « connu le plus vertueux et le plus courageux des hommes les « traits que je veux vous faire connaître. » Quelques jours après, M. de Malesherbes, cédant à mes instances, voulut bien me donner un écrit qui contenait en substance les différentes conversations que je vais rapporter. Le concierge de la prison où j'étais, accordant quelquefois à mon fils, alors âgé de huit ans, la permission de me voir, je cachai soigneusement sous ses habits l'écrit de M. de Malesherbes, ainsi que plusieurs notes et renseignements précieux que j'avais recueillis. Mon fils, au sortir de la prison, m'informa, par un signal dont nous étions convenus, que ces papiers étaient en sûreté [1]. »

Nous donnerons à la fois le texte, *in extenso*, du fragment incomplètement et inexactement reproduit jusqu'ici, et le précieux morceau de Malesherbes que nous a conservé François Hue.

§ II. — L'ABBÉ EDGEWORTH

Henri-Essex Edgeworth de Firmont, né en 1745 dans le bourg d'Edgeworth-Town, était issu d'une famille protestante du comté de Middlesex, fixée en Irlande depuis le règne d'Élisabeth. Son père, ayant embrassé le catholicisme, résigna son bénéfice d'Edgeworth-Town et passa en France. Henri avait alors quatre ans. Élevé à Toulouse, au collège des jésuites, il embrassa l'état ecclésiastique et vint s'établir à Paris, où il se livra avec zèle à l'exercice de son saint ministère. Il devint le confesseur de Madame Élisabeth, et fut introduit par elle à la Cour, où, durant les derniers jours de la royauté, il allait, deux ou trois fois par semaine, porter les secours spirituels à la famille royale. Après le 10 août, il faillit être tué dans son logement, au séminaire des Missions étrangères, rue du Bac, envahi par une bande d'énergumènes. Au lendemain des massacres de septembre, il s'échappa sous un déguisement et se réfugia à Choisy-le-Roi. C'est alors que Mgr de Juigné, archevêque de Paris, forcé de quitter son diocèse, investit l'abbé Edgeworth du titre de vicaire général. Celui-ci rentra à Paris et se réinstalla rue du Bac. Là, il attendait le moment où il serait appelé près du Roi pour l'assister à sa dernière heure [2]. On lit dans une lettre adressée par lui à l'un de ses amis en Angleterre, à la date du 21 décembre 1792 : « Mon malheureux maître a jeté les yeux sur moi pour le disposer à la mort, si

---

[1]. *Dernières années*, etc., p. 420-421.
[2]. Lettre à Ussher Edgeworth, en date du 1ᵉʳ septembre 1796, publiée dans les *Mémoires*, p. 111.

l'iniquité de son peuple va jusqu'à commettre ce parricide. Je me prépare moi-même à mourir : car je suis convaincu que la fureur populaire ne me laissera pas survivre une heure à cette scène horrible, mais je suis résigné ; ma vie n'est rien. Si en la perdant je pouvais sauver celui que Dieu a placé *pour la ruine et la résurrection de plusieurs,* j'en ferais avec joie le sacrifice et je ne serais pas mort en vain [1]. »

L'abbé Edgeworth n'attendit pas longtemps : le 20 janvier, il était appelé devant le Conseil exécutif provisoire ; on trouvera plus loin tous les détails donnés à ce sujet par le saint ecclésiastique.

C'est à lui aussi que nous devons les détails de sa fuite de Paris ; de sa retraite chez le baron de la Lézardière, à trois lieues de Paris, où il reste caché pendant quelque temps, correspondant secrètement avec Madame Élisabeth et avec Mgr de Juigné, archevêque de Paris ; puis à Montigny, près de Pithiviers, chez le comte de Rochechouart, où il passe quatre mois ; puis à Fontainebleau, d'où il gagne la Normandie. Il s'arrête à Bayeux, où il séjourne pendant dix-huit mois en compagnie du baron de la Lézardière, qui l'avait rejoint. C'est là que lui parvint la nouvelle du supplice de Madame Élisabeth. C'était le dernier lien qui l'attachait à la France, où il venait de perdre sa vieille mère. Il chercha à s'embarquer pour l'Angleterre, où il parvint après bien des périls (25 avril 1796). Il alla aussitôt trouver le comte d'Artois à Édimbourg. De là il se rendit à Blankenbourg, chargé d'une mission près de Louis XVIII, qui venait de lui adresser une lettre des plus flatteuses, où il lui demandait de prendre la plume pour raconter les derniers moments de Louis XVI [2]. Fixé désormais auprès

---

[1]. Passage cité dans l'article FIRMONT de la *Biographie universelle ;* il est emprunté à l'oraison funèbre prononcée le 29 juillet 1807 par l'abbé de Bouvens (Londres, 1807, in-8 de 59 p.).

[2]. « Je vous exhorte donc, Monsieur, ou plutôt je vous demande avec instance, de recueillir et de publier tout ce que votre saint ministère ne vous ordonne pas de taire. C'est le plus beau monument que je puisse ériger au meilleur des rois et au plus chéri des frères. » Lettre sans date, publiée dans les *Mémoires* recueillis par Sneyd Edgeworth, p. 144-146. Cette

de la famille royale, l'abbé Edgeworth célébra à Mittau le mariage du duc d'Angoulême avec Madame Royale. Quand il mourut, le 22 mai 1807, Louis XVIII voulut composer lui-même son épitaphe.

Après avoir écrit le récit des derniers moments de Louis XVI, l'abbé Edgeworth avait envoyé le manuscrit à son frère Ussher, qui habitait l'Irlande, et auquel est adressée la lettre, en date du 1er septembre 1796, où il racontait les détails de sa fuite à travers la France et de son passage en Angleterre [1]. A la mort d'Ussher, son neveu, Sneyd Edgeworth, pria l'exécuteur testamentaire de lui remettre les papiers de l'abbé : on ne retrouva ni lettre ni manuscrit [2]; mais une copie de la lettre du 1er septembre se trouvait en la possession du révérend docteur Moylan, qui la communiqua à Sneyd Edgeworth, et celui-ci retrouva le texte du récit des *Derniers moments* dans un manuscrit déposé au British Museum [3].

L'ouvrage parut en anglais, sous ce titre : *Memoirs of the abbé Edgeworth, containing the narrative of the last hours of Louis XVI*, by C. Sneyd Edgeworth. London, printed for Rowland Hunter, 1815, in-8 de IV-223 pages, avec portrait [4]. L'auteur débute par une dédicace à Louis XVIII, datée de *London*,

---

lettre est du 19 septembre 1796; nous la trouvons avec cette date à la page 174-175 de l'*Almanach des mécontens....* pour l'année 18**. L'abbé de Bouvens la cite, dans son oraison funèbre de 1807 (p. 41), avec la date erronée de 1797.

1. *Mémoires*, p. 98-140. — Cette curieuse lettre, écrite en anglais, est donnée en version originale dans l'édition anglaise des *Mémoires*, et dans *Letters from the abbé Edgeworth to his friends....*, publ. by the Rev. Thomas R. England. London, 1818, in-8, p. 80-113.

2. « Il y a lieu d'appréhender que ce frère si craintif n'ait brûlé toutes les lettres de l'abbé qu'il avait en sa possession. Il n'a pas même épargné le récit intéressant de tous les événements qui ont précédé et suivi la mort de Louis XVI. » *Mémoires*, p. 47.

3. *Mémoires*, p. 47-48. — On lit dans l'édition anglaise (p. 158) : « Extrait d'une collection de portraits et médaillons de cheveux de Louis XVI, de la partie de sa famille renfermée avec lui dans la tour du Temple, et des princes de son auguste race réunis dans ce moment en Angleterre. Londres, 1er septembre 1812. — Écrit et dessiné à la plume par le marquis de Sy. »

4. Nous devons la communication de cette édition à M. Xavier Marmier, de l'Académie française.

may 1, 1815. Il donne ensuite les *Memoirs of the abbé Edgeworth*, suivis de la lettre à Ussher Edgeworth, et, en appendice, les documents suivants : 1° *An extract from a manuscript in the British Museum* (c'est le récit original en français des *Derniers moments*); 2° *Account of the escape of the abbé Edgeworth from France*, furnished by the abbé Gossier ; 3° *Original letter from Louis XVIII to the abbé Edgeworth;* 4° *Original letter from Louis XVIII to Mr Ussher Edgeworth ;*. 5° *Letters from the marquis de Bonnay*, etc. ; 6° *Translation of the latin epitaph composed by Louis XVIII for the tomb of the abbé Edgeworth.*

Au mois d'octobre suivant paraissait une traduction française, due à M. Dupont, conseiller d'État : *Mémoires de M. l'abbé Edgeworth de Firmont, dernier confesseur de Louis XVI,* recueillis par C. Sneyd Edgeworth, et traduits de l'anglais par le traducteur d'Edmond Burke. Paris, Gide fils, octobre MDCCCXV, in-8 de 220 pages [1]. Une nouvelle édition, exactement semblable, parut avec la même date [2]. — La *Relation des derniers moments*, accompagnée du testament de Louis XVI, fut l'objet d'une publication faite à Dijon, en avril 1816, par Gabriel Peignot [3]. La traduction française des *Mémoires* eut en 1817 une troisième édition, augmentée d'une notice sur les derniers moments de Marie-Antoinette, reine de France, et de son testament, de celui de Louis XVI et d'une pièce inédite relative à l'évasion de M. l'abbé Edgeworth [4].

La Relation des *Derniers moments de Louis XVI* a été souvent reproduite, notamment à la suite des éditions de Cléry, données en 1816, 1817, 1825 et 1847. Mais le texte en a été

---

1. Bibl. nat., Lb39 58.
2. Bibl. nat., Lb39 58A.
3. *Relation des derniers momens de Louis XVI, écrite par M. l'abbé Edgeworth de Firmont.* Édition destinée à faire suite au TESTAMENT DE LOUIS XVI, précédé de quelques réflexions et accompagné de notes historiques. Hommage rendu à la mémoire du meilleur et du plus infortuné des rois. Dijon, le xxx janvier MDCCCXVI. A Dijon, chez Noellat, avril 1816, in-8 de 22 p. Bibl. nat., Lb41 2662, réserve.
4. Bibl. nat., Lb39 58B.

altéré. Nous l'avons soigneusement collationné sur l'édition originale.

On a vu dans quelles conditions Sneyd Edgeworth a publié la *Relation des derniers moments*; n'ayant pu retrouver le manuscrit original, il dut se contenter d'une copie qui, par un bonheur providentiel, avait été faite et déposée par le marquis de Sy au British Museum. Mais quel degré d'authenticité nous offre le texte donné d'après cette copie ? Certains critiques malveillants seraient capables, quelque jour, d'élever des doutes à ce sujet. Nous voulons, à l'avance, leur fermer la bouche.

Bertrand de Moleville, dans le tome III de ses *Mémoires secrets*, etc., publiés à Londres en 1797, écrit (p. 207) : « Je me bornerai à rapporter quelques détails, trop peu connus, sur les derniers moments de Louis XVI : son digne confesseur, l'abbé Edgeworth, me les a tous communiqués lui-même. »

Et, dans son *Histoire de la révolution de France*, on lit au tome X (publié en 1802), page 435 : « Ce récit peut être considéré en quelque sorte comme dicté par l'abbé Edgeworth, puisque je l'ai rédigé de mémoire après plusieurs conversations que j'ai eues avec lui conformément à toutes les observations qu'il m'a faites après en avoir entendu la lecture. »

Il faut faire observer toutefois que, comme pour la relation de Malesherbes, nous sommes en présence de légères variantes faites par Bertrand de Moleville, en 1802 et en 1816, quand il reproduisit son texte de 1797. Mais le premier texte a une saveur particulière, qu'il faut lui conserver. Nous le reproduirons à mi-page, au-dessous de la *Relation des derniers moments* : ce rapprochement entre le récit dicté à Bertrand de Moleville par l'abbé Edgeworth durant son séjour en Angleterre, en 1796, et la relation écrite plus tard par l'abbé et publiée pour la première fois en 1815, présentera un vif intérêt : il en ressortira la preuve la plus péremptoire d'authenticité.

§ 12. — RÉCITS DE L'EXÉCUTION DE LOUIS XVI

Il est inutile de nous arrêter aux sources où ont été puisés les récits de l'exécution de Louis XVI qu'on trouvera plus loin. Des indications bibliographiques accompagnent chacun de ces documents. Nous nous bornerons ici à faire ressortir l'importance de l'un d'entre ces récits, en raison du nom de son auteur, qui n'était point connu jusqu'ici. Nous devons cette découverte à l'obligeance de M. Maurice Tourneux. Le renseignement se trouve dans une mince plaquette de quatre pages, intitulée : *Aux Citoyens des quarante-huit sections de Paris* [1], qu'il nous a indiquée, et où l'on n'irait certes pas le chercher. Voici le début de ce document :

« Citoyens,

« La majorité des commissaires qu'ont envoyés les sections dans une des salles de l'évêché pour discuter les citoyens qui doivent former la municipalité définitive, et qui ont publié la liste de ceux qu'elle désigne comme devant être rejetés, m'a mis de ce nombre. Il m'a été dit que c'était sur la dénonciation qu'on a faite que *j'avais montré de la sensibilité pour Louis Capet*, pendant ma dernière garde de 48 heures à la tour du Temple, comme membre du Conseil général de la Commune actuellement provisoire, la veille et le jour de l'exécution du jugement de Capet, et que j'avais dit que, si j'eusse été député à la Convention nationale, *j'aurais voté contre sa mort*.

« Je dois, citoyens, une courte explication sur ces deux points de dénonciation.

« Sur le premier point, je prie de lire le second et le troisième paragraphes de la page 200 du n° 185 du journal des *Révolutions de Paris* par Prudhomme, et qui a paru lundi dernier 28 de ce mois. C'est moi qui ai fourni à ce journal tous les détails de ce qui s'est passé à la tour du Temple, les 20 et 21, veille et jour de l'exécution du jugement de Louis Capet ; et je suis l'officier municipal dont le dialogue avec lui, dans la soirée du 20, est rapporté à la p. 200. Mon collègue, Anaxagoras Chaumet, procureur de la Commune, et qui m'avait demandé ces détails pour les donner à Prudhomme, les a écrits sous ma dictée. Je les ai lus tels qu'ils sont

---

1. Bibl. nat., Lb41 520.

imprimés dans ce journal et j'en atteste la véridicité; mais je déclare n'avoir aucune part aux réflexions qui les précèdent et les suivent.... »

Signé : BAUDRAIS,

Électeur de 1792, membre du Conseil général de la Commune du 10 août et du corps municipal provisoire actuel, renommé pour la municipalité définitive.

Ce Jean-Baptiste Baudrais, dont le nom se rencontrera plus d'une fois dans ce recueil, est le même qui reçut entre ses mains le testament de Louis XVI et qui apposa sa signature au-dessous de celle du Roi.

II.

DOCUMENTS OFFICIELS

Les documents officiels relatifs à la captivité et à la mort de Louis XVI n'ont jamais été réunis. Des fragments épars ont été donnés par divers écrivains ou publiés dans certains recueils de documents. Mais le travail reste entièrement à faire.

Par malheur, les deux principales, et l'on peut dire les uniques sources qui fourniraient les matériaux nécessaires à cette tâche, ont disparu. Ce sont : 1° les Registres contenant les procès-verbaux des séances du Conseil général de la Commune; 2° les Registres du Temple.

Les Registres de la Commune étaient conservés aux Archives de l'Hôtel de ville, et l'on peut constater, par les indications qu'ont fournies ceux qui ont été à même de les consulter, quelle était l'importance de cette source [1].

Il y avait, pour la période antérieure au 21 janvier, QUATORZE registres, ayant plus de DIX MILLE CINQ CENTS pages.

[1]. M. François Barrière, le seul qui nous fournisse à cet égard des informations précises, cite : à la date du 23 janvier 1793, le registre XIV, page 10782; à la date du 7 février 1793, le registre XIV, page 10888; à la date du 26 mars 1793, le registre XV, page 11227; à la date du 12 avril 1793, le registre XV, page 11312; à la date du 9 mai 1793, le registre XVI, page 11718.

L'incendie de l'Hôtel de ville par la Commune, en mai 1871, a fait disparaître cette précieuse mine de renseignements.

Quant aux Registres du Temple, nous voyons par le procès-verbal de la remise de la garde du Temple aux nouveaux commissaires de la Commune, en date du 2 décembre 1792, que, à ce moment, il y avait déjà quatre Registres du Temple : « Quant aux registres, ils ont été paraphés par premier et dernier feuillets, et ils se sont trouvés au nombre de quatre [1]. »

Moelle, qui fit partie de la nouvelle municipalité provisoire nommée le 2 décembre 1792 et qui vint pour la première fois au Temple le 5 décembre, parle aussi (p. 3) du « registre-journal signé par tous les commissaires, en forme de délibération, et par Cléry en ce qui concernait les demandes faites par la famille royale, ce qui avait toujours lieu par écrit. »

Les écrivains qui ont fait des recherches sur la captivité de la famille royale au Temple n'ont pas manqué de s'enquérir de ce qu'étaient devenus les registres du Temple. M. de Beauchesne, si sobre de détails sur les sources où il a puisé pour son bel ouvrage : *Louis XVII, sa vie, son agonie, sa mort; captivité de la famille royale au Temple,* ne nous dit rien à cet égard, mais il a dû rechercher cette précieuse source d'informations avec la patience et la persévérance qu'il apportait à rassembler tous les matériaux nécessaires à l'élucidation de son œuvre; M. Chantelauze est revenu à la charge; les petites-filles de Cléry, en publiant, en 1861, une nouvelle édition du *Journal du Temple,* ont fait à leur tour des investigations pour retrouver les registres tenus par les commissaires du Temple. Voici ce qu'elles disent à cet égard :

« Nous désirions joindre à cette édition nouvelle du *Journal du Temple* un extrait des registres tenus à la tour par les commissaires municipaux envoyés par la Commune; l'arrêté du Conseil général qui suit cette note certifie l'existence de ces registres; cependant, malgré les renseignements bienveillants de MM. les directeurs des archives et malgré l'obligeance avec laquelle ils ont bien voulu guider nos recherches, nous sommes for-

---

[1]. Voir plus loin, tome II, *Documents officiels,* n° CXIII.

cés de renoncer à joindre à cette édition ces précieux documents, sans pour cela perdre l'espoir de les découvrir un jour [1]. »

Voici l'arrêté du Conseil général auquel il était fait allusion :

« COMMUNE DE PARIS.

« Le troisième jour du second mois de l'an second de la République française, une et indivisible.

« Extrait des délibérations du Conseil général.

« Un administrateur des travaux publics donne lecture d'un arrêté du Conseil du Temple, par lequel il annonce que ses registres des procès-verbaux sont cottés et paraphés par premier et dernier ; il demande que ces registres soient transcrits et déposés dans les archives de la Commune. Le Conseil arrête que les registres du Conseil du Temple cottés et paraphés seront transcrits en présence des commissaires par un commis de confiance que l'on chargera de ce travail, et qu'ils seront déposés aux archives de la Commune ; et, sur la motion d'un membre, le Conseil arrête par amendement que les citoyens Caillot (lisez *Cailleux*) et Tellier se transporteront à l'administration de la police pour y chercher les procès-verbaux depuis le 13 août, époque de l'arrivée du tyran au Temple, jusqu'au 23 dudit mois.

« Signé : LUBIN, *vice-président.*,
« DORAT-CUBIÈRE, *secrétaire, greffier adjoint.*
« Pour copie conforme,
« MEILLOT, *secrétaire-greffier* [2]. »

Les registres du Temple existaient donc à la fois en minute originale et en copie authentique.

Les registres originaux furent remis, le 19 germinal an IV (8 avril 1796), par l'un des derniers gardiens du Temple, au ministre de l'intérieur. C'est ce qui résulte de la lettre suivante, dont nous avons trouvé la copie aux Archives nationales.

Paris, le 19 germinal an IV de la République une et indivisible.

Le ministre de l'Intérieur

Déclare que le citoyen Lasne, gardien du Temple, m'a remis quatre registres, sur l'un desquels sont deux bandes de scellés, deux cartons où sont des papiers, le tout relatif à la détention des cy-devant Roi, Reine, Élizabeth, des fils et fille desdits ci-devant Roi et Reine, plus un petit paquet cacheté. De tout quoi je décharge ledit citoyen Lasne.

A Paris, le 19 germinal an IV de la République française.

---

1. *Journal de Cléry*, p. 221.
2. *Ibid.*

Plus, il m'a été remis deux cachets sur cuivre, l'un de l'ancienne municipalité, l'autre des commissaires gardiens du Temple.

Signé : BENEZECH.

CHAMPAGNEUX, *Chef de la 1re division* [1].

Au commencement de la Restauration, des recherches furent faites pour retrouver les documents remis par Lasne, en 1796, au ministre Benezech. Cela résulte de la lettre suivante, adressée par M. Lainé, alors ministre de l'intérieur, au comte de Pradel, directeur général de la maison du Roi :

« Paris, ... septembre 1817.

« MONSIEUR LE COMTE,

« J'ai fait rechercher dans les archives du ministère de l'intérieur les registres, cartons et cachets dont le ministre Bénézech avait expédié un reçu le 19 germinal an IV. Ces recherches ont été infructueuses, ainsi que l'avaient été celles faites précédemment. J'ai fait examiner avec attention les inventaires des pièces qui ont été successivement portées aux archives du royaume; mais ils ont été rédigés d'une manière si sommaire qu'ils ne me fournissent pas la preuve que les objets indiqués au reçu du ministre Bénézech ayent ou n'ayent pas été déposés aux archives. Je ne puis donc que vous engager à demander à M. de la Rue de faire opérer dans le dépôt confié à sa garde les vérifications nécessaires.

« J'ai l'honneur d'être, etc.

« *Le ministre secrétaire d'État de l'intérieur.*
« (Sans signature.)

« *A M. le comte de Pradel, directeur général de la maison du Roi* [2]. »

C'est la dernière trace que nous ayons des registres du Temple.

Mais si ces registres ont disparu, quelques-uns des papiers contenus dans les deux cartons nous ont été conservés : les uns se retrouvent aux Archives nationales; les autres ont échappé à la destruction par une heureuse rencontre qu'il faut faire connaître au lecteur.

---

1. Archives nationales F7 4391. On a écrit sur cette copie : « *N. B.* Cette pièce est entre les mains de M. le comte de Pradel. »
2. Minute, Archives nationales, F7 4391. — On a ajouté en note : « Il n'y a rien chez M. de la Rue. »

« C'était en 1848, raconte un érudit Saintongeais, collectionneur passionné. D'habitude, je prenais la rue de la Tixeranderie.... Un jour, j'avisai un entassement désordonné de brochures et de papiers. Sur le dessus — et c'est ce qui attira mon attention — se chauffait, au soleil pâle de la rue, un *Mémoire en réponse aux observations présentées par le conseil municipal de la Rochelle* au sujet de la translation à Saintes du chef-lieu du département de la Charente-Inférieure. Comme le mince fascicule convenait à l'amateur de choses saintongeaises, j'allais le détacher et en demander le prix, lorsque machinalement je me mis à passer la main au milieu de toute cette paperasse; il y en avait bien quatre à cinq kilos. Dans le soulèvement des feuilles, sous mes doigts et devant mes yeux, passa fulgurante et rapide comme l'éclair une signature épaisse, mal formée, encadrée dans un paraphe grossier : Simon.... Simon, le geôlier du jeune Capet!.... Je ne marchandai point; je demandai une corde, serrai fiévreusement et solidement le ballot et le pendis à mon bras....

« Je réunis une à une toutes ces pièces éparses. Au fur et à mesure, je voyais se dresser devant moi les lambeaux du drame émouvant et terrible. Ils en révélaient surtout le côté intime, — détails familiers qui produisent sur la toile l'effet de certaines touches plus vives d'accent et de lumière. Ceux-ci dans leur laconisme, ceux-là dans leur vulgarité même, donnaient la note profonde, expressive et nette des événements et des angoisses, pendant les longues heures de l'attente du supplice.

« Ces feuillets ont vécu : ils ont vu, ils ont entendu, ils ont senti. Les commissaires de la Commune de Paris, chargés de la garde des « otages précieux » enfermés au Temple, y ont laissé leur empreinte et en même temps quelque chose d'indéfinissable que seraient impuissantes à reproduire la copie ou l'impression....

« J'avais terminé le rangement de mes feuillets. J'en formai un dossier : il contenait 55 pièces, presque toutes des originaux, un grand nombre de la main de Cléry : des demandes faites au nom de la famille royale; le livre de blanchissage des prisonniers; la quittance de la montre de Marie-Antoinette; des bulletins de santé de Louis Capet; des délibérations, des procès-verbaux rédigés par les membres de la commission du Temple ou extraits de leurs registres, copiés et signés par eux; des rapports sur les dépenses de la prison, etc., etc. J'en dressai l'inventaire, et le dossier prit place dans ma bibliothèque [1]. »

Cet inventaire, l'heureux bibliophile le conserva longtemps dans ses cartons, avec le précieux dossier, sans faire part au public de sa trouvaille. Ce n'est qu'en 1884, dans le numéro du 1er avril de la *Nouvelle Revue*, que M. le baron de la Morinerie

---

1. *Papiers du Temple*, par le baron de la Morinerie, p. 5-8.

donna, de la façon la plus précise et en même temps la plus saisissante, l'énumération de ses richesses : cinquante-cinq documents d'inégale longueur, depuis le 27 août 1792 jusqu'au 13 juillet 1794, minutieusement décrits et brièvement analysés.

Ces *Papiers du Temple* sont donc une épave échappée au naufrage. Grâce à la courtoisie de M. le baron de la Morinerie, nous avons pu en avoir communication et faire profiter notre recueil de cette précieuse source d'informations. On verra, par la publication des *Documents officiels* qui rempliront notre second volume, l'utile contingent que nous devons à l'habile et généreux bibliophile, auquel nous sommes heureux d'exprimer ici notre vive gratitude.

Des recherches assidues dans les divers fonds des Archives nationales nous ont mis en possession de quelques-unes des pièces qui ont fait partie des papiers du Temple et d'autres documents intéressants pour notre recueil [1]; mais ce sont de simples bribes du volumineux dossier désormais perdu.

Il nous a fallu suppléer à ces lacunes, impossibles à combler, en dépouillant les journaux du temps, pour y retrouver les comptes rendus des séances du Conseil général de la Commune, les rapports des commissaires du Temple, les délibérations du Conseil du Temple et du Conseil général; en cherchant de tous côtés les documents qui rentraient dans notre cadre. Le livre de M. de Beauchesne, fort précieux, mais qui le serait davantage si l'auteur avait pris la peine de donner l'indication des sources, nous a été utile; nous nous sommes efforcé de remonter au document original dont il n'indiquait point la provenance, et, dans la plupart des cas, il nous a été donné d'y parvenir. Quelques pièces, publiées par lui d'après les Archives de l'hôtel de ville, échappaient à notre contrôle. On regrette qu'il n'ait point puisé davantage à cette source si féconde, aujourd'hui, hélas! à jamais tarie.

---

1. En particulier, nous devons à M. Léon Lecestre la connaissance d'extraits des procès-verbaux des séances du Conseil général de la Commune, qui se trouvent parmi les papiers de Chaumette, dans le carton T 604.

Quelques compilateurs y ont fait des emprunts : nous avons pu recourir à des extraits des procès-verbaux des séances du Conseil général de la Commune donnés, en 1823, dans le volume de la *Collection des Mémoires relatifs à la Révolution française* (publiée, de 1820 à 1827, par Berville et Barrière) consacré aux *Mémoires sur les journées de septembre* (p. 155-302) ; à d'autres extraits, publiés dans le tome XIV de la *Revue rétrospective*, avec des pièces puisées aux Archives nationales ; à d'importants extraits donnés par Buchez et Roux dans leur *Histoire parlementaire de la Révolution* [1]. Les citations faites par M. de Beauchesne, d'après un ouvrage intitulé : *Histoire du dernier règne de la monarchie française, la chute des Bourbons et leur procès*, publié en 1797 en deux volumes in-8 [2], se retrouvent textuellement dans un journal du temps, le *Courrier français*, auquel le compilateur anonyme de cet ouvrage [3] les avait empruntés. D'autres extraits plus importants nous ont fourni un précieux contingent ; ils se trouvent dans l'édition du *Journal du Temple* donnée en 1861 par Mlles de Gaillard (pages 199-263) sous ce titre : *Notes relevées sur les registres du Conseil général de la Commune (92 et 93) et aux Archives impériales*. Malheureusement, ces *Notes* ne portent point d'autre indication de provenance ; nous avons retrouvé le texte de

1. Voir tomes XVI, XVII, XVIII, XXI, XXII, XXIII.
2. A Hambourg, chez Im. Friscœnick, libraire ; se trouve à Paris chez Lerouge, imprimeur. Sans date (Bibl. nat., Lb^{39} 6170). — Le même ouvrage, imprimé sur du papier semblable, avec la même justification, sous ce titre : *Procès des Bourbons, contenant des détails historiques*, etc. Paris et chez tous les libraires de l'Europe, 1798, 2 vol. in-8 (Bibl. nat., Lb^{41} 360). — Même ouvrage sous ce titre : *Procès de Louis XVI, roi de France*, etc. A Paris, chez Lerouge, 1798, 2 vol. in-8. Cette édition, que je possède, ne se trouve pas à la Bibliothèque nationale, qui a la 3e édition, publiée sous le même titre en 1814 (Lb^{41} 362).
3. Barbier, dans son *Dictionnaire des anonymes* (t. III, col. 1050), attribue l'ouvrage à Turbat, du Mans, mort à Alençon en 1815. — Notre savant président M. de la Sicotière, qui a connu cet auteur, nous confirme cette attribution, et nous apprend que Pierre Turbat était né à la Charité-sur-Loire le 14 septembre 1773, et qu'il mourut à Alençon le 19 mai 1845 (et non 1815). Voir la notice communiquée par M. de la Sicotière à M. Maurice Tourneux, dans le tome Ier de la *Bibliographie de l'histoire de Paris*, n° 3567.

bon nombre de ces extraits dans les documents originaux ou dans d'autres versions, et nous avons pu en constater la parfaite authenticité; mais nous avons constaté aussi que leur transcription n'offrait pas toujours toutes les garanties d'exactitude désirables. Toutefois, quand nous n'avons pas eu d'autre texte que celui-là, nous n'avons point hésité à le reproduire.

On trouvera, d'ailleurs, à la suite de chacun de nos *Documents officiels*, les indications de provenance.

Ces documents ont pris dans notre recueil une importance considérable, puisqu'ils sont au nombre de deux cent quarante-six. Ils constituent, pour ainsi dire, un journal de la captivité et de la mort de Louis XVI d'après les pièces officielles. Bien que beaucoup d'entre eux se soient point inédits, ils acquièrent par leur rapprochement un nouvel intérêt, et on y trouvera de curieuses révélations. Nous n'avons pas besoin d'insister davantage; nous ajouterons seulement que les *Documents officiels* servent à la fois de pièces justificatives et de complément aux *Récits originaux* contenus dans la première partie, dont, presque toujours, ils confirment la parfaite exactitude.

Les descriptions de la petite et de la grande tour du Temple, qui se rencontrent dans les différentes relations qu'on va lire, n'auraient été qu'imparfaitement intelligibles, si nous n'y avions joint les plans des divers étages de ces deux tours. Grâce à l'obligeance de MM. Firmin Didot, on trouvera plus loin trois de ces plans, empruntés au bel ouvrage de M. Chantelauze sur Louis XVII, publié par leurs soins en 1884, avec illustrations et plans. Nous offrons ici à MM. Firmin Didot l'expression de notre gratitude.

Nous devons également des remerciements à notre érudit commissaire responsable M. Paul Lacombe, dont les conseils si éclairés nous ont été fort utiles, à M. Lucien Faucou, conservateur adjoint du musée Carnavalet, toujours prêt à mettre à la disposition des travailleurs les richesses bibliographiques qu'il connaît si bien, et à MM. le baron de la Morinerie, Lecestre et Bégis, qui nous ont aidé à établir l'identité des nombreux et si obscurs personnages qui firent partie de la Commune insurrectionnelle du 10 août et de la municipalité provisoire du 2 décembre. On trouvera dans la table alphabétique qui termine notre recueil les renseignements que nous avons pu réunir à ce sujet. Pour ne point multiplier les notes, nous avons groupé dans cette table les données biographiques les plus essentielles relativement à tous les personnages nommés dans nos deux volumes.

Un appendice, placé à la fin du tome II, contiendra, avec le Testament de Louis XVI, quelques documents qu'il nous a paru intéressant de reproduire, et deux dissertations, l'une sur le *Mot de l'abbé Edgeworth*, l'autre sur les *Comptes du Temple*.

CAPTIVITÉ

ET

DERNIERS MOMENTS DE LOUIS XVI

PREMIÈRE PARTIE

RÉCITS ORIGINAUX

I.

MADAME ROYALE

MÉMOIRE ÉCRIT PAR MARIE-THÉRÈSE-CHARLOTTE DE FRANCE

SUR LA CAPTIVITÉ DES PRINCES & PRINCESSES

SES PARENTS

Depuis le 10° d'août 1792 jusqu'à la mort de son frère, arrivée le 9° de juin 1795 [1]

Le Roi mon père arriva au Temple le lundi 13 août 1792, à sept heures du soir, avec sa famille. Les canonniers voulurent conduire mon père à la tour, seul, et nous laisser au château. Manuel avait reçu dans le chemin un arrêté de la Commune pour nous conduire tous à la tour [2]. Péthion calma la rage des canonniers, et nous entrâmes au château. Les municipaux gardaient à vue mon père. Péthion s'en alla ; Manuel resta. Mon père soupa avec nous. Mon frère mourait d'envie de dormir. Mme de Tourzelle le conduisit à onze heures à la tour, qui devait décidément être notre demeure. Mon père arriva à la tour avec nous

---

1. Tel est le titre du manuscrit original, auquel notre texte est emprunté.
2. Le décret de l'Assemblée nationale, qu'on trouvera dans les *Documents officiels*, sous le n° X, ne précise rien à cet égard. La Commune était maîtresse.

à une heure du matin ; il n'y avait rien de préparé. Ma tante coucha dans une cuisine ; et on prétend que Manuel fut honteux en l'y conduisant.

Voici les noms des personnes qui s'enfermèrent avec nous dans ce triste séjour : Mme de Lamballe ; Mme de Tourzelle et Pauline, sa fille ; MM. Hü [1] et Chamilly, appartenant à mon père et qui couchaient dans sa chambre en haut ; Mme Navarre, à ma tante, et qui couchait avec elle, et Pauline, dans la cuisine, avec ma tante ; Mme Cimbris [2], à mon frère, et qui couchait dans un billard avec mon frère et Mme de Tourzelle ; Mme Thibaut, à ma mère ; et Mme Basire, à moi : elles couchaient toutes les deux en bas. Mon père avait trois hommes à lui, Turgé [3], Chrétien et Marchand.

Le lendemain 14, mon père vint déjeuner avec ma mère ; et après nous allâmes voir les grandes salles de la tour, où l'on dit que l'on ferait des logements, parce que, où nous étions, dans une tourelle, c'était trop petit pour tant de monde. L'après-dîner, Manuel et Santerre étant venus, nous allâmes promener dans le jardin. On murmurait beaucoup contre les femmes qui nous avaient suivis. Dès notre arrivée, nous en avions trouvé d'autres, nommées par Péthion, pour nous servir : nous n'en voulûmes pas. Le surlendemain, à dîner, on apporta un arrêté de la Commune qui ordonnait le départ des personnes qui étaient venues avec nous [4]. Mon père et ma mère s'y opposèrent, ainsi que les municipaux de garde au Temple ; l'ordre fut pour lors révoqué.

---

1. François Hue.
2. Mme Saint-Brice.
3. Louis-François Turgy, auquel on doit une relation, rédigée par Eckard, que nous publions ci-après.
4. Voir le procès-verbal de la séance du conseil général de la Commune en date du 14 août. *Documents officiels*, n° XIV.

Nous passions la journée tous ensemble. Mon père montrait à mon frère la géographie ; ma mère lui montrait l'histoire, et lui faisait apprendre des vers ; ma tante lui montrait le calcul. Mon père avait heureusement trouvé une bibliothèque, qui l'occupait ; ma mère avait de la tapisserie pour travailler. Les municipaux étaient très familiers, et avaient très peu de respect pour le Roi ; il en restait toujours qui le gardaient à vue. Mon père fit demander un homme et une femme pour faire le gros ouvrage.

La nuit du 19 au 20 août, on apporta, à une heure du matin, un arrêté de la Commune qui ordonnait d'emmener du Temple toutes les personnes qui n'étaient pas de la famille royale [1]. On emmena MM. Hü et Chamilly de chez mon père, qui resta seul avec un municipal. On descendit ensuite chez ma mère pour enlever Mme de Lamballe. Ma mère s'y opposa en vain, disant, ce qui était vrai, qu'elle était sa parente. On l'emmena toujours. Ma tante descendit avec Pauline de Tourzelle et Mme Navarre. Les municipaux assurèrent que ces dames reviendraient après avoir été interrogées. On traîna mon frère dans la chambre de ma mère, pour ne pas le laisser seul. Nous embrassâmes ces dames, espérant les revoir le lendemain. Deux municipaux restèrent chez ma mère. Nous restâmes tous les quatre sans dormir. Mon père, quoique éveillé par le bruit, resta chez lui. Le lendemain, à sept heures, nous apprîmes que ces dames ne reviendraient pas au Temple, et qu'on les avait conduites à la Force. Nous fûmes bien étonnés, à neuf heures, en voyant entrer M. Hü, qui dit à mon père que le conseil général l'avait trouvé innocent et renvoyé au Temple.

---

1. Voir les procès-verbaux des séances des 17, 18 et 19 août. *Documents officiels*, n°^{s} XV à XVII.

L'après-dîner, Péthion envoya à mon père un homme et une femme nommés Tison, pour faire le gros ouvrage. Ma mère prit mon frère dans sa chambre, et j'allai dans l'autre avec ma tante. Nous n'étions séparées de ma mère que par une petite pièce, où étaient un municipal et une sentinelle. Mon père resta en haut; et, sachant qu'on lui préparait un autre appartement il ne s'en soucia plus, parce qu'il n'était plus gêné, n'ayant plus tant de monde, et qu'il était plus près de ma mère. Il fit venir Palloi [1], le maître des ouvriers, pour ne pas faire achever le logement : Palloi lui répondit insolemment qu'il ne prenait d'ordre que de la Commune.

Nous montions tous les matins chez mon père pour déjeuner ; ensuite nous redescendions chez ma mère, où mon père passait avec nous la journée. Nous allions promener tous les jours dans le jardin, pour la santé de mon frère, et mon père était presque toujours insulté par la garde.

Le jour de la saint Louis, à sept heures du matin, on chanta l'air *Ça ira* auprès du Temple. Nous apprîmes le matin, par un municipal, que M. de la Fayette avait passé : Manuel confirma cette nouvelle le soir à mon père. Il apporta à ma tante Élisabeth une lettre de mes tantes de Rome ; c'est la dernière que ma famille ait reçue du dehors. Mon père n'était plus traité en Roi ; on n'avait aucun respect pour lui ; on ne l'apppelait plus ni *Sire*, ni *Sa Majesté*, mais *Monsieur*, ou *Louis*. Les municipaux étaient toujours assis dans sa chambre et avaient leur chapeau sur leur [tête] [2]. Ils ôtèrent à mon père son épée, qu'il avait encore, et fouillèrent dans ses poches. Péthion envoya Cléri à mon père, pour servir mon père, à qui il apparte-

---

1. Palloy.
2. [ ] Mot omis dans l'original.

nait. Péthion envoya aussi, pour porte-clef, un guichetier, Rocher, l'horrible homme qui força la porte de mon père le 20 juin 1792, et qui pensa l'assassiner. Cet homme fut toujours à la tour, et essaya de toutes les manières de tourmenter mon père. Tantôt il chantait la *Carmagnole* et mille autres horreurs; tantôt, comme il savait que mon père n'aimait pas l'odeur de la pipe, il lui en soufflait une bouffée quand il passait. Il était toujours couché le soir quand nous allions souper, parce qu'il fallait passer par sa chambre; quelquefois même il était dans son lit quand nous allions dîner. Il n'est sorte de tourments et d'injures qu'il n'inventât. Mon père souffrit tout avec douceur et pardonnant de tout son cœur à cet homme.

Mon père manquait de tout; il écrivit à Péthion pour avoir l'argent qui lui était destiné [1]; il n'en reçut aucune réponse. Le jardin était plein d'ouvriers qui injuriaient souvent mon père. Il y en eut un qui se vanta d'abattre la tête de ma mère avec ses outils. Péthion le fit arrêter.

Les injures redoublèrent le 2 septembre; nous ignorions ce qui se passait. Des fenêtres, on jeta des pierres à mon père, qui, heureusement, ne tombèrent ni sur lui ni sur personne. A une autre fenêtre, une femme écrivit sur un grand carton : *Verdun est pris!* Elle le mit à la fenêtre, et ma tante eut le temps de le lire. Les municipaux ne le virent pas. A peine venions-nous d'apprendre cette nouvelle qu'il arriva un nouveau municipal, nommé Mathieu. Il était enflammé de colère, et dit à mon père de remonter chez lui. Nous le suivîmes, craignant qu'on ne voulût nous séparer. En arrivant en haut, Mathieu trouva M. Hü, lui sauta au collet et lui dit qu'il l'arrêtait. M. Hü de-

---

[1]. Voir, aux *Documents officiels*, n° XX, la lettre de Pétion à Roland, en date du 20 août.

manda de faire son paquet d'affaires : Mathieu le lui refusa ; mais un autre municipal, plus charitable, demanda cette faveur pour M. Hü, qu'il emmena prendre ses affaires. Mathieu, alors, se retournant vers mon père, lui dit tout ce que la rage peut suggérer. Entre autres il dit : « Le général *(sic)* a battu ; le tocsin a sonné ; le ca-
« non d'alarme a tiré ; les ennemis sont à Verdun ; ils
« viennent ; nous périrons tous ; mais vous mourrez le pre-
« mier. » Mon père écouta ces injures, et mille autres pareilles, avec le calme que donne l'innocence. Mon frère fondit en larmes et s'enfuit dans l'autre chambre. J'eus toutes les peines du monde à le consoler : il croyait déjà voir mon père mort. M. Hü revint ; et Mathieu, après avoir recommencé ses injures, partit avec lui. M. Hü fut conduit à la mairie. Le massacre était déjà commencé à l'Abbaye. Il resta un mois en prison ; après, il en sortit, mais ne revint pas du tout au Temple.

Les municipaux de garde condamnèrent tous la conduite violente de Mathieu ; cependant ils ne pensaient guère mieux. Ils dirent à mon père qu'on était sûr que le roi de Prusse marchait et tuait les soldats français par un ordre signé Louis. Mon père fut très affligé de cette calomnie, et pria les municipaux de la détruire dans le monde. Ma mère entendit battre la générale toute la nuit : nous ignorions cependant ce qui se passait.

Le 3 septembre, à dix heures du matin, Manuel vint voir mon père, et l'assura que Mme de Lamballe et les autres personnes qu'on avait ôtées du Temple se portaient bien, et étaient toutes ensembles et tranquilles à la Force. A trois heures, nous entendîmes des cris affreux, comme mon père sortait de table, et jouait au trictrac avec ma mère. Le municipal se conduisit bien, et ferma porte et fenêtre, ainsi que les rideaux, pour qu'on ne voie pas ; ce qui était bien fait [1]. Les ouvriers du Temple et le guichetier Rocher se joignirent aux assassins, ce qui augmenta le bruit. Plusieurs municipaux et officiers de garde arrivèrent; ces derniers voulaient que mon père se montrât aux fenêtres. Les premiers s'y opposaient avec raison. Mon père ayant demandé ce qui se passait, un jeune officier lui dit : « Hé bien ! Monsieur, puisque vous voulez le « savoir, c'est la tête de Mme de Lamballe qu'on veut vous « montrer. » Ma mère fut glacée d'horreur. Les municipaux grondèrent l'officier; mais mon père, avec sa bonté ordinaire, l'excusa, disant que c'était sa faute et non pas à l'officier, qui n'avait fait que lui répondre. Le bruit dura jusqu'à cinq heures. Nous sûmes depuis que le peuple avait voulu forcer les portes; que les municipaux l'en empêchèrent en mettant à la porte un ruban tricolore; qu'enfin ils avaient permis que six assassins fissent le tour de la tour avec la tête de Mme de Lamballe, mais qu'on laisserait à la porte le corps, qu'on voulait traîner [2]. Quand cette députation arriva, Rocher poussa mille cris de joie en voyant la tête de Mme de Lamballe, et gronda un jeune [homme] [3] qui se trouva mal, saisi d'horreur de ce spectacle.

A peine le tumulte était-il fini que Péthion, qui aurait dû s'occuper d'arrêter le massacre, envoya froidement son secrétaire à mon père pour compter de l'argent. Cet homme était très ridicule, et dit mille bêtises qui auraient fait rire dans un autre moment : il croyait que ma mère se tenait debout pour lui. Le municipal qui avait sacrifié son écharpe en la mettant à la porte se la fit payer par mon

---

[1]. Ce municipal se nommait Mennessier. Voir Eckard, *Mémoires historiques sur Louis XVII*, p. 404, et la note placée plus bas : *Journal de Cléry*, au 3 septembre.
[2]. Voir le récit circonstancié de Daujon, publié plus loin, en appendice.
[3]. Ce mot est omis dans l'original.

père [1]. Ma tante et moi nous entendîmes battre la générale toute la nuit. Nous ne croyions pas que le massacre durait encore. Ma malheureuse mère ne put pas dormir de la nuit. Ce ne fut que quelque temps après que nous sûmes qu'il avait duré trois jours.

Il est incroyable toutes les scènes qui arrivèrent, tant des municipaux que de la garde : tout leur faisait peur, tant ils se sentaient coupables. Un jour, dans l'extérieur, un homme tira un nouveau fusil pour l'essayer; ils en firent un procès-verbal et l'interrogèrent soigneusement. Une autre fois, pendant le souper, on cria plusieurs fois aux armes; ils crurent que c'étaient les étrangers : l'horrible Rocher prit son grand sabre, et dit à mon père : « S'ils arrivent, je te tue. » Ce n'était pourtant rien qu'un embarras de patrouille. Une autre fois, une centaine d'ouvriers entreprirent de forcer la grille du côté de la rotonde. Les municipaux et la garde y accoururent; ils furent dispersés.

Toutes ces peurs augmentaient la sévérité. Nous trouvâmes pourtant deux municipaux qui adoucirent les tourments de mon père en lui montrant de la sensibilité, et en lui donnant de l'espérance. Je crois qu'ils sont morts. Il y eut aussi une sentinelle qui, le soir, eut une conversation avec ma tante par le trou de la serrure. Ce malheureux ne fit que pleurer tout le temps qu'il fut au Temple. J'ignore ce qu'il est devenu; puisse le ciel l'avoir récompensé de son profond attachement pour son Roi!

Je faisais des règles de chiffres, et j'écrivais des extraits; il fallait toujours qu'il y eût un municipal qui regardât sur

---

1. Mémoire de dépenses faites par Cléry pour le service du Roi pendant le mois de septembre, cité par M. de Beauchesne, *Louis XVII*, t. I, p. 290. Paiement de quarante-cinq sous pour l'achat du ruban aux trois couleurs. Cf. *Journal de Cléry*, plus bas, à la date du 3 septembre.

mon épaule, croyant toujours que c'étaient des conjurations. On nous ôta les journaux, craignant que nous ne sachions des nouvelles étrangères ; on en apporta cependant un, un jour, à mon père, avec joie, disant qu'il y avait quelque chose d'intéressant. L'horreur ! On disait qu'on mettrait sa tête en boulet rouge, et on lui apporta cet infernal écrit avec joie ! Il y eut aussi un municipal qui, arrivant le soir, dit mille injures, entre autres que nous péririons tous si les ennemis approchaient, et que mon frère seul lui faisait pitié, mais qu'étant né d'un tyran, il devait mourir. Voici les scènes que ma famille avait tous les jours !

La république fut établie le 22 septembre ; on nous l'apprit avec joie ; on nous annonça aussi le départ des étrangers ; nous ne voulûmes pas y croire, mais c'était vrai.

Au commencement d'octobre, on vint nous ôter plumes, encre, papier et crayons. Ils cherchèrent partout, et même durement [1]. Mais cela n'empêcha que ma mère et moi nous ne leur cachâmes nos crayons, que nous gardèrent (sic). Ma tante et mon père donnèrent les leurs.

Le soir du même jour, comme mon père revenait de souper et allait monter chez lui, on lui dit d'attendre. Il vint d'autres municipaux qui lui dirent qu'il irait dans l'autre logement, et qu'il serait séparé de nous [2]. Nous le quittâmes avec bien des larmes, espérant cependant le revoir. Le lendemain matin, on nous apporta le déjeuner séparément. Ma mère ne voulut rien prendre. Les municipaux, effrayés et touchés de douleur, nous accordèrent de voir mon père, mais aux repas seulement [3], et nous dé-

---

[1]. Voir l'arrêté du 29 septembre et le procès-verbal du 30 septembre, et jours suivants, parmi les *Documents officiels*, n°° XLIV et XLVIII.
[2]. Voir l'arrêté du 29 septembre, sous le n° XLV.
[3]. Voir *Documents officiels*, n° XLVIII.

fendirent de parler bas, ou des langues étrangères, mais haut, et bon français. Nous descendîmes pour dîner chez mon père, avec bien de la joie de le voir. Il y eut un municipal qui crut s'apercevoir que ma tante avait parlé bas à mon père, et lui en fit une scène. Le soir, pour souper, comme mon frère était couché, ma mère ou ma tante restait avec lui, et l'autre venait avec moi souper chez mon père. Le matin, nous y restions, après déjeuner, le temps que Cléri pût nous coiffer, parce qu'il ne pouvait pas venir chez ma mère. Nous allions promener tous ensemble tous les jours à midi.

Manuel vint chez mon père, et lui ôta avec dureté son cordon rouge [1]; il assura à mon père qu'il n'y avait que Mme de Lamballe qui eût péri de toutes les personnes qui avaient été au Temple. On fit prêter serment à Cléry [2], à Tison et à sa femme, d'être fidèles à la nation. Un municipal, un soir, en arrivant, éveilla brusquement mon frère, pour voir s'il y était. Il y en eut un autre aussi qui dit à ma mère un projet qu'avait fait Péthion de ne pas faire mourir mon père, mais de l'enfermer pour la vie dans le château de Chambord, avec défense à mon frère de se marier. J'ignore quel était le dessein de cet homme en disant ce projet ; ce que je sais, c'est que nous ne l'avons pas revu depuis.

On fit loger ma mère dans un appartement au-dessus de mon père ; on voulait nous séparer, ma tante et moi, de ma mère : cela n'eut cependant pas lieu et nous allâmes avec elle. On ôta mon frère à ma mère, et on le mit auprès de mon père [3]; il coucha dans sa chambre.

---

1. Voir *Documents officiels*, n° LVI.
2. Voir le procès-verbal de la prestation de ce serment, *Documents officiels*, n° LII.
3. Voir *Documents officiels*, n°s LXIII, LXV, LXVII et LXVIII.

Cléry couchait aussi dans l'appartement avec un municipal. En haut, ma mère avait avec elle ma tante et moi, Tison, sa femme et un municipal. Les fenêtres étaient bouchées avec des barreaux de fer et des abat-jour ; les cheminées étaient en tuyaux de poêle, ce qui nous incommoda beaucoup de la fumée.

Voici comment se passaient les journées de mes augustes parents. Mon père se levait à sept heures, priait Dieu jusqu'à huit, ensuite s'habillait avec mon frère jusqu'à neuf heures, qu'ils montaient déjeuner chez ma mère. Après le déjeuner, mon père redescendait avec mon frère, à qui il donnait des leçons jusqu'à onze heures, que mon frère jouait jusqu'à midi, que nous allions promener tous ensemble, quel temps qu'il fasse, parce que la garde, qui relevait à cette heure-là, voulait voir mon père et s'assurer qu'il était au Temple. La promenade durait jusqu'à deux heures, que nous dînions. Après le dîner, mon père et ma mère jouaient ensemble au trictrac ou au piquet. A quatre heures, ma mère remontait chez elle avec mon frère, parce que mon père dormait ordinairement. A six [heures], mon frère redescendait ; mon père le faisait apprendre et jouer jusqu'au souper. A neuf heures, après le souper, ma mère déshabillait promptement mon frère, et le mettait dans son lit. Nous remontions ensuite, et mon père ne se couchait qu'à onze heures. Ma mère avait à peu près la même vie ; elle travaillait beaucoup en tapisserie. Ma tante priait souvent Dieu dans la journée ; elle disait tous les jours l'office, lisait beaucoup de livres de piété et faisait de grandes méditations ; elle faisait, ainsi que mon père, maigre et jeûne les jours marqués par l'Église.

On nous rendit les journaux, pour voir le départ des étrangers et les horreurs contre mon père dont ils étaient

pleins. On nous dit un jour : « Mesdames, je vous [an-
« nonce] [1] une bonne nouvelle : le traître Bouillé est pris ;
« si vous êtes patriotes, vous devez vous en réjouir. » Ma
mère ne dit mot.

Le jour de la Toussaint, la Convention vint, pour la
première fois, voir le Roi. Les membres lui demandèrent
s'il n'avait point de plaintes à porter : il dit que non, et
qu'il était content quand il était avec sa famille. Cléry se
plaignit qu'on ne payait pas les marchands qui fournissaient à mon père ; Chabot reprit fièrement : « La nation
n'est pas à un sou près. »

Les députés qui vinrent furent Chabot, Dupra, Drouai,
Lecointre-Puiravaux. Ils revinrent encore l'après-dîner, et
firent les mêmes questions à nous tous, et reçurent les
mêmes réponses [2]. Un jour d'après, Drouai revint encore
tout seul, et demanda si on n'avait pas de plaintes à
porter. Ma mère dit que non.

Quelque temps après, comme nous étions à dîner, il
arriva des gendarmes qui se jetèrent brusquement sur
Cléry, et lui ordonnèrent de venir au tribunal, ce qu'il
fit [3]. Quelques jours auparavant, Cléry, descendant l'escalier avec un municipal, avait rencontré un jeune homme
de garde de sa connaissance ; ils se dirent bonjour et se
serrèrent la main. Le municipal le trouva mauvais, fit
arrêter le jeune homme, et c'était pour comparaître au
tribunal devant lui qu'on vint chercher Cléry. Mon père
demanda qu'il revînt ; les municipaux l'assurèrent qu'il
ne reviendrait pas ; cependant il arriva à minuit. Cléry
demanda pardon à mon père de sa conduite passée [4], et

---

1. Mot omis dans le manuscrit.
2. Voir le rapport fait à la Convention nationale, à la date du 1ᵉʳ novembre, par Drouet, Chabot et Duprat. *Documents officiels*, nᵒ LXXIII.
3. Le 26 octobre. Voir le *Journal de Cléry*.
4. Voir ce que nous avons dit à ce sujet dans l'Introduction.

dont les manières de mon père dans sa prison et les exhortations de ma tante l'avaient fait revenir ; il fut depuis toujours très fidèle à mon père.

Un jour, nous entendîmes de grands cris de gens qui demandaient la tête de mon père et de Marat [1]. On eut la cruauté de venir crier cela sous les fenêtres du Temple.

Mon père tomba malade d'un gros rhume et eut la fièvre assez fort ; on lui accorda son médecin et son apothicaire, le Monier et Robert. La Commune fut inquiète : il y eut un bulletin tous les jours de la santé de mon père, qui se rétablit [2]. Toute ma famille fut incommodée de ce rhume, mais mon père fut le plus malade.

La Commune changea le 2 décembre ; les nouveaux municipaux vinrent reconnaître mon père et sa famille à dix heures du soir [3]. Quelques jours après, il y eut un arrêté de la Commune qui ordonnait d'ôter de nos appartements Cléry et Tison, de nous ôter aussi couteaux, ciseaux et tout instrument tranchant [4], et ordonnait aussi de déguster avec soin tous les plats que l'on nous servait. La première (sic pour dernière) chose n'eut pas lieu : mon père et ma mère s'y opposèrent, disant qu'ils pourraient se trouver mal, et que cela exposerait les municipaux si ils les soignaient. La visite fut faite soigneusement pour les instruments tranchants [5]. Ma mère et moi nous leur cachâmes nos ciseaux. Les municipaux redoublèrent de sévérité.

Le 11 décembre, nous fûmes fort inquiets du tambour qui battait, et de la garde qui arrivait au Temple. Mon

---

[1]. Toutes les éditions antérieures portent : *ma mère*. Dans le manuscrit que nous suivons on lit : *Marat*. C'est un *lapsus* évident.
[2]. Voir à ce sujet *Documents officiels*, n°ˢ LXXXIII et suiv.
[3]. Voir le procès-verbal. *Documents officiels*, n° CXIII.
[4]. Voir l'arrêté du 6 décembre. *Documents officiels*, n° CXVII.
[5]. Voir *Documents officiels*, n° CXIX.

père redescendit chez lui après le déjeuner avec mon frère. A onze heures, arrivèrent chez mon père Chambon, le maire; Chaumet, procureur général de la Commune; Colombo [1], secrétaire greffier. Ils signifièrent à mon père le décret de la Convention qui ordonnait qu'il serait amené à la barre pour être interrogé. Ils engagèrent mon père à renvoyer mon frère à ma mère; mais n'ayant pas dans leurs mains le décret de la Convention, ils firent attendre mon père deux heures. Il ne partit qu'à une heure, et monta dans la voiture du maire avec lui, Chaumet et Colombo. La voiture était escortée par des municipaux à pied. Mon père ayant observé que Colombo saluait beaucoup de monde, lui demanda si ils étaient tous ses amis; Colombo dit: « Ce sont les braves citoyens du 10 août, que je ne vois jamais qu'avec beaucoup de joie [2]. »

Je ne parle point de la conduite de mon père à la Convention; tout le monde la connaît. Sa dignité, sa fermeté, sa douceur, sa bonté, son courage au milieu d'assassins altérés de son sang, sont des traits qui ne s'oublieront jamais, et que la postérité la plus reculée admirera encore.

Il revint à six heures à la tour du Temple avec le même cortège. Ma mère et moi nous avions été très inquiètes. Ma mère, entendant les tambours, avait fait l'impossible auprès du municipal qui la gardait pour apprendre ce qui se passait; cet homme n'avait jamais voulu le dire; ce ne fut qu'à onze heures, à l'arrivée de mon frère, que nous l'apprîmes. Quand elle le sut, elle dit qu'elle était tranquille, puisqu'elle savait mon père au sein de la Convention. Quand mon père fut rentré, elle demanda ardemment de

---

1. Coulombeau.
2. Voir le procès-verbal publié sous le n° CXXXI, et le récit du commissaire Arbeltier, n° CXXXIV.

le voir; ma mère lui (sic) fit demander à Chambon, et n'en reçut point de réponse [1]. Mon frère passa la nuit chez ma mère; il n'avait pas de lit; ma mère lui donna le sien. Le lendemain, ma mère redemanda à voir mon père et à voir les journaux pour voir son procès; elle demanda au moins que, si elle ne pouvait pas voir mon père, mon frère et moi nous puissions le voir [2]. On porta cette demande au conseil général; les journaux furent refusés. On nous permit à mon frère et à moi que nous voyions mon père, mais étant absolument séparés de ma mère [3]. On en fit part à mon père, qui dit que, quelque plaisir qu'il eût de voir ses enfants, les grandes affaires qu'il avait ne lui permettaient pas de s'occuper de son fils, et que sa fille ne pouvait pas quitter sa mère [4]. On fit monter le lit de mon frère.

La Convention vint voir mon père; il demanda des conseillers, de l'encre et du papier, et des rasoirs pour faire sa barbe. Toutes ces demandes lui furent accordées. MM. de Malesherbes, Tronchet et de Sèze, ses conseillers, vinrent le voir; il était souvent obligé, pour leur parler, d'aller dans la tourelle, pour n'être pas entendu. Mon père ne descendit plus au jardin, ni nous non plus. Mon père ne savait de nos nouvelles, et nous des siennes, que par les municipaux, et bien strictement. J'eus mal au pied [5];

---

1. Ici on a placé, dans la copie de la duchesse d'Harcourt (édition Poulet-Malassis, p. 42), une annotation ainsi conçue : « Quand le Roi fut de retour au Temple, je quittai S. M. au bas de la tour, et personne ne m'a fait savoir la volonté de la Reine. — CHAMBON DE MONTAUX. A Paris, 21 mars 1817. »

2. Un arrêté de la Commune, en date du 11 décembre, portait : « Louis Capet ne communiquera plus avec sa famille. » Voir *Documents officiels*, n° CXXXIII.

3. Voir le décret de la Convention en date du 15 décembre. *Documents officiels*, n° CXLVIII.

4. Voir *Documents officiels*, n°* CXLIX et CL.

5. Voir aux *Documents officiels*, n° CLXXX, la délibération du Conseil général de la Commune, en date du 13 janvier 1793, autorisant la visite du médecin des enfants de France.

mon père le sut et me montra sa bonté ordinaire, en s'informant avec soin de ma santé. Ma famille trouva encore dans cette Commune quelques hommes charitables qui, par leur sensibilité, adoucirent leur tourment. Ils assurèrent ma mère que mon père ne périrait pas, et que son affaire serait renvoyée aux assemblées primaires, qui le sauveraient certainement.

La Convention vint encore voir mon père. Le 26 décembre, saint Étienne, mon père fit son testament, parce qu'il croyait être assassiné le lendemain en allant à la Convention [1]. Le 26, mon père alla encore à la barre avec son courage ordinaire ; il laissa à M. de Sèze à lire sa défense. Il partit à onze heures et revint à trois heures [2]. Mon père voyait tous les jours ses conseillers.

Enfin, le 18 janvier [3], jour auquel le jugement fut porté, les municipaux entrèrent à onze heures chez mon père, en disant qu'ils avaient ordre de le garder à vue [4]. Mon père leur demanda si son sort était décidé ; ils l'assurèrent que non. Le lendemain au matin, M. de Malsherbes vint apprendre à mon père que la sentence était prononcée : « Mais, Sire, ajouta-t-il, les scélérats ne sont pas encore « les maîtres, et tout ce qu'il y a d'honnêtes gens viendront sauver Votre Majesté, ou périr à ses pieds. — « Non, monsieur de Malsherbes, dit mon père, cela exposerait beaucoup de monde, mettrait la guerre civile « dans Paris : j'aime mieux mourir, et je vous prie de « leur ordonner de ma part de ne faire aucun mouvement « pour me sauver. » Il ne put voir ses conseillers ; il donna

---

1. Le Testament du Roi porte la date du 25 décembre.
2. Voir *Documents officiels*, n° CLXVIII.
3. Le 17, et non le 18.
4. Arrêté du Conseil général de la Commune en date du 17 janvier. *Documents officiels*, n° CLXXXIX.

aux municipaux une note pour les redemander, et se plaindre de la gêne qu'il avait, ayant de si grandes affaires, d'être toujours gardé à vue [1]. On ne fit aucune attention à ses demandes.

Le dimanche 20 janvier, Garat, ministre de la justice, et les autres membres du pouvoir exécutif, vinrent lui notifier sa sentence de mort pour le lendemain [2]. Mon père l'écouta avec courage et religion; il demanda un sursis de trois jours, de savoir ce que deviendrait sa famille, et d'avoir un confesseur catholique. Le sursis fut refusé. Garat assura mon père qu'il n'y avait aucune charge contre sa famille, et qu'on la renverrait hors de France; et ensuite il lui amena pour confesseur l'abbé Edjorce, ou de Firmont [3]. Mon père dîna comme à l'ordinaire, ce qui surprit beaucoup les municipaux, qui croyaient qu'il se tuerait [4].

Nous apprîmes la [sentence de] [5] mort de mon père le dimanche 20 par les colporteurs. A sept heures du soir, on vint nous dire qu'un décret de la Convention nous permettait de descendre chez mon père. Nous courûmes chez lui, et nous le trouvâmes bien changé. Il pleura de notre douleur, mais non de sa mort; il raconta à ma mère son procès, excusant les scélérats qui le faisaient mourir; il répéta à ma mère qu'on voulait les assemblées primaires, mais qu'il ne le voulait pas, parce que cela mettrait le trouble dans la France. Il donna ensuite de bonnes instructions religieuses à mon frère; il lui recommanda surtout de pardonner à ceux qui le faisaient mourir. Il donna

---

1. Voir *Documents officiels*, n° CCIII.
2. Voir *Documents officiels*, n° CC.
3. L'abbé Edgeworth de Firmont. Voir plus loin sa relation.
4. Voir *Documents officiels*, n° CXCIII.
5. Mots omis dans le manuscrit.

sa bénédiction à mon frère et à moi. Ma mère désirait extrêmement que nous passions la nuit avec mon père; il le refusa, ayant besoin de tranquillité. Ma mère demanda au moins de revenir le lendemain matin; mon père le lui accorda; mais quand nous fûmes partis, il demanda aux gardes que nous ne redescendions pas, parce que cela lui faisait trop de peine. Il revint ensuite avec son confesseur; il se coucha à minuit, dormit jusqu'à quatre heures, qu'il fut éveillé par les tambours. A six heures, l'abbé dit la messe, à laquelle mon père communia. Il partit sur les neuf heures. En descendant l'escalier, il donna son testament à un municipal [1] : il leur *(sic)* donna ensuite une somme d'argent que M. de Malsherbes lui avait prêtée, et les pria de la lui faire remettre; mais ils la gardèrent pour eux. Il rencontra ensuite un guichetier qu'il avait repris un peu brusquement la veille; il lui tendit la main en disant : « Mathé, je suis fâché de vous avoir offensé; je « vous prie de me pardonner. » Il lut les prières des agonisants dans le chemin. Arrivé à l'échafaud, il voulut parler au peuple; Santerre l'en empêcha, en faisant battre le tambour. Son discours fut entendu de peu de monde. Il se déshabilla ensuite tout seul; il se fit lier les mains avec son mouchoir, et non une corde. L'abbé, qui l'avait suivi, lui dit au moment qu'il allait mourir : « Allez, fils de saint « Louis, les portes de l'éternité vous sont ouvertes [2]. » Il reçut le coup de la mort le 21 janvier 1793, un lundi, à dix heures dix minutes.

Ainsi périt Louis XVI, roi de France et de Navarre, âgé de trente-neuf ans cinq mois moins trois jours, après

---

1. Jean-Baptiste Baudrais, dont la signature se trouve au bas du Testament.
2. Voir plus loin une dissertation sur le mot fameux de l'abbé Edgeworth de Firmont.

avoir régné dix-huit ans et avoir été en prison cinq mois et huit jours.

Telle fut la vie du Roi mon père, pendant une rigoureuse prison. On n'y voit que piété, grandeur d'âme, fermeté, douceur, courage, bonté, patience à supporter les plus horribles calomnies, clémence à pardonner de tout son cœur à ses assassins, grand amour de Dieu, de sa famille et son peuple, dont il donna des marques jusqu'à son dernier soupir, et dont il a été recevoir la récompense dans le sein d'un Dieu tout-puissant et tout miséricordieux.

Le matin de cet horrible jour, après avoir été assoupis pendant la nuit d'un sommeil de douleur, nous nous levâmes. A six heures, on ouvrit notre porte, et on vint chercher le livre de prières de Mme Tison pour la messe de mon père; nous crûmes que nous allions descendre, et nous eûmes toujours cette espérance jusqu'à ce que les cris de joie d'une populace égarée vinrent nous avertir que le crime était consommé. L'après-dîner, ma mère demanda à voir Cléry, qui avait été avec mon père dans ses derniers moments, et qui l'avait peut-être chargé de commissions pour ma mère, ce qui était vrai, car mon père avait recommandé à Cléry de rendre à ma mère son anneau de mariage, disant qu'il ne s'en séparait qu'avec la vie; il lui avait aussi remis pour ma mère un paquet de ses cheveux, disant qu'ils lui avaient été toujours chers [1]. Les municipaux dirent que Cléry était dans un état affreux, et ne pouvait pas venir. Ma mère chargea les commissaires de sa demande pour le conseil général, ainsi que demander de porter le

---

[1]. Voir les détails donnés à ce sujet par Cléry, et le procès-verbal publié parmi les *Documents officiels*, n° CCXXXVII.

deuil [1]. Cléry fut refusé; ma mère ne put le voir. On lui permit de porter le deuil.

---

1. M. Barrière donne ici en note, dans son édition de Cléry (p. 142), le texte de l'arrêté pris à ce sujet :

Extrait du registre XIV, page 10,782. — Séance du 23 janvier 1793.

« Le conseil général entend la lecture d'un arrêté de la commission du Temple sur deux demandes faites par Antoinette.

« La première, d'un habillement de deuil très simple pour elle, sa sœur et ses enfants.

« Le conseil général arrête qu'il sera fait droit à cette demande. »

II.

MADAME DE TOURZEL

EXTRAIT
DES
MÉMOIRES DE LA DUCHESSE DE TOURZEL [1]

Pour être plus à portée de surveiller le Roi et sa famille, l'Assemblée changea l'habitation du Luxembourg, pour l'habitation du Roi et de sa famille, en celle de l'hôtel du ministre de la justice, place Vendôme. Mais cette décision ne fut pas de longue durée. Manuel, au nom de la Commune de Paris, vint représenter à l'Assemblée qu'étant chargée de la garde du Roi, elle proposait de l'établir au Temple, où elle le croyait plus en sûreté que partout ailleurs. La Reine frémit quand elle entendit nommer le Temple, et me dit tout bas : « Vous verrez qu'ils nous « mettront dans la tour, dont ils feront pour nous une vé- « ritable prison. J'ai toujours eu une telle horreur pour « cette tour que j'ai prié mille fois M. le comte d'Artois

---

[1]. *Mémoires de Madame la duchesse de Tourzel*, gouvernante des enfants de France pendant les années 1789, 1790, 1791, 1792, 1793, 1795, publiés par le duc des Cars, Paris, E. Plon et Cⁱᵉ, 1883, 2 vol. in-8, t. II, p. 232-247.

« de la faire abattre, et c'était sûrement un pressentiment
« de tout ce que nous aurons à y souffrir. » Et sur ce que
je cherchais à écarter d'elle une pareille idée : « Vous
« verrez si je me trompe, » répéta-t-elle. L'événement n'a
malheureusement que trop justifié un pressentiment aussi
extraordinaire [1].

Manuel fit à l'Assemblée le récit de la conduite barbare
qui devait être tenue vis-à-vis de la famille royale : « Le
« Temple, dit-il, sera gardé par vingt hommes pris dans
« chaque section de la ville de Paris. On y conduira demain
« le Roi et sa famille, avec le respect dû au malheur. Les
« rues qu'ils traverseront seront bordées des soldats de la
« Révolution [2], qui les feront rougir d'avoir cru qu'il pou-
« vait y avoir parmi eux des esclaves du despotisme, et
« leur plus grand supplice sera d'entendre crier : « Vivent
« la nation et la liberté ! » Il ajouta que le Roi et la Reine
n'ayant que des traîtres pour amis, toute correspondance
leur serait interdite.

Une députation de cette même Commune vint demander
le rapport du décret relatif à la création d'un nouveau
directoire de département qui pourrait casser tout ce que
le peuple venait de faire; et l'Assemblée, qui s'était mise
dans sa dépendance de manière à ne pouvoir lui rien refuser, se vit obligée, quoique malgré elle, d'adhérer à sa
demande, ainsi qu'à celles qu'elle y ajouta par la suite.

On fit grâce au Roi, le lundi 13, de la séance de l'Assem-

---

1. On lit dans les *Souvenirs de quarante ans*, par Pauline de Tourzel, comtesse de Béarn (2ᵉ édit., p. 116) : « Quand la Reine entendit la décision de l'Assemblée qui ordonnait qu'elle et sa famille seraient conduites au Temple, cette malheureuse princesse se tourna vers ma mère, porta la main sur ses yeux et dit : « J'avais toujours demandé au comte d'Artois de faire
« abattre cette vilaine tour qu'il y a là ; elle m'a toujours fait horreur : je
« suis sûr que c'est là que nous serons enfermés. »
2. Voir *Documents officiels*, nᵒ XII.

blée, et la matinée se passa à concerter les préparatifs du départ pour le Temple. Péthion déclara à Sa Majesté qu'elle ne pouvait emmener qu'une personne pour la servir et quatre femmes pour le service de la Reine, des deux princesses et de Mgr le Dauphin. Mme Thibault se présenta pour le service de la Reine, Mme Navarre pour celui de Madame Élisabeth, et Mmes Basire et de Saint-Brice pour celui de Mgr le Dauphin et de Madame. Les deux premières étaient premières femmes de chambre des deux princesses, qui avaient en elles la confiance qu'elles méritaient par leur dévouement et l'ancienneté de leurs services. Les deux autres témoignaient le même attachement et un véritable dévouement. Comme on permit un moment à la Reine d'emmener une seconde femme, Mme Auguier [1] demanda à suivre Sa Majesté et arriva même aux Feuillants; mais cette permission ayant été promptement révoquée, elle fut obligée, à son grand regret, de retourner chez elle, car elle était fort attachée à la Reine.

MM. de Champlost, premiers valets de chambre du Roi, qui faisaient à eux deux leur quartier, n'ayant pu suivre le Roi à cause de leur mauvaise santé, M. de Chamilly, qui était aussi premier valet du Roi, s'offrit pour les remplacer avec tout le dévouement d'un véritable attachement. Employé au service intérieur de Sa Majesté, il trouva le moyen d'ennoblir les fonctions les plus humbles, auxquelles il n'était point habitué, par les sentiments avec lesquels il s'occupait de tout ce qu'il croyait pouvoir adoucir les gênes de toute espèce qu'éprouvait la famille royale, et il fut pour ma fille et pour moi d'une obligeance qu'il m'est impossible d'oublier.

---

[1]. Adélaïde Genet, nièce de Mme Campan, mariée à Pierre-César Auguié, receveur général du domaine de Lorraine et de Bar.

M. Hue, nommé premier valet de chambre de Mgr le Dauphin jusqu'au moment où il devait passer aux hommes, et qui connaissait Péthion de vieille date, sollicita celui-ci si vivement de le laisser suivre Mgr le Dauphin, qu'il obtint la permission de ne point abandonner ce jeune prince. Sa conduite et son attachement à la famille royale ont été si connus que je n'apprendrai rien de nouveau en ajoutant son nom à mes faibles éloges.

Meunier, de la bouche du Roi, fut chargé de la cuisine de Sa Majesté, et y continua le même service jusqu'au départ de Madame pour Vienne. Targé[1] parvint aussi à être employé au service intérieur de la tour, et donna à la famille royale, au risque même de sa vie, les preuves d'une fidélité peu commune et d'un dévouement absolu.

La Reine, qui ne cessait jamais de s'occuper de tout ce qui pouvait adoucir la peine de ceux qui étaient auprès d'elle, voulant me procurer la consolation d'emmener avec moi ma fille Pauline, m'offrit, avec une bonté parfaite, de la demander à Péthion. Je fus glacée de la proposition, ne prévoyant que trop que l'on ne nous laisserait pas longtemps au Temple; je frémissais à l'idée d'exposer ma fille, jeune et jolie, à la merci de ces furieux; car je connaissais trop la fermeté de son caractère et le bonheur qu'elle éprouverait de pouvoir adoucir, par ses soins, son respect et son attachement, la cruelle position de la famille royale, pour me permettre de calculer les dangers qu'elle pouvait courir d'ailleurs. Mgr le Dauphin et Madame, qui me virent un moment d'incertitude, se jetèrent à mon cou, me demandant avec instance de leur donner leur chère Pauline; Madame ajouta même avec une grâce parfaite : « Ne nous refusez pas, elle sera notre consolation,

---

1. Il s'agit de Turgy.

« et je la traiterai comme ma sœur. » Il me fut impossible de résister à de pareilles instances; je recommandai ma fille à la Providence. Je témoignai à la Reine toute ma reconnaissance et mon extrême désir de lui voir obtenir pour Pauline une faveur à laquelle elle attacherait tant de prix. La Reine en fit la demande à Péthion, qui l'accorda de bonne grâce. Il me dit d'envoyer chercher ma fille par son frère, qui la mènerait au comité de l'Assemblée, laquelle lui donnerait la permission dont elle avait besoin pour accompagner Leurs Majestés. Pauline éprouva la joie la plus vive en apprenant cette nouvelle, et se rendit sur-le-champ à l'Assemblée avec mon fils, qui la remit ensuite entre mes mains. Il profita de cette circonstance pour passer encore une partie de la journée auprès du Roi, et supplia Sa Majesté de lui obtenir la même permission qu'à sa sœur; mais Péthion n'y voulut pas consentir, et mon fils ne put rester avec le Roi que jusqu'à son départ des Feuillants; encore fut-il obligé de quitter Sa Majesté deux heures auparavant, par l'ordre exprès qu'elle lui en donna.

Ce bon prince, toujours plus occupé des autres que de lui-même, lui dit ces propres paroles : « Monsieur de « Tourzel, allez-vous-en, je vous en prie; plus nous approchons de l'heure de notre départ, plus la fureur du « peuple augmentera, et vous courrez le risque d'en être « une victime. » Et voyant que mon fils ne pouvait se résoudre à le quitter, il lui dit : « Je vous l'ordonne, monsieur de Tourzel, et c'est peut-être le dernier ordre que « vous recevrez de moi. » Puis, prenant les cheveux qu'on venait de lui couper, il les lui donna, ajoutant: « Il faut « espérer que nous verrons des temps plus heureux, et je « serai bien aise de vous revoir auprès de moi. » Puis il l'embrassa ; la Reine, le jeune prince, Madame et Madame Élisabeth lui firent le même honneur, et il se retira pénétré de la plus profonde douleur [1]....

Le Roi monta, à six heures du soir, dans une des grandes voitures de la cour ; le cocher et le valet de pied étaient habillés de gris, et servirent ce jour-là, pour la dernière fois, ce bon et excellent prince. Il était dans le fond de la voiture avec la Reine, Mgr le Dauphin et Madame ; Madame Élisabeth, Mme la princesse de Lamballe et Péthion sur le devant ; Pauline et moi à une des deux portières, et Manuel à l'autre, avec Colonges, officier municipal [2]. Tous ces messieurs avaient le chapeau sur la tête, et traitaient Leurs Majestés de la manière la plus révoltante.

A peine la voiture eut-elle passé la porte des Feuillants, que la troupe des fédérés et la nombreuse populace qui l'accompagnait firent retentir l'air des cris de *Vive la nation ! Vive la liberté !* en y ajoutant les injures les plus sales et les plus grossières ; et ces abominables cris ne cessèrent pas un instant pendant toute la route.

Pour plaire à cette multitude effrénée, Manuel commença par faire arrêter la voiture du Roi à la place Vendôme, et de manière qu'elle se trouvât comme foulée par

---

[1]. On lit dans les *Souvenirs de quarante ans* (p. 117) :

« Une demi-heure avant le départ pour le Temple, Madame Élisabeth m'appela, m'emmena dans un cabinet.... « Ma chère Pauline, me dit-elle, nous « connaissons votre discrétion, votre attachement pour nous ; j'ai une « lettre de la plus grande importance dont je voudrais me débarrasser « avant de partir d'ici : comment la faire disparaître ? »

« Il n'y avait ni feu ni lumière.... Nous déchirâmes cette lettre de huit pages ; nous essayâmes d'en broyer quelques morceaux dans nos doigts et sous nos pieds. Mais ce travail était long ; elle craignait que son absence ne donnât des soupçons.... J'en mis des morceaux dans ma bouche, et je les avalai. Cette bonne Madame Élisabeth voulut en faire autant, mais son cœur se souleva. Je m'emparai de ce qui en restait ; je l'avalai encore, et bientôt il n'en resta plus vestige. »

[2]. Comparer avec les *Souvenirs de quarante ans*, p. 118.

les pieds du cheval de la statue de Louis XIV, qui avait été renversée depuis deux jours, ainsi que toutes les autres statues de nos rois. Puis, apostrophant Sa Majesté avec la dernière insolence : « Voilà dit-il, Sire, comment le peuple traite ses rois. » — « Plaise à Dieu, lui répondit ce prince avec calme et dignité, que sa fureur ne s'exerce que sur des objets inanimés [1] ! »

Au milieu de tant d'indignités, la famille royale conserva un courage et une dignité qui étonnèrent même ceux qui se plaisaient à l'abreuver d'amertumes.

Le Roi fut deux heures et demie à se rendre au Temple, passant par les boulevards. Car cette effroyable escorte, non contente de faire aller au pas la voiture de Sa Majesté, la faisait encore arrêter de temps en temps. Plusieurs d'entre eux s'approchaient avec des yeux étincelants de fureur; et il y eut même des instants où l'on voyait l'inquiétude peinte sur les visages de Péthion et de Manuel. Ils mettaient alors la tête à la portière, haranguaient la populace et la conjuraient, au nom de la loi, de laisser cheminer la voiture [2].

[1]. Pauline de Tourzel raconte ainsi cet épisode (p. 118) :
« La voiture marchait au pas. On traversa la place Vendôme; là la voiture s'arrêta, et Manuel, faisant remarquer la statue de Louis XIV, qui venait d'être renversée, dit au Roi : « Voyez comme le peuple traite les rois. » A quoi le Roi, rouge d'indignation, mais se modérant à l'instant, répondit avec calme : « Il est heureux, Monsieur, que sa rage ne se porte que sur des objets inanimés. »

[2]. Voici comment s'exprime à ce sujet un témoin oculaire :
« Je me trouvais par hasard, le soir du 13, sur le chemin par lequel le malheureux Roi passa, en se rendant à la tour. Il est impossible, mon ami, de vous décrire cette ignominie. Ils étaient là, lui, la Reine, son fils, sa fille et sa sœur, dans une voiture, accompagnés par plusieurs milliers de soldats à pied et à cheval. Pour aller de l'Assemblée à cette tour, qui est près de la maison où je demeure, la distance est de trois quarts d'heure environ. Imaginez-vous quatre ou cinq cent mille personnes répandues sur ce parcours pour le voir; représentez-vous cinq cent mille bouches criant en même temps : *Vive la nation! Vive la liberté!* aux oreilles de Louis, accoutumées à n'entendre que le cri de *Vive le Roi!* et vous pourrez

Quelque affreuse que dût être l'entrée du Temple pour la famille royale, elle en était réduite à la désirer pour voir la fin d'une scène aussi atroce que prolongée. Elle se flattait de se trouver seule dans les appartements qu'elle allait occuper et de pouvoir respirer un moment au milieu de tant d'angoisses ; mais les insultes qu'elle n'avait cessé d'éprouver n'étaient pas encore à leur terme.

Le Temple présentait l'aspect d'une fête : tout était illuminé, jusqu'aux créneaux des murailles des jardins. Le salon était éclairé par une infinité de bougies, et rempli des membres de cette infâme Commune, qui, le chapeau sur la tête et avec le costume le plus sale et le plus dégoûtant, traitaient le Roi avec une insolence et une familiarité révoltantes. Ils lui faisaient mille questions plus ridicules les unes que les autres ; et un d'entre eux, cou-

---

comprendre un peu l'ignominie d'une telle infortune ! Je les ai vus de près dans la voiture. Le Roi avait un visage impassible, soit par courage, soit peut-être aussi par insensibilité. La Reine était sombre, comme aussi sa fille et sa belle-sœur. L'infortuné Dauphin, encore tout enfant, tournait ses yeux de tous côtés pour voir le peuple innombrable.... Les esprits sont tellement troublés qu'il ne me paraîtrait pas absolument impossible que le Roi lui-même fût mis en jugement et condamné à mort, comme les Anglais, en 1648, ont mis en jugement et condamné à mort leur roi, le malheureux Charles Stuart.... Tous les signes de haine que je vois rendent la chose probable. Le plus grand malheur de cet homme, c'est que personne n'ose plus même exprimer sa compassion en sa faveur. » *Lettres de Coray au protopsalte de Smyrne, Dimitrios Lotos,* p. 164-166 (8 septembre).

Un Anglais, John Moore, parlementaire et protestant, auteur d'un curieux journal écrit en France à cette époque, dit à la date du 15 août (édit. originale, t. I, p. 101 ; traduction de M. Charles d'Héricault dans la *Revue de la Révolution,* t. V, p. 149; cf. la notice sur ce personnage, donnée au t. IV, p. 405-408) :

« Quand la famille royale fut conduite de l'Assemblée au Temple, la multitude, dont l'affluence était énorme, exigea que les portières de la voiture restassent baissées ; ce qui fut accordé. En traversant la place Vendôme, soit que la foule fût là plus compacte, soit que cela fût prémédité, la voiture resta longtemps arrêtée devant la statue renversée de Louis XIV.

« Le premier mouvement de la Reine fut de regarder dédaigneusement cette foule. Le fit-elle, ou bien fut-ce une imagination ? Je l'ignore ; mais on m'a assuré que Pétion, maire de Paris, qui était auprès d'elle, la con-

ché sur un sofa, lui tint les propos les plus étranges sur le bonheur de l'égalité : « Quelle est votre profession ? » lui dit le Roi. — « Savetier, » répondit-il. C'était cependant la compagnie du successeur de tant de rois ! Ce prince et la famille royale conservèrent toujours le maintien le plus noble, et répondirent à leurs questions avec une bonté qui aurait dû les faire rentrer en eux-mêmes, si l'ivresse du pouvoir ne les avait rendus insensibles à toute espèce de sentiment.

Le pauvre petit Dauphin, tombant de sommeil et de fatigue, demandait instamment à se coucher. Je sollicitai à plusieurs reprises qu'on me le laissât conduire dans sa chambre ; on répondait toujours qu'elle n'était pas prête.

jura d'adoucir ses regards, de crainte que la populace n'y vît une provocation et n'entrât en fureur. La Reine tint ses yeux désormais baissés et ne regarda plus à la portière.

« Le Roi paraissait moins triste, moins préoccupé. Quand on les avait fait entrer en voiture, quelqu'un avait fait observer qu'ils y étaient trop nombreux. A cette remarque, Sa Majesté avait répondu assez gaiement : « Pas du tout; M. Pétion sait bien que je puis supporter un plus long « voyage en nombreuse société; » faisant ainsi allusion à son retour à Paris après son arrestation de Varennes, alors que lui, la Reine, Madame Royale, le Dauphin et Madame Élisabeth, avec Barnave et Pétion, voyageaient dans la même voiture.

« Il y eut quelques cris de *Vive la nation !* lorsqu'ils traversèrent les rues. Mais, en somme, la foule était plus silencieuse et moins agitée qu'on ne s'y attendait. La famille royale arriva saine et sauve au Temple.... »

Citons maintenant un journal du temps. On lit dans la *Chronique de Paris*, numéro du mercredi 15 août 1792 :

« Le roi est arrivé mardi au Temple vers les trois heures; il paraissait inquiet, quoique la reine et lui affectassent, dans la voiture, un air riant et tranquille. L'affluence du monde a forcé sa voiture à s'arrêter vis-à-vis la statue équestre de Louis XIV, dont il a pu considérer les débris.... Les huées, les sifflets et les témoignages publics d'indignation, exprimés énergiquement sur le passage du roi, n'ont pas paru exciter en lui beaucoup de sensibilité. La reine surtout en paraissait peu touchée. Il aurait été plus magnanime au peuple de garder le silence. Ils ont été déposés dans un appartement de la tour du Temple, où il y a cent vingt-six marches à monter. Comme le peuple français ne perd point sa gaieté dans les crises les plus terribles, un plaisant a prétendu, en voyant arriver le roi, que le Temple n'avait jamais renfermé un aussi grand banqueroutier. »

Je le mis sur un canapé, où il s'endormit profondément. Après une longue attente, on servit un grand souper. Personne n'était tenté d'y toucher; on fit semblant de manger pour la forme, et Mgr le Dauphin s'endormit si profondément en mangeant la soupe, que je fus obligée de le mettre sur mes genoux, où il commença sa nuit. On était encore à table qu'un municipal vint dire que sa chambre était prête, le prit sur-le-champ entre ses bras, et l'emporta avec une telle rapidité que Mme de Saint-Brice et moi eûmes toutes les peines du monde à le suivre. Nous étions dans une inquiétude mortelle en le voyant traverser les souterrains, et elle ne put qu'augmenter quand nous vîmes conduire le jeune prince dans une tour et le déposer dans la chambre qui lui était destinée. La crainte d'en être séparée et la peur d'irriter les municipaux m'empêchèrent de leur faire aucune question. Je le couchai sans dire un mot, et je m'assis ensuite sur une chaise, livrée aux plus tristes réflexions. Je frémissais à l'idée de le voir séparé du Roi et de la Reine, et j'éprouvai une grande consolation en voyant entrer cette princesse dans la chambre. Elle me serra les mains en me disant: « Ne vous l'avais-je pas bien dit? » Et s'approchant ensuite du lit de cet aimable enfant, qui dormait profondément, les larmes lui vinrent aux yeux en le regardant; mais, loin de se laisser abattre, elle reprit sur-le-champ ce grand courage qui ne l'abandonna jamais, et elle s'occupa de l'arrangement des chambres de ce triste séjour.

La famille royale occupa d'abord la petite tour; il n'y avait que deux chambres à chaque étage, et une petite qui servait de passage de l'une à l'autre. On y plaça la princesse de Lamballe, et la Reine occupa la seconde chambre en face de celle de Mgr le Dauphin. Le Roi logea au-dessus de la Reine, et l'on établit un corps de garde dans la chambre à côté de la sienne. Madame Élisabeth fut établie dans une cuisine qui donnait sur ce corps de garde, et dont la saleté était affreuse. Cette princesse, qui joignait à une vertu d'ange une bonté sans pareille, dit sur-le-champ à Pauline qu'elle voulait se charger d'elle, et fit placer dans sa chambre un lit de sangle à côté du sien [1]. Nous ne pourrons jamais oublier toutes les marques de bonté qu'elle en reçut pendant le temps qu'il nous fut permis d'habiter avec elle ce triste séjour.

Comme la chambre de la Reine était la plus grande, on s'y réunissait toute la journée, et le Roi lui-même y descendait dès le matin. Leurs Majestés n'éprouvèrent pas même la consolation d'y être seules avec leur famille; un commissaire de la Commune, que l'on changeait d'heure en heure, était toujours dans la chambre où elles se tenaient. La famille royale leur parlait à tous avec une telle bonté, qu'elle parvint à en adoucir plusieurs.

On descendait à l'heure des repas dans une pièce au-dessous de la chambre de la Reine, qui servait de salle à manger, et, sur les cinq heures du soir, Leurs Majestés se promenaient dans le jardin, car elles n'osaient laisser promener seul Mgr le Dauphin, de peur de donner aux commissaires l'idée de s'en emparer [2]. Elles y entendaient quelquefois de bien mauvais propos, qu'elles ne faisaient pas semblant d'entendre, et la promenade durait même assez longtemps, pour faire prendre l'air aux deux enfants, à qui il était bien nécessaire, la famille

---

[1]. On lit dans les *Souvenirs de quarante ans* (p. 120) : « Nous passâmes ainsi la nuit sans dormir; il nous eût été difficile de prendre quelque repos : la chambre qui précédait cette cuisine servait de corps de garde, et vous pouvez vous douter du bruit qu'on y faisait. »

[2]. Voir ci-après des détails plus circonstanciés, donnés par Pauline de Tourzel, sur l'emploi du temps durant ces premières journées de captivité.

royale s'oubliant elle-même pour ne s'occuper que de ce qui l'entourait [1].

Il y avait, à côté de la salle à manger, une bibliothèque que Truchon, un des commissaires de la Commune [2], fit remarquer à Leurs Majestés. Elles y prirent quelques livres pour elles et pour leurs enfants. Le Roi prit, entre autres, le premier volume des *Études de la nature,* par Bernardin de Saint-Pierre, ce qui donna occasion à Truchon de parler du mérite de cet ouvrage. Il débutait par une dédicace qui était l'éloge le plus vrai des vertus de Sa Majesté. Il ne put s'empêcher de nous le faire voir, et le contraste de sa situation avec celle du temps où ce livre avait été imprimé nous fit faire de douloureuses réflexions.

Ce Truchon, membre de la Commune de Paris, était un mauvais sujet; il était accusé de bigamie et avait une condamnation contre lui. Pour être méconnu, il avait laissé croître sa barbe, qui était d'une si grande longueur qu'on l'appelait l'homme à la grande barbe. Il paraissait avoir reçu de l'éducation, par sa manière de s'énoncer et ses formes polies, bien différentes de celles de ses ca-

---

1. On lit dans le *Journal de Perlet* du 20 août 1792 :

« *Bulletin du Temple du 15 au 18 août.* — Tout a été tranquille dans la nuit du 15 au 16. Louis XVI a très bien dormi. Il s'est levé vers les sept heures, et n'a fait que cette seule question au commissaire de la Commune : *Avez-vous bien dormi?* — Peu, a répondu celui-ci. Conversation indifférente de la part des valets de chambre; et quelques demandes oiseuses.

« *Du vendredi 17.* — Louis XVI et sa famille sont descendus dans le jardin, où ils ont fait plusieurs tours de promenade sous l'allée des maroniers. Le commissaire de la Commune s'étant mis sur le rang, Marie-Antoinette lui dit : Je ne suis pas convenue de *cela* avec M. Manuel. (Ce *cela* signifiait que le commissaire devait marcher *derrière.*) *Madame*, répondit celui-ci, *derrière*, j'aurais l'air d'un valet, *devant*, je serais *impoli* : dans le règne de l'égalité, souffrez que je marche sur la même ligne. — Marie-Antoinette alors a paru s'occuper d'un ballon avec lequel jouait son fils et d'un moineau. Louis XVI a paru indifférent à tout ce qui l'entourait. Madame Élisabeth seule a montré de l'humeur et est allée rejoindre Mme Lamballe. »

2. Germain Truchon, homme de loi, alors âgé de cinquante ans.

marades, quand il adressait la parole à Leurs Majestés.

On voyait s'élever avec rapidité les murs des jardins du Temple. Palloy, qui avait été nommé architecte de cette prison, montra au Roi le plan de l'appartement qui lui était destiné dans la grande tour, ainsi que celui de la famille royale. Péthion et Santerre venaient quelquefois les visiter, et, les voyant toujours avec ce calme que la bonne conscience seule peut donner, ils en étaient tout étonnés. Quelques municipaux, plus humains que le grand nombre d'entre eux, cherchaient à donner quelques consolations à Leurs Majestés, mais toujours avec circonspection, par la peur d'être dénoncés.

MM. de Chamilly et Hue redoublaient de soins et d'attentions pour le service de Leurs Majestés et de la famille royale; ils ne se donnaient pas un moment de repos pendant tout le cours de la journée. Mme de Saint-Brice se conduisit aussi très bien. Mmes Thibaut et Navarre justifiaient tous les jours la confiance qu'avaient en elles la Reine et Madame Élisabeth; et c'était une consolation pour la famille royale d'être entourée de si fidèles serviteurs.

Elle était l'unique objet de nos pensées, et nous n'étions occupées, Pauline et moi, qu'à adoucir l'horreur de sa situation, par notre respect et notre dévouement. Elle était si touchée de la plus légère attention et le témoignait d'une manière si affectueuse, qu'il était impossible de ne pas lui être attaché au delà de toute expression. Mgr le Dauphin et Madame étaient charmants pour Pauline; ils lui témoignaient l'amitié la plus touchante, et le Roi et la Reine la comblaient de bontés. Nous cherchions l'une et l'autre à faire entrer dans leur cœur quelque rayon d'espérance, et nous nous flattions que tant de vertus pourraient fléchir la colère céleste. Mais l'arrêt de la Providence était prononcé : elle voulait punir cette France si coupable, et jadis si orgueilleuse de son amour pour ses rois ; elle permit que l'esprit de vertige l'aveuglât au point de la conduire aux plus grands excès.

Nous vîmes bien, dans la journée du 18 (samedi), quelques pourparlers entre les municipaux, qui nous donnèrent de l'inquiétude ; et l'un d'eux, qui n'osait s'expliquer ouvertement, chercha à nous faire entendre que nous étions au moment d'être séparés de la famille royale ; mais ce qu'il disait était si peu intelligible que nous n'y pûmes rien comprendre. Nous nous couchâmes comme à l'ordinaire, et comme je commençais à m'endormir, Mme de Saint-Brice m'éveilla, en m'avertissant qu'on arrêtait Mme de Lamballe. L'instant d'après, nous vîmes entrer dans ma chambre un municipal, qui nous dit de nous habiller promptement ; qu'il avait reçu l'ordre [1] de nous conduire à la Commune pour y subir un interrogatoire, après lequel nous serions ramenées au Temple. Le même ordre fut intimé à Pauline, dans la chambre de Madame Élisabeth [2]. Il n'y avait qu'à obéir, dans la position où nous étions. Nous nous habillâmes et nous nous rendîmes ensuite chez la Reine, entre les mains de laquelle je remis ce cher petit prince, dont on porta le lit dans sa chambre, sans qu'il se fût réveillé. Je m'abstins de le regarder pour ne pas ébranler le courage dont nous allions avoir tant de besoin pour ne donner aucune prise sur nous et reprendre, s'il était possible, une place que nous quittions avec tant de regret. La Reine vint sur-le-champ dans la chambre de Mme la

---

1. Voir, sur l'ordre d'arrestation de Mmes de Lamballe, de Tourzel, etc., le *Courrier des LXXXIII départemens*, de Gorsas, p. 330-333 et 339-345.
2. On lit dans les *Souvenirs de quarante ans* (p. 122) :

« La nuit du 19 au 20 août, il était environ minuit, lorsque nous entendîmes frapper. A travers la porte on nous signifia, de la part de la Commune de Paris, l'ordre qui venait d'être donné d'enlever du Temple la princesse de Lamballe, ma mère et moi. »

princesse de Lamballe, dont elle se sépara avec une vive douleur. Elle nous témoigna, à Pauline et à moi, la sensibilité la plus touchante, et me dit tout bas : « Si nous ne « sommes pas assez heureux pour vous revoir, soignez « bien Mme de Lamballe ; dans toutes les occasions essen- « tielles prenez la parole, et évitez-lui, autant que possible, « d'avoir à répondre à des questions captieuses et embar- « rassantes. » Madame était tout interdite et bien affligée de nous voir emmener. Madame Élisabeth arriva de son côté et se joignit à la Reine pour nous encourager. Nous embrassâmes pour la dernière fois ces augustes princesses, et nous nous arrachâmes, la mort dans l'âme, d'un lieu que nous rendait si cher la pensée de pouvoir être de quelque consolation à nos malheureux souverains.

DÉTAILS COMPLÉMENTAIRES

DONNÉS PAR PAULINE DE TOURZEL, COMTESSE DE BÉARN [1]

Je vous ai dit que, au Temple, les journées entières se passaient chez la Reine, dans sa chambre, qui servait de salon de réunion ; mais la manière dont on y passait son temps peut vous intéresser. A neuf heures et demie, nous allions déjeuner. La pièce qui servait de salle à manger était assez éloignée de la chambre de la Reine ; nous partions, mais escortés de quelques officiers municipaux : ces officiers municipaux nous surveillaient pendant le repas, qui était court et silencieux. Seulement, si, parmi ces hommes, il y en avait un d'une figure

---

1. *Souvenirs de quarante ans*, p. 166.

honnête, la Reine, Madame Élisabeth se hasardaient parfois à lui adresser une question ; si la réponse n'était pas brutale, si le son de la voix indiquait quelque intérêt, c'était un baume pour leur pauvre cœur.

En sortant de déjeuner, on descendait prendre l'air dans une enceinte très restreinte, fermée de planches, et qu'on avait ménagée dans le jardin du Temple pour servir aux promenades des prisonniers. Toujours entourés, toujours surveillés, ils pouvaient cependant, plus aisément que dans la chambre de la Reine, échanger quelques paroles. Les officiers municipaux se montraient très farouches et affectaient de ne témoigner aucun respect au Roi.

Remontés dans l'appartement, nous nous rangions autour d'une table ronde, et chacun se mettait à l'ouvrage ; on travaillait pour l'ordinaire à cette robe que m'avait destinée Madame Élisabeth, et l'on mettait à cet ouvrage un intérêt dont le souvenir me touche encore sensiblement.

Mais, pendant ce temps-là, que faisait le Roi ?.... Il avait pris son fils sur ses genoux, et, sur une table près de nous, il lui donnait des notions de géographie ; c'était la Reine qui lui enseignait l'histoire, et Madame Élisabeth le calcul. Louis XVI avait oublié qu'il était Roi, il se souvenait doublement qu'il était père.

Il eût été à désirer que la nation tout entière pût assister à ces leçons ; elle fût restée à la fois étonnée et émue de tout ce que ce bon Roi trouvait à dire de sensé, de cordial, de tendre, à la vue de la carte de France, déployée devant lui, et de la chronologie de ses prédécesseurs. Tout dans ses paroles dénotait l'amour qu'il portait à ses sujets et combien son cœur paternel désirait leur bonheur. Que de grandes, que d'utiles leçons on eût pu graver dans son cœur en écoutant ce Roi captif instruisant cet enfant né pour le trône et condamné à partager la captivité de ses parents !

Ce Roi et son fils, cette Reine et sa fille, Madame Élisabeth, les personnes dévouées qui les entouraient de leur respect et de leur amour, cet ensemble, ce tableau si touchant, trouva un jour un cœur sensible : un officier municipal ne put, à cette vue, cacher son attendrissement. Peut-être lui en fit-on un crime ; ce qu'il y a de sûr, c'est que, pour éviter les séductions que pouvait exercer la vertu, on décida que, toutes les heures, le surveillant serait changé.

Dans la journée, le Roi, qui heureusement avait trouvé au Temple une bibliothèque, donnait quelque temps à la lecture dans un cabinet attenant à sa chambre; et pendant son absence Madame lisait à haute voix ; la Reine faisait de la tapisserie.

Les distractions, comme vous le pensez bien, n'étaient pas nombreuses; j'en imaginai une pour Monsieur le Dauphin. J'avais, par hasard, un *toton;* j'appris au jeune prince à le faire tourner, et cet innocent plaisir prit une sorte d'importance par le parti qu'en sut tirer le génie inventif des princesses. On établit, comme pour amuser Monsieur le Dauphin, des espèces de joutes, en convenant que celui qui ferait tourner le *toton* plus longtemps que les autres aurait gagné la partie. Cela donnait l'occasion aux joueurs de s'approcher de la table et de se pencher pour jeter le *toton* près des personnes assises, de manière à pouvoir échanger avec elles quelques paroles à voix basse, ce qui n'eût pas été possible sans ce prétexte, car, lorsqu'on parlait bas, le municipal vous rappelait que vous ne deviez parler que tout haut.

L'histoire de ce *toton* n'est pas finie; je le laissai lorsque nous fûmes enlevées du Temple, et il fut de plus en plus employé à mesure que les rigueurs augmentèrent contre la famille royale : elle lui dut la possibilité de se faire de tristes confidences, et la Reine en garda un tel souvenir que, au moment où on la sépara de sa famille pour la conduire à la Conciergerie, elle le remit à Madame, en lui recommandant de me le rendre si jamais elle me revoyait.

III.

HUE

EXTRAIT

DES

DERNIÈRES ANNÉES DU RÈGNE & DE LA VIE DE LOUIS XVI [1]

Le prince de Poix avait proposé au Roi d'établir sa résidence à l'hôtel de Noailles; mais Sa Majesté n'était plus libre de la déterminer à son gré. Une commission avait été nommée pour préparer à cet égard la décision du Corps législatif. Elle balançait entre le palais du Luxembourg et l'hôtel de la Chancellerie, lorsque la nouvelle Commune de Paris, sous la responsabilité de laquelle devait être mise la famille royale, proposa le Temple. Sa proposition prévalut. Ce ne fut pas la seule occasion où, sous l'apparence d'un simple avis, cette municipalité dicta des lois à l'Assemblée nationale.

Instruit de cette décision, le Roi me fit écrire, sous sa

---

1. Troisième édition, revue sur les papiers laissés par l'auteur, précédée d'une notice sur M. Hue, par M. René du Mesnil de Maricourt, et d'un avant-propos par M. H. de l'Épinois. Paris, H. Plon, 1860, in-8°, p. 341-384.

dictée, la liste des personnes qu'il désirait conserver pour son service et celui de la famille royale. Rappeler ici ces personnes choisies par Sa Majesté, c'est honorer leurs noms.

L'état, tel que je le remis au maire de Paris, pour qu'il en conférât avec le conseil de la Commune, portait :

Pour le service de la personne du Roi, M. de Fresnes, écuyer de main [1]; M. Lorimier de Chamilly, premier valet de chambre; MM. Bligny, valet de chambre, et Testard, garçon de la chambre.

Pour le service de la Reine et de Madame Royale, la dame Thibaud, première femme de chambre; les dames Auguié et Basire, femmes de chambre ordinaires.

Pour le service de Monsieur le Dauphin, la dame Saint-Brice et M. Hue.

Pour le service de Madame Élisabeth, M. de Saint-Pardoux, écuyer de main, et la dame Navarre, première femme de chambre.

A ces demandes le Roi ajouta celles de la princesse de Lamballe, de la marquise de Tourzel et de sa fille.

Le 14 août, jour fixé pour la translation du Roi au Temple [2], il reçut, quelques heures avant son départ, le manifeste des princes ses frères, et des lettres qu'ils lui adressaient. Après avoir lu ces pièces, il était urgent de les supprimer, mais de manière à en dérober la connaissance aux Argus qui environnaient la famille royale. Le Roi me confia cette commission : je l'exécutai.

Dans l'après-midi, le maire, accompagné d'un officier municipal, entra chez le Roi : il venait annoncer que le conseil de la Commune avait décidé qu'aucune des per-

---

1. François-Claude-Nicolas, marquis de Fresne, en fonctions près de Louis XV, puis de Louis XVI, depuis 1770.
2. C'est le 13 et non le 14 août.

sonnes proposées pour le service ne suivrait au Temple la famille royale [1]. Le Roi obtint, à force de représentations, que les dames Thibaud, Basire, Saint-Brice et Navarre, M. de Chamilly et moi serions exceptés.

L'heure du départ arriva. La famille royale et les personnes de sa suite se mirent en marche; elles ne percèrent qu'avec peine à travers la foule dont le corridor intérieur et la cour des Feuillants étaient remplis; enfin elles parvinrent jusqu'aux voitures destinées à les transporter au Temple. C'étaient deux grands carrosses, attelés chacun de deux chevaux. Le Roi, la Reine, leurs enfants, Madame Élisabeth, la princesse de Lamballe, la marquise de Tourzel et sa fille, montèrent dans la première voiture. Le maire [2], le procureur de la Commune [3] et un officier municipal y prirent place avec eux. Pendant tout le trajet, ils affectèrent d'avoir la tête couverte. La seconde voiture portait la suite du Roi et deux officiers municipaux. Des gardes nationaux à pied, tenant leurs armes renversées, escortaient ces voitures. Une multitude innombrable d'hommes, diversement armés, s'était jointe à cette troupe. On n'entendait que menaces et imprécations. Au milieu de la place Vendôme, la voiture du Roi fut quelque temps arrêtée : on voulait qu'il contemplât à loisir la statue équestre de Louis le Grand, précipitée de son piédestal, brisée par la populace et foulée aux pieds. « Ainsi sont traités les tyrans, » criait sans relâche cette populace effrénée....

Pendant cette lugubre marche, qui dura plus d'une heure, les officiers municipaux chargés d'escorter la fa-

---

[1]. Voir le procès-verbal de la séance du Conseil général de la Commune en date du 13 août. *Documents officiels*, n° XIII.
[2]. Pétion.
[3]. Manuel.

mille royale faisaient éclater une joie féroce, battaient des mains, criaient : *Vive la nation!* et provoquaient la multitude à répondre à leurs cris.

L'âme navrée de douleur, la famille royale arriva au Temple. Santerre fut la première personne qui se présenta dans la cour où l'on descendit. Il fit aux officiers municipaux un signe que, dans le moment, je ne pus interpréter. Depuis que j'ai connu les localités du Temple, j'ai jugé que l'objet de ce signe était de conduire, dès l'instant de son arrivée, le Roi dans la tour. Un mouvement de tête de la part des officiers municipaux annonça qu'il n'était pas encore temps.

La famille royale fut introduite dans la partie des bâtiments dite *le palais*, demeure ordinaire de Mgr le comte d'Artois quand il venait à Paris. Les municipaux se tenaient auprès du Roi le chapeau sur la tête, et ne lui donnaient d'autre titre que celui de *Monsieur*. Un homme à longue barbe, que j'avais pris d'abord pour un juif, affectait de répéter à tout propos cette qualification [1]. Quelques-uns des municipaux qui, dans cette circonstance, se montrèrent si atroces, parurent depuis repentants de leur conduite et sincèrement affligés de la captivité du Roi.

Le jour de l'emprisonnement de la famille royale semblait être un jour de fête pour le peuple de Paris; il se portait en foule autour du Temple, criant avec fureur : *Vive la nation!* Des lampions, placés sur les parties saillantes des murs extérieurs du Temple, éclairaient la joie barbare de cette aveugle multitude.

Dans la persuasion où était le Roi que désormais le palais du Temple allait être sa demeure, il voulut en visiter

---

[1]. Cet homme, président de la Commune du 10 août, se nommait Truchon. Il avait été détenu quelque temps à la Bastille pour fait de bigamie. (*Note de Hue.*)

les appartements. Tandis que les municipaux se faisaient un plaisir cruel de l'erreur du Roi, pour mieux jouir ensuite de sa surprise, Sa Majesté se plaisait à faire d'avance la distribution des divers logements.

Aussitôt l'intérieur du Temple fut garni de nombreux factionnaires. La consigne était si sévère, qu'on ne pouvait faire un pas sans être arrêté. Au milieu de cette foule de satellites, le Roi montrait un calme qui peignait le repos de sa conscience.

A dix heures, on servit le souper. Pendant le repas, qui fut court, Manuel se tint debout à côté du Roi. Le souper fini, la famille royale rentra dans le salon. Dès cet instant, Louis XVI fut abandonné à cette Commune factieuse, qui l'investit de gardiens, ou plutôt de geôliers, à qui elle donna le titre de commissaires. En entrant au Temple, les municipaux avaient prévenu les personnes du service que la famille royale ne coucherait pas dans le palais, qu'elle l'habiterait le jour seulement : ainsi nous ne fûmes pas surpris d'entendre, vers onze heures du soir, l'un des commissaires nous donner l'ordre de prendre le peu d'effets en linge et vêtements qu'il avait été possible de se procurer, et de le suivre.

Un municipal, portant une lanterne, me précédait. A la faible lueur qu'elle répandait, je cherchais à découvrir le lieu qui était destiné à la famille royale. On s'arrêta au pied d'un corps de bâtiment que les ombres de la nuit me firent croire considérable. Sans pouvoir rien distinguer, je remarquai néanmoins une différence entre la forme de cet édifice et celle du palais que nous quittions. La partie antérieure du toit, qui me parut surmonté de flèches que je pris pour des clochers, était couronnée de créneaux, sur lesquels, de distance en distance, brûlaient des lampions. Malgré la clarté qu'ils jetaient par intervalles, je ne compris pas quel pouvait être cet édifice, bâti sur un plan extraordinaire, ou du moins tout à fait nouveau pour moi [1].

En ce moment, un des municipaux, rompant le morne silence qu'il avait observé pendant toute la marche : « Ton « maître, me dit-il, était accoutumé aux lambris dorés. « Eh bien ! il verra comme on loge les assassins du « peuple ! Suis-moi. » Je montai plusieurs marches : une porte étroite et basse me conduisit à un escalier construit en coquille de limaçon. Lorsque je passai de cet escalier principal à un plus petit qui menait au second étage, je m'aperçus que j'étais dans une tour. J'entrai dans une chambre éclairée de jour par une seule fenêtre, dépourvue en partie des meubles les plus nécessaires, et n'ayant qu'un mauvais lit et trois ou quatre sièges. « C'est « là que ton maître couchera, » me dit le municipal. Chamilly m'avait rejoint ; nous nous regardâmes sans dire mot : on nous jeta, comme par grâce, une paire de draps. Enfin on nous laissa seuls quelques moments.

Une alcôve, sans tenture ni rideaux [2], renfermait une couchette qu'une vieille claie d'osier annonçait être remplie d'insectes. Nous travaillâmes à rendre le plus propre possible et la chambre et le lit. Le Roi entra ; il ne témoigna ni surprise ni humeur. Des gravures, la plupart peu décentes, tapissaient les murs de la chambre : il les ôta lui-même. « Je ne veux pas, dit-il, laisser de pareils objets « sous les yeux de ma fille. » Sa Majesté se coucha, et dormit paisiblement. Chamilly et moi restâmes toute la nuit assis auprès de son lit. Nous contemplions avec res-

---

[1]. Voir dans le *Louis XVII* de M. de Beauchesne, à la page 335 du tome Ier, le plan de l'enclos du Temple.

[2]. « Au bout de quelques jours de captivité au Temple, il fut placé des rideaux au lit du Roi. » *(Note de Hue.)*

pect ce calme de l'homme irréprochable luttant contre l'infortune, et la domptant par son courage. « Comment, « disions-nous, celui qui sait exercer sur lui-même un « semblable empire ne serait-il pas fait pour commander « aux autres ? » Les factionnaires posés à la porte de la chambre étaient relevés d'heure en heure, et chaque jour les municipaux de garde étaient changés.

Le premier jour de son entrée au Temple, le Roi se fit un règlement de vie dont il ne s'écarta plus. Lorsqu'il était habillé, il passait dans une tourelle attenant à sa chambre : il s'y renfermait, récitait ses prières et lisait jusqu'au moment du déjeuner. Alors, réuni avec sa famille, il ne la quittait qu'après le souper. Remonté dans sa chambre, il rentrait dans la petite tour, et reprenait, jusqu'à onze heures du soir qu'il se couchait, ses occupations de la matinée. Le cabinet de retraite de Sa Majesté, j'ai presque dit le sanctuaire de la piété et de la vertu, n'avait d'autres meubles que quelques chaises et un guéridon, sur lequel, entre autres livres, Sa Majesté trouvait l'*Imitation de Jésus-Christ*, qu'elle lisait soir et matin. Ne pouvant, malgré mes demandes réitérées, obtenir la disposition d'une armoire qui se trouvait dans la chambre, je n'avais d'autre dépôt pour les vêtements et effets de Sa Majesté qu'une table à jouer toute disloquée et presque entièrement dégarnie de son tapis.

Vis-à-vis de la chambre du Roi, une pièce destinée à servir de cuisine [1] et qui en conservait les ustensiles, fut, pendant quelques jours, le logement de Madame Élisabeth et de Mlle de Tourzel : on y avait dressé deux lits de sangle. Un très petit espace, qui n'avait de jour que par

---

1. Voir dans le *Louis XVII* de M. de Beauchesne, t. I, p. 241 et 243, les plans des deuxième et troisième étages de la petite tour du Temple. Voir aussi les plans joints à notre recueil.

un châssis à vitrage adapté au toit, séparait cette cuisine de la chambre du Roi; c'était là que je couchais. Dès les premiers jours, le châssis fut entièrement recouvert de maçonnerie, sous prétexte que, par cette ouverture, j'entretenais des intelligences avec la sentinelle en faction sur la terrasse. Cette sentinelle, dont je pouvais à peine apercevoir les jambes, était relevée d'heure en heure.

Arrivé de nuit dans la tour, ce ne fut que le lendemain matin, lorsque je descendis du second étage [1] où le Roi était logé, qu'il me fut possible de connaître la distribution de cet édifice : je vais en donner ici la description dans l'ordre que j'ai suivi en le parcourant.

Le premier étage était la répétition du second [2]. Dans une espèce d'antichambre, située au-dessous de la pièce que j'occupais, couchait la princesse de Lamballe. La Reine occupait à gauche, avec Madame Royale, une chambre dont la fenêtre donnait sur le jardin; la famille royale passait la journée dans cette pièce. Monsieur le Dauphin, Mme de Tourzel, sa gouvernante, et la dame Saint-Brice étaient logés à droite dans une même chambre. La tour se terminait dans le bas par un palier attenant à l'escalier, et sur lequel, à une certaine distance, s'ouvrait la porte d'entrée. Cette porte, jugée trop faible, fut bientôt garnie d'une énorme serrure, apportée des prisons du Châtelet. A la droite du palier était la loge de deux cerbères à face humaine, auxquels la municipalité avait confié la garde et le service de la porte : ces deux hommes se nommaient l'un Rocher et l'autre Risbey. La figure horrible de

---

1. C'est au troisième étage que le Roi était logé.
2. Il faut lire : deuxième et troisième étages. Le premier étage se composait d'une antichambre et d'une salle à manger, avec un cabinet pris dans la tourelle, où se trouvait une bibliothèque de douze à quinze cents volumes.

Rocher annonçait une âme qui ne l'était pas moins [1] ; Risbey, sous des dehors moins repoussants, se montrait aussi acharné que son camarade à persécuter la famille royale. Auprès du guichet, et à côté de la chambre des deux geôliers, était la salle à manger [2] ; cette salle communiquait avec une tourelle garnie d'une bibliothèque.

La cuisine étant séparée et éloignée de la petite tour, la nécessité du service me forçait de traverser souvent plusieurs postes de la garde; c'étaient, à chaque pas, obstacles sur obstacles, questions sur questions, insultes sur insultes. Les municipaux, qui m'accompagnaient partout, applaudissaient à ces outrages, et souvent les provoquaient par leur exemple [3]. Si quelquefois l'indignation soulevait mon âme, soudain, ma pensée se portant sur mon maître, je me disais : « Le Roi souffre et se tait. » Dans le palais du Temple, et à la proximité de la tour, les commissaires municipaux avaient une chambre d'assemblée qu'ils appelaient *la salle du conseil :* le linge et les autres effets

---

[1]. « Rocher, de sellier qu'il était, devint officier dans l'armée des rebelles. On lui a entendu dire, en parlant des augustes captifs : « Marie-Antoi-« nette faisait la fière : mais je l'ai forcée de s'humaniser. Sa fille et Élisa-« beth me font malgré elle la révérence : le guichet est si bas que, pour « passer, il faut bien qu'elles se baissent devant moi. Chaque fois je « flanque à cette Élisabeth une bouffée de la fumée de ma pipe. Ne dit-elle « pas, l'autre jour, à nos commissaires : *Pourquoi donc Rocher fume-t-il* « *toujours ? — Apparemment que cela lui plaît,* répondirent-ils. » (*Note de Hue.*)

[2]. « Cette salle servit de chambre à coucher aux dames Thibaud et Basire pendant le peu de jours qu'elles restèrent au Temple. » (*Idem.*)

[3]. Les journaux révolutionnaires s'efforçaient de persuader au public que le roi et sa famille étaient traités avec égards. On lit dans le *Courrier des LXXXIII départemens* par Ant. J. Gorsas, numéro du 16 août :

« Le Temple. Nous donnerons demain les nouvelles les plus sûres et relatives à ce nouveau domicile du *feu* roi; nous nous bornerons aujourd'hui à dire qu'on a cherché à lui procurer toutes les commodités possibles, et qu'on a pour lui les égards que le malheur réclame, *même lorsqu'il est mérité....* Ces égards n'exigeaient pas cependant qu'un membre de la Commune, à écharpe et de service, allât lui-même acheter un ballon pour le prince royal. — (C'était hier la fête de Marie-Antoinette.) »

qui entraient et sortaient pour l'usage de la famille royale y étaient d'abord reçus et rigoureusement visités. Pour les y déposer ou les y reprendre, l'un des commissaires me faisait appeler, me conduisait à la chambre du conseil, et me suivait de nouveau jusqu'à la porte de la tour. Tout ce qui était destiné à la famille royale subissait l'examen des commissaires. Avant de laisser entrer ces objets dans la tour, d'autres municipaux les visitaient encore, coupant en deux les pains et ceux des comestibles qui leur paraissaient suspects. En un mot, rien n'en sortait sans être assujetti à la visite la plus sévère. Ces détails, affligeants à retracer, étaient la récréation barbare des Argus de la famille royale [1].

Le lendemain de l'arrivée du Roi au Temple, Sa Majesté parcourut tout l'intérieur de la grande et de la petite tour. Le conseil de la Commune fortifia ces prisons de nouveaux ouvrages [2]. Il fut ordonné d'isoler entièrement la grande tour, et, à cet effet, d'abattre les édifices qui l'environnaient. D'abord un large fossé fut creusé dans le pour-

---

1. Le comte de Fersen, dans une lettre adressée au prince régent de Suède, de Bruxelles, à la date du 9 septembre, écrivait (*Le comte de Fersen et la cour de France*, par le baron de Klinckowstroëm, t. II, p. 363) :

« Voici quelques détails arrivés dans des lettres particulières : Un garde national, qui était de garde dans la chambre de la Reine, lui a vu faire son lit, aidée de Madame Élisabeth ; qu'elles avaient demandé si elles ne pourraient pas avoir quelqu'un pour faire leur garde-robe et vider les pots de chambre, et qu'on leur avait répondu que des citoyens libres n'étaient pas faits pour servir des tyrans. Mgr le Dauphin laissa tomber de l'eau d'un verre qu'il tenait ; la Reine prit un linge et l'essuya. L'officier de garde, qui était là assis, sans se remuer, lui dit : « Vous croyez peut-être que ce serait à moi à faire cela, mais sachez que je suis l'officier d'un peuple libre, qui ne sert que la liberté et non pas les tyrans. » Lorsqu'on leur porte à dîner, l'officier municipal, qui y assiste, coupe tout, jusqu'aux petits pâtés, pour voir s'il n'y a pas de lettres. On ne leur laisse pas manger même des raisins sans les mettre contre le jour et regarder chaque grappe. »

2. « Le maçon Palloi en eut la direction. Démolisseur de la Bastille, il devint le constructeur de la prison que la révolte élevait pour le Roi. » (*Note de Hue.*)

tour; bientôt après, je ne sais quelles considérations le firent combler. On éleva du double les murs de l'enceinte; on boucha presque entièrement plusieurs fenêtres de la tour donnant sur la partie de l'enclos du Temple appelée *la Rotonde* et sur sa porte d'entrée [1].

La famille royale étant arrivée au Temple dans un dénuement absolu de toutes choses [2], il fallait tantôt pour un objet, tantôt pour un autre, avoir avec le dehors une correspondance soumise à mille entraves; elle devint bientôt suspecte. Les personnes qui composaient au Temple la suite de la famille royale furent dénoncées à la Commune, qui ordonna leur enlèvement de la tour.

Le jour même de cette dénonciation, deux officiers municipaux montèrent dans la chambre du Roi; c'était le moment du dîner de la famille royale [3]. Ils annoncèrent qu'en vertu d'un arrêté de la Commune toutes les personnes du service entrées dans la tour avec Sa Majesté allaient sortir du Temple sous bonne et sûre garde. « Messieurs, répon« dit le Roi, c'est en vertu d'un ordre du maire que ces « personnes m'ont suivi. — N'importe, répliqua-t-on,

1. On lit dans la *Chronique de Paris*, numéro du 17 août :
« On sent que la garde du roi va devenir très difficile; beaucoup de tentatives seront faites pour l'arracher de sa prison. La Commune, qui répond de sa personne à la France, prend toutes les précautions pour bien garder cet otage utile. On a fait sortir toutes les personnes qui ne sont pas nécessaires. On va faire un fossé tout autour. Outre la garde extérieure, la garde intérieure sera composée de cinquante hommes qui, pendant vingt-quatre heures, ne pourront pas sortir, et seront nourris aux frais de l'État. Chaque bataillon nomme vingt-cinq hommes, qui s'engagent à faire ce service particulier. » Cf. *Courrier français*, numéro du 18 août, et *Gazette nationale, ou le Moniteur universel*, numéro du 18 août; *Histoire du dernier règne de la monarchie française*, etc., t. I, p. 125.

2. « Le Roi fut réduit, dans les premiers moments, à faire usage des ustensiles de toilette qui servaient à Chamilly et à moi. » (*Note de Hue.*)

3. « Le Roi dînait dans cette pièce, celle qui devait lui servir de salle à manger n'étant pas encore débarrassée des archives de l'ordre de Malte. » (*Note de Hue.*)

« l'ordre de la Commune prévaudra; elle choisira d'autres
« personnes pour vous servir. » L'intention était d'entourer la famille royale de femmes et de parents d'officiers municipaux. « Si l'on persiste dans le dessein d'éloigner
« de nous les seuls serviteurs qui nous restent ici, je déclare de nouveau, ajoute le Roi, que ma famille et moi
« nous nous servirons nous-mêmes. Qu'on ne nous présente
« donc qui que ce soit. » Les municipaux se retirèrent,
pour aller, dirent-ils, rendre compte de leur mission au
conseil de la Commune. Cet ordre inattendu fut pour nous
un coup de foudre; et la seule idée d'une séparation aussi
cruelle nous plongea dans une profonde consternation.

Vers les cinq heures, Manuel vint au Temple. Sensible
au chagrin que la Reine et Madame Elisabeth lui témoignèrent, il promit de faire suspendre l'exécution de l'arrêté qui venait d'être pris, et sortit pour aller conférer de
nouveau sur cet objet avec le conseil de la Commune.

Le soir même, deux officiers municipaux se présentèrent
dans la tour. Sans s'expliquer sur le motif qui les amenait, ils prirent par écrit le nom de la princesse de Lamballe, de Mme de Tourzel, de sa fille, et généralement de
toutes les personnes attachées au service de la famille
royale. L'ordre déjà donné par la Commune d'enlever ces
personnes du Temple s'exécuta dans la nuit du 19 août.

Le roi était couché; Chamilly et moi venions de nous
jeter sur le matelas qui faisait notre lit commun. Vers
minuit, entrèrent deux commissaires de la municipalité.
« Êtes-vous les valets de chambre? » demandèrent-ils. Sur
notre réponse affirmative, ils nous ordonnèrent de nous
lever et de les suivre. Les mains de Chamilly et les miennes
s'étant rencontrées, nous les serrâmes étroitement. Un
des municipaux avait dit le jour même, en notre présence :
« La guillotine est permanente, et frappe de mort les pré-

tendus serviteurs de Louis. » Aussi croyions-nous toucher au dernier moment de notre existence.

Descendus dans l'antichambre de la Reine, pièce très étroite, où couchait la princesse de Lamballe, nous y trouvâmes cette princesse et Mme de Tourzel, déjà prêtes à partir. Leurs bras étaient enlacés avec ceux de la Reine, de ses enfants et de Madame Élisabeth; elles en recevaient de tendres et déchirants adieux.

Le même ordre de départ avait été donné aux autres personnes du service. Rassemblés tous dans le même lieu, nous attendions dans un morne silence notre sort ultérieur. La porte de la tour s'ouvrit. A la lueur de quelques flambeaux, nous traversâmes le jardin; et, gagnant la porte du palais du Temple, on nous fit monter dans des voitures de place : des officiers municipaux y entrèrent avec nous; des gendarmes nous escortèrent. Livrés aux idées les plus sinistres, nous avançâmes sans savoir où l'on nous conduisait.

Les voitures s'arrêtèrent devant l'hôtel de ville, où nous montâmes. Jaloux de donner au peuple, toujours avide de spectacles, le plaisir de nous voir passer, et à nous l'humiliation d'être en butte à ses outrages, nos conducteurs nous firent traverser la salle des séances pour arriver à la chambre du secrétariat. Dans cette pièce, rangés sur des bancs, où des municipaux assis à nos côtés nous séparaient les uns des autres et nous interdisaient toute conversation, nous attendîmes plus d'une heure. Enfin, notre interrogatoire commença; chacun de nous fut introduit séparément dans le lieu où siégeait la Commune. Appelé le dernier, j'espérais y retrouver mes compagnons d'infortune, et du moins, par quelques signes, apprendre d'eux ce qui s'était passé à leur égard : mais quelle fut ma surprise, lorsque, entré dans la salle (il était six heures du matin), je n'aperçus aucune des personnes qui m'y avaient précédé!

En attendant que le président, à côté duquel je fus placé, m'interrogeât, j'observais, de l'estrade où j'étais, les gens que renfermait cette enceinte ; c'étaient des membres de la Commune, revêtus de rubans tricolores, des hommes du peuple, des femmes, et même des enfants ; une partie de cette assemblée bizarre était couchée sur des bancs, et sommeillait.

Lorsque enfin l'on m'interrogea, je fus requis de déclarer mes noms et profession. Persuadé que c'était à celui qui m'interpellait que je devais répondre, je me tournai de son côté. « Citoyen, me dit d'un ton sénatorial l'un des substituts du procureur de la Commune (Billaud de Varennes), réponds au peuple souverain. » Je me retournai vers ce prétendu souverain, dont la majeure partie dormait, et ne donnait pas plus d'attention aux demandes qu'aux réponses. Ceux qui ne dormaient pas se mirent à m'interroger tous à la fois ; je ne savais à qui répondre.

Pour première question, on me demanda ce qui s'était passé au château des Tuileries dans la nuit du 9 au 10 août. Au seul énoncé de la question, je m'aperçus facilement que les interrogateurs étaient à cet égard beaucoup plus instruits que moi. Dans cette nuit désastreuse, chefs ou agents de la sédition, que pouvaient-ils apprendre d'un homme qui n'avait été que spectateur ou victime ? Je répondis de manière à ne compromettre personne. Je m'étendis sur la conduite des autorités constituées, dont plusieurs membres s'étaient alors réunis avec le ministre dans le cabinet du conseil du Roi. Je racontai la manière dont j'avais échappé à la mort.

La seconde question avait pour objet une fourniture de meubles que l'on disait avoir été faite, peu de jours avant le 10 août, pour la Reine et pour Madame Élisabeth. Ma réponse fut que je n'en avais aucune connaissance ; je l'ignore même aujourd'hui.

On m'interrogea ensuite sur le départ du Roi pour Montmédy. « Je n'ai connu ce départ, répondis-je, que comme « le public, quoique, dans ma qualité d'officier de la « chambre, j'eusse la veille fait le coucher du Roi. »

Interrogé enfin si, le jour du départ du Roi pour Montmédy, j'avais vu au château M. de la Fayette, je répondis : Non. — Quelles personnes assistaient au coucher du Roi ? — Celles de son service.

Mon interrogatoire fini, je me retirai à la salle du secrétariat. Aussitôt l'assemblée délibéra si je serais, ou non, reconduit à la tour du Temple ; l'affirmative prévalut. Le président me fit appeler : il m'annonça ce résultat, et, signant en ma présence l'ordre de me réintégrer dans la tour, il le remit à un municipal, qu'il chargea de son exécution [1].

Quel fut mon bonheur de rentrer dans le Temple ! Je courus à la chambre du Roi. Déjà levé et habillé, ce prince faisait dans la petite tour ses lectures accoutumées. Dès qu'il me vit, l'empressement de connaître ce qui s'était passé le fit avancer vers moi ; mais la présence des officiers municipaux de garde près de sa personne s'opposa à tout entretien. J'indiquai des yeux que, pour l'instant, la prudence me défendait de m'expliquer. Le Roi, qui sentit comme moi la nécessité du silence, reprit sa lecture, et attendit un moment plus opportun. Quelques

---

1. « Ce municipal s'appelait Michel. Dans le trajet, je le questionnai sur le sort des personnes amenées avec moi à l'hôtel de ville. « Mes collègues, me « dit-il, accablés de fatigue et de sommeil, ayant déjà passé plusieurs nuits « sans dormir, ont été prendre du repos. Ce soir, l'assemblée sera com- « plète et statuera sur le sort de ces personnes. Leur interrogatoire est « clos ; je présume qu'elles seront renvoyées à leur service. » (Note de Hue.)

heures après, je l'instruisis à la hâte des questions qui m'avaient été faites et de mes réponses.

J'avais apporté dans la tour du Temple l'espérance d'y voir bientôt revenir les autres personnes enlevées avec moi. Vain espoir! Dans l'après-midi, vers six heures, Manuel se présenta : il annonça au Roi, de la part de la Commune, que la princesse de Lamballe, Mme et Mlle de Tourzel, Chamilly et les autres personnes du service ne rentreraient pas au Temple. « Que sont-ils devenus ? » demanda le Roi. — « Ils sont prisonniers à l'hôtel de la Force [1], » répondit Manuel. — « Que fera-t-on, reprit le « Roi en me fixant, du dernier serviteur qui me reste « ici? » — « La Commune vous le laisse, dit Manuel; « mais, comme il ne pourrait suffire à votre service, « on enverra des gens pour l'aider. » — « Je n'en veux « pas, dit le Roi; ce qu'il ne pourra pas faire, nous y sup- « pléerons. A Dieu ne plaise que nous donnions volon- « tairement aux personnes qu'on nous enlève le chagrin « de se voir remplacées par d'autres! »

En présence de Manuel, la Reine et Madame Élisabeth m'aidèrent à préparer pour ces nouveaux prisonniers de la Force [2] les choses qui leur étaient le plus nécessaires. L'activité que ces deux princesses mettaient à faire, avec moi, les paquets de linge et des autres effets, étonna Ma-

---

[1]. « Cet hôtel, qui avait appartenu à la famille de Caumont de la Force, avait été acheté par le gouvernement et converti en une prison destinée à renfermer les malfaiteurs et les personnes arrêtées pour dettes. » (*Note de Hue.*)

[2]. « Ces prisonniers comparurent le 2 septembre, jour des massacres, devant le tribunal qui dévoua tant de victimes à la mort. Néanmoins tous, à l'exception de la princesse de Lamballe, furent acquittés. Chamilly, honoré, par le testament de Louis XVI, de la même recommandation que moi, était de ce nombre. Depuis, il a péri sur l'échafaud. Croira-t-on qu'il fut accusé d'avoir composé le testament de Louis XVI ? comme si quelque autre que ce religieux monarque ait pu en être l'auteur ! » (*Note de Hue.*)

nuel; il vit que, comme le Roi l'avait annoncé, la famille royale pouvait se passer de tout service étranger. Depuis ce jour jusqu'à celui où, de nouveau, je fus enlevé du Temple pour n'y plus reparaître, je restai à peu près seul chargé de tout le service intérieur de la famille royale. Il n'était pas même resté auprès des princesses une femme pour les servir !

Que ne puis-je, afin de ménager la sensibilité de mes lecteurs, abréger le récit des barbaries auxquelles fut en butte la Majesté royale ! Mais une simple esquisse de ce tableau ne pourrait en donner qu'une faible idée : il faut donc le présenter dans tous ses détails.

Le lendemain de ma réintégration dans la tour du Temple, Madame Élisabeth quitta son premier logement [1], pour s'établir dans celui de Monsieur le Dauphin. Depuis ce jour, le jeune prince coucha dans la chambre de la Reine. Madame Royale, qui jusque-là avait couché auprès du lit de Sa Majesté, passa les nuits dans la chambre de Madame Élisabeth.

Chargé du service de toute la famille royale, et désirant épargner aux princesses des soins auxquels leur rang les rendait si étrangères, je distribuais les heures de la journée de manière à remplir tout ce que la nécessité des circonstances exigeait.

A sept heures, le Roi se levait, s'habillait, et passait dans la petite tour. C'était là qu'il se livrait, comme je l'ai déjà dit, à ses exercices ordinaires de prière et de lecture. Pendant ce temps, je disposais la chambre pour le retour du Roi.

A huit heures je descendais chez la Reine ; je la trouvais

---

[1]. « Ce logement était, ainsi que je l'ai dit plus haut, une ancienne cuisine. » (*Note de Hue.*)

levée, ainsi que Monsieur le Dauphin. Elle ne pouvait disposer avec liberté que des instants qui s'écoulaient depuis son lever jusqu'au moment où je me présentais : avec moi entraient, pour le reste du jour, les municipaux constitués de garde par la Commune. Ils passaient la journée dans la chambre même de la Reine, et la nuit dans cette pièce qui séparait son logement de celui de Madame Élisabeth. L'occupation des princesses, quand la nécessité ne les forçait pas de réparer leurs vêtements, ceux du Roi [1] et de Monsieur le Dauphin, était un ouvrage de tapisserie.

Le Roi continuait lui-même l'éducation de son fils ; sa méthode de lui enseigner la géographie, que Sa Majesté possédait parfaitement, était de marquer sur un papier vélin les points limitatifs des provinces, la position des montagnes, le cours des fleuves et des rivières. A ce cadre, ainsi préparé, Monsieur le Dauphin adaptait les noms des provinces, des villes, etc.

De son côté, la Reine, livrée tout entière aux soins maternels que Madame Élisabeth partageait avec elle, instruisait Madame Royale dans les principes de la religion, et faisait succéder à ces graves exercices des leçons de musique et de dessin. A cette occasion, il me souvient que, l'ordre m'ayant été donné de demander au maître de dessin de la princesse [2] des modèles de têtes qu'elle pût copier, il m'en fit remettre un certain nombre. Cet envoi excita contre la famille royale l'humeur d'un municipal, qui voulait absolument voir dans ces têtes, copiées d'après l'antique, les portraits des principaux monarques coalisés

---

[1]. « Pendant plusieurs jours, le Roi n'ayant eu qu'un seul vêtement, je fus plus d'une fois dans le cas de profiter du moment où Sa Majesté était couchée pour le porter chez Madame Élisabeth, qui passait une partie de la nuit à le raccommoder. » (*Note de Hue.*)

[2]. « M. Van Blarenberg, aussi recommandable par son talent que par son attachement à la famille royale. » (*Note de Hue.*)

contre la France. Peu s'en fallut qu'il ne les retînt et ne me dénonçât.

Il n'était point de privations qu'on n'affectât de faire éprouver à la famille royale : vêtements, linge de corps, linge de lit et de table, couverts, assiettes, en un mot tous les objets du service le plus ordinaire, étaient en si petite quantité qu'ils ne pouvaient suffire au besoin journalier. Pendant quelques nuits, je fus réduit à garnir le lit de Monsieur le Dauphin de draps troués en plusieurs endroits.

Le dîner fini [1], le Roi passait ordinairement dans le cabinet de livres du garde des archives de l'ordre de Malte, qui précédemment occupait le logement de la cour. La bibliothèque était restée en place, et Sa Majesté venait y choisir des livres. Un jour que j'étais avec le Roi dans ce cabinet, il me montra du doigt les œuvres de Rousseau et de Voltaire. « Ces deux hommes, me dit-il à voix basse, « ont perdu la France. » Dans l'intention de recouvrer l'habitude de la langue latine, et de pouvoir, pendant sa captivité, en donner les premières leçons à Monsieur le Dauphin, le Roi traduisait des odes d'Horace et quelquefois Cicéron. Pour le distraire de ses lectures et de son travail, qu'il était toujours pressé de reprendre, la Reine et Madame Élisabeth faisaient avec lui, après le dîner, une partie, tantôt de piquet, tantôt de trictrac ; et le soir, l'une ou l'autre princesse lisait, à haute voix, une pièce de théâtre.

A huit heures, je dressais, dans la chambre de Madame Élisabeth, le souper de Monsieur le Dauphin. La Reine venait y présider. Ensuite, lorsque les municipaux étaient assez loin pour ne rien entendre, Sa Majesté faisait réciter à son fils la prière suivante :

« Dieu tout-puissant, qui m'avez créé et racheté, je vous

---

[1] « Le roi dînait à deux heures et soupait à neuf. » (*Note de Hue.*)

« adore. Conservez les jours du Roi mon père et ceux de
« ma famille ! Protégez-nous contre nos ennemis ! Donnez
« à Mme de Tourzel les forces dont elle a besoin pour sup-
« porter les maux qu'elle endure à cause de nous ! »

Après cette prière, je couchais Monsieur le Dauphin. La Reine et Madame Élisabeth restaient alternativement auprès de lui. Le souper servi, je portais à manger à celle des deux princesses que ce soin retenait. Le Roi, en sortant de table, allait aussitôt auprès de son fils. Après quelques moments, il prenait, à la dérobée, la main de la Reine et celle de Madame Élisabeth, recevait les caresses de Madame Royale, et remontait dans sa chambre. Passant ensuite dans la petite tour, Sa Majesté n'en sortait plus qu'à onze heures, pour venir se coucher [1].

Ce n'était qu'au moment où je levais et couchais le Roi qu'il hasardait de me dire quelques mots. Assis et couvert par ses rideaux, ce qu'il me disait n'était point entendu par le commissaire. Un jour que Sa Majesté avait eu les oreilles frappées des injures dont le municipal de garde m'avait accablé : « Vous avez eu beaucoup à souffrir au-
« jourd'hui, me dit le Roi. Eh bien ! pour l'amour de moi,
« continuez de supporter tout : ne répliquez rien. » J'exécutai facilement cet ordre. Plus le poids du malheur s'appesantissait sur mon maître, plus sa personne me devenait sacrée.

Une autre fois, comme j'attachais au chevet de son lit

---

1. « C'est dans cet intervalle de temps que j'avais à souffrir davantage. Seul alors avec le municipal de garde, j'étais contraint d'entendre tout ce que cet homme se plaisait à proférer d'horreurs contre le Roi. L'imputation habituelle roulait sur ce que Sa Majesté haïssait le peuple et l'avait trahi.
« Cela n'est-il pas vrai ? me disait-on. A coup sûr, tu penses comme nous.
« Sinon, tu ne peux être que le complice de cet ennemi de la nation. » A ces propos j'opposais un air glacial et le plus morne silence. « Tu ne ré-
« ponds rien; donc tu n'es pas patriote. » Je restais muet, étant résigné à tout événement. » (*Note de Hue.*)

une épingle noire, dont j'avais fait une espèce de porte-montre, le Roi me glissa dans la main un papier roulé : « Voilà de mes cheveux, me dit-il; c'est le seul présent « que je puisse vous faire dans ce moment. » Ombre à jamais chérie! je le conserverai soigneusement, ce don précieux! Héritage de mon fils, il passera à mes descendants; et tous verront dans ce témoignage particulier des bontés de Louis XVI qu'ils eurent un père qui, par sa fidélité, mérita l'affection de son Roi!

Le Roi, je n'en peux douter, prévoyait que bientôt on viendrait m'arracher de la tour : cette idée le tourmentait. Des deux portes de la pièce dans laquelle je couchais, l'une donnait dans la chambre de Sa Majesté, l'autre sur l'escalier. Par cette dernière, souvent, au milieu de la nuit, entraient brusquement des municipaux, pour voir si je n'étais pas occupé de correspondances secrètes. Une nuit, entre autres, réveillé par le bruit qu'un municipal avait fait dans sa visite nocturne, le Roi conçut pour moi des inquiétudes. Dès la pointe du jour, Sa Majesté, pieds nus et en chemise, entr'ouvrit doucement la porte qui communiquait de sa chambre à la mienne. Aussitôt je m'éveillai. La vue du Roi, l'état dans lequel il était, me saisirent. « Sire, dis-je avec émotion, Votre Majesté veut-« elle quelque chose? — Non : mais, cette nuit, il s'est « fait du mouvement dans votre chambre; j'ai craint qu'on « ne vous eût enlevé. Je voulais voir si vous étiez encore « près de moi. » Combien mon cœur fut ému! Le Roi se recoucha et dormit paisiblement.

Cependant les relations que j'étais forcé d'avoir avec les commissaires de la Commune pour le service de la famille royale étaient de plus en plus épineuses. La demande des choses les plus indispensables m'obligeait de revenir plusieurs fois à la charge. Dans ces circonstances, un particulier s'introduisit au Temple, je ne sais à quel titre. Il y prenait un ton de maître, y commandait, se mêlait de tout, affectait l'air le plus important. Trompé par cette apparence de pouvoir, je me flattai d'obtenir, par la médiation de ce nouveau maître, ce que souvent la dureté des autres différait tant à m'accorder : je m'adressai à lui. Cette tentative produisit le plus mauvais effet. Jaloux de leur pouvoir, les municipaux m'interdirent toute communication avec cet *intrigant;* c'est le nom qu'ils lui donnèrent. Cet homme a joué longtemps un rôle actif dans la Révolution. Quelques mois plus tard, adjudant de Ronsin, quand ce féroce lieutenant de Robespierre commandait en chef l'armée révolutionnaire de Paris, il m'arrêta de sa propre autorité, et fut la cause de ma détention pendant onze mois.

La famille royale, durant les premiers jours de sa captivité au Temple, descendit quelquefois dans le jardin, pour s'y promener. Alors elle marchait conduite par Santerre, et environnée de la bande municipale. Santerre absent, la promenade n'avait pas lieu. Monsieur le Dauphin, accoutumé à l'air et à l'exercice, si nécessaires à son âge, souffrait sensiblement de cette privation. Au reste, la famille royale ne descendait au jardin que pour s'y voir exposée chaque fois à de nouvelles insultes. Au moment de son passage, les gardes du service extérieur, placés au bas de la tour, affectaient de se couvrir et de s'asseoir ; à peine la famille royale était-elle passée qu'ils se levaient aussitôt et se découvraient [1].

---

[1]. Voici les détails consignés à ce sujet dans les journaux du temps. Nous les prenons dans la *Chronique de Paris* du 21 août, et ils se retrouvent dans le *Courrier français* du 22 et dans le *Journal de Perlet* des 22 et 23 août :

« La garde du roi est nombreuse et difficile à cause de la quantité des postes qu'il faut occuper. Les travaux que l'on fait au Temple avancent. Le roi est logé dans un corps de logis tenant à la tour, jusqu'à ce que les

Pendant tout le temps que je restai au Temple, le Roi, malgré ses demandes réitérées, ne put obtenir la lecture d'aucuns journaux : il n'en connaissait d'autres que ceux qui étaient oubliés quelquefois, ou laissés à dessein, par un des municipaux, sur la table de l'antichambre. Un jour, sur l'un de ces papiers, je lus, écrit au crayon : *Tremble, tyran ! la guillotine est permanente.* Je déchirai et brûlai la feuille. Ces menaces couvraient habituellement les murs : des soldats factionnaires les crayonnaient jusque sur la porte de la chambre du Roi. Toute mon attention à faire disparaître ces placards n'empêchait pas que les yeux de Sa Majesté n'en fussent quelquefois frappés. Et quels hommes taxaient le Roi de tyrannie! des scélérats, les oppresseurs de la nation, des monstres souillés de meurtres et de rapines !

logements qu'on lui prépare soient prêts. Il s'amuse tranquillement à considérer les travailleurs, et se plaint de la dépense occasionnée par ces travaux qu'il juge inutiles, ne devant pas rester longtemps en cet endroit. Les maçons s'amusent quelquefois à chanter des airs patriotiques, dont le refrain ne doit pas lui être agréable ; cela paraît lui faire peu d'impression et ne l'empêche pas d'observer les travailleurs ; il est souvent à sa croisée avec un livre dans une main et une lorgnette dans l'autre ; les cheveux roulés et montrant un air d'indifférence ; personne ne peut lui parler, et tout ce qui lui parvient est accompagné d'un des municipaux chargés de veiller à sa sûreté ; excepté les gardes, personne ne sort du Temple sans être fouillé.

« Les travaux que l'on fait consistent à abattre les maisons qui environnent la grosse tour pour l'isoler, à creuser un fossé de douze pieds de largeur et de profondeur, et à élever un mur autour de ce fossé. Ces travaux sont conduits par MM. Romain et Palloi.

« Quelquefois le roi descend dans le jardin, alors tout le monde se retire, à l'exception de l'officier municipal. La reine a trouvé mauvais qu'il se promenât sur la même ligne que le roi et elle, ce qui n'a pas déconcerté celui à qui elle a témoigné que cela lui déplaisait. Le prince royal y joue au ballon. Le roi a éprouvé, le premier jour, quelque désagrément de la part de ceux qui ont encore la vue sur ce jardin ; mais, depuis, il n'a pas eu à se plaindre.

« Les factionnaires sont, avec la famille, d'une grande réserve, et ne répondent à aucune question.

« La figure de la reine est altérée ; celle du roi n'est nullement changée,

Pour donner au Roi une connaissance sommaire des journaux que, tous les soirs, on venait crier sous les murs du Temple, je montais dans la petite tour, à l'heure du passage des colporteurs. Là, me hissant à la hauteur d'une fenêtre aux deux tiers bouchée, je m'y tenais jusqu'à ce que j'eusse pu saisir les annonces les plus intéressantes : alors je revenais dans la pièce qui précédait la chambre de la Reine. Madame Élisabeth passait au même instant dans sa chambre : je l'y suivais sous quelque prétexte, et lui rendais compte de ce que j'avais pu recueillir. Rentrée dans la chambre de la Reine, Madame Élisabeth allait se placer au balcon de la seule fenêtre qui n'eût pas subi le sort de celles qu'on avait condamnées dans la majeure partie de leur ouverture. Le Roi, sans que les municipaux eussent lieu d'en prendre ombrage, venait à cette fenêtre comme pour respirer l'air : son auguste sœur lui répétait

et il montre, à ses trois repas, un grand appétit. Mme de Lamballe, Mme de Tourzel et sa fille, M. de Chamilly et quelques autres personnes sont au Temple avec lui. Tous les moyens pour entretenir une correspondance ont été tentés; on a déjà fait passer des lettres dans les plis d'une chemise, dans un ballon pour l'enfant, dans de la pâte d'amande, dans un pot de pommade. Les officiers municipaux, instruits de ces détails, ont amené, samedi, Mmes de Lamballe et de Tourzel, qui se sont éloignées de la reine avec des marques de sensibilité qui font honneur à leur attachement; mais aussi en donnant des preuves de ce respect servile que les esclaves asiatiques ont pour les despotes, et qui nuisent à l'intérêt que doit inspirer ce premier sentiment; elles lui ont baisé les mains, sans qu'aucune osât se jeter dans son sein. Il était deux heures du matin; le roi s'est réveillé, il a demandé ce que c'était, et, instruit qu'on n'en voulait pas à sa personne, il s'est retourné et s'est endormi. Il s'est levé comme à l'ordinaire, avec un grand appétit, qu'il a promptement satisfait. Nous entrons dans ces détails minutieux, parce qu'ils peuvent servir à prendre (sic) les caractères, et que l'histoire en puisse un jour profiter.

« La plus grande activité règne toujours dans les travaux du Temple. On a fait déménager tous les locataires qui habitaient dans cet arrondissement, devenu domaine national. On n'entrera plus au Temple qu'avec des cartes délivrées à des personnes sûres. Chaque service particulier aura ses cartes et sa couleur. Elles sont exécutées de façon à interdire toute contrefaçon. »

alors ce que j'avais pu lui rapporter. Ce fut par ce moyen que Sa Majesté fut instruite de l'entrée des troupes coalisées sur le territoire de France ; de la reddition de Longwy et de Verdun ; de la désertion de M. de la Fayette avec son état-major ; de la mort de M. de Laporte, intendant de la liste civile ; de celle de Durosoi [1] ; enfin de la plupart des principaux événements.

Soit que l'attention journalière que je donnais aux crieurs publics eût été soupçonnée, soit que l'on prît à tâche de renouveler dans l'âme des augustes captifs l'anxiété et les alarmes, des colporteurs publiaient journellement de sinistres annonces et quelquefois aussi des faits controuvés. Un jour, l'un d'eux annonça qu'un décret ordonnait de séparer le Roi de sa famille. Dans ce moment, la Reine, à portée d'entendre distinctement la voix du crieur, éprouva un saisissement dont elle eut peine à se remettre : il lui resta depuis une impression de terreur qui ne s'effaça plus.

Chaque jour mettait à de nouvelles épreuves la patience du Roi. Un matin, au moment où Sa Majesté s'habillait, le municipal de service s'approcha, et prétendit la fouiller. Sans laisser voir la moindre impatience, le Roi tira de ses poches ce qu'elles contenaient, et le déposa sur la cheminée. Ce municipal examina chaque chose avec attention ; puis, me remettant le tout : « Ce que j'ai fait, dit-il, j'ai reçu l'ordre de le faire. » Après cette scène, le Roi m'ordonna de ne lui présenter désormais ses habits que les poches retournées : en conséquence tous les soirs, lorsque le Roi était couché, j'avais soin de vider les poches de ses vêtements. A quel-

---

1. « Durosoi rédigeait le journal intitulé *la Gazette de Paris*. Marchant à la mort le 25 août, fête de saint Louis, il dit *qu'il était beau pour un royaliste comme lui de mourir un jour de Saint-Louis.* » (*Note de Hue.*)

ques jours de là, ce municipal mourut d'une manière tragique [1].

Dans le même temps, un autre municipal, maître de pension à Paris, alors commissaire de la Commune au Temple, me remit un mémoire par lequel il demandait à être nommé instituteur de Monsieur le Dauphin : il avait, me dit-il, présenté le double de ce mémoire au comte Alexandre de Beauharnais, à l'époque où ce député présidait l'Assemblée constituante. Thomas, c'était le nom du municipal, me pria de parler au Roi de sa supplique et d'y joindre mes sollicitations. « Il m'est presque impossible « de vous servir, lui répondis-je ; je ne parle au Roi qu'au-« tant que Sa Majesté daigne m'adresser la parole. D'ail-« leurs, ajoutai-je, dans les circonstances présentes, votre « demande ne pourrait être accueillie. » A cet instant, le Roi parut. Thomas protesta de sa fidélité, et témoigna son indignation des insultes journalières dont plusieurs de ses collègues accablaient Sa Majesté. « Je m'abaisserais, dit « le Roi, si je paraissais sensible à la manière dont on me « traite. Si Dieu permettait que je reprisse un jour les « rênes du gouvernement, on verrait que je sais pardon-« ner. » Le municipal saisit cette occasion de produire sa demande. « Pour l'instant, reprit Sa Majesté, je suffis à « l'éducation de mon fils. »

Avant la translation du Roi au Temple, la liste civile avait été supprimée. Un décret avait réglé que le Roi rece-

---

[1]. « Ce commissaire du Temple s'appelait Meunier. Il était marchand d'images. Emporté dans Paris par un cheval des écuries du Louvre, qu'il avait eu l'imprudence de monter, il passait près du Pont au Change. Plusieurs fois une sentinelle lui cria : *Qui vive ?* Il fut impossible au municipal de s'arrêter. La sentinelle, qui crut sa consigne violée, tira sur lui et le tua. La Commune du 10 août, dont il était membre, lui décerna, sur les ruines de la Bastille, les honneurs d'un enterrement civique. » (*Note de Hue.*) — Le vrai nom de ce commissaire était Le Meunnié. Voir dans les *Documents officiels*, n° LVIII, la confirmation du fait énoncé ci-dessus.

vrait annuellement pour ses dépenses une somme de cinq cent mille livres [1]. En vain j'écrivis plusieurs fois au maire, de la part de Sa Majesté, pour demander des paiements à compte sur cette somme : le maire ne répondit pas. Ce silence causait au Roi un chagrin sensible. Prévoyant le sort qui lui était réservé, il aurait voulu acquitter chaque mois les avances que lui faisaient les fournisseurs.

J'avais également demandé par écrit au maire qu'il fût permis aux médecins ordinaires de la famille royale de lui donner des soins, et que les médicaments à son usage fussent pris chez l'apothicaire de Sa Majesté. Ces demandes demeurèrent presque toujours sans réponse.

En venant au Temple, le Roi n'avait qu'une très légère somme en numéraire. Manuel, ayant fait diverses emplettes dont je lui avais donné la note, me les envoya avec le mémoire des frais, montant à cinq cent vingt-six livres. A la vue de ce mémoire, que Manuel avait signé : « Je « suis hors d'état, me dit Sa Majesté, d'acquitter de ma « bourse une pareille dette. » Une somme de six cents livres qui me restait épargna au Roi l'humiliation de contracter envers Manuel une obligation pécuniaire. Sa Majesté voulut bien accéder à la demande que je lui fis de solder ce mémoire.

C'est à tort qu'il a été publié par certains journaux que, dans sa détresse, le Roi avait accepté un emprunt de Pétion. Ce maire, il est vrai, remit enfin une somme à Sa Majesté ; mais c'était un à-compte de celle que lui attribuait le décret de l'Assemblée nationale. Le reçu donné par le Roi portait :

[1]. Décret de l'Assemblée nationale en date du 12 août. *Documents officiels*, n° VI.

Le Roi reconnaît avoir reçu de M. Pétion la somme de deux mille cinq cent vingt-six livres, y compris les cinq cent vingt-six livres que MM. les commissaires de la municipalité se sont chargés de remettre à M. Hue, qui les avait avancées pour le service du Roi. A Paris, le 3 septembre 1792.

Louis.

On eût dit qu'en entrant au Temple chaque municipal avait pour mission d'aggraver la captivité de la famille royale. « Quel quartier habitez-vous? » demandait un jour la Reine à l'un de ces hommes qui assistaient au dîner. — « La patrie, » répondit-il avec arrogance. — « La patrie, c'est la France, » répliqua la Reine. J'en ai vu s'opiniâtrer à rester jusqu'à l'heure du coucher dans la chambre de la Reine, et n'en sortir qu'à force d'instances. Les mouvements, les gestes, les paroles, les regards, tout, jusqu'au silence même de Leurs Majestés, était interprété méchamment.

Le service de la tour roulant tout entier sur moi, le Roi craignit que la continuité d'une semblable fatigue ne fût au-dessus de mes forces. Pour me soulager, Sa Majesté fit demander au conseil municipal d'envoyer dans la tour un homme propre aux ouvrages de peine [1]. Le maire nomma pour ce service un ancien employé aux barrières de Paris, appelé Tison. Cet homme vint au Temple avec sa femme [2]. Jusqu'à l'époque où je fus enlevé de la tour, je n'eus à me plaindre ni de l'un ni de l'autre. La femme était d'un caractère doux et compatissant; son mari, à l'exemple du plus grand nombre des gens de sa classe, était imbu de préventions contre le Roi. Les gagner, et faire

---

1. Voir lettre de Pétion au Roi, en date du 19 août. *Documents officiels*, n° XVIII.
2. En vertu d'un arrêté du 29 août. Ms. de Verdier, à la Bibliothèque Carnavalet, n° 29726. — Pierre-Joseph Tison ; Anne-Victoire Baudet, femme Tison.

en sorte qu'ils allégeassent de tout leur pouvoir la captivité de la famille royale, fut l'objet de mes soins.

J'étais instruit que, dans Paris, il se faisait fréquemment, la nuit, des visites domiciliaires; qu'un grand nombre d'ecclésiastiques, de gentilshommes, de militaires, en un mot de personnes soupçonnées de ne pas aimer la révolution étaient emprisonnées : j'en informai la Reine. « Je n'ai « pas à me reprocher, me dit-elle, d'avoir causé la déten- « tion de ceux qui nous servaient : longtemps avant la « journée du 10 août, je ne me suis jamais couchée sans « avoir brûlé tous les papiers capables de compromettre « nos amis. »

Le 24 août, entre minuit et une heure du matin, plusieurs municipaux entrèrent dans la chambre du Roi. Eveillé par le bruit, je me levai à la hâte : je les vis s'approcher du lit de Sa Majesté. « En exécution d'un arrêté de la Commune, « dit l'un d'eux, nous venons faire la visite de votre cham- « bre et enlever les armes qui peuvent s'y trouver. — « Je n'en ai point, » répondit le Roi. Ils cherchèrent néanmoins; et n'ayant rien trouvé : « Cela ne suffit pas, répri- « rent-ils. En entrant au Temple, vous aviez une épée, « remettez-la [1]. » Contrainte à tout souffrir, Sa Majesté m'ordonna d'apporter son épée. L'idée de concourir, quoique involontairement, à désarmer mon Roi, me révoltait. Je remis au Roi son épée. « Messieurs, leur dit-il, je la dé- « pose entre vos mains. Plus ce sacrifice me coûte, plus il « vous garantit mon amour pour la tranquillité publique. »

Le lendemain, à son lever, le Roi me témoigna combien cette insulte lui était pénible. Aucune jusqu'alors ne m'avait paru l'avoir affecté aussi vivement. Sa Majesté m'or-

---

[1]. Voir aux *Documents officiels*, n° XXIV, le procès-verbal de la séance du Conseil général de la Commune en date du 22 août.

donna d'écrire sur-le-champ au maire de Paris ce qui s'était passé la nuit précédente, et de lui demander de sa part qu'il fût enfin statué sur le mode dont on devait lui annoncer les arrêtés de la Commune. Pétion ne fit point de réponse.

Ce désarmement du Roi augmenta mes inquiétudes pour ses jours. Le soir même, l'apparition d'un nouveau municipal (c'était un bonnetier) [1] sembla justifier mes craintes. Cet homme, de haute taille, de complexion robuste, d'une figure basanée et sombre, tenant en main un bâton noueux, entra dans la chambre du Roi : Sa Majesté venait de se mettre au lit. « Je viens faire ici, dit-il en entrant, une per« quisition exacte. On ne sait pas ce qui peut arriver. Je « veux être sûr que Monsieur (il parlait du Roi) n'a aucun « moyen de s'évader. » Ce début était fait pour redoubler mes alarmes : cet homme, disais-je, a sans doute des intentions coupables. Puis lui adressant la parole : « Vos « collègues ont fait ici cette recherche la nuit précédente; « le Roi a bien voulu la souffrir. — Il l'a bien fallu, répli« qua le municipal; s'il avait résisté, qui eût été le plus « fort? » A ces mots, je crus plus que jamais à la réalité de mes soupçons. Résolu de défendre jusqu'à mon dernier soupir la vie de mon maître : « Je ne me coucherai pas, « dis-je à ce commissaire; je resterai près de vous. — « Fatigué comme vous l'êtes, me dit le Roi, couchez-vous; « je vous l'ordonne. » Sans répliquer à cet ordre, je me retirai; mais, la disposition de la porte empêchant que de son lit le Roi pût apercevoir le mien, je m'y jetai tout habillé, les yeux fixés sur cet homme, et prêt, au moindre

---

1. Il s'agit peut-être de Jean-Louis Venineux, de la section Popincourt, fabricant de gaze, qui était de garde au Temple le 24 août, ainsi qu'il résulte du dossier contenant une partie des pouvoirs des commissaires. (Archives nationales, F7, 4391.)

mouvement suspect, à m'élancer au secours de mon maître. Ma frayeur n'était pas fondée ; ce municipal, qui avait pris à tâche de paraître si redoutable, dormit jusqu'au matin d'un sommeil profond. Le lendemain de cette nouvelle scène, le Roi me dit à son lever : « Cet homme vous a causé « une vive alarme : j'ai souffert de votre inquiétude, et « moi-même je ne me suis pas cru sans danger : mais, dans « l'état où ils m'ont réduit, je m'attends à tout [1]. »

---

[1]. Voici ce que l'Anglais John Moore écrit dans son *Journal*, à la date du 25 août (Éd. originale, t. I, p. 202-207 ; traduction d'Héricault, dans la *Revue de la Révolution*, t. VI, p. 141-143) :

« J'ai été ce matin au Temple. Les grandes infortunes émeuvent le cœur comme les grandes vertus.... Le terrain qui appartient au Temple est entouré d'une haute muraille dont une porte est crénelée, comme je suppose que le reste l'était jadis. Une muraille enclôt aussi un jardin, appartenant au principal corps de bâtiment. Un grand nombre de maisons particulières ont été bâties sur les extrémités du terrain et sont habitées par des commerçants qui jouissent de privilèges particuliers. Avant la Révolution, l'enclos tout entier servait d'asile aux débiteurs insolvables.

« Quand j'arrivai, la porte principale était encombrée de gardes nationaux, et un autre détachement sous les armes gardait la cour intérieure. Mais on m'informa qu'il y avait derrière le bâtiment un endroit d'où ma curiosité pourrait sans doute être satisfaite. Je m'y rendis, accompagné de deux gentilshommes et d'un valet de place.

« On nous dit que le Roi et la Reine se promenaient souvent dans le jardin, et que, plus fréquemment encore, on y voyait le prince royal et sa sœur. Le Roi, qui manifeste moins d'inquiétude que le reste de sa famille, cause quelquefois avec les divers ouvriers employés au jardin et aux réparations des bâtiments.

« Nous nous trouvâmes sur une espèce de terrasse élevée d'où nous dominions la muraille. Une personne que je rencontrai par hasard en cet endroit nous fit remarquer que deux fenêtres de la tour, qu'elle nous montra, éclairaient les chambres du Roi et de la Reine, et que tous deux s'y montraient quelquefois.

« Tandis que je regardais ces fenêtres, questionnant de temps en temps mon interlocuteur, un garde national en sentinelle près de la fenêtre s'approcha et, s'adressant à moi, dit [1] :

« Vous prolongez vos observations un peu trop, Monsieur ; passez votre « chemin, s'il vous plaît. »

« Avant que j'eusse le temps de parler, le valet de place dit : « Ces mes- « sieurs sont des étrangers, des Anglais. »

« La sentinelle répondit : « Ici je ne connais personne. » Et il répéta ce qu'il avait dit.

[1]. La conversation est rapportée par Moore en français.

Le surlendemain le maire écrivit au Roi que M. Cléry se proposait pour le service de Monsieur le Dauphin. « Lisez « cette lettre, me dit Sa Majesté, et répondez au maire que « j'y consens ; ajoutez-lui que je ne peux voir sans indigna- « tion que la municipalité affecte de ne pas répondre aux

« Mais, Monsieur, pourquoi ? » reprit le valet.
« Pourquoi ? » dit la sentinelle avec quelque fierté ; « parce qu'il le faut. »
« Je calmai le valet, et nous fîmes ce que le soldat réclamait, car pour employer une expression du docteur Johnston, « la requête était raisonnable et l'argument pressant. »
« J'appris que le Roi et la Reine sont plus étroitement emprisonnés depuis que Mme de Lamballe a été transférée à la Force, bien que cette séparation fût déjà suffisante pour les remplir de chagrin et de terreur.
« La moindre attention accordée aux prisonniers, en dehors des instructions rigides données à ceux qui les servent, fait naître ausssitôt mille soupçons et semble une insolence.
« On m'a dit que deux jours auparavant, le prince royal et sa sœur jouaient à la balle dans le jardin ; le Roi et la Reine les regardaient. La balle fut lancée dans un endroit de la muraille où les enfants ne pouvaient atteindre. Un des commissaires de la Commune, présent à cette scène, courut avec empressement chercher la balle et la rendit au prince. Ce léger acte de complaisance fut dénoncé et blâmé.
« En dehors de tout sentiment d'humanité, il était pourtant de bonne politique, de la part de ceux qui gouvernent la France, de traiter le Roi et la Reine avec respect et convenance. D'ailleurs, la situation de cette famille est tellement navrante, qu'elle devrait éveiller la pitié des hommes d'État les plus âpres et les plus froids, et leur inspirer des sentiments de douceur et de générosité.
« Des procédés contraires augmenteront les préventions contre la Révolution française et soulèveront les amis de la vraie liberté contre le gouvernement actuel de la France. »
L'anecdote du ballon est rapportée dans les journaux du temps. On lit dans le *Courrier des LXXXIII départemens* de Gorsas, n° du 23 août (p. 359) :
« Nous répéterons ici un fait bien important. Du temps du règne de Louis XVI, sa femme affectait de se présenter au peuple son fils dans les bras. (*Une bonne mère est si intéressante !*) Plusieurs scènes de ce genre ont déjà eu lieu au Temple. Hier encore, on a pu en voir une sous la grande allée. Le prince royal et Madame se renvoyaient un ballon. Toute la famille s'arrête à ce spectacle ; on s'attendrit ; le ballon se loge dans les pierres. Avec quelle complaisance un des commissaires de la Commune ne court-il pas le chercher, au risque de se casser le cou. (*Ici en note* : « Ces deux commissaires avaient le chapeau sur la tête ! Eh, Messieurs, ôtez-le par ces principes de politesse communs à tous les hommes bien élevés ; et bornez là vos égards.) Il revient sain et sauf ; et c'est à qui le remerciera.... Les principaux intéressés semblaient se dire : *Le peuple voit cela !!!* »

« demandes que j'ai faites, et surtout à celle de laisser en-
« trer le médecin ordinaire de mes enfants [1]. »

Le même jour, un commissaire municipal introduisit
M. Cléry dans la tour [2].

Obsédées dans tous les instants par les geôliers municipaux, la Reine et Madame Élisabeth ne pouvaient qu'à la
dérobée me donner leurs ordres, et quelquefois me parler
de leurs peines. Un jour que l'ordre de mon service m'a-
vait fait entrer chez Madame Élisabeth, je trouvai cette
princesse en prières : mon premier mouvement fut de me
retirer. « Restez, me dit-elle, vaquez à vos occupations ; je
« n'en serai point dérangée. » Voici quelle était la prière
de Madame Élisabeth ; elle me permit de la copier :

« Que m'arrivera-t-il aujourd'hui, ô mon Dieu ! je l'ignore.
« Tout ce que je sais, c'est qu'il ne m'arrivera rien que
« vous n'ayez prévu de toute éternité. Cela me suffit, ô
« mon Dieu ! pour être tranquille. J'adore vos desseins
« éternels : je m'y soumets de tout mon cœur ; je veux tout,
« j'accepte tout, je vous fais un sacrifice de tout ; j'unis ce
« sacrifice à celui de votre cher Fils, mon Sauveur, vous
« demandant, par son cœur sacré et par ses mérites infinis,
« la patience dans nos maux et la parfaite soumission qui
« vous est due pour tout ce que vous voudrez et permet-
« trez [3]. »

---

1. « Ce médecin était M. Brunier. Le lendemain de la mort du Roi, il fut permis à ce fidèle serviteur d'entrer au Temple pour y donner des soins à la famille royale. » (*Note de Hue*.)
2. « Depuis plusieurs années, M. Cléry était attaché au service de Monsieur le Dauphin en qualité de valet de chambre. » (*Idem.*) — C'est le 26 août que Cléry entra au Temple.
3. M. de l'Épinois, dans son édition de Hue, cite une autre prière composée par Madame Élisabeth :
« Esprit saint, Dieu de lumières, source de grâces, auteur de tout don parfait, qui tenez dans vos mains le cœur des rois, donnez à notre auguste monarque un cœur selon le vôtre.
« Esprit de force, dirigez les actions du Roi selon la pureté de ses inten-

Sa prière étant achevée : « C'est moins pour le Roi mal-
« heureux, dit-elle, que pour son peuple égaré, que j'a-
« dresse au ciel des prières. Daigne le Seigneur se laisser
« fléchir, et jeter sur la France un regard de miséricorde ! »
Cet acte de générosité héroïque fit sur moi une impression
que la princesse aperçut. « Du courage, reprit-elle ; Dieu
« ne nous envoie jamais plus de peines que nous n'en pou-
« vons supporter. »

L'état habituel de contrainte dans lequel les municipaux
tenaient leurs prisonniers était tel que les princesses n'a-
vaient plus dans la tour qu'un seul endroit où, par un
reste d'égard pour la décence, il leur fût permis d'être
seules. Averti par un signe que me faisait la Reine ou Madame Élisabeth en passant dans l'antichambre, je les suivais, sous le prétexte de quelque objet de service. La
chambre où couchait Madame Élisabeth précédait le lieu

---

tions. Que l'Église, ce chef-d'œuvre de votre miséricorde envers les hommes, soit protégée et conservée par lui.

« Esprit sanctificateur, imprimez fortement ces grandes vérités dans l'âme du Roi que la foi en France est plus ancienne que la couronne et que son trône ne sera jamais ébranlé tandis que la religion en sera le soutien.

« Esprit saint, Dieu des vertus, répandez vos dons sur notre bon Roi. Nous vous implorons pour le petit-fils de saint Louis ; daignez l'éclairer, le conduire ; ses ennemis sont les vôtres.

« Esprit consolateur, rendez la joie à nos cœurs flétris par l'amertume, le courage à nos âmes abattues par la tristesse ; vous nous faites connaître que dix justes dans Sodome auraient apaisé la colère du ciel. Ah ! mon Dieu, jetez les yeux sur les vénérables pontifes, les prêtres de l'Église de France ; leur fermeté, leur zèle, leurs vertus attendriront votre cœur. Jetez les yeux sur les vierges, victimes volontaires de la pénitence, qui lèvent vers vous des mains pures, et qui sollicitent le pardon d'un peuple criminel ; enfin, sur tant de justes que la foi soutient, que l'espérance anime, que la charité enflamme. Grand Dieu ! ce spectacle est digne de vos regards. Oui, Seigneur, en faveur des justes, vous ferez grâce aux coupables, et tous ensemble nous bénirons votre saint nom dans le temps et dans l'éternité. »

(Prière rapportée dans les manuscrits du chevalier d'Augard, et publiée dans les *Études de théologie et d'histoire* des Pères Daniel et Gagarin, t. III, p. 448.)

dont je parle; de cette chambre, je pouvais, sans témoins, recevoir les ordres de l'une ou de l'autre de ces princesses. Dans ces circonstances, je fus honoré de plusieurs entretiens; je dois en rapporter deux.

Les troupes combinées de l'empereur et du roi de Prusse, commandées par le duc régnant de Brunswick, venaient d'entrer en France. Les factieux, frappés de terreur, étaient plus irrités que jamais contre la famille royale. La Reine, qui le savait, me dit à cette occasion : « Tout m'annonce que je dois être séparée du Roi. J'espère « que vous resterez avec lui. Comme Français, comme « l'un de ses fidèles serviteurs, pénétrez-vous bien des « sentiments que vous devez toujours lui exprimer, et que « je lui ai souvent manifestés. Rappelez au Roi, quand vous « pourrez lui parler seul, que jamais l'impatience de bri- « ser nos fers ne doit arracher de lui aucun sacrifice in- « digne de sa gloire. Surtout, point de démembrement de « la France. Que, sur ce point, aucune considération ne « l'égare : qu'il ne s'effraye ni pour ma sœur, ni pour moi. « Représentez-lui que toutes deux nous préférons voir « plutôt notre captivité indéfiniment prolongée que d'en de- « voir la fin à l'abandon de la moindre place forte. Si la « divine Providence nous fait recouvrer notre liberté, le « Roi a résolu d'aller établir momentanément sa résidence « à Strasbourg. C'est également mon désir. Il se pourrait « que cette ville importante fût tentée de reprendre sa « place dans le corps germanique. Il faut l'en empêcher et « la conserver à la France. — Je suis pénétré, répondis- « je, de la marque de confiance dont la Reine daigne m'ho- « norer : mais dois-je perdre de vue ma double qualité de « sujet et de serviteur? Et puis-je, Madame, me per- « mettre...? — L'intérêt de la France avant tout. » reprit la Reine.

Le ton avec lequel Sa Majesté s'exprimait me fit sentir que, dans ces conjonctures, la fille de Marie-Thérèse, la sœur de Joseph et de Léopold, la tante de François II, n'était plus que l'épouse du roi de France et la mère de l'héritier du trône.

Deux jours après, j'eus encore dans le même lieu un entretien avec la Reine : c'était au retour de la promenade du jardin ; Santerre y avait accompagné la famille royale. « Cet homme, me dit la Reine, que vous voyez aujourd'hui « notre geôlier, a plusieurs fois sollicité et obtenu du Roi « des sommes considérables sur les fonds de la liste ci- « vile. Combien d'autres, dans la garde nationale, dans « l'Assemblée même, ont, sous divers prétextes, obtenu « du Roi des secours pécuniaires, et se montrent en ce « moment nos plus mortels ennemis ! Avant le 10 août, « les égarements de Dumouriez, la pusillanimité de M. de « la Fayette et les erreurs du duc de Liancourt ayant « trompé toutes nos espérances, de quoi nous ont servi les « fortes sommes [1] que nos amis ont distribuées à Pétion, « à Lacroix et à d'autres conjurés ? Ils ont reçu l'argent et « nous ont trahis. »

Depuis que Tison et sa femme étaient dans le Temple et que Cléry y partageait mon service, les soins auxquels j'avais été seul assujetti quelque temps étaient diminués. Mais, si la peine du corps était moindre pour moi, il s'en préparait pour mon cœur une au-dessus de tout. Les marques de bienveillance signalée que me donnaient le Roi et la famille royale portaient ombrage à certains municipaux.

---

1. « Ces fortes sommes étaient dues en grande partie au procureur général de l'ordre de Malte (bailli d'Estourmel), au duc du Châtelet, à M. Bertrand de Molleville, et à quelques autres sujets fidèles. Le duc du Châtelet, condamné pour ce fait et pour son attachement à la cause royale, a péri sur l'échafaud. » (*Note de Hue.*)

Je m'en étais aperçu ; j'avais même des raisons pour craindre de me voir, d'un moment à l'autre, enlevé de la tour. Cette appréhension n'était que trop fondée ; cependant rien n'avait annoncé le coup qui était près de me frapper.

Le 2 septembre, j'avais rempli mes fonctions ordinaires ; le Roi et la famille royale étaient descendus dans le jardin pour s'y promener : resté seul dans la chambre de la Reine, je m'étais mis à la fenêtre pour y respirer un moment. Vers les cinq heures, j'entendis tout à coup battre la générale. Un bruit confus me fit soupçonner quelque mouvement extraordinaire dans Paris. Ce que, peu de jours avant, un municipal m'avait dit en confidence sur des visites domiciliaires, des enlèvements d'armes et de nombreux emprisonnements, revint à ma pensée. Mille conjectures sinistres occupaient mon esprit, lorsque soudain je vis deux commissaires, sortant du palais du Temple, s'avancer à grands pas vers la famille royale et la faire remonter aussitôt. Le Roi, accompagné de sa famille, étant entré dans la chambre de la Reine, parurent alors deux municipaux. L'un d'eux, nommé Mathieu, était un ex-capucin : de ma vie je n'oublierai le discours atroce qu'osa tenir à Sa Majesté ce moine apostat.

« Monsieur, dit-il au Roi, vous ignorez ce qui se passe
« dans Paris. On bat la générale dans tous les quartiers,
« on a tiré le canon d'alarme, le peuple est en fureur et
« veut se venger. Ce n'était pas assez d'avoir fait assas-
« siner nos frères le 10 août, d'avoir employé contre eux
« des balles mâchées dont on a ramassé des milliers dans
« les Tuileries ; c'est vous qui faites encore marcher
« contre nous un ennemi féroce qui menace de nous mas-
« sacrer, d'égorger nos femmes et nos enfants. Notre mort
« est jurée, nous le savons ; mais, avant qu'elle nous
« atteigne, vous et votre famille périrez de la main même

« des officiers municipaux qui vous gardent. Il est temps
« encore ; et, si vous le voulez, vous pouvez.... — J'ai
« tout fait pour le bonheur du peuple, répondit le Roi avec
« fermeté : il ne me reste plus rien à faire. »

Souvent je me suis rappelé cette réponse, lorsque j'entendais parler d'une prétendue lettre écrite par Louis XVI au roi de Prusse, pour déterminer la retraite de ce monarque [1]. M. de Malesherbes et M. de Sèze, défenseurs officieux du Roi, m'ont confirmé l'inexistence de cette lettre, si contraire en effet aux vœux que j'avais entendu former à Louis XVI et à la famille royale pour leur délivrance.

A peine le Roi, auprès de qui j'étais en cet instant, eut-il cessé de parler, que Mathieu reprit : « Je vous arrête. » — « Qui ? moi ! » dit Sa Majesté. — « Non : votre valet de « chambre. — Qu'a-t-il fait ? Il m'est attaché ; voilà son « crime. Du moins, n'attentez pas à ses jours ! » — « De quel « droit m'arrêtez-vous ? dis-je alors au municipal ; où prétendez-vous me conduire ? — Je n'ai pas de compte à « te rendre, répondit Mathieu ; j'ai mes ordres. » Je voulus monter dans ma chambre ; Mathieu me saisit par le bras. « Reste là, me dit-il ; tu es sous ma garde. » Il ne me permit d'y aller qu'avec lui.

Je voulais emporter avec moi quelque peu de linge et des rasoirs. « Point de rasoirs, me dit le municipal ; où je « vais te mener, on te rasera : je peux même t'assurer que « les barbiers ne te manqueront pas. » Je compris le vrai sens des paroles de Mathieu.... Je gardai le silence, persuadé que j'allais droit à l'échafaud. J'eus à peine quitté ma chambre que les scellés furent mis sur les deux portes, et

---

1. « On a débité que cette lettre avait été écrite lorsque le roi de Prusse, déjà maître de Longwy et de Verdun, marchait à la tête d'une armée victorieuse sur Châlons en Champagne, et n'était plus qu'à qurante-cinq lieues de Paris. » (*Note de Hue.*)

ne furent levés qu'après la mort de Louis XVI. Descendu dans la chambre de la Reine, je rendis au Roi, avec la permission des municipaux, quelques papiers qui le concernaient [1]. « Homme malheureux ! me dit-il le cœur navré, « le peu d'argent qui vous restait, vous l'avez avancé pour « moi [2] ; aujourd'hui vous partez, et vous êtes sans res- « source ! — Sire, je n'ai besoin de rien.... » Les larmes et les sanglots me suffoquaient. Chaque personne de la famille royale m'honora de quelque témoignage de sensibilité. Cette scène attendrissante pouvant avoir de funestes effets, je fis sur moi un nouvel effort. « Je suis prêt à vous suivre, » dis-je à mes conducteurs.

Au bas de la tour, deux gendarmes se joignirent à Mathieu. Nous montâmes dans une voiture de place, et nous partîmes. Sur le chemin que je parcourus, quel épouvantable spectacle frappa mes regards ! Les passants fuyaient avec effroi : on fermait avec précipitation les portes, les fenêtres et les boutiques ; chacun se réfugiait dans l'endroit le plus reculé de sa demeure. J'entendais les rugissements affreux des assassins et les cris lamentables des victimes ; des monstres couverts de sang, armés de poignards, de coutelas et de bâtons, parcouraient les rues et montraient au peuple les trophées sanglants de leurs cruautés. Ils promenaient en triomphe, au bout de leurs piques, des lambeaux de corps humains.

Enfin, arrivé à la place de Grève, une horreur inexprimable me saisit. La place était couverte d'un peuple immense : la plupart agitaient dans leurs mains des piques,

1. « Ces papiers étaient l'état des vêtements et de quelques dépenses particulières du Roi. » (*Note de Hue.*)
2. « Cette somme de cinq cent vingt-six livres, que j'avais avancée pour le service du Roi, me fut remise par la municipalité plusieurs mois après ma sortie de prison. » (*Note de Hue.*)

des sabres, des fusils. Dans l'impossibilité d'avancer en voiture jusqu'à l'escalier de l'Hôtel de ville, on me fit descendre et passer au milieu de cette multitude. « Bon ! « disaient-ils, voilà du gibier de guillotine ; c'est le valet « de chambre du Tyran. » A l'aspect de ce danger pressant, jaloux de ne pas déshonorer le sacrifice de ma vie, je demandai à Dieu de fortifier mon âme. Tout entier à cette pensée, j'entrai dans la salle de la Commune : on me plaça auprès du président.

A peu de distance était Santerre. Ce commandant de la milice parisienne écoutait, d'un air capable, les plans que des gens à moitié ivres lui développaient pour arrêter les armées étrangères ; d'autres proposaient de se lever en masse et de marcher à l'ennemi. Au parquet, place ordinaire du procureur de la Commune, Billaud de Varennes, l'un des substituts, et Robespierre, s'agitaient, criaient, donnaient des ordres et paraissaient très animés. Dans cette salle et dans les pièces voisines, le tumulte était extrême.

Au milieu de ce désordre, le président demanda du silence et me fit une première question. Avant qu'il m'eût été possible de répondre, on s'écria de toutes parts : *A l'Abbaye! A la Force!* Dans ce moment, on y massacrait les prisonniers. Le calme rétabli, mon interrogatoire commença. Des faits, la plupart imaginaires, me furent reprochés.

« Tu as, dit l'un des municipaux, fait entrer dans la tour « du Temple une malle renfermant des rubans tricolores « et divers déguisements ; c'était pour faire évader la « famille royale. » — « J'ai entendu, s'écriait un autre, le « Roi lui dire *quarante-cinq* ; et la Reine *cinquante-deux*. « Ces deux mots lui désignaient le prince de Poix et le « traître Bouillé. » On me reprochait aussi d'avoir commandé une veste et une culotte couleur savoyard, preuve certaine d'une intelligence avec le roi de Sardaigne. A la vérité, j'avais signé et fait viser par les commissaires de garde la demande d'un vêtement de cette espèce pour Tison. Enfin on m'accusait d'avoir remis clandestinement certaines lettres au Roi et à la Reine, et de faire usage de caractères hiéroglyphiques pour faciliter leur correspondance. Ces caractères n'étaient autre chose qu'un livre d'arithmétique. Tous les soirs, avant que Monsieur le Dauphin se couchât, je posais ce livre sur mon lit, afin que le jeune prince se préparât le matin à la leçon d'arithmétique que le Roi lui donnait.

Un grief irrémissible était d'avoir chanté dans la tour l'air et les paroles : *O Richard! ô mon Roi!* etc. [1]. Je n'avais chanté ni l'air ni les paroles ; et quand je les aurais chantés, il était trop vrai que, comme *Richard*, le Roi ét abandonné ; que ses sujets les plus dévoués à sa personne et à sa cause s'étaient éloignés pour le servir ; que parmi ceux qui étaient restés auprès de lui, les uns avaient été massacrés le 10 août, les autres étaient actuellement en arrestation ou en fuite. Devais-je avoir pour les malheurs de mon maître l'insensibilité que montraient ses persécuteurs ?

Un dernier grief était l'intérêt que la famille royale

---

1. On lit dans la *Chronique de Paris* du 4 septembre (Cf. *Courrier français* et *Journal de Perlet* du 5) :

« Le porte-clefs de la tour du Temple, nommé Durocher, et les personnes au service du roi sont en état d'arrestation. On a entendu son valet de chambre Hue siffler et chanter : *O Richard, ô mon roi!* C'était lui qui écrivait les lettres du roi, et on soupçonne qu'il existe, malgré la surveillance la plus exacte, une correspondance secrète. Ce valet de chambre a été mandé à la barre des représentants de la Commune et mis dans la geôle. On a entendu le roi dire à sa femme dans la journée : *J'ai ou 45*, et elle a répondu : *Et moi 52*. L'interrogatoire du valet de chambre n'a procuré aucun éclaircissement. Le roi a été mis au secret. »

affectait, selon eux, de me témoigner, tandis qu'à peine elle parlait aux commissaires municipaux.

A ce dernier reproche, je restai muet. Les clameurs se renouvelèrent : *A l'Abbaye! A la Force!* Enfin la fureur contre moi fut au comble quand Billaud de Varennes s'écria : « Ce valet, renvoyé au Temple une première fois, « a trahi la confiance du peuple ; il mérite une punition « exemplaire. » Au même instant, un municipal se leva. « Cet homme, dit-il, tient les fils de la trame ourdie dans « la tour. S'assurer de lui, le mettre au secret, en tirer « tous les renseignements qu'il peut donner, sera plus « utile et plus sage que de l'envoyer à l'Abbaye ou à la « Force. » Quel que fût en ce moment le motif du municipal, son observation me sauva la vie : il fut décidé de m'enfermer dans un des cachots de l'hôtel de ville. Remis aussitôt à la garde d'un guichetier, il me fit descendre de la salle de la Commune, me fouilla, me conduisit au lieu de réclusion qui m'était destiné, ouvrit une porte de fer, et la referma sur moi [1].

[1]. « Depuis le 2 septembre, jour de mon premier emprisonnement, le récit détaillé des faits qui se sont passés dans la tour du Temple appartient à M. Cléry, qui me remplaça. » (*Note de Hue.*)

IV.

CLÉRY

EXTRAIT
DU
JOURNAL DE CE QUI S'EST PASSÉ A LA TOUR DU TEMPLE PENDANT LA CAPTIVITÉ DE LOUIS XVI, ROI DE FRANCE

Le 13 [août] au soir, j'appris à mon arrivée que la famille royale, après avoir été retenue depuis le 10 aux Feuillants, venait d'être conduite au Temple; que le Roi avait fait choix pour son service de M. de Chamilly, son premier valet de chambre, et que M. Hue, huissier de la chambre du Roi, et destiné à la place de premier valet de chambre de Monsieur le Dauphin, devait servir ce jeune prince. Mme la princesse de Lamballe, Mme la marquise de Tourzel et Mlle Pauline de Tourzel avaient accompagné la Reine. Les dames Thibaut, Bazire, Navarre et Saint-Brice, femmes de chambre, avaient suivi les trois princesses et le jeune prince.

Je perdis alors tout espoir de continuer mes fonctions auprès de Monsieur le Dauphin, et j'allais retourner à la campagne, lorsque, le sixième jour de la détention du Roi, je fus informé que l'on avait enlevé dans la nuit toutes les personnes qui étaient dans la tour auprès de la famille royale, et qu'après les avoir interrogées au Conseil de la Commune de Paris, on les avait conduites à la prison de la Force, excepté M. Hue, qui fut ramené au Temple pour servir le Roi. On chargea Pétion, alors maire de Paris, d'indiquer deux autres personnes. Instruit de ces dispositions, je résolus de tenter tous les moyens de reprendre mon service auprès du jeune prince. Je me présentai chez Pétion : il me dit que, faisant partie de la maison du Roi, je n'obtiendrais pas l'agrément du Conseil général de la Commune. Je citai M. Hue, qui venait d'être envoyé par ce même Conseil pour servir le Roi ; il promit d'appuyer un mémoire que je lui remis ; mais j'observai qu'il était nécessaire, avant tout, qu'il fît part au Roi de ma démarche. Deux jours après il écrivit à Sa Majesté en ces termes :

Paris, le 26 août 1792, l'an 4ᵉ de la liberté.

SIRE,

Un valet de chambre attaché au Prince royal depuis son enfance demande à continuer son service auprès de lui. Comme je crois que cette proposition vous sera agréable, j'ai accédé à son vœu 1.

Si je n'ai pas encore eu l'honneur de répondre à votre dernière lettre, c'est que je n'ai pu qu'aujourd'hui même me procurer le décret relatif au traitement accordé par l'Assemblée nationale pour votre personne et pour les membres de votre famille.

Maintenant que j'ai ce décret, je vais engager la Commune

---

1. Le texte s'arrête ici dans le *Journal*. Nous le complétons d'après le fac-similé joint à l'édition publiée en 1861 par Mᵐᵉˢ de Guillard, petites-filles de Cléry. (Voir à la p. 49.)

à prononcer promptement sur les autres objets contenus dans votre lettre.

Je suis avec respect,

Le Maire de Paris,
Pétion.

Au Roi.

Sa Majesté répondit par écrit qu'elle m'agréait pour le service de son fils [1]; en conséquence, je fus mené au Temple. On me fouilla, on me donna des avis sur la manière dont on prétendait que je devais me conduire ; et le même jour 26 août, à huit heures du soir, j'entrai dans la tour.

Il me serait difficile de décrire l'impression que fit sur moi la vue de cette auguste et malheureuse famille. Ce fut la Reine qui m'adressa la parole ; et après des expressions pleines de bonté : « Vous servirez mon fils, ajouta-t-elle, et vous vous concerterez avec M. Hue pour ce qui nous regarde. » J'étais tellement oppressé qu'à peine je pus répondre.

Pendant le souper, la Reine et les princesses, qui depuis huit jours étaient sans leurs femmes, me demandèrent si je pourrais peigner leurs cheveux : je répondis que je ferais tout ce qui leur serait agréable. Un officier municipal s'approcha de moi, et me dit, d'un ton assez haut, d'être plus circonspect dans mes réponses. Je fus effrayé de ce début.

Les premiers huit jours que je passai au Temple, je n'eus aucune communication avec l'extérieur. M. Hue était seul chargé de recevoir et de demander les choses

---

1. La réponse du Roi, en date du 27 août, était conçue en ces termes : « Le Roi remercie M. Péthion. Il accepte le valet de chambre qui se propose de venir servir le prince royal. » Original, *Catalogue Renouard*, juin 1855, n° 431.

nécessaires pour la famille royale ; je la servais indistinctement et conjointement avec lui. Mon service auprès du Roi se bornait à le coiffer le matin et à rouler ses cheveux le soir. Je m'aperçus que j'étais sans cesse observé par les officiers municipaux ; un rien leur donnait de l'ombrage : je me tins sur mes gardes, afin d'éviter quelque imprudence qui m'aurait infailliblement perdu.

Le 2 septembre, il y eut beaucoup de fermentation autour du Temple. Le Roi et sa famille descendirent comme à l'ordinaire pour se promener dans le jardin ; un municipal qui suivait le Roi dit à un de ses collègues : « Nous « avons mal fait de consentir à les promener cette après-« dîner. » J'avais remarqué dès le matin l'inquiétude des commissaires ; ils firent rentrer la famille royale avec précipitation ; mais à peine fut-elle réunie dans la chambre de la Reine que deux officiers municipaux, qui n'étaient point de service à la tour, entrèrent, et l'un d'eux, nommé Mathieu, ex-capucin, dit au Roi : « Vous ignorez, Mon-« sieur, ce qui se passe : la patrie est dans le plus grand « danger ; l'ennemi est entré en Champagne ; le roi de « Prusse marche sur Châlons : vous répondrez de tout « le mal qui peut en résulter. Nous savons que nous, nos « femmes, nos enfants, périrons ; mais le peuple sera « vengé, vous mourrez avant nous. Cependant, il en est « temps encore, et vous pouvez.... » — « J'ai tout fait « pour le peuple, répondit le Roi ; je n'ai rien à me re-« procher. » Ce même Mathieu dit à M. Hue : « Le Con-« seil de la Commune m'a chargé de vous mettre en état « d'arrestation. » — « Qui ? » demanda le Roi. — « C'est « votre valet de chambre. » Le Roi voulut savoir de quel crime on l'accusait, mais il ne put rien apprendre, ce qui lui donna des inquiétudes sur son sort, et il le recommanda avec intérêt aux deux officiers municipaux. On mit les

scellés, en présence de M. Hue, sur le petit cabinet qu'il occupait, et il partit à six heures du soir, après avoir passé vingt jours au Temple. En sortant, Mathieu me dit : « Prenez garde à la manière dont vous vous con-
« duirez; il vous en arriverait autant. »

Le Roi m'appela un instant après : il me remit des papiers que M. Hue lui avait rendus, et qui contenaient des notes de dépense. L'air inquiet des municipaux, les clameurs du peuple aux environs de la tour, agitaient cruellement son cœur. Après son coucher, le Roi me dit de passer la nuit près de lui. Je plaçai un lit à côté de celui de Sa Majesté.

Le 3 septembre, en habillant le Roi, Sa Majesté me demanda si j'avais appris des nouvelles de M. Hue, et si je savais quelque chose des mouvements de Paris. Je répondis que, pendant la nuit, j'avais entendu dire par un municipal que le peuple se portait aux prisons ; que j'allais chercher à me procurer d'autres renseignements. « Prenez
« garde de vous compromettre, me dit le Roi ; car alors
« nous resterions seuls, et je crains que leur intention ne
« soit de mettre près de nous des étrangers. »

A onze heures du matin, le Roi étant réuni avec sa famille dans la chambre de la Reine, un municipal me dit de monter dans celle du Roi, où je trouvai Manuel et quelques membres de la Commune. Manuel me demanda ce que disait le Roi de l'enlèvement de M. Hue : je lui répondis que Sa Majesté en était inquiète. « Il ne lui arrivera
« rien, me dit-il; mais je suis chargé d'informer le Roi
« qu'il ne reviendra plus, et que le Conseil le remplacera :
« vous pouvez l'en prévenir. » Je le priai de m'en dispenser, et j'ajoutai que le Roi désirait le voir relativement à plusieurs objets dont la famille royale avait le plus grand besoin. Manuel se détermina avec peine à descendre dans

la chambre où était Sa Majesté : il lui fit part de l'arrêté du Conseil de la Commune qui concernait M. Hue, et la prévint qu'on enverrait une autre personne. « Je vous « remercie, répondit le Roi. Je me servirai du valet de « chambre de mon fils ; et si le Conseil s'y refuse, je me « servirai moi-même ; j'y suis résolu. » Le Roi lui parla ensuite des besoins de sa famille, qui manquait de linge et d'autres vêtements. Manuel dit qu'il allait en rendre compte au Conseil, et se retira. Je lui demandai, en le reconduisant, si la fermentation continuait : il me fit craindre, par ses réponses, que le peuple ne se portât au Temple. « Vous vous êtes chargé d'un service difficile, « ajouta-t-il ; je vous exhorte au courage. »

A une heure, le Roi et sa famille témoignèrent le désir de se promener ; on s'y refusa. Pendant le dîner on entendit le bruit des tambours, et bientôt les cris de la populace. La famille royale sortit de table avec inquiétude, et se réunit dans la chambre de la Reine. Je descendis pour dîner avec Tison et sa femme, employés au service de la tour.

Nous étions à peine assis qu'une tête au bout d'une pique fut présentée à la croisée. La femme de Tison jeta un grand cri ; les assassins crurent avoir reconnu la voix de la Reine, et nous entendîmes le rire effréné de ces barbares. Dans l'idée que Sa Majesté était encore à table, ils avaient placé la victime de manière qu'elle ne pût échapper à ses regards : c'était la tête de Mme la princesse de Lamballe ; quoique sanglante, elle n'était point défigurée ; ses cheveux blonds, encore bouclés, flottaient autour de la pique.

Je courus aussitôt vers le Roi. La terreur avait tellement altéré mon visage que la Reine s'en aperçut ; il était important de lui en cacher la cause : je voulais seulement avertir le Roi ou Madame Élisabeth ; mais les deux municipaux étaient présents. « Pourquoi n'allez-vous pas dîner? » me dit la Reine. — « Madame, lui répondis-je, je suis indisposé. » Dans ce moment un municipal entra dans la tour, et vint parler avec mystère à ses collègues. Le Roi leur demanda si sa famille était en sûreté. « On fait courir le « bruit, répondirent-ils, que vous et votre famille n'êtes « plus dans la tour ; on demande que vous paraissiez à la « croisée, mais nous ne le souffrirons point ; le peuple doit « montrer plus de confiance à ses magistrats. »

Cependant les cris du dehors augmentaient : on entendit très distinctement des injures adressées à la Reine. Un autre municipal survint, suivi de quatre hommes députés par le peuple pour s'assurer si la famille royale était dans la tour. L'un d'eux, en habit de garde national, portant deux épaulettes, et armé d'un grand sabre, insista pour que les prisonniers se montrassent à la fenêtre : les municipaux s'y opposèrent. Cet homme dit à la Reine, du ton le plus grossier : « On veut vous cacher la tête de la « Lamballe, que l'on vous apportait pour vous faire voir « comment le peuple se venge de ses tyrans. Je vous con- « seille de paraître, si vous ne voulez pas que le peuple « monte ici. » A cette menace, la Reine tomba évanouie ; je volai à son secours. Madame Élisabeth m'aida à la placer sur un fauteuil : ses enfants fondaient en larmes et cherchaient par leurs caresses à la ranimer. Cet homme ne s'éloignait point ; le Roi lui dit avec fermeté : « Nous nous « attendons à tout, Monsieur ; mais vous auriez pu vous « dispenser d'apprendre à la Reine ce malheur affreux. » Il sortit alors avec ses camarades ; leur but était rempli [1].

---

[1]. On lit dans *la Révolution de 92, ou Journal de la Convention nationale*, numéro du 7 janvier 1793 :

« Jettons maintenant un regard sur la tour de Louis XVI. Un de ses

La Reine, revenue à elle, mêla ses larmes à celles de ses enfants, et passa avec la famille royale dans la chambre de Madame Élisabeth, d'où l'on entendait moins les clameurs du peuple. Je restai un instant dans la chambre de la Reine; et regardant par la fenêtre, à travers les stores, je vis une seconde fois la tête de Mme la princesse de Lamballe. Celui qui la portait était monté sur les décombres des maisons que l'on abattait pour isoler la tour;

conseils lui ayant demandé s'il était vrai que, le jour où les assassins de Mme de Lamballe ont porté sa tête sous les fenêtres de sa prison, un commissaire de la municipalité l'avait engagé de s'approcher de la croisée en lui disant : « Venez voir, c'est un spectacle curieux, » et s'il était encore certain qu'un autre commissaire l'en avait empêché en lui disant : « N'approchez pas, c'est un spectacle hideux, » Louis XVI a affirmé les deux faits.

« Vous rappelez-vous des noms de ces deux commissaires ? » lui a dit alors son conseil. — « J'ignore le nom de celui qui m'engageait à reposer « mes yeux sur ce spectacle horrible, qu'il appelait *curieux*. Je me rap- « pelle seulement le nom du commissaire qui a sauvé mes regards de « cette scène atroce. » — Quelle délicatesse, quelle bonté, quel héroïsme d'un cœur bienfaisant ! Louis XVI connaît bien les deux commissaires, mais il craint de compromettre un barbare ennemi en dévoilant son nom. Il oublie la main qui l'assassine pour ne se rappeler que la main qui porte des secours. Ombres des Trajan et des Marc-Aurèle, qu'auriez-vous fait de plus dans de pareilles circonstances ?.... » — Notons que ce passage se trouve reproduit textuellement dans la brochure intitulée : *Agonie et mort héroïque de Louis XVI....*, par le citoyen Antoine-Vérité Windtsor. Paris, chez Cromwell, au palais de l'Égalité, 1793, p. 2-3.

D'un autre côté, nous lisons dans les annotations des *Mémoires historiques* d'Eckard (p. 403-405) :

« Le Journal de la tour du Temple retrace quelques-unes des scènes d'horreur qui ont eu lieu dans l'après-midi du 3 septembre, lorsque les assassins de Mme de Lamballe se présentèrent devant la tour. Nous ne rappellerons l'une d'elles que parce qu'elle donna lieu à une bonne action, dont l'auteur, mort depuis peu, ne doit plus rester inconnu : Montjoye a rapporté cette circonstance, qui n'est qu'indiquée par Cléry, et dont Louis XVI s'est entretenu avec M. de Malesherbes.

« Au moment qu'un municipal et un officier de la force armée insis- « taient avec fureur pour que les prisonniers se montrassent à la fenê- « tre, un autre municipal aperçut à peine la tête sanglante, qu'il se pré- « pita au-devant du Roi, et lui dit : « Oh ! non, non, de grâce, n'approchez « pas, ne regardez point ! Quelle horreur ! »

« Louis XVI, racontant cette anecdote à M. de Malesherbes, lui expri-

un autre, à côté de lui, tenait au bout d'un sabre le cœur tout sanglant de cette infortunée princesse. Ils voulurent forcer la porte de la tour ; un municipal, nommé Daujon [1], les harangua, et j'entendis très disctinctement qu'il leur disait : « La tête d'Antoinette ne vous appartient pas, les « départements y ont des droits ; la France a confié la « garde de ces grands coupables à la ville de Paris ; c'est « à vous de vous aider à les garder, jusqu'à ce que la jus- « tice nationale venge le peuple. » Ce ne fut qu'après une

« mait, les larmes aux yeux, combien il avait été sensible au procédé de « ce second commissaire. « Ne pouvant mieux faire, ajouta-t-il, je l'ai prié « de me donner son nom et son adresse. — L'avez-vous aussi demandé à « l'autre ? dit M. de Malesherbes. — Oh ! l'autre, répondit Louis XVI, je « n'avais pas besoin de le connaître. » (*Éloge de Louis XVI*, par Montjoye. Neufchatel, 1798, in-8°, p. 234.)

« M. de Malesherbes s'étant arrêté là, rien ne semblait devoir révéler le nom de l'honnête commissaire. Toutefois M. Menessier, l'un des membres du Conseil général de la Commune, de service au Temple le 3 septembre, a réclamé pour lui tant l'honorable souvenir conservé par Louis XVI que ces expressions recommandables émanées, à ce qu'il assure, d'un auguste témoin de ces horribles scènes : « Le municipal qui était de garde se conduisit bien ; il ferma la porte et la fenêtre, ainsi que les rideaux, pour qu'on ne vît rien.... » (Voir ci-dessus, p. 8.)

« A l'appui de son assertion, M. Menessier nous a communiqué une note historique très circonstanciée de tout ce qui s'est passé au Temple, dans l'après-midi du 3 septembre et le lendemain. Son étendue (elle aurait au moins vingt pages d'impression) nous empêche de l'insérer ici. Elle contient des faits que Cléry n'a pu voir, « parce que, dit M. Menessier, il était, ainsi qu'il l'a écrit lui-même (p. 28 de son *Journal*), descendu pour dîner avec Tison et sa femme, et que, d'ailleurs, il n'était autorisé à se tenir auprès de la Famille royale que lorsque son service l'y appelait. »

« Les événements ayant obligé ce municipal de rester au Temple pendant quarante-huit heures, le Roi et la Reine lui exprimèrent, en différentes fois, combien ils avaient été sensibles aux précautions qu'il avait prises. « Si M. de Malesherbes, ajoute-t-il, n'a point mis mon nom en évi-« dence, c'est dans la crainte de me compromettre en ces temps orageux. »

1. C'est à tort que M. de Beauchesne (*Louis XVII*, t. I, p. 282, note) le nomme *Danjou*, et l'identifie avec Jean-Pierre-André Danjou, prêtre et instituteur. Notre municipal s'appelait bien *Daujon*, comme toutes les éditions de Cléry le portent (sauf l'édition des commissaires du Temple — c'est-à-dire la contrefaçon — qui met *Danjou*), et son collègue Charles Goret (*Mon témoignage sur la détention de Louis XVI*, p. 62) nous apprend qu'il était sculpteur.

heure de résistance qu'il parvint à les faire éloigner [1].

Le soir de la même journée, un des commissaires me dit que la populace avait tenté de pénétrer avec la députation et de porter dans la tour le corps nu et sanglant de la princesse de Lamballe, qui avait été traîné depuis la prison de la Force jusqu'au Temple ; que des municipaux, après avoir lutté contre cette populace, lui avaient opposé pour barrière un ruban tricolore attaché en travers de la principale porte d'entrée ; qu'ils avaient inutilement réclamé du secours de la Commune de Paris, du général Santerre et de l'Assemblée nationale, pour arrêter des projets qu'on ne dissimulait pas ; et que pendant six

---

[1]. On lit dans l'opuscule de Ch. Goret (*Mon témoignage sur la détention de Louis XVI*, etc., p. 62-63) : « L'une des journées des massacres, on vint y annoncer que la princesse de Lamballe venait d'être l'une des victimes et que des forcenés se rendaient au Temple, portant au bout d'une pique la tête de la princesse. Le Conseil en frémit et garda le silence. L'un de ses membres, nommé Daujon, artiste sculpteur, était au Temple ; il voit arriver cette multitude effrénée, au-devant de laquelle il se rend, il ne peut l'empêcher de pénétrer jusqu'au bâtiment adossé à la tour dans laquelle étaient renfermés le Roi et sa famille et dont les fenêtres n'étaient qu'à quinze ou seize pieds du sol. La multitude vociférait, enfin elle faisait craindre l'effet de sa fureur en menaçant de pénétrer dans l'intérieur. Daujon, revêtu de son écharpe, monte aussitôt sur un tas de pierres qui se trouvait au bas de la fenêtre ; il se mit à haranguer la multitude, et il le fit de manière à la contenir ; il avait une forte voix, un regard imposant. « Que voulez-vous ? Que demandez-vous ? dit-il aux forcenés. Est-ce « le tyran ? Il est là, qui peut en douter ? Vous commettriez le plus grand « des crimes si vous osiez attenter à sa personne. Il ne nous appartient « pas, il appartient à la loi qu'il ne vous est pas permis de violer. Reti-« rez-vous, car vous passeriez sur le corps de votre magistrat avant de « violer la loi. »

« Ces paroles, prononcées avec l'accent de l'homme le plus déterminé à faire face à l'orage, imposèrent aux forcenés et les déterminèrent à se retirer. Daujon les suivit jusqu'à la porte de sortie du Temple, et dès qu'ils l'eurent passée, s'étant aussitôt procuré un ruban aux trois couleurs, ruban qui, comme on le sait, avait alors une certaine vertu sur l'esprit du peuple, le tendit au-devant de la porte du Temple qu'il laissa ouverte. « Franchissez cette barrière, si vous l'osez, » dit-il à la multitude, qui se retira. » — Voir le récit de Daujon, que nous reproduisons plus loin, en appendice.

heures il avait été incertain si la famille royale ne serait pas massacrée. En effet, la faction n'était pas encore toute-puissante : les chefs, quoique d'accord sur le régicide, ne l'étaient pas sur les moyens de l'exécuter; et l'Assemblée désirait peut-être que d'autres mains que les siennes fussent l'instrument des conspirateurs. Une circonstance assez remarquable, c'est qu'après son récit le municipal me fit payer quarante-cinq sous qu'avait coûté le ruban aux trois couleurs.

A huit heures du soir tout était calme aux environs de la tour ; mais la même tranquillité était loin de régner dans Paris, où les massacres continuèrent pendant quatre ou cinq jours. J'eus occasion, en déshabillant le Roi, de lui faire part des mouvements que j'avais vus et des détails que j'avais appris. Il me demanda quels étaient ceux des municipaux qui avaient montré le plus de fermeté pour défendre les jours de sa famille ; je lui citai Daujon, qui avait arrêté l'impétuosité du peuple, quoiqu'il ne fût rien moins que porté pour Sa Majesté. Ce municipal ne revint à la tour que quatre mois après : le Roi, se souvenant de sa conduite, le remercia [1].

Les scènes d'horreur dont je viens de parler ayant été suivies de quelque tranquillité, la famille royale continua le genre de vie uniforme qu'elle avait adopté à son entrée

---

[1]. C'est ce que dit aussi Charles Goret (p. 63) : « Dès que Daujon fut de garde auprès du Roi, qui se rappela la scène qui s'était passée, le Roi lui dit : « Vous nous avez sauvé la vie, nous vous en remercions; vous « n'avez dit que ce qu'il fallait dire dans une telle circonstance. » Et il ajoute (p. 65) : « Je tiens cette relation de Daujon lui-même et de quelques-uns de ses collègues qui étaient présents et furent témoins de ces événements. Je crois que Cléry parle de Daujon dans son Histoire du Temple, mais d'une manière à le présenter comme n'étant pas partisan du Roi, ou ne l'aimant pas : sans doute parce qu'il avait employé dans sa harangue un terme révolutionnaire en parlant du Roi, qui ne s'en était pas offensé, et qui avait su l'apprécier en observant à Daujon qu'il n'avait dit que ce qu'il fallait dire dans une telle circonstance. »

au Temple [1]. Pour qu'on en suive plus facilement les détails, je crois devoir placer ici une description de la petite tour où le Roi était alors renfermé.

Elle était adossée à la grande tour, sans communication intérieure, et formait un carré long, flanqué de deux tourelles ; dans une de ces tourelles était un petit escalier qui partait du premier étage, et conduisait à une galerie sur la plate-forme ; dans l'autre étaient des cabinets qui correspondaient à chaque étage de la tour.

Le corps de bâtiment avait quatre étages. Le premier était composé d'une antichambre, d'une salle à manger et d'un cabinet pris dans la tourelle, où se trouvait une bibliothèque de douze à quinze cents volumes.

Le second étage était divisé à peu près de la même manière. La plus grande pièce servait de chambre à coucher à la Reine et à Monsieur le Dauphin ; la seconde, séparée de la première par une petite antichambre fort obscure, était occupée par Madame Royale et Madame Élisabeth. Il fallait traverser cette chambre pour entrer dans le cabinet pris dans la tourelle ; et ce cabinet, qui servait de garde-robe à tout ce corps de bâtiment, était commun à la famille royale, aux officiers municipaux et aux soldats.

Le Roi demeurait au troisième étage, et couchait dans la grande pièce. Le cabinet pris dans la tourelle lui servait de cabinet de lecture. A côté était une cuisine séparée de la chambre du Roi par une petite pièce obscure,

---

1. Voici comment, à la date du 8 septembre, la *Chronique de Paris* rendait compte de ce qui se passait au Temple :

« Louis XVI montre dans sa prison une espèce d'impassibilité soutenue ; il traduit Horace et apprend à son fils quelques vers de tragédie. Le 2, après midi, on lui fit entendre qu'il fallait consentir à voir la tête de Mme de Lamballe, que quelques hommes détachés du peuple immense qui environnait le Temple venaient lui présenter. Marie-Antoinette et Louis XVI montrèrent quelque sensibilité ; le Roi s'avança sans hésiter. Il a fort bien soupé, et toute la famille a toujours un grand appétit. »

qu'avaient habitée MM. de Chamilly et Hue, et sur laquelle étaient les scellés. Le quatrième étage était fermé. Il y avait au rez-de-chaussée des cuisines dont on ne fit aucun usage [1].

Le Roi se levait ordinairement à six heures du matin ; il se rasait lui-même ; je le coiffais et l'habillais. Il passait aussitôt dans son cabinet de lecture. Cette pièce étant très petite, le municipal restait dans la chambre à coucher, la porte entr'ouverte, afin d'avoir toujours les yeux sur le Roi. Sa Majesté priait à genoux pendant cinq à six minutes, et lisait ensuite jusqu'à neuf heures. Dans cet intervalle, après avoir fait sa chambre et préparé la table pour le déjeuner, je descendais chez la Reine ; elle n'ouvrait sa porte qu'à mon arrivée, afin d'empêcher que le municipal n'entrât chez elle. Je faisais la toilette du jeune prince, j'arrangeais les cheveux de la Reine, et j'allais pour le même service dans la chambre de Madame Royale et de Madame Élisabeth. Ce moment de la toilette était un de ceux où je pouvais instruire la Reine et les princesses de ce que j'avais appris. Un signe indiquait que j'avais quelque chose à leur dire ; et l'une d'elles, causant avec l'officier municipal, détournait son attention.

A neuf heures, la Reine, ses enfants et Madame Élisabeth montaient dans la chambre du Roi pour le déjeuner ;

1. On lit dans les journaux du temps : « COMMUNE DE PARIS. COMMISSION DU TEMPLE. Louis XVI et sa famille sont toujours dans les petits appartements adjacents à la grande tour du Temple. Louis passe une grande partie de la journée en famille, ou bien il se promène en lisant. Madame Élisabeth fait de même. Deux sapeurs servent de guichetiers aux portes des appartements. Le Roi est toujours accompagné de deux officiers municipaux ; il peut se promener dans le jardin. On lui prépare un appartement au second dans la tour du Temple.... Les fenêtres sont grillées en fer. Sur les plaques de fonte de la cheminée on lit : *Liberté, Égalité, Propriété, Sûreté*.... (*Chronique de Paris*, numéro du 14 septembre 1792. Cf. *Moniteur universel*, numéro du 15 septembre, et *Histoire du dernier règne*, t. I, p. 125.)

après les avoir servis, je faisais les chambres de la Reine et des princesses. Tison et sa femme ne m'aidaient que dans ces sortes d'occupations. Ce n'était pas pour le service seulement qu'on les avait placés dans la tour: un rôle plus important leur avait été confié; c'était d'observer tout ce qui aurait pu échapper à la surveillance des municipaux, et de dénoncer les municipaux eux-mêmes. Des crimes à commettre entraient aussi sans doute dans le plan de ceux qui les avaient choisis; car la femme Tison, qui paraissait alors d'un caractère assez doux, mais qui tremblait devant son mari, s'est fait ensuite connaître par une infâme dénonciation contre la Reine, à la suite de laquelle elle est tombée dans des accès de folie; et Tison, ancien commis aux barrières, était un vieillard d'un caractère dur et méchant, incapable d'aucun mouvement de pitié, et étranger à tout sentiment d'humanité. A côté de ce qu'il y avait de plus vertueux sur la terre, les conspirateurs avaient voulu placer ce qu'ils avaient trouvé de plus vil.

A dix heures, le Roi descendait avec sa famille dans la chambre de la Reine, et y passait la journée. Il s'occupait de l'éducation de son fils, lui faisait réciter quelques passages de Corneille et de Racine, lui donnait des leçons de géographie, et l'exerçait à lever des cartes. L'intelligence prématurée du jeune prince répondait parfaitement aux tendres soins du Roi. Sa mémoire était si heureuse que sur une carte couverte d'une feuille de papier il indiquait les départements, les districts, les villes et le cours des rivières : c'était la nouvelle géographie de la France que le Roi lui montrait. La Reine, de son côté, s'occupait de l'éducation de sa fille; et ces différentes leçons duraient jusqu'à onze heures. Le reste de la matinée se passait à coudre, à tricoter, ou à travailler à de la tapisserie. A

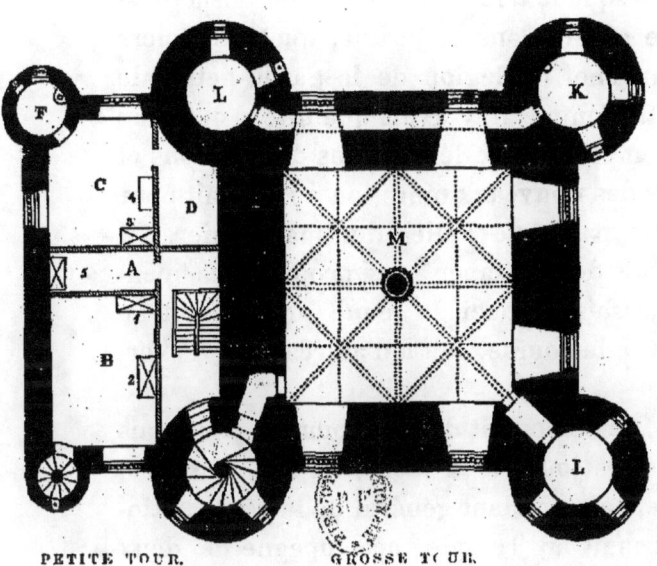

PETITE TOUR.   GROSSE TOUR.

Plan du premier étage de la Tour du Temple à la hauteur du deuxième étage de la petite Tour.

Petite Tour. — A, Antichambre. — 5, Lit de la princesse de Lamballe. — B, Chambre de la Reine. — 1, Lit de la Reine. — 2, Lit de Madame Royale. — C, Chambre de Mme de Tourzel. — 3, Lit de Mme de Tourzel. — 4, Lit du Dauphin. — D, Cabinet de toilette. — F, Garde-robe.
Grosse Tour. — L, Cabinet. — K, Garde-robe. — M, Corps de garde.

midi, les trois princesses se rendaient dans la chambre de Madame Élisabeth pour quitter leur robe du matin; aucun municipal n'entrait avec elles.

A une heure, lorsque le temps était beau, on faisait descendre la famille royale dans le jardin; quatre officiers municipaux et un chef de légion de la garde nationale l'accompagnaient. Comme il y avait quantité d'ouvriers dans le Temple, employés aux démolitions des maisons et aux constructions des nouveaux murs, on ne donnait pour promenade qu'une partie de l'allée des marronniers; il m'était aussi permis de participer à ces promenades, pendant lesquelles je faisais jouer le jeune prince, soit au ballon [1], au palet, à la course, soit à d'autres jeux d'exercice.

A deux heures, on remontait dans la tour, où je servais le dîner; et tous les jours à la même heure, Santerre, brasseur de bière, commandant général de la garde nationale de Paris, venait au Temple, accompagné de deux aides de camp. Il visitait exactement les différentes pièces. Quelquefois le Roi lui adressait la parole; la Reine jamais. Après le repas, la famille royale se rendait dans la chambre de la Reine : Leurs Majestés faisaient assez ordinairement une partie de piquet ou de trictrac. C'était pendant ce temps que je dînais.

A quatre heures, le Roi prenait quelques instants de repos, les princesses autour de lui, chacune un livre à la main : le plus grand silence régnait pendant ce sommeil. Quel spectacle! un Roi poursuivi par la haine et la ca-

---

[1]. On lit dans le « Journal de demandes faites pour le Roi et sa famille au Temple depuis le 5 septembre 1792, par Cléry, valet de chambre du Prince royal de service près du Roy, » à la date du 8 septembre : « Messieurs les officiers municipaux sont priés d'avoir la bonté d'envoyer acheter pour le Prince royal deux ballons un peu gros. Payé 8 l. » Papiers du Temple. Cabinet de M. le baron de la Morinerie.

lomnie, tombé du trône dans les fers, mais soutenu par sa conscience, et dormant paisiblement du sommeil du juste!.... Son épouse, ses enfants, sa sœur, contemplant avec respect ses traits augustes, dont le malheur semblait encore augmenter la sérénité, et sur lesquels on pouvait lire d'avance le bonheur dont il jouit aujourd'hui!.... Non, ce spectacle ne s'effacera jamais de mon souvenir!

Au réveil du Roi, on reprenait la conversation ; ce prince me faisait asseoir auprès de lui. Je donnais sous ses yeux des leçons d'écriture à son fils ; et, d'après ses indications, je copiais des exemples dans les Œuvres de Montesquieu et d'autres auteurs célèbres. Après cette leçon, je conduisais le jeune prince dans la chambre de Madame Élisabeth, où je le faisais jouer à la balle et au volant.

A la fin du jour, la famille royale se plaçait autour d'une table ; la Reine faisait à haute voix une lecture de livre d'histoire ou de quelques ouvrages bien choisis, propres à instruire et à amuser ses enfants, mais dans lesquels des rapprochements imprévus avec sa situation se présentaient souvent, et donnaient lieu à des idées bien douloureuses. Madame Élisabeth lisait à son tour, et cette lecture durait jusqu'à huit heures. Je servais ensuite le souper du jeune prince dans la chambre de Madame Élisabeth. La famille royale y assistait ; le Roi se plaisait à y donner quelque distraction à ses enfants, en leur faisant deviner des énigmes tirées d'une collection de *Mercures de France* qu'il avait trouvée dans la bibliothèque [1].

[1]. On trouve dans les journaux du temps (voir *Courrier français*, n° du 22 septembre ; passage reproduit dans *Histoire du dernier règne*, t. I, p. 128), les détails suivants :

« *20 septembre.* — Louis XVI s'occupe toujours de littérature dans sa tour. Il prend des notes au crayon, il fait expliquer des passages latins à son fils, il choisit toujours ce qui est analogue aux circonstances. Marie-

Après le souper de Monsieur le Dauphin, je le déshabillais ; c'était la Reine qui lui faisait réciter ses prières : il en faisait une particulière pour Mme la princesse de Lamballe, et par une autre il demandait à Dieu de protéger les jours de Mme la marquise de Tourzel, sa gouvernante. Lorsque les municipaux étaient trop près, ce jeune prince avait de lui-même la précaution de dire ces deux dernières prières à voix basse. Je le faisais passer ensuite dans le cabinet ; et si j'avais quelque chose à apprendre à la Reine, je saisissais cet instant. Je l'instruisais du contenu des journaux : on n'en laissait arriver aucun dans la tour ; mais un crieur envoyé exprès venait tous les soirs à sept heures, s'approchait près du mur du côté de la rotonde dans l'enclos du Temple, et criait, à plusieurs reprises, le précis de tout ce qui s'était passé à l'Assemblée nationale, à la Commune et aux armées. C'était dans le cabinet du Roi que je me plaçais pour l'écouter ; et là, dans le silence, il m'était facile de retenir tout ce que j'entendais.

A neuf heures, le Roi soupait. La Reine et Madame

Antoinette fait lire ses enfants et leur fait réciter des dialogues. Madame Élisabeth enseigne le dessin et le calcul à sa nièce.

« L'après-dîner se passe ordinairement en parties de piquet et en conversations. On cherche à parler aux commissaires. Sur les cinq à six heures, le temps est partagé entre les livres et la promenade.

« Le soir, on fait des lectures : on choisit ordinairement les *Lettres de Cécilia*. Après cette lecture, qui souvent renferme des applications auxquelles la famille prend le plus grand intérêt, on se propose des énigmes, on devine celles du *Mercure*, on fait des jeux de cartes, etc., etc. Les mêmes occupations reviennent dans la journée suivante, et ces récréations périodiques reviennent avec les heures de chaque jour.

« Les commissaires de la Commune ont remarqué qu'on parlait toujours par chiffres, et qu'on employait le plus souvent devant eux un langage hiéroglyphique et mystérieux. »

On lit dans le « Journal de demandes faites pour le Roi et sa famille au Temple par Cléry, » du 5 au 29 septembre : « Du 7 septembre : Le Roi désire avoir le roman de Cécilia broché et de la bonne édition. — Du 28 septembre : Le Roi demande qu'on lui fasse acheter les *Mille et une nuits*. » Papiers du Temple, *l. c.*

Élisabeth restaient alternativement auprès de Monsieur le Dauphin pendant ce repas : je leur portais ce qu'elles désiraient du souper ; c'était encore un des instants où je pouvais leur parler sans témoins.

Après le souper, le Roi remontait un instant dans la chambre de la Reine, lui donnait la main en signe d'adieu, ainsi qu'à sa sœur, et recevait les embrassements de ses enfants ; il allait dans sa chambre, se retirait dans son cabinet, et y lisait jusqu'à minuit. La Reine et les princesses se renfermaient chez elles. Un des municipaux restait dans la petite pièce qui séparait leurs chambres, et y passait la nuit ; l'autre suivait Sa Majesté.

Je plaçais alors mon lit près de celui du Roi ; mais Sa Majesté attendait pour se coucher que le nouveau municipal fût monté, afin de savoir qui il était ; et si elle ne l'avait pas encore vu, elle me chargeait de demander son nom. Les municipaux étaient relevés à onze heures du matin, à cinq heures du soir et à minuit. Ce genre de vie dura tout le temps que le Roi resta dans la petite tour, jusqu'au 30 de septembre.

Je reprends l'ordre des faits. Le 4 septembre, le secrétaire de Pétion vint à la tour pour remettre au Roi une somme de deux mille livres en assignats : il exigea du Roi une quittance. Sa Majesté lui recommanda de rendre à M. Hue une somme de cinq cent vingt-six livres qu'il avait avancée pour son service ; il le lui promit [1]. Cette somme de deux mille livres est la seule qui ait été payée, quoique l'Assemblée législative eût destiné cinq cent mille livres aux dépenses de Sa Majesté dans la tour du Temple,

---

1. Voir plus haut (p. 67-68) ce que dit Hue à ce sujet, et le texte du reçu du Roi, en date du 3 septembre.

mais avant qu'elle eût prévu sans doute les véritables projets de ses chefs, ou qu'elle eût osé s'y associer.

Deux jours après, Madame Élisabeth me fit rassembler quelques petits effets appartenant à la princesse de Lamballe, qu'elle avait laissés à la tour lorsqu'elle en fut enlevée. J'en fis un paquet, que j'adressai avec une lettre à sa première femme de chambre. J'ai su depuis que ni le paquet ni la lettre ne lui étaient parvenus.

A cette époque, le caractère de la plupart des municipaux qu'on choisissait pour venir au Temple indiquait de quelle espèce d'hommes on s'était servi pour la révolution du 10 août et pour les massacres du 2 septembre.

Un municipal nommé James [1], maître de langue anglaise, voulut un jour suivre le Roi dans son cabinet de lecture, et s'assit à côté de lui. Le Roi lui dit, d'un ton modéré, que ses collègues le laissaient toujours seul, que, la porte restant ouverte, il ne pouvait échapper à ses regards, mais que la pièce était trop petite pour y rester deux. James insista d'une manière dure et grossière; le Roi fut forcé de céder. Il renonça pour ce jour-là à sa lecture, et rentra dans sa chambre, où ce municipal continua de l'obséder par la plus tyrannique surveillance.

Un jour, à son lever, le Roi, prenant le commissaire de garde pour celui de la veille, et lui témoignant avec intérêt qu'il était fâché qu'on eût oublié de le relever, ce municipal ne répondit à ce mouvement de sensibilité du Roi que par des injures : « Je viens ici, dit-il, pour examiner « votre conduite, et non pour que vous vous occupiez de « la mienne. » Et s'avançant près de Sa Majesté, le chapeau sur la tête : « Personne, et vous moins qu'un autre,

---

[1]. Charles Jams ou James, membre de la Commune pour la section du Contrat social.

n'a le droit de s'en mêler. » Il fut insolent le reste de la journée. J'ai su depuis qu'il s'appelait Meunier [1].

Un autre commissaire, nommé Le Clerc, médecin de profession [2], se trouva dans la chambre de la Reine au moment où je donnais une leçon d'écriture au jeune prince ; il affecta d'interrompre ce travail, pour disserter sur l'éducation républicaine qu'il fallait donner à Monsieur le Dauphin : il voulait substituer à ses lectures celle des ouvrages les plus révolutionnaires. [Enfin, après une heure des réflexions les plus déplacées, il prit le verre de la Reine qui était sur la cheminée ainsi qu'une carafe d'eau fraîche, en avala plusieurs verres, puis remit le tout sur la table à côté de la Reine. Je laisse à penser la surprise, la stupéfaction de la famille royale. Je pris le verre et la carafe et les emportai [3].]

Un quatrième était présent à une lecture que la Reine faisait à ses enfants : elle lisait un volume de l'histoire de France, à l'époque où le connétable de Bourbon prit les armes contre la France ; il prétendit que la Reine, par cet exemple, voulait inspirer à son fils des sentiments de vengeance contre sa patrie, et il en fit une dénonciation formelle au Conseil. J'en prévins la Reine, qui, dans la suite, choisit ses lectures de manière qu'on ne pût calomnier ses intentions.

Le nommé Simon, cordonnier et officier municipal, était un des six commissaires chargés d'inspecter les travaux et les dépenses du Temple ; mais il était le seul qui, sous le prétexte de bien remplir sa place, ne quittait point la

---

1. Voir plus haut, p. 66.
2. C'était un professeur d'accouchement : il représentait au conseil général de la Commune la section du Marais.
3. Ce passage entre crochets est une addition de Cléry, donnée par ses petites-filles dans leur édition du *Journal*, p. 67, note.

tour. Cet homme ne paraissait jamais devant la famille royale sans affecter la plus basse insolence ; souvent il me disait, assez près du Roi pour en être entendu : « Cléry, « demande à Capet s'il a besoin de quelque chose, pour « que je n'aie pas la peine de remonter une seconde fois. » J'étais forcé de répondre : « Il n'a besoin de rien. » C'est ce même Simon qui, dans la suite, fut placé près du jeune Louis, et qui, par une barbarie calculée, rendit cet intéressant enfant si malheureux. Il y a lieu de croire qu'il fut l'instrument de ceux qui abrégèrent ses jours.

Pour apprendre à calculer à ce jeune prince, j'avais fait une table de multiplication, d'après les ordres de la Reine. Un municipal prétendit qu'elle montrait à son fils à parler en chiffres ; et il fallut renoncer aux leçons d'arithmétique.

La même chose arriva pour des tapisseries auxquelles la Reine et les princesses travaillaient dans les premiers jours de leur détention. Quelques dossiers de chaise étant finis, la Reine m'ordonna de les envoyer à Mme la duchesse de Sérent ; les municipaux, à qui j'en demandai la permission, crurent que les dessins représentaient des hiéroglyphes destinés à correspondre avec le dehors ; en conséquence, ils prirent un arrêté par lequel il fut défendu de laisser sortir de la tour les ouvrages des princesses.

Quelques-uns des commissaires ne parlaient jamais du Roi, du jeune prince et des princesses, sans joindre à leurs noms les épithètes les plus injurieuses. Un municipal, nommé Turlot [1], dit un jour devant moi : « Si le bourreau « ne guillotinait pas cette s..... famille, je la guillotinerais « moi-même. »

---

1. Claude-François Teurlot, horloger, membre de la Commune pour la section de Montreuil, alors âgé de vingt-neuf ans.

Le Roi et sa famille, en sortant pour la promenade, devaient passer devant un grand nombre de sentinelles, dont plusieurs, même à cette époque, étaient placées dans l'intérieur de la petite tour. Les factionnaires présentaient les armes aux municipaux et aux chefs de légion ; mais quand le Roi arrivait près d'eux, ils posaient l'arme au pied, ou la renversaient avec affectation.

Un de ces factionnaires de l'intérieur écrivit un jour sur la porte de la chambre du Roi, et en dedans : *La guillotine est permanente, et attend le tyran Louis XVI.* Le Roi lut ces paroles ; je fis un mouvement pour les effacer ; Sa Majesté s'y opposa.

Un des portiers de la tour, nommé Rocher [1], d'une horrible figure, vêtu en sapeur, avec de longues moustaches, un bonnet de poil noir sur la tête, un large sabre, et une ceinture à laquelle pendait un trousseau de grosses clefs, se présentait à la porte lorsque le Roi voulait sortir ; il ne l'ouvrait qu'au moment où Sa Majesté était près de lui, et, sous prétexte de choisir dans ce grand nombre de clefs, qu'il agitait avec un bruit épouvantable, il faisait attendre avec affectation la famille royale, et tirait les verrous avec fracas. Il descendait ensuite précipitamment, se plaçait à côté de la dernière porte, une longue pipe à la bouche, et, à chaque personne de la famille royale qui sortait, il soufflait de la fumée de tabac, surtout devant les princesses. Quelques gardes nationaux, qui s'amusaient de ces insolences, se rassemblaient près de lui, riaient aux éclats à chaque bouffée de fumée, et se per-

---

[1]. « Il avait été de toutes les insurrections, dit Eckard (*Mémoires historiques*, p. 92, note). Au 20 juin, il avait hissé, à force de bras, un canon dans les appartements, l'avait braqué devant la chambre du Roi, et tenait la mèche allumée tandis que les factieux enfonçaient les portes. Au 10 août, pendant le trajet des Tuileries à l'Assemblée, il avait accablé d'injures Louis XVI et sa famille. »

mettaient les propos les plus grossiers ; quelques-uns même, pour jouir plus à leur aise de ce spectacle, apportaient des chaises du corps de garde, s'y tenaient assis, et obstruaient le passage, déjà fort étroit.

Pendant la promenade, les canonniers se rassemblaient pour danser, et chantaient des chansons toujours révolutionnaires, quelquefois obscènes.

Lorsque la famille royale remontait dans la tour, elle essuyait les mêmes injures ; souvent on couvrait les murs des apostrophes les plus indécentes, écrites en assez gros caractères pour ne pas échapper à ses regards. On y lisait : *Madame Veto la dansera.... Nous saurons mettre le gros cochon au régime.... A bas le cordon rouge !.... Il faut étrangler les petits louveteaux,* etc. On crayonnait tantôt une potence où était suspendue une figure, sous les pieds de laquelle était écrit : *Louis prenant un bain d'air* ; tantôt une guillotine, avec ces mots : *Louis crachant dans le sac,* etc.

On changeait ainsi en supplice cette courte promenade que l'on accordait à la famille royale. Le Roi et la Reine auraient pu s'y dérober en restant dans la tour; mais leurs enfants, objets de leur sensibilité, avaient besoin de prendre l'air : c'était pour eux que Leurs Majestés supportaient chaque jour sans se plaindre ces milliers d'outrages.

Quelques témoignages cependant, ou de fidélité ou d'attendrissement, vinrent quelquefois adoucir l'horreur de ces persécutions, et furent d'autant plus remarqués qu'ils étaient plus rares.

Un factionnaire montait la garde à la porte de la chambre de la Reine : c'était un habitant des faubourgs, vêtu avec propreté, quoiqu'en habit de paysan. J'étais seul dans la première chambre, occupé à lire ; il me considérait avec attention, et paraissait très ému. Je passe devant lui, il me présente les armes, et me dit d'une voix tremblante : « Vous ne pouvez pas sortir. — Pourquoi ? — « Ma consigne m'ordonne d'avoir les yeux sur vous. — « Vous vous trompez, lui dis-je. — Quoi ! Monsieur, vous « n'êtes pas le Roi ? — Vous ne le connaissez donc pas ? — « Jamais je ne l'ai vu, Monsieur ; et je voudrais bien le « voir ailleurs qu'ici. — Parlez bas : je vais entrer dans « cette chambre, j'en laisserai la porte à demi ouverte, et « vous verrez le Roi ; il est assis près de la croisée, un « livre à la main. » Je fis part à la Reine du désir de ce factionnaire ; et le Roi, qu'elle en instruisit, eut la bonté de se promener d'une chambre à l'autre pour passer devant lui. Je m'approchai de nouveau de ce factionnaire : « Ah ! Monsieur, me dit-il, que le Roi est bon ! comme il « aime ses enfants ! » Il était si attendri qu'à peine il pouvait parler. « Non, » continua-t-il en se frappant la poitrine, « je ne peux croire qu'il nous ait fait tant de mal. » Je craignis que son extrême agitation ne le compromît, et je le quittai.

Un autre factionnaire, placé au bout de l'allée qui servait de promenade, encore fort jeune et d'une figure intéressante, exprimait par ses regards le désir de donner quelques renseignements à la famille royale. Madame Élisabeth, dans un second tour de promenade, s'en approcha pour voir s'il lui parlerait ; soit crainte, soit respect, il ne l'osa point ; mais quelques larmes roulèrent dans ses yeux, et il fit un signe pour indiquer qu'il avait déposé près de lui un papier dans les décombres. Je me mis à le chercher, en feignant de choisir des palets pour le jeune prince ; mais les officiers municipaux me firent retirer, et me défendirent d'approcher désormais des sentinelles. J'ai toujours ignoré les intentions de ce jeune homme.

Cette heure de la promenade offrait encore à la famille royale un genre de spectacle qui déchirait souvent sa sensibilité. Un grand nombre de sujets fidèles profitaient chaque jour de ce court instant pour voir leur Reine et leur Roi, en se plaçant aux fenêtres des maisons situées autour du jardin du Temple ; et il était impossible de se tromper sur leurs sentiments et sur leurs vœux. Je crus une fois reconnaître Mme la marquise de Tourzel, et j'en jugeai surtout par son extrême attention à suivre des yeux tous les mouvements du jeune prince, lorsqu'il s'écartait de ses augustes parents. Je fis part de cette observation à Madame Élisabeth. Au nom de Mme de Tourzel, cette princesse, qui la croyait une des victimes du 2 septembre, ne put retenir ses larmes : « Quoi ! dit-elle, elle vivrait encore ? »

Le lendemain, je trouvai moyen de prendre des renseignements ; Mme la marquise de Tourzel était dans une de ses terres. J'appris aussi que Mme la princesse de Tarente et Mme la marquise de la Roche-Aimon, qui, le 10 août, au moment de l'attaque, s'étaient trouvées dans le château des Tuileries, avaient échappé aux assassins. La sûreté de ces personnes, dont le dévouement s'était manifesté en tant d'occasions, donna quelques instants de consolation à la famille royale ; mais elle apprit bientôt l'affreuse nouvelle que les prisonniers de la haute cour d'Orléans avaient été massacrés le 9 septembre à Versailles. Le Roi fut accablé de douleur de la fin malheureuse de M. le duc de Brissac, qui ne l'avait pas quitté un seul jour depuis le commencement de la Révolution. Sa Majesté regretta beaucoup aussi M. de Lessart et les autres intéressantes victimes de leur attachement à sa personne et à leur patrie.

Le 21 septembre, à quatre heures du soir, le nommé Lubin, municipal, vint, entouré de gendarmes à cheval et d'une nombreuse populace, faire une proclamation devant la tour. Les trompettes sonnèrent, et il se fit un grand silence. Ce Lubin avait une voix de stentor. La famille royale put entendre distinctement la proclamation de l'abolition de la royauté et de l'établissement d'une république. Hébert, si connu sous le nom de *père Duchesne*, et Destournelles, depuis ministre des contributions publiques, se trouvaient de garde auprès de la famille royale; ils étaient assis dans ce moment près de la porte, et fixaient le Roi avec un sourire perfide : ce prince s'en aperçut; il tenait un livre à la main, et continua de lire : aucune altération ne parut sur son visage. La Reine montra la même fermeté; pas un mot, pas un mouvement qui pussent accroître la jouissance de ces deux hommes. La proclamation finie, les trompettes sonnèrent de nouveau. Je me mis à une fenêtre; aussitôt les regards du peuple se tournèrent vers moi; on me prit pour Louis XVI : je fus accablé d'injures. Les gendarmes me firent des signes menaçants avec leurs sabres, et je fus obligé de me retirer pour faire cesser le tumulte.

Le même soir, je fis part au Roi du besoin qu'avait son fils de rideaux et de couvertures pour son lit, le froid commençant à se faire sentir. Le Roi me dit d'en écrire la demande, et la signa [1]. Je m'étais servi des mêmes expres-

---

[1]. Dans le « Journal de demandes faites pour le Roi et sa famille au Temple depuis le 5 septembre 1792, par Cléry, » on lit à la date du 22 septembre : « *A MM. du conseil au Temple*. Le Roi demande que l'on fasse garnir les portes et fenêtres de son appartement, de celui de la Reine et de Madame Elizabeth, avec de la peau de mouton. Ce 22 septembre 1792, l'an 4e de la liberté. Signé par le Roi : Louis. » Papiers du Temple. Cabinet du baron de la Morinerie. — L'original de la demande de Cléry faisait partie de la collection Renouard. Voir le *Catalogue*, n° 431. Cf. n° 432 : demande de baldaquins pour le Prince royal et Madame Royale (18 septembre).

sions que j'avais employées jusqu'alors : *Le Roi demande pour son fils,* etc. « Vous êtes bien osé, me dit Destour-
« nelles, de vous servir d'un titre aboli par la volonté du
« peuple, comme vous venez de l'entendre ! » Je lui observai que j'avais entendu une proclamation, mais que je n'en savais pas l'objet. « C'est, me dit-il, l'abolition de la
« royauté ; et vous pouvez dire à *Monsieur,* en me mon-
« trant le Roi, de cesser de prendre un titre que le peuple
« ne reconnaît plus. — Je ne puis, lui répondis-je, changer
« ce billet, qui est déjà signé ; le Roi m'en demanderait la
« cause, et ce n'est pas à moi à la lui apprendre. — Vous
« ferez ce que vous voudrez, me répliqua-t-il ; mais je ne
« certifierai pas votre demande. » Le lendemain, Madame Élisabeth m'ordonna d'écrire à l'avenir, pour ces sortes d'objets, de la manière suivante : *Il est nécessaire pour le service de Louis XVI.... de Marie-Antoinette... de Louis-Charles.... de Marie-Thérèse.... de Marie-Élisabeth,* etc.

Jusqu'alors j'avais été forcé de répéter souvent ces demandes. Le peu de linge qu'avaient le Roi et la Reine leur avait été prêté par des personnes de la cour [1], pendant le temps qu'ils étaient restés aux Feuillants. On n'avait pu s'en procurer du château des Tuileries, où, dans la journée du 10 août, tout avait été livré au pillage. La famille royale manquait surtout de vêtements : les princesses les raccommodaient chaque jour ; et souvent Madame Élisabeth, pour recoudre ceux du Roi, était obligée d'attendre

---

[1]. « La comtesse de Sutherland, ambassadrice d'Angleterre en France, trouva le moyen de faire parvenir à la Reine du linge et d'autres effets pour le jeune prince. La Reine m'ordonna dans la suite de renvoyer à lady Sutherland les effets qui lui appartenaient, et de lui écrire de sa part pour la remercier. (La Reine, à cette époque, était privée de papier et d'encre.) Les municipaux s'opposèrent à cet envoi, et gardèrent le linge et les effets. » *(Note de Cléry.)*

qu'il fût couché. J'obtins cependant, après beaucoup d'instances, qu'on fît un peu de linge neuf; mais les ouvrières l'ayant marqué de lettres couronnées, les municipaux exigèrent que les princesses ôtassent les couronnes : il fallut obéir.

Le 26 septembre, j'appris par un municipal qu'on se proposait de séparer le Roi de sa famille, et que l'appartement qu'on lui destinait dans la grande tour serait bientôt prêt. Ce ne fut pas sans beaucoup de précautions que j'annonçai au Roi cette nouvelle tyrannie; je lui témoignai combien il m'en avait coûté pour l'affliger. « Vous ne pouvez me « donner une plus grande preuve d'attachement, me dit Sa « Majesté; j'exige de votre zèle de ne me rien cacher, je « m'attends à tout. Tâchez de savoir le jour de cette pé- « nible séparation, et de m'en instruire. »

Le 29 septembre, à dix heures du matin, cinq ou six municipaux entrèrent dans la chambre de la Reine, où était la famille royale. L'un d'eux, nommé Charbonnier [1], fit lecture au Roi d'un arrêté du Conseil de la Commune qui ordonnait « d'enlever papier, encre, plumes, crayons et même les papiers écrits, tant sur la personne des détenus que dans leurs chambres, ainsi qu'au valet de chambre et aux autres personnes du service de la tour [2]. » — « Et « lorsque vous aurez besoin de quelque chose, ajouta-t-il, « Cléry descendra, et écrira vos demandes sur un registre « qui restera dans la salle du Conseil. » Le Roi et sa famille, sans faire la moindre observation, se fouillèrent, donnèrent leurs papiers, crayons, nécessaires de poche, etc. Les commissaires visitèrent ensuite les chambres, les armoires, et emportèrent les objets désignés par l'arrêté. Je

---

1. C'était un mercier.
2. Voir *Documents officiels*, n° XLIV.

sus alors, par un municipal de la députation, que le soir même le Roi serait transféré dans la grande tour ; je trouvai le moyen d'en faire avertir Sa Majesté par Madame Élisabeth.

En effet, après le souper, comme le Roi quittait la chambre de la Reine pour remonter dans la sienne, un municipal lui dit d'attendre, le Conseil ayant quelque chose à lui communiquer. Un quart d'heure après, les six municipaux qui le matin avaient enlevé les papiers entrèrent, et firent lecture au Roi d'un arrêté de la Commune qui ordonnait sa translation dans la grande tour [1]. Quoique instruit de cet événement, le Roi en fut de nouveau très vivement affecté ; sa famille désolée cherchait à lire dans les yeux des commissaires jusqu'où devaient s'étendre leurs projets. Ce fut en la laissant dans les plus vives alarmes que le Roi reçut ses adieux ; et cette séparation, qui annonçait déjà tant d'autres malheurs, fut un des moments les plus cruels que Leurs Majestés eussent encore passés au Temple [2]. Je suivis le Roi dans sa nouvelle prison.

---

1. Voir *Documents officiels*, n° XLV.
2. On lit dans le *Courrier français* du 4 octobre :
« La Commune de Paris vient de régler définitivement tout ce qui a rapport au logement de Louis XVI et de sa famille. M. Hébert, l'un des commissaires pour consommer cette opération, a rendu compte hier des mesures qui ont été prises pour s'assurer de cet otage national.
« Les commissaires se sont présentés au prince détrôné et à sa femme; ils leur ont communiqué l'arrêté par lequel le Conseil général avait ordonné leur séparation. A cette nouvelle, le roi a été frappé d'étonnement : « Je n'ai pas demandé cela, a-t-il dit, et je me trouve bien dans mon appartement. » Les commissaires ont répondu qu'il fallait obéir, et ils lui ont signifié l'ordre qu'ils avaient de lui ôter plumes, crayons, écritoires et tout ce qui pouvait lui servir à entretenir des correspondances coupables. Au moment de leur séparation, Marie-Antoinette et Madame Élisabeth ont versé des larmes, mais l'arrêté n'en a pas moins été exécuté. Alors le Roi a pris leurs mains et les a serrées, comme pour leur dire : « Résignons-nous. » L'appartement qu'on lui a donné est très commode. Il a paru satisfait en y entrant; mais, quand il a porté les yeux

L'appartement du Roi dans la grande tour n'était point achevé; il n'y avait qu'un seul lit et aucun meuble; les peintres et les colleurs y travaillaient encore, ce qui causait une odeur insupportable, et je craignis que Sa Majesté n'en fût incommodée. On me destinait pour logement une chambre très éloignée de celle du Roi; j'insistai fortement pour en être rapproché. Je passai la première nuit sur une chaise auprès de Sa Majesté; le lendemain, le Roi n'obtint qu'avec beaucoup de difficulté qu'on me donnât une chambre à côté de la sienne.

Après le lever de Sa Majesté, je voulus me rendre dans la petite tour, pour habiller le jeune prince; les municipaux s'y refusèrent. L'un d'eux, nommé Véron [1], me dit: « Vous n'aurez plus de communication avec les prison« nières, votre maître non plus; il ne doit pas même re« voir ses enfants. »

A neuf heures, le Roi demanda qu'on le conduisît vers sa famille. « Nous n'avons point d'ordres pour cela, »

---

sur les fenêtres et qu'il a aperçu les grilles et les abat-jour, il s'est récrié qu'il avait trop chaud et qu'il ne voulait pas rester dans cet appartement.

« Les femmes ont demandé s'il ne leur serait pas permis de communiquer avec les enfants. Les commissaires n'ont pas cru devoir leur refuser cette satisfaction, en prenant cependant des mesures pour qu'ils ne pussent rien se dire de secret. On a aussi consenti qu'ils mangeassent ensemble, mais avec la promesse de ne faire aucun signe ni de tenir aucun langage suspect. Le valet de chambre de Louis XVI est logé du côté opposé; et pour aller dans sa chambre, il est obligé de passer par celle des commissaires. Louis XVI est logé au second, Marie-Antoinette au troisième, et Madame Élisabeth, leur sœur, au premier.

« La circonvallation qui doit environner le Temple se continue avec la plus grande activité. Sous peu de jours, le mur sera clos et inaccessible. Les fossés auront douze pieds de profondeur et ne pourront être franchis qu'à l'aide d'un pont-levis. Par ces diverses mesures, la garde de cette forteresse sera à l'abri de toute surprise et elle pourra tenir une nuit entière contre quiconque entreprendrait de l'attaquer. »

(*Courrier français*, numéro du 4 octobre; *Histoire du dernier règne*, t. I, p. 127-128.)

1. C'était un parfumeur.

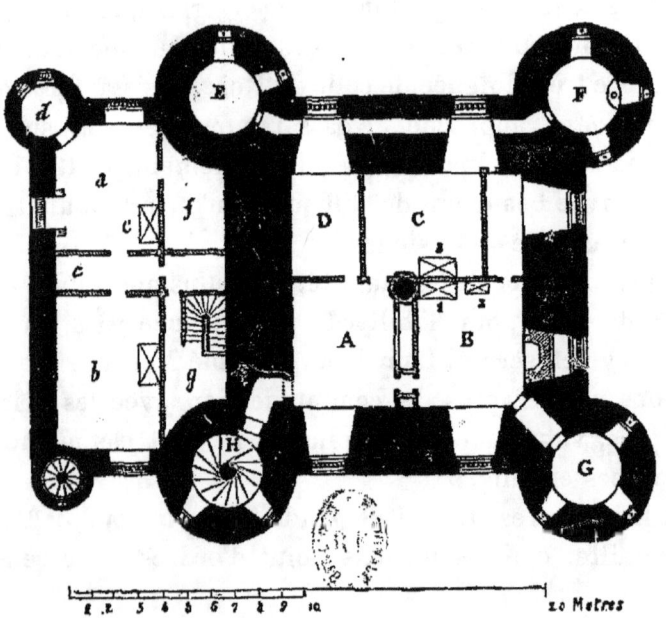

Troisième étage de la petite Tour et deuxième étage
de la grosse Tour du Temple.

D'après un dessin du temps, de M. Bouria.

Petite Tour. — Troisième étage, habité par le Roi depuis le 13 août jusqu'au 29 septembre 1792.

a, Chambre du Roi. — *e*, Lit du Roi. — *b*, Ancienne cuisine, Chambre de Madame Élisabeth. — *c*, Chambre de MM. Hue et Chamilly. — *d*, Cabinet de lecture du Roi. — *f*, Cabinet de toilette. — *g*, Escalier.

Grosse Tour. — Deuxième étage, habité par le Roi du 29 septembre 1792 au 21 janvier 1793.

A, Antichambre. — B, Chambre du Roi. — 1, Lit du Roi. — 2, Lit du Dauphin. — C, Chambre de Cléry. — 3, Lit. — D, Salle à manger. — E, Bûcher. — F, Garde-robe. — G, Oratoire du Roi. — H, Escalier.

dirent les commissaires. Sa Majesté leur fit quelques observations : ils ne répondirent pas.

Une demi-heure après, deux municipaux entrèrent, suivis d'un garçon servant qui apportait au Roi un morceau de pain et une carafe de limonade, pour son déjeuner. Le Roi leur témoigna le désir de dîner avec sa famille : ils répondirent qu'ils prendraient les ordres de la Commune. « Mais, ajouta le Roi, mon valet de chambre peut « descendre; c'est lui qui a soin de mon fils, et rien n'em- « pêche qu'il ne continue de le servir. — Cela ne dépend « pas de nous, » dirent les commissaires; et ils se retirèrent.

J'étais alors dans un coin de la chambre, accablé de douleur, et livré aux réflexions les plus déchirantes sur le sort de cette auguste famille. D'un côté, je voyais les souffrances de mon maître; de l'autre, je me représentais le jeune prince abandonné peut-être à d'autres mains. On avait déjà parlé de le séparer de Leurs Majestés; et quelles nouvelles souffrances cet enlèvement ne causerait-il pas à la Reine?

J'étais occupé de ces affligeantes idées, lorsque le Roi vint à moi, tenant à la main le pain qu'on lui avait apporté; il m'en présenta la moitié, et me dit : « Il paraît « qu'on a oublié votre déjeuner; prenez ceci, j'ai assez du « reste. » Je refusai, mais il insista. Je ne pus retenir mes larmes; le Roi s'en aperçut, et laissa couler les siennes.

A dix heures, d'autres municipaux amenèrent les ouvriers, pour continuer les travaux de l'appartement. Un de ces municipaux dit au Roi qu'il venait d'assister au déjeuner de sa famille, et qu'elle était en bonne santé. « Je « vous remercie, répondit le Roi; je vous prie de lui don- « ner de mes nouvelles, et de lui dire que je me porte bien. « Ne pourrais-je pas, ajouta-t-il, avoir quelques livres que

« j'ai laissés dans la chambre de la Reine ? Vous me feriez
« plaisir de me les envoyer, car je n'ai rien à lire. » Sa
Majesté indiqua les livres qu'elle désirait : ce municipal
consentit à la demande du Roi ; mais, ne sachant pas lire,
il me proposa de l'accompagner. Je me félicitai de l'ignorance de cet homme, et je bénis la Providence de m'avoir
ménagé ce moment de consolation. Le Roi me chargea de
quelques ordres ; ses yeux me dirent le reste.

Je trouvai la Reine dans sa chambre, entourée de ses
enfants et de Madame Élisabeth : ils pleuraient tous, et
leur douleur augmenta à ma vue ; ils me firent mille questions sur le Roi, auxquelles je ne pus répondre qu'avec
réserve. La Reine, s'adressant aux municipaux qui
m'avaient accompagné, renouvela vivement la demande
d'être avec le Roi au moins pendant quelques instants du
jour, et à l'heure des repas. Ce n'étaient plus des plaintes
ni des larmes ; c'étaient des cris de douleur.... « Eh bien !
« ils dîneront ensemble aujourd'hui, dit un officier muni-
« cipal ; mais comme notre conduite est subordonnée aux
« arrêtés de la Commune, nous ferons demain ce qu'elle
« prescrira. » Ses collègues y consentirent [1].

A la seule idée de se retrouver encore avec le Roi, un
sentiment qui tenait presque de la joie vint soulager cette
malheureuse famille. La Reine tenant ses enfants dans ses
bras, Madame Élisabeth les mains élevées vers le ciel,
remerciaient Dieu de ce bonheur inattendu, et offraient le
spectacle le plus touchant. Quelques municipaux ne
purent retenir leurs larmes (ce sont les seules que je leur
aie vu répandre dans cet affreux séjour). L'un d'eux, le cor-

---

[1]. « A l'heure du dîner, nous avons arrêté, conjointement avec les
membres du Conseil de service au Temple, que nous les ferions dîner tous
ensemble. » Procès-verbal de Simon et Charbonnier, 1ᵉʳ octobre. *Documents officiels*, nᵒ XLVIII.

donnier Simon, dit assez haut : « Je crois que ces b....... de femmes me feraient pleurer; » et s'adressant ensuite à la Reine : « Lorsque vous assassiniez le peuple le 10 août, « vous ne pleuriez point. — Le peuple est bien trompé sur « nos sentiments, » répondit la Reine.

Je pris ensuite les livres que le Roi m'avait demandés, et les lui portai : les municipaux entrèrent avec moi pour annoncer à Sa Majesté qu'elle verrait sa famille. Je dis à ces commissaires que je pouvais sans doute continuer de servir le jeune prince et les princesses : ils y consentirent. J'eus ainsi occasion d'apprendre à la Reine ce qui s'était passé et tout ce qu'avait souffert le Roi depuis qu'il l'avait quittée.

On servit le dîner chez le Roi, où sa famille se rendit : et par les sentiments qu'elle fit éclater on peut juger des craintes qui l'avaient agitée. On n'entendit plus parler de l'arrêté de la Commune, et la famille royale continua de se réunir aux heures des repas, ainsi qu'à la promenade.

Après le dîner, on fit voir à la Reine l'appartement qu'on lui préparait au-dessus de celui du Roi; elle sollicita les ouvriers d'achever promptement, mais ils n'eurent fini qu'au bout de trois semaines.

Dans cet intervalle, je continuai mon service tant auprès de Leurs Majestés qu'auprès du jeune prince et des princesses; leurs occupations furent à peu près les mêmes. Les soins que le Roi donnait à l'éducation de son fils n'éprouvèrent aucune interruption ; mais ce séjour de la famille royale dans deux tours séparées, en rendant la surveillance des municipaux plus difficile, la rendait aussi plus inquiète. Le nombre des commissaires était augmenté, et leur défiance me laissait bien peu de moyens pour être instruit de ce qui se passait au dehors. Voici ceux dont je fis usage.

Sous le prétexte de me faire apporter du linge et d'autres objets nécessaires, j'obtins la permission que ma femme [1] vînt au Temple une fois la semaine; elle était toujours accompagnée d'une dame de ses amies [2], qui passait pour une de ses parentes. Personne n'a prouvé plus d'attachement que cette dame à la famille royale, par les démarches qu'elle a faites et les risques qu'elle a courus en plusieurs occasions. A leur arrivée on me faisait descendre dans la chambre du Conseil, mais je ne pouvais leur parler qu'en présence des municipaux; nous étions observés de près, et les premières visites ne remplirent pas mon but. Je leur fis alors comprendre de ne venir qu'à une heure de l'après-midi : c'était le moment de la promenade, pendant laquelle la plupart des officiers municipaux suivaient la famille royale; il n'en restait qu'un dans la chambre du Conseil, et lorsque c'était un homme honnête, il nous laissait un peu plus de liberté, sans cependant nous perdre de vue.

Ayant ainsi la facilité de parler sans être entendu, je leur demandais des nouvelles des personnes à qui la famille royale prenait intérêt, et je m'informais de ce qui se passait à la Convention. C'était ma femme qui avait engagé le crieur dont j'ai déjà parlé à venir chaque jour se placer près des murs du Temple, et à crier, à plusieurs reprises, le précis des journaux.

Je joignais à ces notions ce que je pouvais apprendre de quelques municipaux, et surtout d'un serviteur très fidèle, nommé Turgi, garçon servant de la bouche du Roi,

---

1. Mme Duverger, artiste admise depuis l'âge de quatorze ans aux concerts particuliers de la Reine, puis musicienne de la Chambre du Roi et des concerts spirituels de la Cour. *Vie de Cléry*, par Mme de Gaillard, dans leur édition du *Journal*, p. 3.

2. Mme Beaumont, née Forest, artiste célèbre. Voir *Mémoires historiques* d'Eckard, p. 405.

et qui, par attachement pour Sa Majesté, avait trouvé le moyen de se faire employer au Temple avec deux de ses camarades, Marchand et Chrétien. Ils apportaient dans la tour les repas de la famille royale, préparés dans une cuisine assez éloignée; ils étaient en outre chargés des commissions d'approvisionnements; et Turgi, qui partageait avec eux cet emploi, sortant du Temple, à son tour, deux ou trois fois la semaine, pouvait s'informer de ce qui se passait. La difficulté était de m'instruire de ce qu'il avait appris : on lui avait défendu de me parler, à moins que ce ne fût pour le service de la famille royale, mais toujours en présence des municipaux; lorsqu'il voulait me dire quelque chose, il me faisait un signe convenu, et je cherchais à l'entretenir sous différents prétextes. Tantôt je le priais de me coiffer : Madame Élisabeth, qui connaissait mes relations avec Turgi, causait alors avec les municipaux; j'avais ainsi le temps nécessaire pour nos conversations. Tantôt je lui donnais l'occasion d'entrer dans ma chambre : il saisissait ce moment pour placer sous mon lit les journaux, mémoires et autres imprimés qu'il avait à me remettre.

Lorsque le Roi ou la Reine désiraient quelques éclaircissements du dehors, et que le jour où ma femme devait venir était éloigné, j'en chargeais encore Turgi : si ce n'était pas son jour de sortie, je feignais d'avoir besoin de quelque objet pour le service de la famille royale. « Ce sera « pour un autre jour, me disait-il. — Eh bien ! lui répondais- « je d'un air indifférent, le Roi attendra. » Je voulais, en parlant ainsi, engager les municipaux à lui donner l'ordre de sortir; souvent il le recevait, et le même soir, ou le lendemain matin, il me donnait les détails que je désirais. Nous étions convenus de cette manière de nous entendre, mais il fallait prendre garde de ne pas employer une seconde fois les mêmes moyens devant les mêmes commissaires.

De nouveaux obstacles se présentaient pour rendre compte au Roi de ce que j'avais appris. Le soir, je ne pouvais parler à Sa Majesté qu'au moment où l'on relevait les municipaux, et à son coucher. Quelquefois je pouvais lui dire un mot le matin, quand ses gardiens n'étaient pas encore en état de paraître à son lever ; j'affectais de ne pas vouloir entrer sans eux, mais en leur faisant sentir que Sa Majesté m'attendait. Me permettaient-ils d'entrer, je tirais aussitôt les rideaux du lit du Roi, et, pendant que je le chaussais, je lui parlais sans être vu ni entendu. Le plus souvent mes espérances étaient trompées, et les municipaux me forçaient d'attendre la fin de leur toilette pour m'accompagner chez Sa Majesté. Plusieurs d'entre eux me traitaient même avec dureté : les uns m'ordonnaient le matin d'enlever leurs lits de sangle, et le soir me forçaient de les replacer ; les autres me tenaient sans cesse des propos insultants : mais cette conduite me fournissait de nouveaux moyens d'être utile à Leurs Majestés. N'opposant aux commissaires que de la douceur et de la complaisance, je les captivais presque malgré eux ; je leur inspirais de la confiance sans qu'ils s'en aperçussent, et je parvenais souvent à savoir d'eux-mêmes ce que je voulais apprendre.

Tel était le plan que je suivais avec tant de soin depuis mon entrée au Temple, lorsqu'un événement aussi bizarre qu'inattendu me fit craindre d'être séparé pour toujours de la famille royale.

Un soir, vers les six heures (c'était le 5 octobre) [1], après

---

[1]. Dès le 29 septembre, un arrêté du Conseil général avait ordonné la mise en arrestation de Cléry. — Voir *Documents officiels*, n° XLV.

avoir accompagné la Reine dans son appartement, je remontais chez le Roi avec deux officiers municipaux, lorsque la sentinelle placée à la porte du grand corps de garde, m'arrêtant par le bras et me nommant par mon nom, me demanda comment je me portais, et me dit avec un air de mystère qu'elle voudrait bien m'entretenir. « Monsieur, lui répondis-je, parlez haut; il ne m'est pas « permis de parler bas à personne. — On m'a assuré, ré- « pliqua le factionnaire, qu'on avait mis le Roi au cachot « depuis quelques jours, et que vous étiez avec lui. — « Vous voyez bien le contraire, » lui dis-je; et je le quittai. Dans ce moment un des municipaux marchait devant moi, et l'autre me suivait; le premier s'arrêta et nous entendit.

Le lendemain matin, deux commissaires m'attendaient à la porte de l'appartement de la Reine : ils me conduisirent à la chambre du Conseil, et les municipaux qui s'y étaient rassemblés m'interrogèrent. Je rapportai la conversation telle qu'elle avait eu lieu : celui des municipaux qui nous avait entendus confirma mon récit; l'autre soutint que la sentinelle m'avait remis un papier dont il avait entendu le froissement, et que c'était une lettre pour le Roi. Je niai le fait, en invitant les municipaux à me fouiller et à faire des recherches. On dressa procès-verbal de la séance du Conseil [1]; je fus confronté avec le factionnaire, et celui-ci fut condamné à vingt-quatre heures de prison.

Je croyais cette affaire terminée, lorsque, le 26 octobre, pendant le dîner de la famille royale, un municipal entra, suivi de six gendarmes le sabre à la main, d'un

---

[1]. Le 6 octobre, Cléry fut requis de prêter serment de fidélité à la République. Voir le procès-verbal aux *Documents officiels*, n° LII.

greffier et d'un huissier, tous deux en costume. Je crus qu'on venait chercher le Roi, et je fus saisi de terreur. La famille royale se leva ; le Roi demanda ce qu'on lui voulait ; mais le municipal, sans répondre, m'appela dans une autre chambre ; les gendarmes le suivirent, et le greffier m'ayant lu un mandat d'arrêt, on se saisit de moi pour me traduire au tribunal. Je demandai la permission d'en prévenir le Roi ; on me répondit que dès ce moment il ne m'était plus permis de lui parler. « Prenez seulement une chemise, ajouta le municipal ; cela ne sera pas long. » Je crus l'entendre, et n'emportai que mon chapeau. Je passai à côté du Roi et de sa famille, qui étaient debout, et consternés de la manière dont on m'enlevait [1]. La populace rassemblée dans la cour du Temple m'accabla d'injures, en demandant ma tête. Un officier de la garde nationale dit qu'il était nécessaire de me conserver la vie, jusqu'à ce que j'eusse révélé les secrets dont j'étais seul dépositaire, et les mêmes vociférations se firent entendre pendant ma route.

Je fus à peine arrivé au palais de justice qu'on me mit au secret ; j'y restai six heures, occupé, mais en vain, à découvrir quels pouvaient être les motifs de mon arrestation. Je me rappelai seulement que, dans la matinée du 10 août, pendant l'attaque du château des Tuileries, quelques personnes qui s'y trouvaient enfermées, et qui cherchaient à en sortir, m'avaient prié de cacher dans une commode qui m'appartenait plusieurs effets précieux, et même des papiers qui auraient pu les faire reconnaître ; je crus que ces papiers avaient été saisis et que peut-être ils allaient causer ma perte.

---

1. Voir dans l'édition du *Journal* donnée en 1861 par Mme de Gaillard (p. 188-190), une longue note inédite de Cléry sur sa comparution devant le Tribunal criminel.

A huit heures, je parus devant des juges qui m'étaient inconnus. C'était un tribunal révolutionnaire établi le 17 août, pour faire un choix entre ceux qui avaient échappé à la fureur du peuple, et les mettre à mort. Quel fut mon étonnement lorsque j'aperçus sur le fauteuil des accusés ce même jeune homme soupçonné de m'avoir remis une lettre trois semaines auparavant, et lorsque je reconnus dans mon accusateur cet officier municipal qui m'avait dénoncé au conseil du Temple ! On m'interrogea ; des témoins furent entendus. Le municipal renouvela son accusation : je lui répliquai qu'il n'était pas digne d'être magistrat du peuple ; que, puisqu'il avait entendu le froissement d'un papier et cru voir qu'on me remettait une lettre, il aurait dû me fouiller sur-le-champ, au lieu d'attendre dix-huit heures pour me dénoncer au Conseil du Temple. Après les débats, les jurés passèrent aux opinions, et sur leur déclaration nous fûmes acquittés [1]. Le président chargea quatre municipaux présents à mon jugement de me reconduire au Temple : il était minuit. J'arrivai au moment où le Roi venait de se coucher, et il me fut permis de lui annoncer mon retour. La famille royale avait pris le plus vif intérêt à mon sort, et me croyait déjà condamné. [Le Roi venait de se coucher ; je demandai la permission de lui annoncer mon retour et de lui dire le motif de mon enlèvement, ce qui me fut accordé. Sa Majesté avait pris tant d'intérêt au malheur dont il me croyait déjà victime, et me témoigna tant de

---

1. On lit dans *l'Histoire de la Terreur*, par M. Mortimer-Ternaux (t. V, p. 229, note) :

« Nous avons vérifié sur les pièces mêmes de la procédure instruite par le tribunal du 17 août la complète exactitude des faits racontés par Cléry dans ses mémoires. Le jeune garde national s'appelait Alexandre-François Breton, âgé de vingt-six ans, négociant, rue de Bièvre. L'officier municipal qui l'avait dénoncé s'appelait J.-B. Fournet, ancien charron. »

bonté que tout ce que j'avais souffert pendant cette pénible journée s'effaça de ma mémoire. Le lendemain matin j'allai chez la Reine; je reçus de cette princesse et de toute la famille les marques de bonté les plus affectueuses. Le jeune prince ne put retenir ses larmes; tous m'avaient cru victime de mon attachement [1].]

Ce fut à cette époque que la Reine vint habiter l'appartement qu'on lui avait préparé dans la grande tour [2]; mais ce jour-là même, si vivement désiré, et qui semblait promettre à Leurs Majestés quelques consolations, fut marqué, de la part des officiers municipaux, par un nouveau trait d'animosité contre la Reine. Depuis son entrée au Temple, ils la voyaient consacrer son existence au soin de son fils, et trouver quelque adoucissement à ses maux dans sa reconnaissance et dans ses caresses; ils l'en séparèrent sans l'en prévenir [3] : sa douleur fut extrême. Le jeune prince ayant été remis au Roi, je fus chargé de son service. Avec quel attendrissement la Reine ne me recommanda-t-elle point de veiller sur les jours de son fils ! [La Reine daigna m'assurer que si quelque chose pouvait diminuer ses regrets, c'était la certitude qu'elle avait de mon attachement pour le Dauphin [4].]

---

1. Addition de Cléry, dans l'édition de 1861, p. 190.
2. Nous lisons dans les journaux du temps : « 27 octobre.— Madame Élisabeth, Marie-Antoinette et sa fille ont pris possession, avant-hier soir, de leur nouvel appartement au troisième étage de la grande tour. Cet appartement est composé de quatre pièces très bien ornées, dont deux à cheminée, et les deux autres avec des poêles. Le fils de Louis Capet couche dans la chambre de son père. On lisait sur une pendule de la chambre de Louis : *Le Pautre, horloger du Roi*. On a effacé le nom de *Roi*; on y a substitué celui de *République*. Toute la famille descend de la tour à la garde montante et se promène dans le jardin. » (*Chronique de Paris*, numéro du 27 octobre; *Courrier français*, numéro du 28 octobre; cf. *Histoire du dernier règne*, t. I, p. 129-130.)
3. Voir les arrêtés des 25 et 26 octobre. *Documents officiels*, n°ˢ LXIII et LXV, et le procès-verbal du 27 octobre, publié sous le n° LXVII.
4. Addition de Cléry, dans l'édition de 1861, p. 90, note.

Les événements dont j'aurai désormais à parler s'étant passés dans un local différent de celui dont j'ai donné la description, je crois devoir faire connaître la nouvelle habitation de Leurs Majestés.

La grande tour, d'environ cent cinquante pieds de hauteur, forme quatre étages qui sont voûtés, et soutenus au milieu par un gros pilier, depuis le bas jusqu'à la flèche. L'intérieur est d'environ trente pieds en carré.

Le second et le troisième étage, destinés à la famille royale, étant, comme les autres, d'une seule pièce, furent divisés en quatre chambres par des cloisons de planches. Le rez-de-chaussée était à l'usage des municipaux; le premier étage servait de corps de garde; le Roi fut logé au second.

La première pièce de son appartement était une antichambre, où trois portes différentes conduisaient séparément aux trois autres pièces. En face de la porte d'entrée était la chambre du Roi, dans laquelle on plaça un lit pour Monsieur le Dauphin; la mienne se trouvait à gauche, ainsi que la salle à manger, qui était séparée de l'antichambre par une cloison en vitrage. Il y avait une cheminée dans la chambre du Roi; un grand poêle placé dans l'antichambre chauffait les autres pièces. Chacune de ces chambres était éclairée par une croisée, mais on avait mis en dehors de gros barreaux de fer et des abat-jour qui empêchaient l'air de circuler; les embrasures des fenêtres avaient neuf pieds de profondeur.

La grande tour communiquait par chaque étage à quatre tourelles placées sur les angles.

Dans une de ces tourelles était l'escalier, qui allait jusqu'aux créneaux; on y avait placé des guichets de distance en distance, au nombre de sept. De cet escalier on entrait dans chaque étage en franchissant deux portes: la première était en bois de chêne fort épais, et garnie de clous; la seconde en fer.

Une autre tourelle donnait dans la chambre du Roi, et y formait un cabinet. On avait ménagé une garde-robe dans la troisième. La quatrième renfermait le bois de chauffage; on y déposait aussi, pendant le jour, les lits de sangle sur lesquels les municipaux de garde auprès de Sa Majesté passaient la nuit.

Les quatre pièces de l'appartement du Roi avaient un faux plafond en toile; les cloisons étaient recouvertes d'un papier peint. Celui de l'antichambre représentait l'intérieur d'une prison, et sur un des panneaux on avait affiché en très gros caractères la *Déclaration des droits de l'homme*, encadrée dans une bordure aux trois couleurs. Une commode, un petit bureau, quatre chaises garnies, un fauteuil, quelques chaises de paille, une table, une glace sur la cheminée, et un lit de damas vert, composaient tout l'ameublement : ces meubles, ainsi que ceux des autres pièces, avaient été pris au palais du Temple. Le lit du Roi était celui qui servait au capitaine des gardes de monseigneur le comte d'Artois [1].

La Reine logeait au troisième étage : la distribution en était à peu près la même que celle de l'appartement du Roi. La chambre à coucher de la Reine et de Madame Royale était au-dessus de celle du Roi; la tourelle leur servait de cabinet. Madame Élisabeth occupait la chambre au-dessus de la mienne; la pièce d'entrée servait d'antichambre : les municipaux s'y tenaient le jour et y pas-

---

[1]. « Monseigneur le duc d'Angoulême, en sa qualité de grand prieur de France, était propriétaire du palais du Temple. Monseigneur le comte d'Artois l'avait fait meubler : c'était sa résidence lorsqu'il venait à Paris. La grande tour, éloignée du palais de deux cents pas, et située au milieu du jardin, était le dépôt des archives de l'ordre de Malte. » *(Note de Cléry.)*

saient la nuit. Tison et sa femme furent logés au-dessus de la salle à manger de l'appartement du Roi.

Le quatrième étage n'était point occupé; une galerie régnait dans l'intérieur des créneaux, et servait quelquefois de promenade. On avait placé des jalousies entre les créneaux, pour empêcher la famille royale de voir et d'être vue.

Depuis cette réunion de Leurs Majestés dans la grande tour, il y eut peu de changements dans les heures des repas, des lectures et des promenades, ainsi que dans les moments que le Roi et la Reine avaient jusque-là consacrés à l'éducation de leurs enfants. Après son lever, le Roi lisait l'office des chevaliers du Saint-Esprit; et comme on avait refusé de laisser dire la messe au Temple, même les jours de fête, il m'ordonna de lui acheter un bréviaire à l'usage du diocèse de Paris. Ce prince était véritablement religieux; mais sa religion, pure et éclairée, ne l'avait jamais détourné de ses autres devoirs. Des livres de voyages, les œuvres de Montesquieu, celles du comte de Buffon, le *Spectacle de la Nature* de Pluche, l'*Histoire d'Angleterre* de Hume en anglais, l'*Imitation de Jésus-Christ* en langue latine, le Tasse en langue italienne, nos différents théâtres, étaient, depuis son entrée au Temple, sa lecture habituelle. Il consacrait quatre heures de la journée à celle des auteurs latins.

Madame Élisabeth et la Reine ayant désiré des livres de piété semblables à ceux du Roi, Sa Majesté m'ordonna de les faire acheter. Combien de fois n'ai-je pas vu Madame Élisabeth à genoux près de son lit, et priant avec ferveur!

A neuf heures, on venait chercher le Roi et son fils pour le déjeuner; je les accompagnais. J'arrangeais ensuite les cheveux des trois princesses; et, par les ordres de la Reine, je montrais à coiffer à Madame Royale. Pendant ce temps, le Roi jouait aux dames ou aux échecs, tantôt avec la Reine, tantôt avec Madame Élisabeth.

Après le dîner, le jeune prince et sa sœur jouaient dans l'antichambre au volant, au siam, ou à d'autres jeux ; Madame Élisabeth était toujours présente, et s'asseyait près d'une table, un livre à la main. Je restais dans cette pièce, et quelquefois je lisais ; je m'asseyais alors, pour obéir aux ordres de cette princesse. La famille royale ainsi dispersée inquiétait souvent les deux municipaux de garde, qui, ne voulant pas laisser le Roi et la Reine seuls, voulaient encore moins se séparer, tant ils se méfiaient l'un de l'autre. C'était ce moment que saisissait Madame Élisabeth pour me faire des questions ou me donner ses ordres. Je l'écoutais et lui répondais, sans détourner les yeux du livre que je tenais à la main, pour ne pas être surpris par les municipaux. Monsieur le Dauphin et Madame Royale, d'accord avec leur tante, facilitaient ces conversations par leurs jeux bruyants, et souvent l'avertissaient par quelques signes de l'entrée des municipaux dans cette pièce. Je devais surtout me méfier de Tison [1], suspect même aux commissaires, qu'il avait dénoncés plusieurs fois ; c'était en vain que le Roi et la Reine le traitaient avec bonté, rien ne pouvait vaincre sa méchanceté naturelle.

Le soir, à l'heure du coucher, les municipaux plaçaient leurs lits dans l'antichambre, de manière à barrer la

---

[1] « Je devais surtout me méfier de Tison, non seulement pour la haine qu'il m'avait jurée, mais aussi pour les moyens infâmes qu'il avait employés plusieurs fois pour me perdre. Il était le plus dangereux de tous, suspect même aux commissaires, qu'il avait dénoncés plusieurs fois. J'appris même, peu de temps après mon arrivée au Temple, qu'il avait, devant ma femme, son amie, et plusieurs municipaux, fait une sortie épouvantable contre le Roi, en disant qu'il était quelquefois tenté de se défaire de ses propres mains des jours de ce prince ; aussi (*sic*, pour ainsi) ce scélérat, loin d'être attendri par le sort de son maître, s'il l'avait osé, en aurait été l'assassin. » (Note inédite de Cléry, dans l'édition de 1861, p. 190.)

pièce que Sa Majesté occupait. Ils fermaient encore une des portes de ma chambre, par laquelle j'aurais pu entrer dans celle du Roi, et en emportaient la clef; il me fallait donc passer par l'antichambre lorsque Sa Majesté m'appelait pendant la nuit, essuyer la mauvaise humeur des commissaires, et attendre qu'ils voulussent bien se lever.

Le 7 octobre, à six heures du soir, on me fit descendre à la salle du Conseil, où je trouvai une vingtaine de municipaux assemblés, présidés par Manuel, qui de procureur de la Commune était devenu membre de la Convention nationale : sa présence me surprit et me donna des inquiétudes. On me prescrivit d'ôter au Roi, dès le soir même, les ordres dont il était encore décoré, tels que ceux de *Saint-Louis* et de la *Toison d'or*. Sa Majesté ne portait plus l'ordre du *Saint-Esprit*, qui avait été supprimé par la première Assemblée.

Je représentai que je ne pouvais obéir, et que ce n'était point à moi à faire connaître au Roi les arrêtés du Conseil. Je fis cette réponse pour avoir le temps d'en prévenir Sa Majesté, et je m'aperçus d'ailleurs, à l'embarras des municipaux, qu'ils agissaient dans ce moment sans y être autorisés par aucun arrêté, ni de la Convention ni de la Commune [1]. Les commissaires refusèrent de monter chez le Roi; Manuel les y décida, en offrant de les accompagner. Le Roi était assis et occupé à lire : ce fut Manuel qui lui adressa la parole, et la conversation qui suivit fut aussi remarquable par la familiarité indécente de Manuel que par le calme et la modération du Roi [2].

« Comment vous trouvez-vous? lui dit Manuel. Avez-« vous ce qui vous est nécessaire ? — Je me contente de

---

1. Voir *Documents officiels*, n° LVI.
2. Voir plus loin le récit de Verdier, commissaire de la Commune.

« ce que j'ai, répondit Sa Majesté. — Vous êtes sans doute
« instruit des victoires de nos armées, de la prise de
« Spire, de celle de Nice, et de la conquête de la Savoie?
« — J'en ai entendu parler il y a quelques jours par un de
« ces messieurs, qui lisait le Journal du soir.—Comment !
« n'avez-vous donc pas les journaux, qui deviennent si in-
« téressants? — Je n'en reçois aucun. — Il faut, messieurs,
« dit Manuel en s'adressant aux municipaux, donner tous
« les journaux à Monsieur (en montrant le Roi) ; il est bon
« qu'il soit instruit de nos succès. » Puis, s'adressant de
nouveau à Sa Majesté : « Les principes démocratiques se
« propagent; vous savez que le peuple a aboli la royauté
« et adopté le gouvernement républicain ? — Je l'ai en-
« tendu dire, et je fais des vœux pour que les Français
« trouvent le bonheur que j'ai toujours voulu leur procu-
« rer. — Vous savez aussi que l'Assemblée nationale a
« supprimé tous les ordres de chevalerie ; on aurait dû
« vous dire d'en quitter les décorations : rentré dans la
« classe des autres citoyens, il faut que vous soyez traité
« de même. Au reste, demandez tout ce qui vous est né-
« cessaire, on s'empressera de vous le procurer.— Je vous
« remercie, dit le Roi ; je n'ai besoin de rien. » Aussitôt il
reprit sa lecture. Manuel avait cherché à découvrir des
regrets, ou à provoquer l'impatience ; il ne trouva qu'une
grande résignation et une inaltérable sérénité.

    La députation se retira : l'un des municipaux [1] me dit
de le suivre à la chambre du Conseil, où l'on m'ordonna
de nouveau d'ôter au Roi ses décorations. Manuel ajouta :
« Vous ferez bien d'envoyer à la Convention les croix et
« les rubans. Je dois aussi vous prévenir, continua-t-il,
« que la captivité de Louis XVI pourra durer longtemps,

---

1. C'était Verdier.

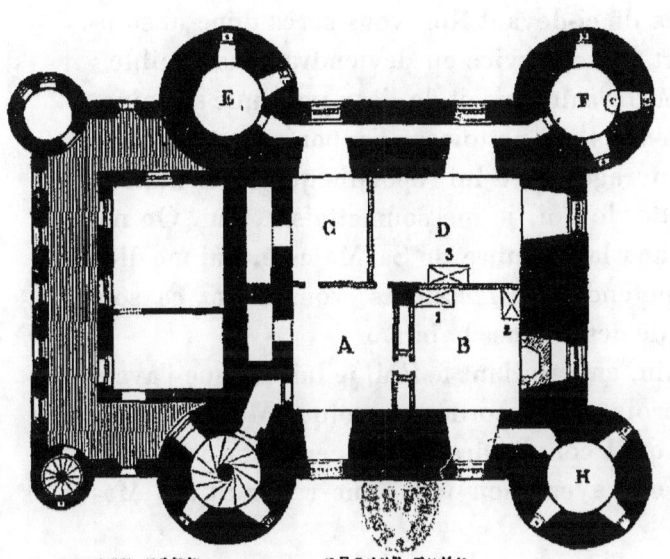

Quatrième étage de la petite Tour
et troisième étage de la grosse Tour du Temple.

D'après M. Bourla, architecte.

A, Antichambre. — B, Chambre de la Reine. — 1, Lit de la Reine. — 2, Lit de Madame Royale. — C, Chambre de Tison. — D, Chambre de Madame Élisabeth. — 3, Lit. — E, Cabinet. — F, Garde-robe. — H, Cabinet de la Reine.

« et que si votre intention n'était pas de rester ici, vous
« feriez bien de le dire en ce moment. On a encore le pro-
« jet, pour rendre la surveillance plus facile, de diminuer
« le nombre des personnes employées dans la tour ; si vous
« restez auprès du ci-devant Roi, vous serez donc absolu-
« ment seul, et votre service en deviendra plus pénible :
« on vous apportera du bois et de l'eau pour une semaine,
« mais ce sera vous qui nettoierez l'appartement et ferez
« les autres ouvrages. » Je lui répondis que, déterminé à
ne jamais quitter le Roi, je me soumettais à tout. On me
reconduisit dans la chambre de Sa Majesté, qui me dit :
« Vous avez entendu ces messieurs, vous ôterez ce soir
« mes ordres de dessus mes habits. »

Le lendemain, en habillant le Roi, je lui dis que j'avais
enfermé les croix et les cordons, quoique Manuel m'eût
fait entendre qu'il conviendrait de les envoyer à la Convention [1]. « Vous avez bien fait, » me répondit Sa Majesté.

On a répandu le bruit que Manuel était venu au Temple,
dans le courant du mois de septembre, pour engager Sa
Majesté à écrire au roi de Prusse à l'époque de son entrée
en Champagne. Je peux assurer que Manuel n'a paru dans
la tour que deux fois pendant le temps que j'y suis resté,
le 3 septembre et le 7 octobre ; que chaque fois il fut accompagné d'un grand nombre de municipaux, et qu'il ne
parla point au Roi en particulier.

Le 9 octobre, on apporta au Roi le Journal des débats
de la Convention ; mais, quelques jours après, un municipal, nommé Michel, parfumeur, fit prendre un arrêté qui
interdisait de nouveau l'entrée des papiers publics dans la
tour : il m'appela à la chambre du Conseil, et me demanda

---

[1]. Voir *Documents officiels*, n° LX.

par quel ordre je faisais venir des journaux à mon adresse. Effectivement, sans que j'en fusse informé, on apportait tous les jours quatre journaux, avec cette adresse imprimée : *Au valet de chambre de Louis XVI, à la tour du Temple.* J'ai toujours ignoré et j'ignore encore le nom des personnes qui en payaient l'abonnement. Ce Michel voulut me forcer de les lui indiquer ; il me fit écrire aux rédacteurs des journaux, pour avoir des éclaircissements ; mais leurs réponses, s'ils en firent, ne me furent pas communiquées [1].

Cette défense de laisser entrer les journaux dans la tour avait pourtant des exceptions, quand ces écrits fournissaient l'occasion d'un nouvel outrage. Renfermaient-ils des expressions injurieuses contre le Roi ou la Reine, des menaces atroces, des calomnies infâmes, certains municipaux avaient la méchanceté réfléchie de les placer sur la cheminée ou sur la commode de la chambre de Sa Majesté, afin qu'ils tombassent sous sa main.

Ce prince lut une fois, dans une de ces feuilles, la réclamation d'un canonnier qui demandait « la tête du tyran Louis XVI, pour en charger sa pièce et l'envoyer à l'ennemi. » Un autre de ces journaux, en parlant de Madame Élisabeth, et en voulant détruire l'admiration qu'inspirait au public son dévouement au Roi et à la Reine, cherchait à détruire ses vertus par les calomnies les plus absurdes. Un troisième disait qu'il fallait étouffer les deux petits louveteaux qui étaient dans la tour, désignant par là Monsieur le Dauphin et Madame Royale.

1. Étienne Michel, de la section de la Réunion, âgé de trente ans. Le nom de ce Michel se trouve au bas du document suivant : « Louis Capet demande un thermomètre pour sa chambre. Ce 12 octobre 1792, l'an 1er de la République française. *Signé* : CLÉRY, *de service à la Tour* ; MICHEL, *de service* ; J. CHEVALIER, *commissaire.* » Original, *Catalogue Renouard*, juin 1855, n° 180.

Le Roi n'était affecté de ces articles que par rapport au peuple. « Les Français, disait-il, sont bien malheureux de se laisser ainsi tromper. » J'avais soin de soustraire ces journaux aux regards de Sa Majesté, quand j'étais le premier à les apercevoir ; mais souvent on les plaçait quand mon service me retenait hors de sa chambre : ainsi il est bien peu de ces articles dictés dans le dessein d'outrager la famille royale, soit pour provoquer au régicide, soit pour préparer le peuple à le laisser commettre, qui n'aient été lus par le Roi. Ceux qui connaissent les insolents écrits qui furent publiés dans ce temps-là peuvent seuls se faire une idée de ce genre inouï de supplice [1].

L'influence de ces écrits sanguinaires se fit aussi remarquer dans la conduite du plus grand nombre des officiers municipaux, qui, jusque-là, ne s'étaient pas encore montrés ni si durs ni si méfiants.

Un jour, après dîner, je venais d'écrire un mémoire de dépenses dans la chambre du Conseil, et je l'avais renfermé dans un pupitre dont on m'avait donné la clef [2]. A peine fus-je sorti, que Marino, officier municipal [3], dit à ses collègues, quoiqu'il ne fût pas de service, qu'il fallait ouvrir le pupitre, examiner ce qu'il contenait, et vérifier si je n'avais pas quelque correspondance avec les ennemis du peuple. « Je le connais bien, ajouta-t-il ; et je sais qu'il

---

[1]. On donnait dans les journaux des détails du genre de celui-ci, que nous trouvons dans le *Courrier français* du 15 octobre : « *14 octobre.* Hier et avant-hier, la famille a affecté plus de gaieté qu'à l'ordinaire. Marie-Antoinette et sa sœur ont chanté particulièrement l'hymne des Marseillais. » — Voir à ce sujet M. de Beauchesne, *Louis XVII*, t. II, p. 17.

[2]. « Le Conseil a accordé au citoyen Cléry un pupitre près de la table du bureau, et il est impossible au citoyen Cléry de fouiller dans ledit pupitre sans que les commissaires du Conseil n'en soit *(sic)* témoin, étant en outre toujours accompagné d'un commissaire. » Note tirée des archives impériales. (*Journal de Cléry*, édition de 1801, p. 100, note.)

[3]. Peintre et marchand de porcelaine, alors âgé de trente-sept ans.

reçoit des lettres pour le Roi. » Puis, accusant ses collègues de ménagements, il les accabla d'injures, les menaça, comme complices, de les dénoncer tous au Conseil de la Commune; et il sortit pour exécuter ce dessein. On dressa aussitôt un procès-verbal de tous les papiers que contenait mon pupitre, on l'envoya à la Commune, où Marino avait déjà fait sa dénonciation.

Ce même municipal prétendit un autre jour qu'un damier qu'on me rapportait, et dont j'avais fait raccommoder les cases, du consentement de ses collègues, renfermait une correspondance; il le défit en entier, et, ne trouvant rien, il fit recoller les cases en sa présence.

Un jeudi, ma femme et son amie étant venues au Temple comme de coutume, je leur parlais dans la chambre du Conseil. La famille royale, qui était à la promenade, nous aperçut, et la Reine et Madame Élisabeth nous firent un signe de tête. Ce mouvement de simple intérêt fut remarqué de Marino; il n'en fallut pas davantage pour qu'il fît arrêter ma femme et son amie, au moment où elles sortirent de la chambre du Conseil. On les interrogea séparément : on demanda à ma femme qui était la dame qui l'accompagnait; elle répondit : « C'est ma sœur. » Interrogée sur le même fait, celle-ci dit être sa cousine. Cette contradiction servit de matière à un long procès-verbal et aux soupçons les plus graves; Marino [1] prétendit que cette dame était un page de la Reine, déguisé. Enfin, après

---

1. « Tout le temps que ce Marinot vint au Temple, il n'a cessé de me persécuter. Il m'a fallu la plus grande prudence pour ne pas être mis en défaut. Il avait trouvé moyen de captiver Tison, et ces deux hommes réunis ont cherché tous les moyens de me perdre. C'est ce même Marinot qui fut envoyé à Lyon en 1793 pour être membre de cette commission populaire instituée par Collot d'Herbois et qui décima cette malheureuse cité. Il a payé de sa tête ses énormes crimes. » (Note inédite de Cléry, dans l'édition de 1861, p. 191.)

trois heures de l'interrogatoire le plus pénible et le plus injurieux, on leur rendit la liberté.

Il leur fut encore permis de revenir au Temple; mais nous redoublâmes de prudence et de précaution. Je parvenais souvent, dans ces courtes entrevues, à leur remettre des notes écrites avec un crayon qui avait échappé aux recherches des municipaux, et que je cachais avec soin : ces notes étaient relatives à quelques informations demandées par Leurs Majestés. Heureusement que, ce jour-là, je n'en avais remis aucune : si l'on eût trouvé quelque billet sur elles, nous eussions couru tous trois les plus grands dangers.

D'autres municipaux se faisaient remarquer par les traits les plus bizarres. L'un faisait rompre des macarons, pour voir si l'on n'y avait pas caché quelques billets. Un autre, pour le même objet, ordonna qu'on coupât des pêches devant lui, et qu'on en fendît les noyaux. Un troisième me força de boire un jour de l'essence de savon destinée à la barbe du Roi, affectant de craindre que ce ne fût du poison. A la fin de chaque repas, Madame Élisabeth me donnait à nettoyer un petit couteau à lame d'or : souvent les commissaires me l'arrachaient des mains, pour examiner si je n'avais pas glissé quelque papier au fond de la gaîne.

Madame Élisabeth m'avait ordonné de renvoyer à Mme la duchesse de Sérent un livre de piété; les municipaux en coupèrent les marges, dans la crainte qu'on n'y eût écrit quelque chose avec une encre particulière.

Un d'eux me défendit un jour de monter chez la Reine pour la coiffer : il fallut que Sa Majesté vînt dans l'appartement du Roi, et qu'elle apportât elle-même tout ce qui était nécessaire pour sa toilette.

Un autre voulut la suivre quand, selon son usage, elle

entrait à midi dans la chambre de Madame Élisabeth, pour quitter sa robe du matin. Je lui représentai l'indécence de ce procédé; il insista; Sa Majesté sortit de la chambre et renonça à s'habiller.

Lorsque je recevais le linge du blanchissage, les municipaux me le faisaient déployer pièce par pièce, et l'examinaient au grand jour. Le livre de la blanchisseuse [1] et tout autre papier servant d'enveloppe étaient présentés au feu, pour s'assurer qu'il n'y avait aucune écriture secrète. Le linge que quittaient le Roi et les princesses était aussi examiné.

Quelques municipaux cependant n'ont pas partagé la dureté de leurs collègues; mais la plupart, devenus suspects au Comité de salut public, sont morts victimes de leur humanité; ceux qui existent encore ont gémi longtemps dans les prisons.

Un jeune homme, nommé Toulan [2], que je croyais, à ses propos, un des plus grands ennemis de la famille royale, vint un jour près de moi; et me serrant la main : « Je ne peux, me dit-il avec mystère, parler aujourd'hui à « la Reine, à cause de mes camarades : prévenez-la que la « commission dont elle m'a chargé est faite; que dans « quelques jours je serai de service, et qu'alors je lui ap- « porterai la réponse. » Étonné de l'entendre parler ainsi, et craignant qu'il ne me tendît un piège. « Monsieur, lui « dis-je, vous vous trompez en vous adressant à moi pour « de pareilles commissions. — Non, je ne me trompe pas, » répliqua-t-il en me serrant la main avec plus de force,

---

1. Le livre de blanchissage, du 24 septembre au 17 décembre, se trouve parmi les Papiers du Temple en la possession du baron de la Morinerie.
2. François-Adrien Toulan, âgé de trente et un ans, était principal commis de l'administration des biens nationaux quand il fut appelé à siéger à la Commune.

et il se retira. Je rendis compte à la Reine de cette conversation. « Vous pouvez vous fier à Toulan, » me dit-elle. Ce jeune homme fut impliqué depuis dans le procès de cette princesse avec neuf autres officiers municipaux, accusés d'avoir voulu favoriser l'évasion de la Reine quand elle était encore au Temple. Toulan périt du dernier supplice.

Leurs Majestés, renfermées dans la tour depuis trois mois, n'avaient encore vu que des officiers municipaux, lorsque, le 1er novembre, on leur annonça une députation de la Convention nationale. Elle était composée de Drouet, maître de poste de Varennes; de Chabot, ex-capucin; de Dubois-Crancé, de Duprat, et de deux autres dont je ne me rappelle pas les noms [1]. La famille royale et surtout la Reine frémirent d'horreur à la vue de Drouet; ce député s'assit insolemment près d'elle; à son exemple, Chabot prit un siège. La députation demanda au Roi comment il était traité, et si on lui donnait les choses nécessaires. « Je ne me plains de rien, répondit Sa Majesté; je « demande seulement que la commission fasse remettre à « mon valet de chambre, ou déposer au Conseil, une « somme de deux mille livres pour les petites dépenses « courantes, et qu'on nous fasse parvenir du linge et « d'autres vêtements, dont nous avons le plus grand be- « soin. » Les députés le lui promirent, mais rien ne fut envoyé.

Quelques jours après, le Roi eut une fluxion assez considérable à la tête [2] : je demandai instamment qu'on fît appeler M. Dubois, dentiste de Sa Majesté. On délibéra trois jours, et cette demande fut refusée. La fièvre sur-

---

1. Dubois-Crancé ne figure pas au nombre des commissaires du Comité de sûreté générale. Voir leur procès-verbal, Documents officiels, n° LXXIII.
2. 15 novembre. Voir Documents officiels, n° LXXIII.

vint; on permit alors à Sa Majesté de consulter M. le Monnier, son premier médecin. Il serait difficile de peindre la douleur de ce respectable vieillard lorsqu'il vit son maître.

La Reine et ses enfants ne quittaient presque point le Roi pendant le jour, le servaient avec moi, et m'aidaient souvent à faire son lit : je passais les nuits seul auprès de Sa Majesté. M. le Monnier venait deux fois le jour, accompagné d'un grand nombre de municipaux; on le fouillait, et il ne lui était permis de parler qu'à haute voix. Un jour que le Roi prit médecine, M. le Monnier demanda à rester quelques heures : comme il se tenait debout, pendant que plusieurs municipaux étaient assis le chapeau sur la tête, Sa Majesté l'engagea à prendre un siège, ce qu'il refusa par respect; les commissaires en murmurèrent tout haut. La maladie du Roi dura dix jours [1].

Peu de jours après, le jeune prince, qui couchait dans la chambre de Sa Majesté, et que les municipaux n'avaient pas voulu faire transférer dans celle de la Reine, eut de la fièvre. La Reine en ressentit d'autant plus d'inquiétude qu'elle ne put obtenir, malgré les plus vives instances, de passer la nuit auprès de son fils. Elle lui prodigua les plus tendres soins pendant les instants qu'il lui était permis de rester auprès de lui. La même maladie se communiqua à la Reine, à Madame Royale et à Madame Élisabeth. M. le Monnier obtint la permission de continuer ses visites.

Je tombai malade à mon tour. La chambre que j'habitais était une pièce humide et sans cheminée; l'abat-jour

---

[1]. Voir les Bulletins aux *Documents officiels*, n⁰ˢ LXXXIV et suivants. — « It was reported and believed for one day, that he was dead, dit Moore dans son *Journal*. I myself heard it insinuated in a pretty large company that he was murdered; one person exclaimed with indignation : *Les scélérats l'ont empoisonné!* » *A Journal during a residence in France*, t. II, p. 528.

de la croisée interceptait encore le peu d'air qu'on y respirait. Je fus attaqué d'une fièvre rhumatique, avec une forte douleur au côté, qui me força de garder le lit. [Le Roi demanda aux municipaux de faire entrer près de moi M. Monnier lorsqu'il viendrait pour voir la Reine ; son ordre ne fut point exécuté. A l'heure du dîner, la famille royale entra dans ma chambre. Mon appréhension la plus vive était d'être enlevé de la tour : j'exprimai mes inquiétudes à ce sujet à Madame Élisabeth, restée la dernière. Elle s'approcha de moi, me donna sa main en disant : « Prenez courage, mon cher Cléry, nous partageons vos « peines ; jamais le Roi n'acceptera d'autres soins que les « vôtres. Calmez-vous, et n'ayez aucune crainte sur votre « éloignement [1]. »] Le premier jour, je me levai pour habiller le Roi ; mais Sa Majesté, voyant mon état, refusa mes soins, et m'ordonna de me coucher, et fit elle-même la toilette de son fils.

Pendant cette première journée, Monsieur le Dauphin ne me quitta presque point : cet auguste enfant m'apportait à boire ; le soir, le Roi profita d'un moment où il paraissait moins surveillé pour entrer dans ma chambre : il me fit prendre un verre de boisson, et me dit, avec une bonté qui me fit verser des larmes : « Je voudrais vous « donner moi-même des soins ; mais vous savez combien « nous sommes observés ; prenez courage, demain vous « verrez mon médecin. » A l'heure du souper, la famille royale entra chez moi, et Madame Élisabeth, sans que les municipaux s'en aperçussent, me remit une petite bouteille qui contenait un looch. Cette princesse, qui était fort enrhumée, s'en privait pour moi ; je voulus la refuser, elle insista. Après le souper, la Reine déshabilla et coucha le

---

1. Addition de Cléry, dans l'édition de 1861, p. 191.

jeune prince ; et Madame Élisabeth roula les cheveux du Roi.

Le lendemain matin, M. le Monnier m'ordonna une saignée ; mais il fallait le consentement de la Commune pour faire entrer un chirurgien. L'on parla de me transférer au palais du Temple. Craignant de ne plus rentrer dans la tour si j'en sortais une fois, je ne voulus plus être saigné ; je fis même semblant de me trouver mieux. Le soir, de nouveaux municipaux arrivèrent, et il ne fut plus question de me transférer.

Turgi demanda à passer la nuit près de moi : cette demande lui fut accordée, ainsi qu'à ses deux camarades, qui me rendirent ce service chacun à son tour. Je restai six jours au lit, et chaque jour la famille royale venait me voir. Madame Élisabeth m'apportait souvent des drogues, qu'elle demandait comme pour elle. Tant de bontés me rendirent une partie de mes forces, et, au lieu du sentiment de mes peines, je n'eus bientôt à éprouver que celui de la reconnaissance et de l'admiration. Qui n'eût été touché de voir cette auguste famille suspendre, en quelque sorte, le souvenir de ses longues infortunes pour s'occuper d'un de ses serviteurs ?

Je ne dois pas oublier de rapporter ici un trait de Monsieur le Dauphin, qui prouve jusqu'où allait la bonté de son cœur, et combien il profitait des exemples de vertu qu'il avait continuellement sous les yeux.

Un soir, après l'avoir couché, je me retirais pour faire place à la Reine et aux princesses, qui venaient l'embrasser et lui donner le bonsoir dans son lit. Madame Élisabeth, que la surveillance des municipaux avait empêchée de me parler, profita de ce moment pour lui remettre une petite boîte de pastilles d'ipécacuana, en lui recommandant de me la donner lorsque je reviendrais. Les princesses remontèrent chez elles ; le Roi passa dans son cabinet, et j'allai souper. Je rentrai vers onze heures dans la chambre du Roi, pour préparer le lit de Sa Majesté ; j'étais seul, le jeune prince m'appela à voix basse : je fus très surpris de ne pas le trouver endormi ; et craignant qu'il ne fût incommodé, je lui en demandai la cause. « C'est, me dit-il, que ma tante m'a remis une petite boîte « pour vous, et je n'ai pas voulu m'endormir sans vous la « donner : il était temps que vous vinssiez, car mes yeux « se sont déjà fermés plusieurs fois. » Les miens se remplirent de larmes ; il s'en aperçut, m'embrassa, et deux minutes après il dormait profondément.

A cette sensibilité le jeune prince joignait beaucoup de grâces, et toute l'amabilité de son âge. Souvent, par ses naïvetés, l'enjouement de son caractère et ses petites espiègleries, il faisait oublier à ses augustes parents leur douloureuse situation ; mais il la sentait lui-même ; il se reconnaissait, quoique si jeune, dans une prison, et se voyait surveillé par des ennemis. Sa conduite et ses propos avaient pris cette réserve que l'instinct, quand il s'agit d'un danger, inspire peut-être à tout âge : jamais je ne l'ai entendu parler ni des Tuileries, ni de Versailles, ni d'aucun objet qui aurait pu rappeler à la Reine ou au Roi quelque affligeant souvenir. Voyait-il arriver un municipal plus honnête que ses collègues, il courait au-devant de la Reine, s'empressait de le lui annoncer, et lui disait, avec l'expression du contentement le plus marqué : « Maman, c'est aujourd'hui monsieur un tel. »

Un jour, comme il avait les yeux fixés sur un municipal qu'il dit reconnaître, celui-ci lui demanda dans quel endroit il l'avait vu. Le jeune prince refusa constamment de répondre ; puis se penchant vers la Reine : « C'est, lui dit-il à voix basse, dans notre voyage de Varennes. »

Le trait suivant offre une nouvelle preuve de sa sensibilité. Un tailleur de pierres était occupé à faire des trous à la porte de l'antichambre, pour y placer d'énormes verrous ; le jeune prince, pendant que cet ouvrier déjeunait, s'amusait avec ses outils : le Roi prit des mains de son fils le marteau et le ciseau, lui montrant comment il fallait s'y prendre. Il s'en servit pendant quelques moments. Le maçon, attendri de voir ainsi le Roi travailler, dit à Sa Majesté : « Quand vous sortirez de cette tour, « vous pourrez dire que vous avez travaillé vous-même à « votre prison. — Ah ! répondit le Roi, quand et comment « en sortirai-je ? » Monsieur le Dauphin versa des larmes ; le Roi laissa tomber le ciseau et le marteau, et, rentrant dans sa chambre, il s'y promena à grands pas.

Le 2 décembre, la municipalité du 10 août fut remplacée par une autre, sous le titre de municipalité provisoire. Beaucoup de municipaux furent réélus : je crus d'abord que cette nouvelle municipalité serait mieux composée que l'ancienne, et j'espérais quelques changements favorables dans le régime de la prison. Je fus trompé dans mon attente. Plusieurs de ces nouveaux commissaires me donnèrent lieu de regretter leurs prédécesseurs ; ceux-ci étaient plus grossiers, mais il m'était aisé de profiter de leur indiscrétion naturelle pour apprendre tout ce qu'ils savaient. Je dus étudier les commissaires de cette nouvelle municipalité pour distinguer leur conduite et leur caractère : les premiers étaient plus insolents ; la méchanceté des seconds était bien plus réfléchie.

Jusqu'à cette époque il n'y avait eu auprès du Roi qu'un seul municipal, et un autre auprès de la Reine ; la nouvelle municipalité ordonna qu'il y en aurait deux, et dès lors il me fut beaucoup plus difficile de parler au Roi et aux princesses; d'un autre côté, le Conseil, qui jusque-là s'était tenu dans une des salles du palais du Temple, fut transféré dans une pièce de la tour au rez-de-chaussée. Les nouvaux municipaux voulaient surpasser le zèle des anciens, et ce zèle ne fut qu'une émulation de tyrannie [1].

Le 7 décembre, un municipal [2], à la tête d'une députation de la Commune, vint lire au Roi un arrêté qui ordonnait d'ôter aux détenus « couteaux, rasoirs, ciseaux, canifs, et tous autres instruments tranchants dont on prive les prisonniers présumés criminels, et d'en faire la plus exacte recherche tant sur leurs personnes que dans leurs appartements [3]. » Pendant cette lecture, le municipal avait la voix altérée; il était aisé de s'apercevoir de la violence qu'il se faisait à lui-même, et il a prouvé depuis, par sa conduite, qu'il n'avait consenti à être envoyé au Temple que pour chercher à être utile à la famille royale.

Le Roi tira de ses poches un couteau et un petit nécessaire en maroquin rouge : il en ôta des ciseaux et un canif. Les municipaux firent les recherches les plus exactes dans l'appartement, prirent les rasoirs, le compas à rouler les cheveux, le couteau de toilette, de petits instruments pour nettoyer les dents, et d'autres objets en or et en argent. De semblables recherches eurent lieu dans ma chambre, et il me fut ordonné de me fouiller.

Les municipaux montèrent ensuite chez la Reine, lurent

---

1. « A person who was admitted into the Temple by the mean of a near relation on duty there about the beginning of december, assured me that, at the hour at which, by a standing order from the Council, the prisoners where to be confined to their apartments, he saw the keeper go to the King, who was still walking in the garden, and adress to him in these words : *Allons, monsieur Veto, il faut monter.* » *A Journal during a residence in France,* by John Moore, t. II, p. 497-498.
2. Voir *Documents officiels,* n° CVI.
3. Il s'agit de Moelle. Voir plus loin le récit de ce commissaire.

aux trois princesses le même arrêté, et enlevèrent jusqu'aux petits meubles utiles à leur travail [1].

Une heure après, on me fit descendre à la chambre du Conseil, et l'on me demanda si je n'avais pas connaissance des objets qui étaient restés dans le nécessaire que le Roi avait remis dans sa poche. « Je vous ordonne, me « dit un municipal nommé Sermaize [2], de reprendre ce « soir le nécessaire. — Ce n'est point à moi, lui répondis-« je, à mettre à exécution les arrêtés de la Commune, ni à « fouiller dans les poches du Roi. — Cléry a raison, dit « un autre municipal ; c'était à vous (en s'adressant à Ser-« maize) à faire cette recherche. »

On dressa procès-verbal de tous les objets enlevés à la famille royale [3], et on les distribua en paquets que l'on cacheta. On m'ordonna ensuite de mettre ma signature au bas d'un arrêté qui m'enjoignait d'avertir le Conseil si je trouvais sur le Roi, sur les princesses, ou dans leur appartement, des instruments tranchants. Ces différentes pièces furent envoyées à la Commune.

On pourrait voir, en compulsant les registres du Conseil du Temple, que j'ai été souvent forcé de signer des arrêtés et des demandes dont j'étais bien éloigné d'approuver la forme et la rédaction. Je n'ai jamais rien signé, rien dit, rien fait, que d'après les ordres précis du Roi ou de la Reine. Un refus de ma part m'aurait éloigné de Leurs Majestés, auxquelles j'avais consacré mon existence : ma signature au bas de certains arrêtés n'avait d'autre objet que de faire connaître que ces pièces m'avaient été lues.

1. Voir *Documents officiels*, n° CX.
2. Ce Guillaume Sermaize s'appelait primitivement *Le Roi* : il avait renoncé à ce nom trop peu démocratique en devenant l'un des directeurs du jury d'accusation près du tribunal criminel du 17 août.
3. Voir *Documents officiels*, n° CIX.

Le même Sermaize dont je viens de parler me conduisit alors dans l'appartement de Sa Majesté. Le Roi était assis près de la cheminée, les pincettes à la main. Sermaize lui demanda, de la part du Conseil, à voir ce qui était resté dans le nécessaire ; le Roi le tira de sa poche, et l'ouvrit : il y avait un tourne-vis, un tire-bourre, et un petit briquet. Sermaize se les fit remettre. « Ces pincettes que je tiens en « main ne sont-elles pas aussi un instrument tranchant? » lui dit le Roi en lui tournant le dos. Ce municipal étant descendu, j'eus occasion de rendre compte à Sa Majesté de tout ce qui s'était passé au Conseil relativement à cette seconde recherche.

Au moment du dîner, il s'éleva une contestation entre les commissaires. Les uns s'opposaient à ce que la famille royale se servît de fourchettes et de couteaux ; d'autres consentaient à laisser les fourchettes. Enfin il fut décidé qu'on ne ferait aucun changement, mais qu'on enlèverait les couteaux et les fourchettes à la fin de chaque repas.

La privation des petits meubles enlevés aux princesses leur devint d'autant plus sensible qu'elles furent obligées de renoncer à différents ouvrages qui jusqu'alors avaient servi à les distraire dans les longues journées d'une prison. Un jour, Madame Élisabeth cousait les habits du Roi ; et n'ayant point de ciseaux, elle rompait le fil avec ses dents. « Quel contraste! » lui dit le Roi, qui la fixait avec attendrissement ; « il ne vous manquait rien dans votre « jolie maison de Montreuil. — Ah! mon frère, répondit- « elle, puis-je avoir des regrets quand je partage vos mal- « heurs ? »

[Un autre jour, cette princesse jouait aux échecs avec le Roi ; elle était sur le point de perdre la partie. « Prenez « garde, ma sœur, dit Sa Majesté, votre roi va se trouver « renfermé. — Je n'ai pas à craindre un pareil coup de

« votre part, lui répondit-elle, vous êtes trop bon Français
« pour cela. » Les commissaires présents sentirent la force
de ce reproche, et le remords sembla se peindre sur leur
visage [1].]

Cependant chaque jour amenait de nouveaux arrêtés,
dont chacun était une nouvelle tyrannie. La brusquerie et
la dureté des municipaux envers moi étaient plus remarquables que jamais. On venait de renouveler aux trois
servants la défense de me parler, et tout me faisait craindre quelques nouveaux malheurs. La Reine et Madame
Élisabeth, frappées du même pressentiment, me demandaient sans cesse des nouvelles, et je ne pouvais leur en
donner : je n'attendais ma femme que dans trois jours ; mon
impatience était extrême.

Enfin, le jeudi, ma femme arriva. On me fit descendre
au Conseil ; elle affecta de me parler à haute voix, pour
éloigner les soupçons de nos nouveaux surveillants ; et
pendant qu'elle me donnait des détails sur nos affaires
domestiques : « Mardi prochain, me dit son amie, on con-
« duit le Roi à la Convention ; le procès va commencer ;
« Sa Majesté pourra prendre un Conseil : tout cela est cer-
« tain. »

Je ne savais comment annoncer directement au Roi cette
affreuse nouvelle : j'aurais voulu en instruire d'abord la
Reine ou Madame Élisabeth ; mais j'étais dans les plus
vives alarmes ; le temps pressait, et le Roi m'avait défendu
de lui rien cacher. Le soir, en le déshabillant, je lui rendis
compte de tout ce que j'avais appris ; je lui fis même pressentir qu'on avait le projet, pendant le procès, de le séparer de sa famille ; et j'ajoutai qu'il n'y avait plus que quatre
jours pour concerter avec la Reine quelque manière de

---

1. Addition de Cléry, dans l'édition de 1861, p. 114, note.

correspondre avec elle. Je l'assurai que j'étais décidé à
tout entreprendre pour lui en faciliter les moyens. L'arrivée du municipal ne me permit pas d'en dire davantage,
et empêcha Sa Majesté de me répondre.

Le lendemain, au lever du Roi, je ne pus trouver l'instant de lui parler ; il monta avec son fils pour déjeuner
chez les princesses ; je l'y suivis. Après le déjeuner, il
causa assez longtemps avec la Reine, qui, par un regard
plein de douleur, me fit comprendre qu'il était question
de tout ce que j'avais dit au Roi. Je trouvai, dans le courant de la journée, une occasion d'entretenir Madame Élisabeth ; je lui peignis combien il m'en avait coûté d'augmenter les peines du Roi, en l'instruisant du jour où l'on
devait commencer son procès. Elle me rassura, en me disant que le Roi était sensible à cette marque d'attachement
de ma part. « Ce qui l'afflige le plus, ajouta-t-elle, c'est la
« crainte d'être séparé de nous. Tâchez d'avoir encore
« quelques renseignements. »

Le soir, le Roi me témoigna combien il était satisfait
d'avoir appris d'avance qu'il devait paraître à la Convention. « Continuez, me dit-il, de chercher à découvrir quel-
« que chose sur ce qu'ils veulent faire de moi ; ne craignez
« jamais de m'affliger. Je suis convenu avec ma famille de
« de ne pas paraître instruit, pour ne pas vous compro-
« mettre. »

Plus le moment du procès approchait, et plus on me
montrait de défiance ; les municipaux ne répondaient à
aucune de mes questions. J'avais déjà employé inutilement différents prétextes pour descendre au Conseil, où
j'aurais pu me procurer de nouveaux détails à communiquer au Roi, lorsqu'une commission chargée de vérifier
les dépenses de la famille royale vint au Temple. On fut
obligé de me faire descendre pour donner des renseigne-

ments, et j'appris, par un municipal bien intentionné, que la séparation du Roi d'avec sa famille, arrêtée seulement par la Commune, n'avait point encore été prononcée par l'Assemblée nationale. Le même jour, Turgi m'apporta un journal où je trouvai le décret qui ordonnait de conduire le Roi à la barre de la Convention; il me remit aussi un mémoire sur le procès du Roi, publié par M. Necker [1]. Je n'eus d'autre moyen, pour communiquer ce journal et ce mémoire à la famille royale, que de les cacher sous un des meubles dans le cabinet de garde-robe [2], après en avoir prévenu le Roi et les princesses.

Le 11 décembre 1792, dès cinq heures du matin, on entendit battre la générale dans tout Paris, et l'on fit entrer de la cavalerie et du canon dans le jardin du Temple. Ce bruit aurait cruellement alarmé la famille royale, si elle n'en avait pas connu la cause; elle feignit cependant de l'ignorer, et demanda quelques explications aux commissaires de service; ils refusèrent de répondre.

A neuf heures, le Roi et Monsieur le Dauphin montèrent pour le déjeuner dans l'appartement des princesses. Leurs Majestés restèrent une heure ensemble, mais toujours sous les yeux des municipaux. Ce tourment continuel pour la famille royale de ne pouvoir se livrer à aucun abandon, à aucun épanchement, au moment où tant de craintes devaient l'agiter, était un des raffinements les plus cruels de leurs tyrans, et l'une de leurs plus douces jouissances. Il fallut enfin se séparer. Le Roi quitta la Reine, Madame Élisabeth et sa fille; leurs regards expri-

---

1. *Réflexions présentées à la nation française sur le procès intenté à Louis XVI*, par M. Necker. A Paris, chez Volland, libraire, quai des Augustins, n° 25, 1792, in-8° de 32 pages.

2. « Ce cabinet était la seule pièce où les municipaux ne suivaient pas la famille royale. » (Note inédite de Cléry, dans l'édition de 1861, p. 117, note.)

maient ce qu'ils ne pouvaient pas se dire. Monsieur le Dauphin descendit, comme les autres jours, avec le Roi.

Ce jeune prince, qui engageait souvent Sa Majesté à faire avec lui une partie au siam, fit ce jour-là tant d'instances que le Roi, malgré sa situation, ne put s'y refuser. Monsieur le Dauphin perdit toutes les parties, et deux fois il ne put aller au delà du nombre *seize :* « Toutes les fois « que j'ai ce point de *seize*, dit-il avec un léger dépit, je ne « peux gagner la partie. » Le Roi ne répondit rien; mais je crus m'apercevoir que ce rapprochement de mots lui fit une certaine impression [1].

A onze heures, pendant que le Roi donnait une leçon de lecture à Monsieur le Dauphin, deux municipaux entrèrent, et dirent à Sa Majesté qu'ils venaient chercher le jeune Louis pour le conduire chez sa mère. Le Roi voulut savoir le motif de cet enlèvement; les commissaires répondirent qu'ils exécutaient les ordres du Conseil de la Commune. Sa Majesté embrassa tendrement son fils, et me chargea de le conduire. Revenu chez le Roi, je lui dis que j'avais laissé le jeune prince dans les bras de la Reine, ce qui parut le tranquilliser. Un des commissaires rentra pour lui annoncer que Chambon, maire de Paris, était au Conseil, et qu'il allait monter. « Que me veut-il? dit le Roi. — Je l'ignore, » répondit le municipal [2].

Sa Majesté se promena quelques moments à grands pas dans sa chambre, s'assit ensuite sur un fauteuil près le chevet de son lit. La porte était à demi fermée, et le municipal n'osait entrer, afin, me disait-il, d'éviter les ques-

---

1. Voir aux *Documents officiels*, n° CXXXIV, le mot de Louis XVI en réponse à la remarque de son fils.
2. Ce municipal était un homme de lettres du nom d'Arbeltier. Voir aux *Documents officiels*, n° CXXXIV, le récit détaillé de la journée du 11 décembre, fait par lui au Conseil général de la Commune dans la séance du 12.

tions. Une demi-heure s'étant passée ainsi dans le plus profond silence, le commissaire fut inquiet de ne plus entendre le Roi : il entra doucement, le trouva la tête appuyée sur l'une de ses mains, et paraissant profondément occupé. « Que me voulez-vous ? » lui dit le Roi d'un ton élevé. — « Je craignais, répondit le municipal, que vous « ne fussiez incommodé. — Je vous suis obligé, repartit le « Roi avec l'accent de la plus vive douleur ; mais la ma- « nière dont on m'enlève mon fils m'est infiniment sen- « sible. » Le municipal ne répondit rien, et se retira [1].

Le maire ne parut qu'à une heure : il était accompagné de Chaumette, procureur de la Commune, de Colombeau, secrétaire greffier, de plusieurs officiers municipaux, et de Santerre, commandant de la garde nationale, qui avait avec lui ses aides de camp. Le maire dit au Roi qu'il venait le chercher pour le conduire à la Convention, en vertu d'un décret dont le secrétaire de la Commune allait lui faire lecture. Ce décret portait que « Louis Capet serait traduit à la barre de la Convention nationale. » — « Capet « n'est pas mon nom, dit le Roi ; c'est le nom d'un de mes « ancêtres. » — « J'aurais désiré, Monsieur, ajouta-t-il, « que les commissaires m'eussent laissé mon fils pendant « les deux heures que j'ai passées à vous attendre ; au « reste, ce traitement est une suite de ceux que j'éprouve « ici depuis quatre mois. Je vais vous suivre, non pour « obéir à la Convention, mais parce que mes ennemis ont « la force en main [2]. » Je donnai à Sa Majesté sa redingote et son chapeau, et elle suivit le maire de Paris. Une nombreuse escorte l'attendait à la porte du Temple.

[1]. Arbellier ne se retira pas, comme le dit Cléry ; il resta près du Roi jusqu'à l'arrivée de Chambon.
[2]. Voir le procès-verbal rédigé par Coulombeau. *Documents officiels*, n° CXXXI.

Resté seul dans la chambre avec un municipal, j'appris de lui que le Roi ne reverrait plus sa famille, mais que le maire de Paris devait encore consulter quelques députés sur cette séparation. Je demandai à ce commissaire de me conduire auprès de Monsieur le Dauphin, qui était chez la Reine, ce qui me fut accordé. Je n'en sortis qu'à six heures du soir, au moment où le Roi revint de la Convention. Les municipaux instruisirent la Reine du départ du Roi pour l'Assemblée nationale, sans vouloir entrer dans aucun détail. Les princesses et Monsieur le Dauphin descendirent comme de coutume pour dîner dans l'appartement du Roi, et remontèrent ensuite.

L'après-dîner, un seul municipal resta près de la Reine. C'était un jeune homme d'environ vingt-quatre ans, de la section du Temple; il se trouvait de garde à la tour pour la première fois, et paraissait moins méfiant et moins malhonnête que la plupart de ses collègues. La Reine lia conversation avec lui, l'interrogea sur son état, ses parents, etc. Madame Élisabeth saisit ce moment pour passer dans sa chambre, et me fit signe de la suivre.

Entré chez elle, je la prévins que la Commune avait arrêté de séparer le Roi de sa famille [1]; que je craignais que cette séparation n'eût lieu dès le soir même; qu'à la vérité la Convention n'avait encore rien décidé, mais que le maire était chargé d'en faire la demande, et que sans doute il l'obtiendrait. « La Reine et moi, me répondit cette prin-
« cesse, nous nous attendons à tout, et nous ne nous faisons
« aucune illusion sur le sort que l'on prépare au Roi. Il
« mourra victime de sa bonté et de son amour pour son
« peuple, au bonheur duquel il n'a cessé de travailler de-
« puis son avènement au trône. Qu'il est cruellement

[1]. Arrêté du 11 décembre, *Documents officiels*, n° CXXXIII.

« trompé, ce peuple! La religion du Roi et sa grande con-
« fiance dans la Providence le soutiendront dans cette
« cruelle adversité. Enfin, ajouta cette vertueuse princesse
« les yeux remplis de larmes, Cléry, vous allez rester seul
« près de mon frère : redoublez, s'il est possible, de soins
« pour lui ; ne négligez aucun moyen de nous faire parve-
« nir de ses nouvelles; mais pour tout autre objet ne vous
« exposez pas, car alors nous n'aurions plus personne à
« qui nous confier. » J'assurai Madame Élisabeth de mon
dévouement au Roi, et nous convînmes des moyens à employer pour entretenir une correspondance.

[Il me serait impossible de décrire la douleur de cette
auguste princesse en parlant de la séparation du Roi son
frère. Ses expressions étaient si touchantes et si tendres
que je ne pus retenir mes larmes ; les paroles de cette auguste victime me semblaient sortir de la bouche d'un
ange; dans tout le cours de cette conversation il ne lui
échappa pas un soupir sur son sort, toujours occupée du
Roi, de la Reine et de leurs enfants. « Enfin, lui dis-je,
« c'est peut-être pour la dernière fois, Madame, que je pa-
« rais devant vous; si les malheurs qui doivent vous ac-
« cabler sont aussi grands que je le prévois, jamais on ne
« permettra à celui qui fut témoin de tout ce qui se passe
« dans cette affreuse prison de paraître dans le monde ;
« jamais je ne me plaindrai de mon sort, la cause que je sers
« est trop belle; mais je suis époux, je suis père, ma seule
« inquiétude est pour ma famille. — Rassurez-vous, me
« dit cette infortunée princesse, jamais nous n'oublierons
« de si grands sacrifices. » Craignant l'arrivée d'autres
municipaux, Madame Élisabeth rentra dans la chambre
de la Reine, mais avant elle me répéta avec l'accent de la
plus vive douleur combien elle comptait sur les soins que
je prendrais du Roi ; puis elle me tendit sa main qu'elle

me permit de baiser et que j'arrosai de mes larmes [1].]

Turgi était le seul que je pusse mettre dans le secret ; mais je ne pouvais lui parler que rarement et avec précaution. Il fut convenu que je continuerais de garder le linge et les habits de Monsieur le Dauphin ; que tous les deux jours j'enverrais ce qui lui serait nécessaire, et que je profiterais de cette occasion pour donner des nouvelles de ce qui se passerait chez le Roi. Ce plan fit naître à Madame Élisabeth l'idée de me remettre un de ses mouchoirs. « Vous le retiendrez, me dit-elle, tant que mon frère « se portera bien ; s'il arrivait qu'il fût malade, vous me « l'enverriez dans le linge de mon neveu. » La manière de le ployer devait indiquer le genre de la maladie.

La douleur de cette princesse en me parlant du Roi, son indifférence sur sa situation personnelle, le prix qu'elle daignait attacher à mes faibles services auprès de Sa Majesté, tout m'émut profondément. « Avez-vous entendu « parler de la Reine ? me dit-elle avec une espèce de ter- « reur. Hélas ! que pourrait-on lui reprocher ? — Non, « Madame ; mais que peut-on reprocher au Roi ? — Oh ! « rien, non, rien. Mais peut-être regardent-ils le Roi « comme une victime nécessaire à leur sûreté ; la Reine, « au contraire, et ses enfants, ne seraient pas un obstacle « à leur ambition. » Je pris la liberté de lui observer que sans doute le Roi ne serait condamné qu'à la déportation ; que j'en avais entendu parler ; et que l'Espagne n'ayant pas déclaré la guerre, il était vraisemblable qu'on y conduirait le Roi et sa famille. « Je n'ai aucun espoir, me dit-elle, que le Roi soit sauvé. »

Je crus devoir ajouter que les puissances étrangères s'occupaient des moyens de tirer le Roi de sa prison ; que

---

[1]. Addition de Cléry, dans l'édition de 1861, p. 192.

Monsieur et Monseigneur le comte d'Artois rassemblaient de nouveau tous les émigrés autour d'eux, et devaient les réunir aux troupes autrichiennes et prussiennes; que l'Espagne et l'Angleterre feraient des démarches; que toute l'Europe était intéressée à prévenir la mort du Roi, et qu'ainsi la Convention aurait de sérieuses réflexions à faire avant de prononcer sur le sort de Sa Majesté.

Cette conversation durait depuis une heure, lorsque Madame Élisabeth, à qui je n'avais jamais parlé aussi longtemps, craignant l'arrivée des nouveaux municipaux, me quitta pour rentrer dans la chambre de la Reine. Tison et sa femme, qui me surveillaient sans cesse, observèrent que j'étais resté longtemps chez Madame Élisabeth, et qu'il était à craindre que le commissaire ne s'en fût aperçu. Je leur répondis que cette princesse m'avait entretenu de son neveu, qui probablement demeurerait désormais auprès de sa mère.

Un instant après, je rentrai dans la chambre de la Reine, à qui Madame Élisabeth venait de faire part de sa conversation avec moi, et des moyens que nous avions concertés pour ménager une correspondance. Sa Majesté daigna m'en témoigner sa satisfaction.

A six heures, les commissaires me firent descendre au Conseil; ils me lurent un arrêté de la Commune, qui m'ordonnait de ne plus avoir aucune communication avec les trois princesses ni avec le jeune prince, parce que j'étais destiné à servir le Roi seul. Il fut même arrêté dans ce premier moment, pour mettre en quelque sorte le Roi au secret, que je ne coucherais point dans son appartement; je devais loger dans la petite tour, et n'être conduit chez Sa Majesté qu'au moment où elle aurait besoin de moi [1].

---

[1]. Cet arrêté avait été rendu dès le 8 décembre. Voir *Documents officiels*, n° CXX.

A six heures et demie, le Roi arriva; il paraissait fatigué, et son premier soin fut de demander qu'on le conduisît chez sa famille. On s'y refusa, sous prétexte qu'on n'avait point d'ordres; il insista pour qu'au moins on la prévînt de son retour, ce qu'on lui promit. Le Roi m'ordonna de demander son souper pour huit heures et demie; il employa ces deux heures d'intervalle à sa lecture ordinaire, toujours entouré de quatre municipaux.

A huit heures et demie, j'allai prévenir Sa Majesté que le souper était servi : elle demanda aux commissaires si sa famille ne descendrait pas; on ne fit aucune réponse. « Mais au moins, dit le Roi, mon fils passera la nuit chez « moi, son lit et ses effets étant ici? » Même silence. Après le souper, le Roi insista de nouveau sur le désir de voir sa famille; on lui répondit qu'il fallait attendre la décision de la Convention. Je donnai alors ce qui était nécessaire pour le coucher du jeune prince.

Le soir, pendant que je le déshabillais, le Roi me dit : « J'étais bien éloigné de penser à toutes les questions qui « m'ont été faites. » Il se coucha avec beaucoup de tranquillité. L'arrêté de la Commune, relatif à mon éloignement pendant la nuit, n'eut pas son exécution. Il aurait été trop pénible pour les municipaux de m'aller chercher chaque fois que le Roi aurait eu besoin de mon service.

Le lendemain 12, le Roi n'eut pas plus tôt aperçu un municipal, qu'il s'informa s'il y avait une décision sur la demande qu'il avait faite de voir sa famille. On lui répondit qu'on attendait encore les ordres. Il pria ce même municipal d'aller s'informer de la santé des princesses et de celle de Monsieur le Dauphin, et de leur annoncer qu'il se portait bien. Le commissaire l'assura à son retour que sa famille jouissait d'une bonne santé. Le Roi me donna ordre de faire monter le lit de son fils chez la Reine, où ce jeune prince avait passé la nuit sur un des matelas de cette princesse. Je priai Sa Majesté d'attendre la décision de la Convention. « Je ne compte sur aucun égard, sur aucune justice, me répondit Sa Majesté; mais attendons. »

Le même jour, une députation de la Convention, composée de quatre députés, Thuriot, Cambacérès, Dubois-Crancé et Dupont de Bigorre, apporta le décret qui autorisait le Roi à prendre un Conseil [1]. Le Roi déclara qu'il choisissait M. Target, à son défaut M. Tronchet, ou tous les deux, si la Convention nationale y consentait. Les députés firent signer au Roi sa demande, et signèrent après lui. Le Roi ajouta qu'il serait nécessaire qu'on lui fournît du papier, des plumes et de l'encre. Sa Majesté donna l'adresse de la maison de campagne de M. Tronchet, et dit qu'elle ignorait où demeurait M. Target.

Le 13, au matin, la même députation revint au Temple et dit au Roi que M. Target avait refusé d'être son Conseil; que l'on avait envoyé chercher M. Tronchet, et que sans doute il viendrait dans la journée. Elle lui fit ensuite lecture de plusieurs lettres adressées à la Convention par MM. Sourdat, Huet, Guillaume et Lamoignon de Malesherbes, ancien premier président de la cour des aides de Paris, et depuis ministre de la maison du Roi. La lettre de M. de Malesherbes était conçue en ces termes :

Paris, le 11 décembre 1792.

Citoyen président, j'ignore si la Convention donnera à Louis XVI un Conseil pour le défendre, et si elle lui en laisse le choix : dans ce cas-là, je désire que Louis XVI sache que, s'il me choisit pour cette fonction, je suis prêt à m'y dévouer. Je ne vous demande pas de faire part à la Convention de mon offre, car je suis bien éloigné de me croire un personnage assez important pour qu'elle s'occupe de moi. Mais j'ai été

---

[1]. Voir *Documents officiels*, n° CXXXIX.

appelé deux fois au conseil de celui qui fut mon maître, dans le temps que cette fonction était ambitionnée par tout le monde ; je lui dois le même service, lorsque c'est une fonction que bien des gens trouvent dangereuse. Si je connaissais un moyen possible pour lui faire connaître mes dispositions, je ne prendrais pas la liberté de m'adresser à vous. J'ai pensé que, dans la place que vous occupez, vous aurez plus de moyens que personne pour lui faire passer cet avis. Je suis avec respect, etc.

Lamoignon de Malesherbes.

Sa Majesté répondit à la députation :

« Je suis sensible aux offres que me font les personnes qui demandent à me servir de Conseil, et je vous prie de leur en témoigner ma reconnaissance. J'accepte M. de Malesherbes pour mon Conseil ; si M. Tronchet ne peut me prêter ses services, je me concerterai avec M. de Malesherbes pour en choisir un autre [1]. »

Le 14 décembre, M. Tronchet eut une conférence avec Sa Majesté, comme le permettait le décret. Le même jour, M. de Malesherbes fut introduit à la tour : le Roi courut au-devant de ce respectable vieillard, qu'il serra tendrement dans ses bras ; et cet ancien ministre fondit en larmes à la vue de son maître, soit qu'il se rappelât les premières années de son règne, soit plutôt qu'il n'envisageât dans ce moment que l'homme vertueux aux prises avec le malheur. Comme le Roi avait la permission de conférer avec ses Conseils en particulier, je fermai la porte de sa chambre, afin qu'il pût parler plus librement à M. de Malesherbes. Un municipal m'en fit des reproches, m'ordonna de l'ouvrir, et me défendit de la fermer à l'avenir. Je rouvris la porte ; mais Sa Majesté était déjà dans la tourelle qui lui servait de cabinet [2].

1. Voir *Documents officiels*, n° CXLIII.
2. Voir *Documents officiels*, n° CXLIV.

Le Roi et M. de Malesherbes parlèrent très haut dans cette première conférence. Les commissaires qui étaient dans la chambre prêtèrent l'oreille à leur conversation, et purent l'entendre. M. de Malesherbes étant sorti, je rendis compte à Sa Majesté de la défense qui m'avait été faite par le municipal, et de l'attention avec laquelle les commissaires avaient écouté la conférence; je la suppliai de fermer elle-même la porte de sa chambre quand elle serait avec ses Conseils, ce qu'elle fit.

Le 15, le Roi reçut la réponse relative à sa famille. Le décret portait, en substance, « que la Reine et Madame Élisabeth ne communiqueraient point avec le Roi pendant le cours du procès; que ses enfants viendraient près de lui s'il le désirait, mais à condition qu'ils ne pourraient plus voir leur mère, ni leur tante qu'après le dernier interrogatoire [1]. » Aussitôt qu'il me fut possible de parler au Roi en particulier, je lui demandai ses ordres. « Vous « voyez, me dit le Roi, la cruelle alternative où ils vien- « nent de me placer; je ne puis me résoudre à avoir mes « enfants avec moi : pour ma fille, cela est impossible; et « pour mon fils, je sens tout le chagrin que la Reine en « éprouverait. Il faut donc consentir à ce nouveau sacri- « fice [2]. » Sa Majesté m'ordonna une seconde fois de faire transporter le lit du jeune prince, ce que j'exécutai sur-le-champ. Je gardai son linge et ses habits; et tous les deux jours j'envoyais ce qui lui était nécessaire, comme j'en étais convenu avec Madame Élisabeth.

Le 16 [3], à quatre heures après dîner, il vint une autre députation de quatre membres de la Convention, Valazé, Cochon, Grandpré et Duprat, faisant partie de la Commis-

---

1. Voir *Documents officiels*, n° CXLVIII.
2. Voir *Documents officiels*, n° CL.
3. Ce fut le 15 décembre et non le 16.

sion des vingt et un, nommée pour examiner le procès du Roi. Ils étaient accompagnés d'un secrétaire, d'un huissier et d'un officier de la garde de la Convention ; ils apportaient au Roi son acte d'accusation et les pièces relatives à son procès, la plupart trouvées aux Tuileries dans une armoire secrète de l'appartement de Sa Majesté, nommée par le ministre Roland *Armoire de fer*.

La lecture de ces pièces, au nombre de cent sept, dura depuis quatre heures jusqu'à minuit : toutes furent lues et parafées par le Roi, ainsi qu'une copie de chacune d'elles qu'on laissa entre ses mains. Le Roi était assis à une grande table, M. Tronchet à côté, les députés vis-à-vis. Après la lecture de chaque pièce, Valazé demandait au Roi : « Avez-vous connaissance? » etc. Il répondait oui ou non, sans autre explication. Un autre député les lui faisait signer, ainsi que la copie qu'un troisième proposait de lui lire chaque fois, ce dont Sa Majesté le dispensait toujours. Le quatrième faisait l'appel des pièces par liasses et par numéros, et le secrétaire les enregistrait à mesure qu'elles étaient remises au Roi [1].

Sa Majesté interrompit la séance pour demander aux conventionnels s'ils voulaient souper; ils y consentirent : je leur fis servir une volaille froide et quelques fruits, dans la salle à manger. M. Tronchet ne voulut rien accepter, et resta seul avec le Roi dans sa chambre.

Un municipal nommé Merceraut [2], alors tailleur de pierres et ancien président de la Commune de Paris, quoique porteur de chaises à Versailles avant la Révolu-

---

1. Voir *Histoire du dernier règne*, t. I, p. 170-181. La députation de la Convention se composait de Borie, Dufriche-Valazé, Poullain-Grandpré et Cochon.
2. René-Charles Mercereau. Il est nommé dans le procès-verbal comme ayant assisté, avec trois autres officiers municipaux, à toutes les opérations de cette journée.

tion, se trouvait ce jour-là de garde au Temple pour la première fois. Il était vêtu de son habit de travail en lambeaux, avec un très mauvais chapeau rond, un tablier de peau, et une écharpe aux trois couleurs. Cet homme avait affecté de s'étendre auprès du Roi dans un fauteuil, tandis que Sa Majesté était sur une chaise; il tutoyait, le chapeau sur la tête, ceux qui lui adressaient la parole. Les membres de la Convention en furent étonnés, et, pendant qu'ils soupaient, l'un deux me fit plusieurs questions sur ce Merceraut et sur la manière dont la municipalité traitait le Roi. J'allais répondre, lorsqu'un autre commissaire dit à ce conventionnel de cesser ses questions; qu'il était défendu de me parler, et qu'on lui donnerait à la chambre du Conseil tous les détails qu'il pourrait désirer. Le député, craignant de s'être compromis, ne répliqua rien.

On reprit l'interrogatoire. [M. Tronchet avait placé sa tabatière sur la table. Le Roi la prit pour en examiner le dessus; c'était une figure représentant l'Aristocratie. Sa Majesté fit un mouvement de surprise. « Renversez, » dit M. Tronchet. La boîte renversée laissa voir la Démocratie : « Ah ! vous êtes en règle, » dit le Roi [1].] Dans le nombre des pièces qu'on lui présentait, Sa Majesté aperçut la déclaration qu'elle fit à son retour de Varennes, lorsque MM. Tronchet, Barnave et Duport furent nommés par l'Assemblée constituante pour la recevoir. Cette déclaration était signée du Roi et des députés. « Vous reconnais-
« sez cette pièce pour authentique ? dit le Roi à M. Tron-
« chet; voilà votre signature [2]. »

Quelques-unes des liasses renfermaient des projets de constitution apostillés de la main de Sa Majesté : plusieurs

---

1. Le passage entre crochets est une addition de Cléry. Voir édition de 1861, p. 132, note.
2. N° 79. Voir *Histoire du dernier règne*, t. I, p. 187.

de ces notes étaient écrites avec de l'encre, d'autres avec un crayon. On présenta aussi au Roi des registres de la police, dans lesquels étaient des dénonciations faites et signées par des serviteurs de Sa Majesté : cette ingratitude parut l'affecter beaucoup. Les délateurs n'avaient feint de rendre compte de ce qui se passait chez le Roi ou chez la Reine, au château des Tuileries, que pour donner plus de vraisemblance à leurs calomnies.

Lorsque la députation fut sortie, le Roi prit quelque nourriture et se coucha, sans se plaindre de la fatigue qu'il avait éprouvée. Il me demanda seulement si l'on avait retardé le souper de sa famille : sur ma réponse négative : « J'aurais craint, dit-il, que ce retard ne lui eût « donné de l'inquiétude. » Il eut même la bonté de me faire un reproche de ce que je n'avais pas soupé avant lui.

Quelques jours après [1], les quatre députés membres de la Commission des vingt et un revinrent au Temple. Ils firent lecture au Roi de cinquante et une nouvelles pièces, qu'il signa et parafa, comme les précédentes; ce qui faisait, en tout, cent cinquante-huit pièces, dont on lui laissa les copies.

Depuis le 14 jusqu'au 26 décembre, le Roi vit régulièrement ses Conseils; ils venaient à cinq heures du soir, et se retiraient à neuf. M. de Sèze leur fut adjoint. Tous les matins, M. de Malesherbes apportait à Sa Majesté les papiers-nouvelles, et les opinions imprimées des députés relatives à son procès. Il préparait le travail de chaque soirée, et restait avec Sa Majesté une heure ou deux. Le Roi daignait souvent me donner à lire quelques-unes de ces opinions, et me disait ensuite : « Comment trouvez-

---

1. Le 20 décembre. Voir *Histoire du dernier règne*, t. I, p. 189-191.

« vous l'opinion d'un tel ? — Je manque de termes pour
« exprimer mon indignation, répondais-je à Sa Majesté ;
« mais vous, Sire, comment pouvez-vous lire tout cela
« sans horreur ? — Je vois jusqu'où va la méchanceté des
« hommes, me disait le Roi ; et je ne croyais pas qu'il s'en
« trouvât de semblables. » Sa Majesté ne se couchait
jamais sans avoir lu ces différentes pièces ; et, pour ne pas
compromettre M. de Malesherbes, elle avait ensuite la
précaution de les brûler elle-même dans le poêle de son
cabinet.

J'avais déjà trouvé un moment favorable pour parler à
Turgi, et pour le charger de faire passer à Madame Élisabeth des nouvelles du Roi. Turgi me prévint le lendemain que cette princesse, en lui rendant sa serviette après
le dîner, lui avait glissé un petit papier écrit avec des
piqûres d'épingle, par lequel elle me disait de prier le Roi
de lui écrire un mot de sa main. Le même soir, je fis part
à Sa Majesté du désir de Madame Élisabeth. Comme on
lui avait donné du papier et de l'encre depuis le commencement de son procès, le Roi écrivit à sa sœur un billet
décacheté, en me disant qu'il ne contenait rien qui pût
me compromettre, et que j'en prisse lecture. Sur ce dernier point, je suppliai Sa Majesté de me dispenser pour
la première fois de lui obéir.

Le lendemain, je remis le billet à Turgi, qui me rapporta la réponse dans un peloton de fil qu'il jeta sous mon
lit, en passant près de la porte de ma chambre. Sa Majesté
vit avec beaucoup de plaisir que ce moyen d'avoir des
nouvelles de sa famille eût réussi ; je lui observai qu'il
était facile de continuer cette correspondance. Le Roi me
remettait les billets ; j'avais soin d'en diminuer le volume
et de les couvrir de fil de coton. Turgi les trouvait dans
l'armoire où étaient les assiettes pour le service de la

table, et se servait de différents moyens pour me rendre les réponses ; lorsque je les donnais au Roi, il me disait toujours avec bonté : « Prenez garde, c'est trop vous exposer. »

La bougie que me faisaient remettre les commissaires était en paquets ficelés. Lorsque j'eus de la ficelle en assez grande quantité, j'annonçai au Roi qu'il ne tenait qu'à lui de donner plus d'activité à sa correspondance, en faisant passer une partie de cette ficelle à Madame Élisabeth, qui était logée au-dessus de moi, et dont la fenêtre répondait perpendiculairement à celle d'un petit corridor qui communiquait à ma chambre. La princesse, pendant la nuit, pouvait attacher ses lettres à cette ficelle, et les laisser glisser jusqu'à la fenêtre qui était au-dessous de la sienne. Un abat-jour en forme de hotte, placé à chaque fenêtre, ne permettait pas de craindre que les lettres pussent tomber dans le jardin : le même moyen pouvait servir à la princesse pour recevoir des réponses. On pouvait aussi attacher à la ficelle un peu de papier et d'encre, dont les princesses étaient privées. « Voilà un bon projet, me dit « Sa Majesté ; nous en ferons usage, si celui dont nous « nous sommes servis jusqu'aujourd'hui devient imprati- « cable. » Effectivement le Roi l'employa dans la suite. Il attendait toujours huit heures du soir pour l'exécution de cette correspondance ; alors je fermais la porte de ma chambre et celle du corridor, je causais avec les commissaires de la Commune, ou je les engageais à jouer, pour détourner leur attention.

Ce fut dans ce temps que Marchand, garçon servant, père de famille, qui venait de recevoir ses appointements de deux mois, montant à la somme de deux cents livres, fut volé dans le Temple : cette perte était considérable pour lui. Le Roi, qui avait remarqué sa tristesse, en ayant appris la cause, me dit de remettre à Marchand la somme de deux cents livres, en lui recommandant de n'en parler à personne : surtout qu'il ne cherchât pas à le remercier, car, ajouta-t-il, il se perdrait. Marchand fut sensible au bienfait de Sa Majesté, mais il le fut encore plus à la défense de lui en témoigner sa reconnaissance. [Cependant, quelques jours après, Marchand trouva l'occasion d'exprimer sa reconnaissance à Sa Majesté. « J'aurais voulu faire plus, répondit le Roi, mais je n'ai aucun moyen [1]. »]

Depuis sa séparation d'avec la famille royale, le Roi refusa constamment de descendre dans le jardin. Quand on lui en faisait la proposition, il répondait : « Je ne peux « me résoudre à sortir seul; la promenade ne m'était « agréable qu'autant que j'en jouissais avec ma famille. » Mais, quoique éloigné des objets chers à son cœur, quoique certain de sa destinée, il ne laissait échapper ni plaintes ni murmures : il avait déjà pardonné à ses oppresseurs. Chaque jour, il puisait dans son cabinet de lecture les forces qui soutenaient son courage ; en sortait-il, c'était pour se livrer aux détails d'une vie toujours uniforme, mais toujours embellie par une foule de traits de bonté. Il daignait me traiter comme si j'avais été plus que son serviteur ; il traitait les municipaux de garde auprès de sa personne comme s'il n'avait pas eu à s'en plaindre, et causait avec eux comme autrefois avec ses sujets. C'était des objets relatifs à leur état qu'il les entretenait, de leur famille, de leurs enfants, des avantages et des devoirs de leur profession. Ceux qui l'entendaient étaient étonnés de la justesse de ses remarques, de la variété de ses connaissances, et de la manière dont elles étaient classées dans sa mémoire. Ses conversations n'avaient pas

---

1. Addition de Cléry. Édition de 1861, p. 136, note.

pour but de le distraire de ses maux ; sa sensibilité était vive et profonde, mais sa résignation était encore supérieure à ses malheurs.

[Pendant ses repas, le Roi faisait toujours la conversation avec les municipaux, dès qu'ils paraissaient moins grossiers ; il se mettait à la portée de tous, parlait aux avocats et aux médecins des auteurs grecs et latins ; avec les artistes il causait sculpture, peinture ou musique, ou bien encore de littérature ; puis avec les ouvriers, de leur état, dont toutes les branches lui étaient familières ; tous les genres de commerce, ainsi que les productions de chaque partie de la France, lui étaient également connus. Le Roi se levait ensuite de table et prenait son café, debout, près du grand poêle de la salle à manger. Depuis que le Roi ne communiquait plus avec la famille royale, on me laissait peu sortir de l'appartement et je prenais mes repas dans cette même salle. La touchante bonté du Roi veillait à ce que l'on mît pour moi tous les mets bien exactement dans le poêle, indiquant surtout ce qui lui avait semblé le meilleur. La brioche et le pâté étaient ce qu'il préférait ; j'en commandais toutes les semaines : on les servait deux jours de suite ; le Roi ayant remarqué que ces deux plats restaient intacts, me gronda doucement, et je trouvai désormais ma part apprêtée. Je ne relèverai point ici les infâmes propos que les révolutionnaires se plaisaient à propager parmi le peuple ; ce que je puis certifier, c'est que jamais le Roi n'acheva une bouteille de vin dans la journée [1].]

Le mercredi 19 décembre, on apporta comme à l'ordinaire le déjeuner du Roi : ne pensant pas aux Quatre-Temps, je le lui présentai : « C'est aujourd'hui jour de

---

[1]. Addition de Cléry. Édition de 1861, p. 192.

jeûne, » me dit ce prince. Je reportai le déjeuner dans la salle. « A l'exemple de votre maître, vous jeûnerez sans doute aussi ? » me dit d'un ton railleur un municipal (Dorat de Cubières). « Non, Monsieur ; j'ai besoin aujourd'hui de déjeuner, » lui répondis-je [1]. Quelques jours après, Sa Majesté me donna à lire un journal que lui avait apporté M. de Malesherbes, et où se trouvait cette anecdote, entièrement défigurée. « Lisez, me dit le Roi ; vous verrez « qu'on vous traite de malicieux; ils auraient sans doute « mieux aimé pouvoir vous traiter d'hypocrite. »

Le même jour 19, le Roi me dit à son dîner, devant trois ou quatre municipaux : « Il y a quatorze ans que « vous avez été plus matinal qu'aujourd'hui. » Je compris aussitôt Sa Majesté. « C'était le jour où naquit ma fille, « continua le Roi. Aujourd'hui son jour de naissance, « répéta-t-il avec attendrissement, et être privé de la « voir !.... » Quelques larmes coulèrent de ses yeux, et il régna pour un moment un silence respectueux.

Madame Royale ayant désiré un almanach dans la forme du petit calendrier de la cour, le Roi me chargea de l'acheter [2], et de faire emplette pour lui de l'*Almanach de la république*, qui avait remplacé l'*Almanach royal* : il le parcourait souvent, et en notait les noms avec un crayon.

Le Roi devait bientôt paraître pour la seconde fois à la barre de la Convention. Il n'avait pu se faire la barbe depuis qu'on avait enlevé ses rasoirs, et il en souffrait beaucoup, ce qui le forçait de se laver le visage plusieurs

---

1. Voir le rapport de Dorat-Cubières au Conseil général de la Commune. *Documents officiels*, n° CLIV.

2. « Ce petit almanach était relié blanc et or. Ce fut Turgi qui l'acheta, et le remit secrètement à la princesse. » (Addition de Cléry, édition de 1861, p. 138, note.)

fois le jour avec de l'eau fraîche [1]. Le Roi me dit de me procurer des ciseaux ou un rasoir, mais qu'il ne voulait pas en parler lui-même aux municipaux. Je pris la liberté de lui observer que, s'il paraissait ainsi à l'assemblée, le peuple verrait au moins avec quelle barbarie en agissait le Conseil général. « Je ne dois pas, me répondit Sa Majesté, chercher à intéresser sur mon sort. » Je m'adressai aux commissaires, et la Commune décida le lendemain qu'on rendrait les rasoirs du Roi, mais qu'il ne pourrait s'en servir qu'en présence de deux municipaux [2].

Les trois jours qui précédèrent Noël, le Roi écrivit plus qu'à l'ordinaire; on avait alors le projet de le faire rester aux Feuillants un jour ou deux, pour le juger sans désemparer. On m'avait même donné ordre de me préparer à le suivre, et de disposer ce qui pourrait lui être nécessaire; mais ce plan fut changé. Ce fut le jour de Noël que Sa Majesté écrivit son Testament; je l'ai lu et copié, à l'époque où il fut remis au conseil du Temple; il était écrit en entier de la main du Roi, avec quelques ratures. Je crois devoir rapporter ici ce monument déjà céleste de son innocence et de sa piété [3].

Le 26 décembre, le Roi fut conduit pour la seconde fois à la barre de l'Assemblée : j'en avais fait prévenir la Reine, pour que le bruit des tambours et le mouvement des troupes ne l'effrayassent pas. Sa Majesté partit à dix heures du matin, et revint à cinq heures du soir, toujours

---

[1]. « Le Roi était d'une propreté extrême ; il faisait chaque jour la toilette la plus scrupuleuse; il eût cruellement souffert d'un seul jour de négligence à cet égard. L'on demandera peut-être pourquoi j'insiste sur une action si naturelle, mais je répondrai que les mauvais journaux de ce malheureux temps se sont plu à calomnier le Roi même dans ses habitudes de toilette. » (Idem, ibid., p. 139, note.)

[2]. Voir Documents officiels, n° CLVII.

[3]. Nous donnerons ce précieux document dans l'Appendice.

sous la surveillance de Chambon et de Santerre [1].
MM. de Malesherbes, de Sèze et Tronchet vinrent le
même soir, au moment où le Roi sortait de table : il leur
offrit de prendre quelques rafraîchissements : M. de Sèze
fut le seul qui accepta. Sa Majesté lui témoigna sa reconnaissance des soins qu'il s'était donnés pour prononcer son
discours ; ces messieurs passèrent ensuite dans son cabinet.

Le lendemain, Sa Majesté daigna me remettre elle-
même sa défense imprimée, après avoir demandé aux municipaux si elle pouvait me la donner sans inconvénient.
Le commissaire Vincent, entrepreneur de bâtiments [2], qui
a rendu à la famille royale tous les services qui dépendaient de lui, se chargea d'en porter secrètement un
exemplaire à la Reine; il profita du moment où le Roi le
remerciait de ce petit service pour lui demander quelque
chose qui lui eût appartenu : Sa Majesté détacha sa cravate, et lui en fit présent. Une autre fois, elle donna ses
gants à un autre municipal, qui désira les avoir par le
même motif. Même aux yeux de plusieurs de ses gardiens,
déjà ses dépouilles étaient sacrées [3].

[Le soir, comme j'étais à une table de jeu où j'avais invité les municipaux à faire une partie de dames avec moi,
afin qu'ils laissassent le Roi seul, Sa Majesté vint m'apporter sa défense imprimée; il demanda aux deux municipaux s'il pouvait me la remettre sans inconvénient; ils
l'accordèrent. Je conservai précieusement cette brochure;

---

1. Voir le procès-verbal. *Documents officiels*, n° CLXVIII.
2. Jean-Baptiste Vincent, alors âgé de trente-quatre ans; guillotiné le 11 thermidor an II.
3. Il se produisait, dans l'opinion, un revirement en faveur de Louis XVI et de sa famille. Le 17 décembre, le chargé d'affaire anglais Georges Monro écrivait à lord Grenville : « I am glad to find people more interested about them than they were. » *The Despatches of Earl Gower*, p. 258.

mais elle resta à la tour avec mes autres effets, et je n'ai jamais pu la ravoir.

Lorsque les municipaux obsédaient le Roi de leur présence, je cherchais tous les moyens de lui éviter leur insupportable compagnie; parfois aussi le prince désirait parler à l'un d'eux; sur un signe je proposais une partie à celui que le Roi voulait entretenir; nous la terminions promptement; je faisais ensuite la même proposition à son collègue, s'il ne le demandait pas le premier, et je tâchais de rendre celle-ci aussi longue que possible. Combien de parties ai-je ainsi faites pendant cette affreuse captivité, où mon esprit était bien éloigné de mon jeu [1]!]

Le 1er janvier, j'approchai du lit du Roi, et lui demandai à voix basse la permission de lui présenter mes vœux les plus ardents pour la fin de ses malheurs. « Je reçois vos souhaits, » me dit-il avec affection, en me tendant une de ses mains, que je baisai et arrosai de mes larmes. Aussitôt qu'il fut levé, il pria un municipal d'aller de sa part savoir des nouvelles de sa famille, et de lui présenter ses souhaits pour la nouvelle année. Les municipaux furent émus par le ton dont ces paroles, si déchirantes relativement à la situation où était le Roi, furent prononcées. « Pour« quoi, me dit l'un d'eux, lorsque le Roi fut rentré dans sa « chambre, ne demande-t-il pas à voir sa famille ? A pré« sent que les interrogatoires sont terminés, cela ne souf« frirait aucune difficulté; c'est à la Convention qu'il fau« drait s'adresser. » Le municipal qui était allé chez la Reine rentra, et annonça à Sa Majesté que sa famille la remerciait de ses vœux et lui adressait les siens. « Quel jour de nouvelle année ! » dit le Roi.

Le même soir, je pris la liberté de lui observer que j'é-

---

[1]. Addition de Cléry, dans l'édition de 1861, p. 194.

tais presque certain du consentement de la Convention, si Sa Majesté demandait qu'il lui fût permis de voir sa famille. « Dans quelques jours, me dit le Roi, ils ne me re-
« fuseront pas cette consolation ; il faut attendre. »

Plus le moment du jugement approchait (si l'on peut donner ce nom à la procédure que l'on faisait subir au Roi), plus mes craintes et mes angoisses augmentaient ; je faisais mille questions aux municipaux, et tout ce que j'en apprenais ajoutait à mes terreurs. Ma femme venait me voir toutes les semaines, et me rendait un compte exact de ce qui se passait dans Paris. L'opinion publique paraissait toujours favorable au Roi : elle se manifesta même avec éclat au Théâtre français et à celui du Vaudeville. On représentait au premier *l'Ami des lois*; toutes les allusions au procès de Sa Majesté furent saisies et applaudies avec transport. Au Vaudeville, un des personnages, dans *la Chaste Suzanne*, disait aux deux vieillards : « Comment pouvez-vous être accusateurs et juges tout ensemble ? » Le public fit répéter plusieurs fois ce passage [1]. Je remis au Roi un exemplaire de *l'Ami des lois*. Je lui disais souvent, et j'étais presque parvenu à le croire moi-même, que les membres de la Convention, opposés les uns aux autres, ne prononceraient que la peine de la réclusion ou de la déportation. « Puissent-ils, me répondit Sa Majesté, avoir
« cette modération pour ma famille ! je n'ai de crainte
« que pour elle. »

Quelques personnes me firent prévenir par ma femme qu'une somme considérable, déposée chez M. Pariscau [2], rédacteur de *la Feuille du jour*, était à la disposition du Roi ; qu'on me priait de demander ses ordres, et que cette

---

1. Voir *Documents officiels*, n°s CLXXIX, CLXXXI, CLXXXII et CLXXXV.
2. Pierre-Germain Parisau, confondu avec Jacques Parisot, capitaine de la garde constitutionnelle du Roi, et décapité le 22 messidor an II.

somme serait remise entre les mains de M. de Malesherbes, si Sa Majesté le désirait. J'en rendis compte au Roi. « Re-
« merciez bien ces personnes de ma part, me répondit-il ;
« je ne peux accepter leurs offres généreuses ; ce serait
« les exposer. » Je le priai d'en parler au moins à M. de Malesherbes, ce qu'il me promit.

La correspondance de Leurs Majestés continuait toujours. Le Roi, instruit que Madame Royale était malade, fut très inquiet pendant quelques jours. La Reine, après bien des sollicitations, obtint qu'on fît entrer au Temple M. Brunier, médecin des enfants de France ; cette nouvelle parut le tranquilliser [1].

Le mardi 15 janvier, veille du jugement du Roi, ses Conseils vinrent comme de coutume. MM. de Sèze et Tronchet prévinrent Sa Majesté de leur absence pour le lendemain.

Le matin du mercredi 16, M. de Malesherbes resta assez longtemps avec le Roi, et dit à Sa Majesté, en sortant, qu'il viendrait lui rendre compte de l'appel nominal aussitôt qu'il en saurait le résultat ; mais la séance s'étant prolongée fort avant dans la nuit, ce ne fut que le 17 au matin qu'on prononça le décret.

Le même jour 16, à six heures du soir, quatre municipaux entrèrent dans la chambre, et lurent au Roi un arrêté de la Commune, portant en substance « qu'il serait gardé à vue jour et nuit par lesdits municipaux, et que deux d'entre eux passeraient la nuit à côté de son lit [2]. »
Le Roi demanda si son jugement était prononcé : l'un d'eux (du Roure) commença par s'asseoir dans le fauteuil de Sa Majesté, qui était restée debout ; il répondit ensuite

---

1. Voir *Documents officiels*, n° CLXXX.
2. Voir *Documents officiels*, n°s CLXXXVIII, CLXXXIX et CXCIII.

qu'il ne s'inquiétait pas de ce qui se passait à la Convention ; que cependant il avait entendu dire qu'on en était encore à l'appel nominal. Quelques moments après, M. de Malesherbes entra, et annonça au Roi que l'appel nominal n'était pas encore terminé.

Le feu prit dans ce moment à la cheminée d'une chambre où logeait le porteur de bois au palais du Temple. Un rassemblement assez considérable de peuple entra dans la cour. Un municipal vint, tout effrayé, dire à M. de Malesherbes de se retirer sur-le-champ. M. de Malesherbes sortit, après avoir promis au Roi de revenir l'instruire de son jugement. « Quelle est la cause de votre frayeur ? demandai-je à ce commissaire. — On a mis le feu au Temple, me dit-il ; on l'a mis exprès pour sauver Capet dans le tumulte ; mais je viens de faire environner les murs par une forte garde. » Bientôt on apprit que le feu était éteint, et que c'était un simple accident.

Le jeudi 17 janvier, M. de Malesherbes entra vers les neuf heures du matin ; j'allai au-devant de lui. « Tout est perdu, me dit-il ; le Roi est condamné. » Le Roi, qui le vit arriver, se leva pour le recevoir. Ce ministre se précipita à ses pieds : il était étouffé par ses sanglots, et fut plusieurs moments sans pouvoir parler. Le Roi le releva, et le serra contre son sein avec affection. M. de Malesherbes lui apprit le décret de condamnation à la mort ; le Roi ne fit aucun mouvement qui annonçât de la surprise ou de l'émotion : il ne parut affecté que de la douleur de ce respectable vieillard, et chercha même à le consoler [1].

---

1. On lit dans le *Courrier français* du 21 janvier :

« *Nouvelles de Paris.* 20 janvier. Plusieurs journaux ont rendu compte du fait suivant. M. Malesherbes, en se présentant vendredi au Temple, a dit à Louis : « Prince, vous avez du courage ; je ne dois pas vous dissimuler que votre jugement est porté. — Tant mieux, a répondu Louis, cela me tire d'incertitude. » Il s'est longtemps promené pensif : vers

M. de Malesherbes rendit compte à Sa Majesté du résultat de l'appel nominal. Dénonciateurs, parents, ennemis personnels, laïques, ecclésiastiques, députés absents, tous avaient opiné ; et, malgré cette violation de toutes les formes, ceux qui avaient prononcé la mort, les uns comme mesure politique, les autres prétendant que le Roi était coupable, n'avaient obtenu qu'une majorité de *cinq voix* [1] ; plusieurs députés n'avaient voté la mort qu'avec sursis. On avait ordonné un second appel nominal sur cette question ; et il était à présumer que les voix de ceux qui voulaient retarder l'exécution du régicide, joints aux suffrages qui n'étaient pas pour la peine capitale, formeraient la majorité. Mais, aux portes de l'Assemblée, des assassins, dévoués au duc d'Orléans et à la députation de Paris, effrayaient de leurs cris, menaçaient de leurs poignards quiconque refuserait d'être leur complice ; et, soit stupeur, soit indifférence, la capitale ou n'osa ou ne voulut rien entreprendre pour sauver son Roi [2].

midi il a demandé un confesseur : ce soir il a tout son calme et cause de choses indifférentes. »

On lit encore dans le *Courrier universel* du 21 janvier :

« Le prisonnier du Temple attend sa dernière heure avec calme ; avant hier, dans un de ses (*sic*) abandons qui précèdent les agonies, il disait à ses conseils : « Je n'aurais pas écrit ma dernière lettre aux représentants de la nation, si je n'avais pas été intimement convaincu qu'elle pouvait être plus utile au peuple qu'à moi ; mais puisque la Convention n'a pas cru de sa justice de prendre en considération la demande d'un appel à la France entière, je suis tout prêt à subir mon sort. Puisse le sacrifice de ma vie faire le bonheur d'un peuple que j'aimerai encore en mourant ! »

« Le vieillard Malsherbes, Tronchet et Desèze veulent en vain retenir les larmes qui les suffoquent. Louis devient alors leur consolateur. »

1. Voir *liste comparative des cinq appels nominaux faits dans les séances des 15, 16, 17, 18 et 19 janvier sur le procès et le jugement de Louis XVI*, etc. Paris, 1793, in-8° de VIII-56-109 p. — M. Gustave Bord a publié en 1884 un ouvrage intitulé : *La vérité sur la condamnation de Louis XVI*, Paris, Sauton, in-8°, tiré à 110 ex.

2. Voici la courageuse protestation qui parut dans *la Révolution de 92*, numéro du samedi 19 janvier :

M. de Malesherbes se disposait à sortir : le Roi obtint de l'entretenir en particulier [1] ; il le conduisit dans son cabinet, en ferma la porte et resta environ une heure seul avec lui. Sa Majesté le reconduisit jusqu'à la porte d'entrée, lui recommanda encore de venir de bonne heure le

« SITUATION DE PARIS. — Eussions-nous un cœur cuirassé d'un triple airain, que nous ne nous sentirions pas encore la force de rendre ce qui se passe au milieu et autour de nous! L'effroyable arrêt de mort de Louis XVI, qui a été porté à la majorité de cinq voix, en comprenant dans ce nombre celle de l'atroce Égalité, son plus proche parent, se crie maintenant dans toutes les rues de Paris, et bientôt, ô douleur! cette terrible sentence sera exécutée. Nous abandonnons à nos lecteurs toutes les réflexions que les honnêtes citoyens font dans ce moment. Un calme noir, des regards sombres, des soupirs étouffés, une perpétuelle palpitation de cœur et quelques larmes, voilà le tableau de ceux qui ont toujours pensé qu'il était possible de conserver la liberté sans la cimenter du sang de Louis XVI. La loi en a disposé autrement; elle a cru la mort de la victime nécessaire au salut de la république ; et chacun, en gémissant sur l'instabilité des grandeurs humaines, attend dans la crainte et le tremblement l'effet accablant de la loi.... Quoi qu'il en soit, la multitude ne paraît pas effrayée de cet événement ; on dirait au contraire qu'elle y attache son bonheur, tant sa contenance est riante et tranquille; la fête de la réunion des fédérés n'a pas peu contribué à lui donner cette impulsion; le peuple dansait quand ses mandataires prononçaient en frémissant l'arrêt qui condamne Louis XVI à la mort. *Stupete gentes....* »

On lit dans le même numéro de *la Révolution de 92* :
« Nous apprenons en ce moment que Louis XVI attend sa dernière heure avec résignation. On assure que depuis plus de huit jours il lit la prière des agonisants et qu'il se familiarise ainsi avec l'idée de la mort. Ses conseils ne lui parlent plus qu'en pleurant, mais, ô prodige de la religion! Louis XVI, toujours calme sur les événements, est obligé de les consoler. Manuel l'a dit et nous le pensons : si Louis XVI subit son jugement, comme il n'est plus possible d'en douter, la mort de Louis XVI sera la mort d'un saint. Ici nos larmes nous suffoquent, et malgré nous, notre plume se refuse à l'expression de nos sentiments. »

Voici, d'après Beaulieu, comment la décision de la Convention fut accueillie : « Cette nouvelle fut bientôt connue de tout Paris, et le calme de la terreur se répandit dans toute la ville; l'on ne voyait dans les rues que des figures tristes et sombres; on n'entendait dans les lieux publics que des opinions incertaines, des conversations à voix basse; Paris, enfin, jadis si folâtre, si bruyant, si agité, paraissait être devenu tout à coup le séjour silencieux de la stupeur et de l'effroi. » *Les souvenirs de l'histoire, ou le diurnal de la Révolution de France pour l'an de grâce 1797*, t. I, p. 24-25.

1. Voir plus loin le récit de Malesherbes.

soir, et de ne point l'abandonner dans ses derniers moments. « La douleur de ce bon vieillard m'a vivement ému, » me dit le Roi en rentrant dans sa chambre, où je l'attendais.

Depuis l'entrée de M. de Malesherbes, un tremblement universel s'était emparé de moi. Je préparai cependant tout ce qui était nécessaire pour que le Roi pût se raser. Il se mit le savon lui-même; debout et en face, je tenais son bassin. Forcé de concentrer ma douleur, je n'avais pas encore osé jeter les yeux sur mon malheureux maître : je le fixai par hasard, et mes larmes coulèrent malgré moi. Je ne sais si l'état où je me trouvais rappela au Roi sa position, mais une pâleur subite parut sur son visage; son nez et ses oreilles blanchirent tout à coup. A cette vue, mes genoux se dérobèrent sous moi; le Roi, qui s'aperçut de ma défaillance, me prit les deux mains, les serra avec force, et me dit à demi-voix : « Allons, plus de courage! » Il était observé : un langage muet lui peignit toute mon affliction, il y parut sensible; son visage se ranima, il se rasa avec tranquillité; ensuite je l'habillai.

Sa Majesté resta dans sa chambre jusqu'à l'heure de son dîner, occupée à lire ou à se promener. Dans la soirée, je le vis aller du côté du cabinet, et je l'y suivis, sous prétexte qu'il pouvait avoir besoin de mon service. « Vous
« avez, me dit le Roi, entendu le récit de mon jugement?
« — Ah! Sire, lui dis-je, espérez un sursis : M. de Males-
« herbes ne croit pas qu'on le refuse. — Je ne cherche au-
« cun espoir, me répondit le Roi; mais je suis bien affligé
« de ce que M. d'Orléans, mon parent, a voté ma mort :
« lisez cette liste. » Il me remit alors la liste de l'appel nominal, qu'il tenait à la main. « Le public, lui dis-je,
« murmure hautement : Dumouriez est à Paris; on dit
« qu'il est porteur du vœu de son armée contre le procès

« que l'on a fait à Votre Majesté. Le peuple est révolté de
« l'infâme conduite de M. d'Orléans. Le bruit se répand
« aussi que les ministres des puissances étrangères vont se
« réunir pour aller à l'Assemblée. Enfin l'on assure que les
« conventionnels craignent une émeute populaire. — Je
« serais bien fâché qu'elle eût lieu, répondit le Roi; il y
« aurait de nouvelles victimes. Je ne crains pas la mort,
« ajouta ce prince; mais je ne puis envisager sans frémir
« le sort cruel que je vais laisser après moi à ma famille,
« à la Reine, à nos malheureux enfants!.... Et ces fidèles
« serviteurs qui ne m'ont point abandonné, ces vieillards
« qui n'avaient d'autres moyens pour subsister que les
« modiques pensions que je leur faisais, qui va les secou-
« rir? Je vois le peuple, livré à l'anarchie, devenir la vic-
« time de toutes les factions, les crimes se succéder, de
« longues dissensions déchirer la France. » Puis, après
un moment de silence : « Oh! mon Dieu, était-ce là le
« prix que je devais recevoir de tous mes sacrifices?
« N'avais-je pas tout tenté pour assurer le bonheur des
« Français? » En prononçant ces paroles, il me serrait les
mains; pénétré d'un saint respect, j'arrosai les siennes
de mes larmes : il me fallut le quitter en cet état. Le Roi
attendit vainement M. de Malesherbes. Le soir, il me demanda s'il s'était présenté : j'avais fait la même question
aux commissaires, tous m'avaient répondu que non.

Le vendredi 18, le Roi ne reçut aucune nouvelle de
M. de Malesherbes; il en fut très inquiet. Un ancien *Mercure de France* étant tombé sous sa main, il y lut un lo-
gogriphe qu'il me donna à deviner; j'en cherchai le mot
inutilement. « Comment, vous ne le trouvez pas? Il m'est
« pourtant bien applicable dans ce moment, me dit-il; le
« mot est *sacrifice*. » Le Roi m'ordonna de chercher dans
la bibliothèque le volume de l'*Histoire d'Angleterre* où se

trouve la mort de Charles Ier : il en fit la lecture les jours suivants. J'appris, à cette occasion, que Sa Majesté avait lu deux cent cinquante volumes depuis son entrée au Temple. Le soir, je pris la liberté de lui observer qu'elle ne pouvait être privée de ses Conseils que par un décret de la Convention, et qu'elle devrait demander qu'on leur permît d'entrer dans la tour. « Attendons jusqu'à demain, » me répondit le Roi.

Le samedi 19, à neuf heures du matin, un municipal nommé Gobeau entra, un papier à la main ; il était accompagné du concierge de la tour, nommé Mathey, qui portait une écritoire. Le municipal dit au Roi qu'il avait ordre d'inventorier les meubles et autres effets [1] : Sa Majesté me laissa seul avec lui, et se retira dans sa tourelle. Alors, sous le prétexte d'un inventaire, le municipal se mit à fouiller avec le soin le plus minutieux, pour être certain, disait-il, qu'aucune arme ni instrument tranchant n'avaient été cachés dans la chambre de Sa Majesté. Il restait à fouiller un petit bureau dans lequel étaient des papiers : le Roi fut contraint d'en ouvrir tous les tiroirs, de déplacer et de montrer chaque papier l'un après l'autre. Il y avait trois rouleaux au fond d'un tiroir : on voulut en examiner le contenu. « C'est, dit le Roi, de l'argent « qui ne m'appartient pas, il est à M. de Malesherbes ; je « l'avais préparé pour le lui rendre. » Les trois rouleaux contenaient trois mille livres en or ; sur chaque rouleau le Roi avait écrit, de sa main : *A M. de Malesherbes* [2].

Pendant qu'on faisait les mêmes recherches dans la tou-

---

[1]. Voir *Documents officiels*, n{os} CXCIV et CXVIII.
[2]. M. F. Barrière, dans la *Bibliothèque des Mémoires*, etc., t. IX, p. 94, place ici la note suivante :

« Sur les registres manuscrits de la Commune, registres authentiques dont il nous a été permis de prendre communication, l'on trouve les dé-

relle, Sa Majesté rentra dans sa chambre, et voulut se chauffer. Le concierge Mathey était dans ce moment devant la cheminée, tenant son habit retroussé, et tournant le dos au feu. Le Roi ne pouvant se chauffer qu'avec peine par un des côtés, et l'insolent concierge restant toujours à la même place, Sa Majesté lui dit avec quelque vivacité de s'éloigner un peu. Mathey se retira ; les municipaux sortirent aussi, après avoir terminé leurs recherches.

Le soir, le Roi dit aux commissaires de demander à la Commune les motifs qui s'opposaient à l'entrée de ses Conseils dans la tour, désirant au moins s'entretenir avec M. de Malesherbes ; ils promirent d'en parler ; mais l'un d'eux avoua qu'il leur avait été défendu de faire part au Conseil général d'aucune demande de Louis XVI, à moins qu'elle ne fût écrite et signée de sa main. « Pourquoi, ré- « pondit le Roi, m'a-t-on laissé depuis deux jours ignorer « ce changement ? » Il écrivit alors un billet, et le remit aux municipaux : on ne le porta que le lendemain matin à la Commune. Le Roi demandait de voir librement ses Conseils, et se plaignait de l'arrêté qui ordonnait de le garder à vue le jour comme la nuit. « On doit sentir, écri- vait-il à la Commune, que, dans la position où je me trouve, il est bien pénible pour moi de ne pouvoir être

---

tails suivants au sujet de la somme dont il est question dans ce passage.

Séance du 25 septembre 1793

« Le secrétaire greffier croit devoir observer au Conseil général que quatre-vingts pièces d'or, qui lui ont été remises hier, ont été déclarées par Élisabeth être un dépôt qui lui a été remis, le 10 août 1792, par la veuve Lamballe ; que les rouleaux trouvés chez Capet portaient pour étiquette : *A M. de Malesherbes*. Il pense que le Conseil général n'a pas eu l'intention de disposer de ces dépôts.

« Le Conseil général passe à l'ordre du jour, motivé sur ce que les rouleaux de Capet n'ont pas été réclamés par Malesherbes, et sur le vague de l'observation d'Élisabeth, qui paraît n'être qu'un subterfuge. » (*Registre* n° 80.)

seul, et de ne point avoir la tranquillité nécessaire pour me recueillir [1]. »

Le dimanche 20 janvier, le Roi, dès son lever, s'informa des municipaux s'ils avaient fait part de sa demande au Conseil de la Commune : ils l'assurèrent qu'elle avait été portée sur-le-champ. Vers les dix heures j'entrai dans la chambre du Roi, qui me dit aussitôt : « Je ne vois point « arriver M. de Malesherbes. — Sire, lui dis-je, je viens « d'apprendre qu'il s'est présenté plusieurs fois ; mais « l'entrée de la tour lui a toujours été refusée. — Je vais « savoir le motif de ce refus, répondit le Roi : la Com- « mune aura sans doute prononcé sur ma lettre. » Il se promena dans sa chambre, il lut, il écrivit, et s'occupa ainsi toute la matinée.

Deux heures venaient de sonner, on ouvre tout à coup la porte ; c'était le Conseil exécutif [2]. Douze ou quinze personnes se présentent à la fois : Garat, ministre de la justice ; Lebrun, ministre des affaires étrangères ; Grouvelle, secrétaire du Conseil ; le président [3] et le procureur général syndic du département [4], le maire [5] et le procureur de la Commune [6], le président [7] et l'accusateur public du tribunal criminel [8]. Santerre, qui devançait les autres, me dit : « Annoncez le Conseil exécutif. » Le Roi, qui avait entendu beaucoup de mouvement, s'était levé, et avait fait quelques pas ; mais, à la vue de ce cortège, il resta entre

---

1. Voir *Documents officiels*, n° CCIII.
2. Voir *Documents officiels*, n° CC.
3. C'était le vice-président du directoire du département de Paris ; il se nommait La Chevardière.
4. Le procureur général syndic du département était Louis-Marie Lulier secrétaire de la Commune dans la séance du 10 août.
5. Chambon.
6. Hébert, deuxième substitut du procureur Chaumette.
7. Nicolas Oudard.
8. Charles Lebois.

la porte de sa chambre et celle de l'antichambre, dans l'attitude la plus noble et la plus imposante. J'étais près de lui. Garat, le chapeau sur la tête, porta la parole et dit : « Louis, la Convention nationale a chargé le Conseil exé- « cutif provisoire de vous signifier ses décrets des 15, 16, « 17, 19 et 20 janvier ; le secrétaire du Conseil va vous en « faire lecture. » Alors Grouvelle, secrétaire, déploya le décret, et le lut d'une voix faible et tremblante.

Décrets de la Convention nationale des 15, 16, 17, 19 et 20 janvier.

ARTICLE PREMIER.

La Convention nationale déclare Louis Capet, dernier roi des Français, coupable de conspiration contre la liberté de la nation, et d'attentat contre la sûreté générale de l'État.

ART. II.

La Convention nationale décrète que Louis Capet subira la peine de mort.

ART. III.

La Convention nationale déclare nul l'acte de Louis Capet, apporté à la barre par ses Conseils, qualifié d'appel à la nation du jugement contre lui rendu par la Convention ; défend à qui que ce soit d'y donner aucune suite, à peine d'être poursuivi et puni comme coupable d'attentat contre la sûreté générale de la République.

ART. IV.

Le Conseil exécutif provisoire notifiera le présent décret dans le jour à Louis Capet, et prendra les mesures de police et de sûreté nécessaires pour en assurer l'exécution dans les vingt-quatre heures, à compter de sa notification, et rendra compte du tout à la Convention nationale, immédiatement après qu'il aura été exécuté.

Pendant cette lecture, aucune altération ne parut sur le visage du Roi. Je remarquai seulement qu'au premier

article, lorsqu'on prononça le mot *conspiration*, un sourire d'indignation parut sur le bord de ses lèvres ; mais aux mots *subira la peine de mort*, un regard céleste, qu'il porta sur tous ceux qui l'environnaient, leur annonça que la mort était sans terreur pour l'innocence. Le Roi fit un pas vers Grouvelle, secrétaire du Conseil, prit le décret de ses mains, le plia, tira de sa poche son portefeuille, et l'y plaça ; puis, retirant un papier du même portefeuille, il dit au ministre Garat : « Monsieur le ministre de la jus-
« tice, je vous prie de remettre sur-le-champ cette lettre à
« la Convention nationale. » Le ministre paraissant hésiter, le Roi ajouta : « Je vais vous en faire lecture. » Et il lut sans aucune altération ce qui suit :

« Je demande un délai de trois jours pour pouvoir me
« préparer à paraître devant Dieu ; je demande pour cela
« de pouvoir voir librement la personne que j'indiquerai
« aux commissaires de la Commune, et que cette personne
« soit à l'abri de toute crainte et de toute inquiétude pour
« cet acte de charité qu'elle remplira auprès de moi.
« Je demande d'être délivré de la surveillance perpé-
« tuelle que le Conseil général a établie depuis quelques
« jours.
« Je demande, dans cet intervalle, de pouvoir voir ma
« famille quand je le demanderai, et sans témoins ; je dési-
« rerais bien que la Convention nationale s'occupât tout
« de suite du sort de ma famille, et qu'elle lui permît de
« se retirer librement, où elle le jugerait à propos.
« Je recommande à la bienfaisance de la nation toutes
« les personnes qui m'étaient attachées ; il y en a beau-
« coup qui avaient mis toute leur fortune dans leurs
« charges, et qui, n'ayant plus d'appointements, doivent
« être dans le besoin, et même de celles qui ne vivaient

« que de leurs appointements ; dans les pensionnaires il y
« a beaucoup de vieillards, de femmes et d'enfants, qui
« n'avaient que cela pour vivre.

« Fait à la tour du Temple, le vingt janvier mil
« sept cent quatre-vingt-treize.

« Louis. »

Garat prit la lettre du Roi, et assura qu'il allait la porter à la Convention. Comme il sortait, Sa Majesté fouilla de nouveau dans sa poche, en retira son portefeuille, et dit : « Monsieur, si la Convention accorde ma demande pour « la personne que je désire, voici son adresse ; » puis elle la remit à un municipal. Cette adresse, d'une autre écriture que celle du Roi, portait : *Monsieur Edgeworth de Firmont, n° 483, rue du Bacq.* Le Roi fit quelques pas en arrière ; le ministre et ceux qui l'accompagnaient sortirent [1].

Sa Majesté se promena un instant dans sa chambre. J'étais resté contre la porte, debout, les bras croisés, et comme privé de tout sentiment. Le Roi s'approcha de moi : « Cléry, me dit-il, demandez mon dîner. » Quelques instants après, deux municipaux m'appelèrent dans la salle à manger ; ils me lurent un arrêté qui portait en substance « que *Louis* ne se servirait point de couteau ni de four« chette à ses repas ; qu'il serait confié un couteau à son va« let de chambre pour lui couper son pain et sa viande, en présence de deux commissaires, et qu'ensuite le couteau serait retiré. » Les deux municipaux me chargèrent d'en prévenir le Roi ; je m'y refusai.

En entrant dans la salle à manger, le Roi vit le panier dans lequel était le dîner de la Reine ; il demanda pour-

---

[1]. Voir rapport de Garat à la Convention. *Documents officiels,* n° CCV.

quoi l'on avait fait attendre sa famille une heure de plus, ajoutant que ce retard pourrait l'inquiéter. Il se mit à table. « Je n'ai pas de couteau, » me dit-il. Le municipal Minier [1] fit part alors à Sa Majesté de l'arrêté de la Commune. « Me croit-on assez lâche, dit le Roi, pour que j'at-
« tente à ma vie ? On m'impute des crimes, mais j'en suis
« innocent et je mourrai sans crainte : je voudrais que ma
« mort fît le bonheur des Français, et pût écarter les mal-
« heurs que je prévois. » Il régna un grand silence. Le Roi mangea peu ; il coupa du bœuf avec sa cuillère, rompit son pain : son dîner ne dura que quelques minutes.

J'étais dans ma chambre, livré à la plus affreuse douleur, lorsque, sur les six heures du soir, Garat revint à la tour : j'allai annoncer au Roi le retour du ministre de la justice. Santerre, qui le précédait, s'approcha de Sa Majesté, et lui dit à demi-voix, et d'un air riant : « Voici le Conseil exécutif. » Le ministre, s'étant avancé, dit au Roi qu'il avait porté sa lettre à la Convention, et qu'elle l'avait chargé de lui notifier la réponse suivante : « Qu'il était libre à *Louis* d'appeler tel ministre du culte qu'il jugerait à propos, et de voir sa famille librement et sans témoins; que la nation, toujours grande et toujours juste, s'occuperait du sort de sa famille ; qu'il serait accordé aux créanciers de sa maison de justes indemnités; que la Convention nationale avait passé à l'ordre du jour sur le sursis de trois jours [2]. »

Le roi entendit cette lecture sans faire aucune observation ; il rentra dans sa chambre et me dit : « Je croyais, à
« l'air de Santerre, qu'il allait m'annoncer que le sursis
« était accordé. » Un jeune municipal nommé Botson [3],

---

[1]. Alexandre Minier. C'était un joaillier.
[2]. Voir *Documents officiels*, n° CCVI.
[3]. Joseph Bodson, peintre-graveur.

voyant le Roi me parler, s'approcha : « Vous avez paru
« sensible à ce qui m'arrive, lui dit le Roi; recevez-en
« mes remerciements. » Le commissaire, surpris, ne sut
que répondre, et je fus moi-même étonné des expressions
de Sa Majesté ; car ce municipal, à peine âgé de vingt-
deux ans, d'une figure douce et intéressante, avait dit,
quelques instants auparavant : « J'ai demandé à venir au
« Temple pour voir la *grimace* qu'il fera demain » (c'était
du Roi qu'il parlait). — « Et moi aussi, » avait répondu
Mercerault, le tailleur de pierres dont j'ai déjà parlé :
« tout le monde refusait de venir; je ne donnerais pas cette
« journée pour beaucoup d'argent. » Tels étaient les
hommes vils et féroces que la Commune affectait de nommer pour garder le Roi dans ses derniers moments.

Depuis quatre jours le Roi n'avait pas vu ses Conseils;
ceux des commissaires qui s'étaient montrés sensibles à
ses malheurs évitaient de l'approcher : de tant de sujets
dont il avait été le père, de tant de Français qu'il avait
comblés de bienfaits, il ne lui restait qu'un seul serviteur
pour confident de ses peines.

Après la lecture de la réponse de la Convention, les
commissaires prirent le ministre de la justice à l'écart, et
lui demandèrent comment le Roi verrait sa famille. « En
« particulier, répondit Garat, c'est l'intention de la Con-
« vention. » Les municipaux lui communiquèrent alors
l'arrêté de la Commune qui leur enjoignait de ne perdre le
Roi de vue ni le *jour* ni la *nuit*. Il fut convenu entre les
commissaires et le ministre que pour concilier ces deux
décisions, opposées l'une à l'autre, le Roi recevrait sa famille dans la salle à manger, de manière à être vu par le
vitrage de la cloison; mais qu'on fermerait la porte, pour
qu'il ne fût pas entendu.

Le Roi rappela le ministre de la justice, pour lui demander s'il avait fait prévenir M. de Firmont : Garat répondit qu'il l'avait amené dans sa voiture; qu'il était au Conseil, et qu'il allait monter. Sa Majesté remit à un municipal, nommé Baudrais, qui causait avec le ministre, une somme de trois mille livres en or, en le priant de la rendre à M. de Malesherbes, à qui elle appartenait. Le municipal le promit; mais il la porta sur-le-champ au Conseil [1], et jamais cette somme ne fut remise à M. de Malesherbes. M. de Firmont parut : le Roi le fit passer dans la tourelle, et s'enferma avec lui. Garat étant parti, il ne resta dans l'appartement de Sa Majesté que trois municipaux.

A huit heures, le Roi sortit de son cabinet, et dit aux commissaires de le conduire vers sa famille; les municipaux répondirent que cela ne se pouvait point, mais qu'on allait la faire descendre s'il le désirait. « A la bonne heure, « dit le Roi; mais je pourrai au moins la voir seul dans « ma chambre? — Non, dit l'un d'eux; nous avons arrêté « avec le ministre de la justice que ce serait dans la salle « à manger. — Vous avez entendu, répliqua Sa Majesté, « que le décret de la Convention me permet de la voir « sans témoins. — Cela est vrai, dirent les municipaux; « vous serez en particulier : on fermera la porte; mais par « le vitrage nous aurons les yeux sur vous. — Faites des- « cendre ma famille, » dit le Roi.

Pendant cet intervalle, Sa Majesté entra dans la salle à manger; je la suivis, je rangeai la table de côté et plaçai des chaises dans le fond, afin de donner plus d'espace. « Il faudrait, me dit le Roi, apporter un peu d'eau et un « verre. » Il y avait sur une table une carafe d'eau à la glace; je n'apportai qu'un verre, et le plaçai près de cette

---

[1]. Voir *Documents officiels*, n° CCXVII.

carafe. « Apportez de l'eau qui ne soit pas à la glace, me
« dit le Roi; car si la Reine buvait de celle-là, elle pourrait
« en être incommodée. Vous direz, ajouta Sa Majesté, à
« M. de Firmont qu'il ne sorte pas de mon cabinet; je
« craindrais que sa vue ne fît trop de mal à ma famille. »
Le commissaire qui était allé la chercher resta un quart
d'heure; dans cet intervalle, le Roi rentra dans son cabinet, venant de temps en temps à la porte d'entrée avec des
marques de la plus vive émotion.

A huit heures et demie, la porte s'ouvrit : la Reine parut la première, tenant son fils par la main; ensuite Madame Royale et Madame Élisabeth. Tous se précipitèrent
dans les bras du Roi. Un morne silence régna pendant
quelques minutes, et ne fut interrompu que par des sanglots. La Reine fit un mouvement pour entraîner Sa Majesté vers sa chambre. « Non, dit le Roi; passons dans
« cette salle, je ne puis vous voir que là. » Ils y entrèrent,
et j'en fermai la porte, qui était en vitrage. Le Roi s'assit,
la Reine à sa gauche, Madame Élisabeth à sa droite,
Madame Royale presque en face, et le jeune prince
resta debout entre les jambes du Roi : tous étaient pen-
chés vers lui, et le tenaient souvent embrassé. Cette
scène de douleur dura sept quarts d'heure, pendant lesquels il fut impossible de rien entendre ; on voyait seulement qu'après chaque phrase du Roi les sanglots des
princesses redoublaient, duraient quelques minutes, et
qu'ensuite le Roi recommençait à parler. Il fut aisé de
juger à leurs mouvements que lui-même leur avait appris
sa condamnation.

A dix heures un quart, le Roi se leva le premier, et tous
le suivirent : j'ouvris la porte; la Reine tenait le Roi par
le bras droit. Leurs Majestés donnaient chacune une main
à Monsieur le Dauphin ; Madame Royale, à la gauche, te-

nait le Roi embrassé par le milieu du corps; Madame Élisabeth, du même côté, mais un peu plus en arrière, avait saisi le bras gauche de son auguste frère. Ils firent quelques pas vers la porte d'entrée, en poussant les gémissements les plus douloureux. « Je vous assure, leur dit
« le Roi, que je vous verrai demain matin, à huit heures.
« —Vous nous le promettez? répétèrent-ils tous ensemble.
« —Oui, je vous le promets.—Pourquoi pas à sept heures?
« dit la Reine. — Eh bien! oui, à sept heures, répondit le
« Roi. Adieu!.... » Il prononça cet adieu d'une manière si expressive que les sanglots redoublèrent. Madame Royale tomba évanouie aux pieds du Roi, qu'elle tenait embrassé; je la relevai et j'aidai Madame Élisabeth à la soutenir. Le Roi, voulant mettre fin à cette scène déchirante, leur donna les plus tendres embrassements, et eut la force de s'arracher de leurs bras. « Adieu...., adieu...., » dit-il, et il rentra dans sa chambre.

Les princesses remontèrent chez elles : je voulus continuer à soutenir Madame Royale; les municipaux m'arrêtèrent à la seconde marche, et me forcèrent de rentrer. Quoique les deux portes fussent fermées, on continua d'entendre les cris et les gémissements des princesses dans l'escalier. Le Roi rejoignit son confesseur dans le cabinet de la tourelle.

Une demi-heure après il en sortit, et je servis le souper. Le Roi mangea peu, mais avec appétit.

[J'avais eu soin, pour le souper du Roi, de demander de la volaille panée, quelques petits pâtés, du gratin de bouilli, qu'il aimait beaucoup, de la purée de navets, en un mot toutes choses qui pouvaient se manger sans le secours du couteau ou de la fourchette. Le Roi mangea de bon appétit deux ailes de poulet, un peu de légumes, but deux verres d'eau et de vin, et pour dessert un petit biscuit à la cuiller et un peu de vin de Malaga [1].]

Après le souper, Sa Majesté étant rentrée dans son cabinet, son confesseur en sortit un instant après, et demanda aux commissaires de le conduire à la chambre du Conseil : c'était pour demander des ornements et tout ce qui était nécessaire pour dire la messe le lendemain matin. M. de Firmont n'obtint qu'avec peine que cette demande fût accordée [2]. C'est à l'église des Capucins du Marais, près l'hôtel de Soubise, qui avait été érigée en paroisse, qu'on envoya chercher les choses nécessaires pour le service divin. Revenu de la chambre du Conseil, M. de Firmont rentra chez le Roi ; tous deux passèrent dans la tourelle, et y restèrent jusqu'à minuit et demi. Alors je déshabillai le Roi, et comme j'allais pour lui rouler les cheveux, il me dit : « Ce n'est pas la peine. » Puis en le couchant, comme je fermais ses rideaux : « Cléry, vous m'éveillerez à cinq heures. »

A peine fut-il couché qu'un sommeil profond s'empara de ses sens : il dormit jusqu'à cinq heures sans s'éveiller. M. de Firmont, que Sa Majesté avait engagé à prendre un peu de repos, se jeta sur mon lit, et je passai la nuit sur une chaise dans la chambre du Roi, priant Dieu de lui conserver sa force et son courage.

J'entendis sonner cinq heures, et j'allumai le feu : au bruit que je fis, le Roi s'éveilla et me dit, en tirant son rideau : « Cinq heures sont-elles sonnées? — Sire, elles « le sont à plusieurs horloges, mais pas encore à la pen- « dule. » Le feu étant allumé, je m'approchai de son lit. « J'ai bien dormi, me dit ce prince ; j'en avais besoin : la « journée d'hier m'avait fatigué. Où est M. de Firmont?

---

1. Note inédite de Cléry, dans l'édition de 1861, p. 168.
2. Voir *Documents officiels*, n⁰⁸ CCXV et CCXVI.

« — Sur mon lit. — Et vous, où avez-vous passé la nuit ?
« — Sur cette chaise. — J'en suis fâché, dit le Roi. — Ah !
« Sire, puis-je penser à moi dans ce moment ? » Il me
donna une de ses mains, et serra la mienne avec affection.

J'habillai le Roi et le coiffai : pendant sa toilette, il ôta
de sa montre un cachet, le mit dans la poche de sa
veste, déposa sa montre sur la cheminée ; puis, retirant
de son doigt un anneau qu'il considéra plusieurs fois, il le
mit dans la même poche où était le cachet ; il changea de
chemise, mit une veste blanche qu'il avait la veille, et je
lui passai son habit : il retira des poches son portefeuille,
sa lorgnette, sa boîte à tabac, et quelques autres effets ; il
déposa aussi sa bourse sur la cheminée, tout cela en silence et devant plusieurs municipaux. Sa toilette achevée,
le Roi me dit de prévenir M. de Firmont ; j'allai l'avertir,
il était déjà levé : il suivit Sa Majesté dans son cabinet.

Pendant ce temps, je plaçai une commode au milieu de
la chambre, et je la préparai en forme d'autel, pour dire
la messe. On avait apporté à deux heures du matin tout
ce qui était nécessaire. Je portai dans ma chambre les
ornements du prêtre, et lorsque tout fut disposé, j'allai
prévenir le Roi. Il me demanda si je pourrais servir la
messe ; je lui répondis qu'oui, mais que je n'en savais pas
les réponses par cœur. Il tenait un livre à la main, il l'ouvrit, y chercha l'article de la messe, et me le remit ; puis
il prit un autre livre. Pendant ce temps, le prêtre s'habillait. J'avais placé devant l'autel un fauteuil, et mis un
grand coussin à terre pour Sa Majesté ; le Roi me fit ôter
le coussin ; il alla lui-même dans son cabinet en chercher
un autre plus petit, et garni en crin, dont il se servait ordinairement pour dire ses prières. Dès que le prêtre fut
entré, les municipaux se retirèrent dans l'antichambre,
et je fermai un des battants de la porte. La messe com-

mença à six heures. Pendant cette auguste cérémonie, il régna un grand silence. Le Roi, toujours à genoux, entendit la messe avec le plus saint recueillement, dans l'attitude la plus noble. Sa Majesté communia : après la messe, le Roi passa dans son cabinet, et le prêtre alla dans ma chambre pour quitter ses habits sacerdotaux.

Je saisis ce moment pour entrer dans le cabinet de Sa Majesté : elle me prit les deux mains, et me dit d'un ton attendri : « Cléry, je suis content de vos soins. — Ah! Sire, « lui dis-je en me précipitant à ses pieds, que ne puis-je « par ma mort désarmer vos bourreaux, et conserver une « vie si précieuse aux bons Français! Espérez, Sire, ils « n'oseront vous frapper. — La mort ne m'effraye point, « j'y suis tout préparé. Mais vous, continua-t-il, ne vous « exposez pas ; je vais demander que vous restiez près de « mon fils : donnez-lui tous vos soins dans cet affreux sé-« jour; rappelez-lui, dites-lui bien toutes les peines que « j'éprouve des malheurs qu'il ressent : un jour peut-être « il pourra récompenser votre zèle. — Ah! mon maître, « ah! mon Roi, si le dévouement le plus absolu, si mon « zèle et mes soins ont pu vous être agréables, la seule ré-« compense que je désire de Votre Majesté, c'est de rece-« voir votre bénédiction : ne la refusez pas au dernier « Français resté près de vous. » J'étais toujours à ses pieds, tenant une de ses mains : dans cet état, il agréa ma prière, me donna sa bénédiction, puis me releva, et me serrant contre son sein : « Faites-en part à toutes les per-« sonnes qui me sont attachées : dites aussi à Turgi que « je suis content de lui. Rentrez, ajouta le Roi; ne don-« nez aucun soupçon contre vous. » Puis, me rappelant, il prit sur une table un papier qu'il y avait déposé : « Tenez, « voici une lettre que Pétion m'a écrite lors de votre en-« trée au Temple, elle pourra vous être utile pour rester

« ici. » Je saisis de nouveau sa main, que je baisai, et je sortis. « Adieu, me dit-il encore, adieu !.... »

Je rentrai dans ma chambre, et j'y trouvai M. de Firmont faisant sa prière à genoux devant mon lit. « Quel
« prince ! me dit-il en se relevant; avec quelle résignation,
« avec quel courage il va à la mort ! Il est aussi calme,
« aussi tranquille que s'il venait d'entendre la messe dans
« son palais et au milieu de sa cour. — Je viens d'en re-
« cevoir, lui dis-je, les plus touchants adieux; il a daigné
« me promettre de demander que je restasse dans cette
« tour auprès de son fils : lorsqu'il sortira, Monsieur, je
« vous prie de le lui rappeler; car je n'aurai plus le bon-
« heur de le voir en particulier. — Soyez tranquille, » me
répondit M. de Firmont; et il rejoignit Sa Majesté.

A sept heures, le Roi sortit de son cabinet, m'appela, et, me tirant dans l'embrasure de la croisée, il me dit :
« Vous remettrez ce cachet [1] à mon fils...., cet anneau [2]
« à la Reine; dites-lui bien que je le quitte avec peine....
« Ce petit paquet renferme des cheveux de toute ma fa-
« mille; vous le lui remettrez aussi.... Dites à la Reine, à

---

[1]. « Étant parti de Vienne pour me rendre en Angleterre, je passai à Blankenbourg, dans l'intention de faire hommage au Roi de mon manuscrit. Quand ce prince en fut à cet endroit de mon journal, il chercha dans son secrétaire, et, me montrant avec émotion un cachet, il me dit : « Cléry, « le reconnaissez-vous ? — Ah ! Sire, c'est le même. — Si vous en doutiez, « reprit le Roi, lisez ce billet. » Je lus en tremblant.... Je venais de quitter M. l'abbé de Firmont, et c'était le 21 janvier que je retrouvais dans la main de Louis XVIII ce symbole de la royauté que Louis XVI avait voulu conserver à son fils. J'adorai les décrets de la Providence, et je demandai au Roi la permission de faire graver ce précieux billet. Le voici copié d'après l'original. *(Suit le billet.)* J'assistai à la messe que le Roi fait célébrer par M. l'abbé de Firmont, le jour du martyre de son frère. Les larmes que j'y ai vu répandre ne sont point étrangères à mon sujet. »
(Note additionnelle de Cléry. Voir édition de 1861, p. 194.)

[2]. « Cet anneau est entre les mains de Monsieur; il lui fut envoyé par la Reine et Madame Élisabeth, avec des cheveux du Roi. Voici le billet qui l'accompagnait. » *(Suit le billet.)*
(Note additionnelle de Cléry. Voir édition de 1861, p. 196.)

« mes chers enfants, à ma sœur, que je leur avais promis
« de les voir ce matin ; mais que j'ai voulu leur épargner
« la douleur d'une séparation si cruelle. Combien il m'en
« coûte de partir sans recevoir leurs derniers embrasse-
« ments !.... » Il essuya quelques larmes, puis il ajouta
avec l'accent le plus douloureux : « Je vous charge de leur
« faire mes adieux !.... » Il rentra aussitôt dans son cabinet [1].

Les municipaux, qui s'étaient approchés, avaient entendu
Sa Majesté, et l'avaient vue me remettre les différents objets que je tenais encore dans mes mains. Ils me dirent de
les leur donner ; mais l'un d'eux proposa de m'en laisser
dépositaire jusqu'à la décision du Conseil ; cet avis prévalut.

Un quart d'heure après, le Roi sortit de son cabinet :
« Demandez, me dit-il, si je puis avoir des ciseaux ; » et il
rentra. J'en fis la demande aux commissaires : « Savez-
« vous ce qu'il en veut faire ? — Je n'en sais rien. — Il
« faut le savoir. » Je frappai à la porte du petit cabinet ; le
Roi sortit. Un municipal qui m'avait suivi lui dit : « Vous

---

1. « Le 21, à onze heures, un municipal entra dans la chambre où j'étais, il me dit de le suivre au Conseil ; là je trouvai tous les municipaux as-semblés et un aide de camp du général Santerre qui venait d'annoncer la fin de Louis XVI. Je fus obligé d'entendre une partie de ce récit qui faisait frémir l'humanité. Le président m'interrogea sur ce que le Roi m'avait re-mis et sur les paroles qu'il m'avait dites, me somma d'en faire ma décla-ration sur le registre et de la signer ; ensuite il me fit présenter les objets dont j'étais dépositaire. On examina l'anneau d'or, au dedans duquel étaient écrites en lettres M. A. A. A. 19 aprile 1770. Le cachet de montre en ar-gent et s'ouvrant en trois parties : sur la première était gravé l'écusson de France ; sur la seconde deux LL entrelacées ; et sur la troisième une tête d'enfant casquée qui semblait être celle du jeune Louis.

« Le petit paquet, qui contenait les cheveux, et sur lequel était écrit de la main du Roi : *cheveux de ma femme, de ma sœur et de mes enfants*, fut aussi ouvert. Il renfermait en effet quatre petits paquets. Tous ces objets me furent rendus jusqu'à ce qu'il en fût autrement ordonné, avec injonc-tion de les représenter quand ils me seraient demandés. »

(*Note inédite de Cléry*, dans l'édition de 1861, p. 177-178.)

« avez désiré des ciseaux ; mais, avant d'en faire la de-
« mande au Conseil, il faut savoir ce que vous en voulez
« faire. » Sa Majesté lui répondit : « C'est pour que Cléry
« me coupe les cheveux. » Les municipaux se retirèrent ;
l'un d'eux descendit à la chambre du Conseil, où, après
une demi-heure de délibération, on refusa les ciseaux.
Le municipal remonta, et annonça au Roi cette décision.
« Je n'aurais pas touché aux ciseaux, dit Sa Majesté ; j'au-
« rais désiré que Cléry me coupât les cheveux en votre
« présence. Voyez encore, Monsieur ; je vous prie de faire
« part de ma demande. » Le municipal retourna au Conseil, qui persista dans son refus.

Ce fut alors qu'on me dit qu'il fallait me disposer à accompagner le Roi pour le déshabiller sur l'échafaud : à
cette annonce, je fus saisi de terreur ; mais, rassemblant
toutes mes forces, je me préparais à rendre ce dernier devoir à mon maître, à qui cet office fait par le bourreau
répugnait, lorsqu'un autre municipal vint me dire que je
ne sortirais pas, et ajouta : *Le bourreau est assez bon
pour lui.*

Paris était sous les armes depuis cinq heures du matin ;
on entendait battre la générale ; le bruit des armes, le
mouvement des chevaux, le transport des canons qu'on
plaçait et déplaçait sans cesse, tout retentissait dans la
tour.

A neuf heures, le bruit augmente, les portes s'ouvrent
avec fracas ; Santerre, accompagné de sept à huit municipaux, entre à la tête de dix gendarmes, et les range sur
deux lignes. A ce mouvement, le Roi sortit de son cabinet :
« Vous venez me chercher ? dit-il à Santerre. — Oui. — Je
« vous demande une minute ; » et il rentra dans son cabinet. Sa Majesté en ressortit sur-le-champ, son confesseur
le suivait ; le Roi tenait à la main son testament, et s'a-

dressant à un municipal nommé Jacques Roux, prêtre jureur, qui se trouvait le plus en avant : « Je vous prie de remettre ce papier à la Reine, à ma femme. — Cela ne me « regarde point, » répondit ce prêtre en refusant de prendre l'écrit, « je suis ici pour vous conduire à l'échafaud. »

Sa Majesté s'adressant ensuite à Gobeau, autre municipal [1] : « Remettez ce papier, je vous prie, à ma femme. « Vous pouvez en prendre lecture ; il y a des dispositions « que je désire que la Commune connaisse. »

J'étais derrière le Roi, près de la cheminée ; il se tourna vers moi, et je lui présentai sa redingote. « Je n'en ai pas « besoin, me dit-il ; donnez-moi seulement mon cha- « peau. » Je le lui remis. Sa main rencontra la mienne, qu'il serra pour la dernière fois. « Messieurs, dit-il en s'a- « dressant aux municipaux, je désirerais que Cléry restât « près de mon fils, qui est accoutumé à ses soins ; j'espère « que la Commune accueillera cette demande. » Puis, regardant Santerre : « Partons. »

Ce furent les dernières paroles qu'il prononça dans son appartement. A l'entrée de l'escalier, il rencontra Mathey, concierge de la tour, et lui dit : « J'ai eu un peu de vivacité « avant-hier envers vous, ne m'en veuillez pas. » Mathey ne répondit rien, et affecta même de se retirer lorsque le Roi lui parla.

Je restai seul dans la chambre, navré de douleur et presque sans sentiment. Les tambours et les trompettes annoncèrent que Sa Majesté avait quitté la tour.... Une heure après, des salves d'artillerie, des cris de *vive la nation ! vive la république !* se firent entendre.... Le meilleur des rois n'était plus !....

1. Gobeau ne figure pas parmi les commissaires de service au Temple les 20 et 21 janvier ; c'est Baudrais qui fut dépositaire du testament, au bas duquel se trouve sa signature.

LETTRE DE CLÉRY A Mme VIGÉE-LE BRUN [1]

27 OCTOBRE 1796

Madame,

La connaissance parfaite que vous avez des personnages de l'auguste famille de Louis XVI m'avait fait dire à Mme la comtesse de Rombeck que personne autre que vous ne pourrait rendre les scènes déchirantes qu'a eu à éprouver cette malheureuse famille dans le cours de sa captivité. Des faits aussi intéressants doivent passer à la postérité, et le pinceau de Mme Le Brun peut seul les y transmettre avec vérité.

Parmi ces scènes de douleur, on pourrait en peindre six :

1° Louis XVI dans sa prison, entouré de sa famille, donnant des leçons de géographie et de lecture à ses enfants; la Reine et Madame Élisabeth occupées en ce moment à coudre et à raccommoder leurs habits ;

2° La séparation du Roi et de son fils, le 11 décembre, jour que le Roi parut à la Convention pour la première fois et qu'il a été séparé de sa famille jusqu'à la veille de sa mort ;

3° Louis XVI interrogé dans la tour par quatre membres de la Convention et entouré de son conseil : MM. de Malesherbes, de Sèze et Tronchet ;

4° Le conseil exécutif annonçant au Roi son décret de mort et la lecture de ce décret par Grouvelle ;

5° Les adieux du Roi à sa famille, la veille de sa mort ;

6° Son départ de la tour pour marcher au supplice.

---

1. Dans ses *Souvenirs*, publiés en 1835-1837 (en trois volumes in-8°), Mme Vigée-Le Brun écrit (t. II, p. 342) : « J'étais surtout poursuivie par le souvenir de Louis XVI et de Marie-Antoinette, au point qu'un de mes désirs les plus vifs était de faire un tableau qui les représentât dans un des moments touchants et solennels qui avaient dû précéder leur mort.... Je savais que Cléry s'était réfugié à Vienne après la mort de son auguste maître. Je lui écrivis et je l'instruisis de mon désir, en le priant de m'aider à l'exécuter. Fort peu de temps après, je reçus de lui la lettre suivante, que j'ai toujours gardée et que je copie mot pour mot. » Dans une édition subséquente, on dit que « M. J. Tripier Le Franc est aujourd'hui possesseur de ce très précieux autographe. » — Nous avons pensé qu'il convenait de donner ici le texte de cette lettre, qui complète le récit de Cléry.

Celui de ces faits qui paraît généralement toucher le plus les âmes sensibles est le moment des adieux. Une gravure a été faite en Angleterre sur ce sujet, mais elle est bien loin de la vérité, tant dans la ressemblance des personnages que des localités.

Je vais tâcher, Madame, de vous donner les détails que vous désirez pour faire une esquisse de ce tableau. La chambre où s'est passée cette scène peut avoir quinze pieds carrés ; les murs sont recouverts en papier en forme de pierre de taille, ce qui représente bien l'intérieur d'une prison. A droite, près de la porte d'entrée, est une grande croisée, et, comme les murs de la tour ont neuf pieds d'épaisseur, la croisée se trouve dans un enfoncement d'environ huit pieds de large, mais en diminuant vers l'extrémité, où l'on aperçoit de très gros barreaux. Dans l'embrasure de cette croisée est un poêle de faïence de deux pieds et demi de large sur trois pieds et demi de haut ; le tuyau passe sous la croisée et il est adossé à la partie gauche de l'embrasure et au commencement. De la croisée au mur de face, il peut y avoir huit pieds ; à ce mur, et près du poêle, est une lampe-quinquet qui éclairait toute la salle, la scène s'étant passée de nuit, c'est-à-dire à dix heures du soir. Le mur de face peut avoir quinze pieds, une porte à deux vantaux le sépare, mais elle se trouve plus du côté droit que du gauche. Cette porte est peinte en gris ; un des vantaux doit être ouvert pour laisser apercevoir une partie de la chambre à coucher. On doit voir la moitié de la cheminée qui se trouve en face de la porte ; une glace est dessus, une partie de la tenture de papier jaune, une chaise près de la cheminée, une table devant ; une écritoire, des plumes, du papier et des livres sont sur la table. La partie gauche de la salle est une cloison en vitrage ; aux deux extrémités sont deux portes vitrées ; derrière cette cloison est une petite pièce qui servait de salle à manger. C'est dans cette salle que le Roi, assis et entouré de sa famille, leur a fait part de ses dernières volontés. C'est en sortant de cette petite salle à manger, le Roi s'avançant vers la porte d'entrée comme pour reconduire sa famille, que cette scène doit être prise, et ce fut aussi le moment le plus douloureux.

Le Roi était debout, tenant par la main droite la Reine, qui à peine pouvait se soutenir ; elle était appuyée sur l'épaule droite du Roi ; le Dauphin, du même côté, se trouve enlacé dans le bras droit de la Reine qui le presse vers elle ; il tient avec ses petites mains celle droite du Roi et la gauche de la Reine, les baise et les arrose de larmes. Madame Élisabeth est au côté gauche du Roi, pressant de ses deux mains le haut du bras du Roi, et levant les yeux remplis de larmes vers le ciel. Madame Royale est devant elle, tenant la main gauche du Roi, en faisant retentir la salle des gémissements les plus douloureux. Le Roi, toujours calme, toujours auguste, ne versait aucune larme, mais il paraissait cruellement affecté de l'état douloureux de sa famille. Il lui dit avec le son de voix le plus doux, mais plein d'expressions touchantes : *Je ne vous dis point adieu ; soyez assuré que je vous verrai encore demain matin, à sept heures. — Vous nous le promettez ?* dit la Reine, pouvant à peine articuler. — *Oui, je vous le promets*, répondit le Roi. *Adieu.* — Dans ce moment, les sanglots redoublèrent ; Madame Royale tomba presque évanouie aux pieds du Roi qu'elle tenait embrassé ; Madame Élisabeth s'occupa vivement de la soutenir. Le Roi fit un effort bien pénible sur lui-même ; il s'arracha de leurs bras et rentra dans sa chambre. Comme j'étais près de Madame Élisabeth, j'aidai cette princesse à soutenir Madame Royale pendant quelques degrés, mais on ne permit pas de suivre plus loin, et je rentrai près du Roi. Pendant cette scène, quatre officiers municipaux, dont deux très mal vêtus et le chapeau sur la tête, se tenaient dans l'embrasure de la croisée, se chauffant au poêle sans se mouvoir. Ils étaient décorés d'un ruban tricolore avec une cocarde au milieu.

Le Roi était vêtu d'un habit brun mélangé, avec un collet de même, une veste blanche de piqué de Marseille, une culotte de casimir gris et des bas de soie gris, des boucles d'or, mais très simples, à ses souliers, un col de mousseline, les cheveux un peu poudrés, une boucle séparée en deux ou trois, le toupet en vergette un peu longue, les cheveux de derrière noués en catogan.

La Reine, Madame Royale et Madame Élisabeth étaient vêtues d'une robe blanche de mousseline, de fichus très simples en linon, de bonnets absolument pareils faits en forme de baigneuses, garnis d'une petite dentelle, un mouchoir garni aussi de dentelle, noué dessus le bonnet en forme de marmotte.

Le jeune prince avait un habit de casimir d'un gris verdâtre, une culotte ou pantalon pareil, un petit gilet de basin blanc rayé, l'habit décolleté et à revers, le col de la chemise uni et retombant dessus le collet de l'habit, le jabot de batiste plissé, les souliers noirs noués avec un ruban, les cheveux blonds sans poudre, tombant négligemment et bouclés sur le front et sur les épaules, relevés en natte derrière, et ceux de devant tombaient naturellement et sans poudre. Les cheveux de la Reine étaient presque tous blancs, ceux de Madame d'un beau blond clair, et ceux de Madame Élisabeth aussi blonds, mais de nuance plus foncée.

Voilà à peu près, Madame, les détails que je puis vous donner sur ce sujet; s'ils ne remplissent point vos désirs, daignez me faire d'autres questions, et je tâcherai d'y répondre. Il me reste une grâce à vous demander, c'est que tous ces détails restent entre nous. Comme j'ai des notes où tous ces faits sont écrits, je ne voudrais point qu'ils soient connus avant leur impression. J'espère que quelque jour vous reviendrez habiter cette ville; et si vous désirez faire d'autres tableaux sur ces tristes événements, je serai fort aise de vous être agréable en quelque chose [1].

En attendant, je vous prie d'agréer, Madame, les respectueux hommages de votre très humble et très obéissant serviteur.
CLÉRY.

Vienne, le 27 octobre 1796.

---

[1]. « Cette lettre, dit Mme Vigée-Le Brun, me fit une si cruelle impression, que je reconnus l'impossibilité d'entreprendre un ouvrage par lequel chaque coup de pinceau m'aurait fait fondre en larmes. » Mme Le Brun se borna à faire un portrait de la Reine, qu'elle envoya, en mars 1800, à Madame la duchesse d'Angoulême, qui résidait alors à Mittau.

V.

TURGY

EXTRAIT

DES

FRAGMENS HISTORIQUES SUR LA CAPTIVITÉ DE LA FAMILLE ROYALE A LA TOUR DU TEMPLE

Le 10 août, il me fut impossible de pénétrer jusqu'aux Tuileries. Les deux jours suivants, mes tentatives pour entrer aux Feuillants furent pareillement inutiles. La famille royale n'y prit de nourriture que celle qui lui fut apportée, de différents lieux, par les personnes restées auprès de Leurs Majestés. Ayant appris que Louis XVI allait être transféré au Temple, je courus chez M. Ménard de Chouzy, commissaire général de la Maison du Roi, pour obtenir la faveur d'y continuer mon service. Il me promit que dans quelqu'endroit que l'on plaçât la famille royale, et ne fallût-il qu'un garçon servant, il n'en nommerait pas d'autre que moi, parce qu'il savait bien que ce serait une chose agréable à la Reine. Il envoya aussitôt à la municipalité M. Rothe, contrôleur du gobelet du Roi, pour demander des cartes d'entrée : celui-ci revint à cinq heures, et dit qu'on ne lui en avait promis que pour le lendemain 14. Je prévis qu'une fois le Roi au Temple, on n'obtiendrait d'y être admis qu'après un examen et des formalités qui ne me paraissaient pas favorables; car, n'ayant jamais eu d'autres relations que celles de mes devoirs, je n'avais aucun motif de recommandation auprès des ennemis de la famille royale.

Sans parler de ceci à personne, je dis à mes camarades, Chrétien et Marchand : « Allons nous présenter au « Temple; peut-être qu'en montrant un peu de hardiesse, « on nous laissera entrer. » Ils me suivirent. Nous arrivâmes à la grande porte comme l'un des officiers du poste venait de laisser passer une personne, munie d'une carte, et que je reconnus pour être du service du Roi. Je priai l'oficier de me permettre de parler à cette personne, et je lui dis que j'étais aussi du service, ainsi que mes camarades. Il hésita d'abord, puis il me répondit : « Prenez mon « bras, que vos camarades prennent le vôtre, et je vais « vous introduire : » ce qu'il fit. On nous conduisit à la Bouche, où je ne trouvai aucunes provisions. Je fus obligé de sortir jusqu'à trois fois pour me procurer le nécessaire; je pris le parti de passer par la porte dite du *Bailliage*, et j'eus le soin de me faire reconnaître par le portier et les gardes, afin de pouvoir rentrer.

Nous servîmes le souper du Roi dans la pièce du palais où S. A. S. Madame la princesse Louise-Adélaïde de Bourbon-Condé a établi, aujourd'hui, sa chapelle. La famille royale a continué de prendre ses repas dans cette pièce jusqu'à ce que la grande tour devînt leur unique habitation.

La famille royale, après avoir été resserrée pendant trois jours dans les cellules des Feuillants, se serait trouvée bien moins malheureuse si on l'eût laissée dans le

Palais. Mais, après le souper, on annonça au Roi que, pour sa sûreté et celle de sa famille, ils occuperaient la tour pendant la nuit. On y avait placé en sentinelle, à tous les étages, les Marseillais, qui ne cessèrent de chanter, au moment du passage de la Reine, et pendant toute la nuit :

> Madame monte à sa tour,
> Ne sait quand descendra.

Deux jours après notre arrivée, les commissaires de la Commune voulurent savoir qui nous avait fait entrer au Temple. Je leur répondis que les comités de l'Assemblée, sur les renseignements qu'ils avaient fait prendre dans nos sections, nous avaient autorisés à venir reprendre notre service ; ils se retirèrent. Le lendemain, Chabot, député, Santerre, commandant général, et Billaud-Varennes, alors substitut du procureur général de la Commune, vinrent pour reconnaître et prendre un état nominatif de toutes les personnes restées auprès de la famille royale. Ils nous demandèrent si nous avions appartenu au Roi ; je leur répondis affirmativement : « Qui donc a pu vous faire admettre ici ? » s'écria Chabot. Je lui répliquai que c'était Pétion et Manuel qui, d'après les informations prises dans nos sections, nous en avaient accordé la permission. « En ce cas, dit Chabot, c'est que vous êtes de « bons citoyens ; restez à votre poste, et la Nation aura « plus soin de vous que n'a fait le tyran. » Quand nous fûmes seuls, mes camarades me dirent avec effroi : « Vous « voulez donc nous faire périr tous ? Vous répondez aux « municipaux que nous sommes envoyés par l'Assemblée, « et aux députés que c'est par la Commune : nous vou« drions être bien loin. » Cependant ils restèrent au Temple, et, fidèles à leurs devoirs, ils n'en sont sortis qu'avec moi, ainsi que je le dirai.

Dès que le Roi fut entré au Temple, on prescrivit les précautions les plus minutieuses. Voici de quelle manière se faisait le service qui me concernait. S'agissait-il du dîner ou d'un autre repas ? on allait au Conseil demander deux municipaux. Ils se rendaient à l'office; on dressait les plats ; on les goûtait devant eux, pour leur faire voir qu'il n'y avait rien de caché ni de suspect; on remplissait, en leur présence, les carafes et les cafetières. Pour couvrir les carafes de lait d'amande, on déchirait, à leur volonté, un morceau de papier dans telle feuille et telle main qu'ils indiquaient. Arrivés avec eux à la salle à manger, on ne mettait la table qu'après l'avoir montrée dessus et dessous aux municipaux ; on dépliait devant eux les nappes et les serviettes ; ils fendaient les pains par moitié et sondaient la mie avec une fourchette ou même avec leurs doigts.

Cependant il m'arriva souvent, dans un passage, dans un tournant d'escalier, de substituer au bouchon de papier d'une carafe tel autre sur lequel on avait écrit des avis, des nouvelles, soit avec du jus de citron, soit avec un extrait de noix de galle. Quelquefois je roulais un billet autour d'une petite balle de plomb, je recouvrais le tout d'un autre papier fort, et je jetais ce peloton dans la carafe au lait d'amande: un signe convenu indiquait ce que j'avais fait. Lorsque le papier des bouchons se trouvait sans écriture, il servait à la Reine et à Madame Élisabeth pour me donner des ordres ou des avis à transmettre au dehors.

On a pu voir, dans l'ouvrage de M. Hue et dans le Journal de Cléry, quelques-uns des moyens que nous employions pour communiquer entre nous; mais ces moyens devant être variés, ils exigeaient beaucoup de précautions et donnaient lieu souvent à des retards dans la transmission des avis jusqu'à la famille royale. Pour obvier à tous ces inconvénients, la Reine et Madame Élisabeth imaginèrent de correspondre directement avec moi, par signaux,

Voici ceux que les princesses me donnèrent successivement, lors des événements de septembre 1792, pour être, malgré l'obsession des municipaux, devenue plus active, instruites tant des progrès des armées que de ce qui se passait à la Convention : ils sont de la main de Madame Élisabeth.

« Pour les Anglais : portez le pouce droit sur l'œil droit. S'ils débarquent du côté de Nantes, portez-le à l'oreille droite ; du côté de Calais, à l'oreille gauche.

« Si les Autrichiens sont vainqueurs du côté de la Belgique, le second doigt de la main droite sur l'œil droit. S'ils entrent à Lille du côté de Mayence, le troisième doigt comme ci-dessus.

« Les troupes du roi de Sardaigne, le quatrième doigt comme ci-dessus.

« *Nota.* — On aura le soin de tenir le doigt arrêté plus ou moins longtemps, suivant l'importance du combat.

« Lorsqu'ils seront à quinze lieues de Paris, en suivant le même ordre pour les doigts, on observera seulement de les porter sur la bouche.

« Si les puissances parlaient de la famille royale, on les porterait sur les cheveux, en se servant de la main droite.

« Si la Convention y faisait attention, de la gauche ; si elle passait à l'ordre du jour, de la droite.

« Si la Convention se retirait, on passerait toute la main sur la tête.

« Si les troupes s'avançaient et avaient des avantages, on porterait un doigt de la main droite sous le nez, et toute la main lorsqu'ils seront à quinze lieues de Paris.

« On ne se servirait que du côté gauche pour exprimer les avantages de la Convention.

« Pour répondre à toutes les questions on se servira de la main droite et non de la gauche [1]. »

---

[1]. « On pense bien que ces signaux, ainsi que les questions faites dans plusieurs billets, se reportent à des espérances, à des craintes, ou à des avis vrais ou faux donnés aux princesses. » (*Note de Turgy.*)

La correspondance par écrit développait ce que je n'avais fait qu'indiquer par les signaux. Car, malgré la surveillance de huit à dix personnes, il ne s'est presque point passé de jour, pendant les quatorze mois que je me suis maintenu au Temple, sans que la famille royale ait eu quelque billet de moi, soit par les stratagèmes déjà expliqués, soit en donnant aux princesses des objets de mon service, ou quand je les recevais de leurs mains; soit enfin dans une pelote de fil ou de coton que je cachais dans un coin d'armoire, sous la table de marbre, dans les bouches de chaleur du poêle, ou même dans le panier aux ordures. Un signe de la main ou des yeux indiquait le lieu où j'avais pu réussir à déposer le peloton. En sorte que le Roi et les princesses étaient presque toujours informés des événements.

La facilité que j'avais de sortir deux ou trois fois par semaine, pour les approvisionnements, me mettait à même de prendre les renseignements que le Roi et la Reine désiraient, ou de leur rapporter les notes et les avis dont on me chargeait pour Leurs Majestés. Je me trouvais également aux fréquents rendez-vous que M. Hue me donnait, tantôt dans les quartiers les plus isolés de Paris, tantôt hors de la ville, et dans lesquels il me remettait des écrits pour le Roi ou des réponses à ses ordres. Les persécutions, la détention, aucune crainte, en un mot, n'ont jamais ralenti son zèle courageux.

Mme la marquise (aujourd'hui duchesse) de Sérent était le point principal de la correspondance de la Reine et de Madame Élisabeth. Je passais dans sa maison pour son agent d'affaires, et l'on avait ordre de me laisser entrer à toute heure de jour ou de nuit....

On me visitait rarement à l'entrée ou à la sortie du Temple, parce que j'avais soin de procurer aux commissaires et aux gardiens tout ce qu'ils me demandaient lorsqu'ils se présentaient à la Bouche ; là ils devenaient plus traitables. Mais aussitôt que j'approchais de la tour, ou d'une pièce occupée par quelqu'un de la famille royale, toutes mes démarches étaient observées ; on me défendait de parler à qui que ce fût, si ce n'était à voix haute et pour mon service seulement. J'étais même alors, à cause de mes relations à l'extérieur, l'objet d'une surveillance plus particulière. Aussi la famille royale, pour ne point éveiller les soupçons à mon égard, prenait-elle des précautions, au point qu'un jour le Roi m'ayant donné son couteau, dont le manche était cassé, pour le faire raccommoder, et Sa Majesté s'apercevant qu'elle ne l'avait pas montré aux municipaux, me le redemanda à l'instant, l'ouvrit et le leur présenta, en disant : « Regardez, Messieurs, il n'y a rien « dedans. » Puis le Roi me rendit ce couteau en me recommandant de ne point y faire mettre un autre manche ; « car, ajouta-t-il, j'y tiens beaucoup tel qu'il est, parce « qu'il m'a été donné par mon père. »

J'avais surtout la mission de m'informer du sort des personnes dont la famille royale avait éprouvé le zèle et la fidélité, et dont la plupart, pour cette noble cause, avaient été forcées de quitter la France. Les lois, de plus en plus sévères, qu'on portait contre l'émigration étaient par conséquent l'objet de l'attention particulière des princesses, ainsi qu'on en jugera par ce mot de Madame Élisabeth, vers la fin d'octobre.

« Pour Mme de S. (Scrent), un billet. Lorsque la loi sur les émigrés sera tout à fait fixée, faites-nous-le savoir, et continuez à nous en donner des nouvelles. »

Je n'ai pas encore parlé de Toulan. Sa conduite, les discours exagérés qu'il tint pendant les premiers jours qu'il vint au Temple, nous faisaient appréhender de voir revenir le jour de service de ce municipal. Cependant la vue des malheurs de Louis XVI, des princesses, des augustes enfants, leur magnanimité, leur douceur, avaient fait, dès le commencement, une impression inattendue et si forte sur l'âme vive et sensible de ce jeune homme, qu'il résolut d'employer tous les moyens pour adoucir le sort de la famille royale. Je ne sais comment il parvint à faire connaître aux princesses son heureuse conversion; mais on pensa que, pour les servir plus sûrement, il devait maintenir les autres commissaires dans l'opinion qu'ils avaient de lui, et conserver, envers le Roi et sa famille, le ton et les manières révolutionnaires.

Instruit par Madame Élisabeth que je pouvais me livrer entièrement à Toulan, j'eus avec lui des rendez-vous en différents lieux; là, nous nous concertions sur les missions que les princesses lui confiaient. Il s'en acquitta avec tant de zèle et d'habileté qu'à la fin de novembre Madame Élisabeth m'indiqua, dans le billet que je vais transcrire, le nom caractéristique sous lequel la famille royale le désignerait à l'avenir.

« Vous remettrez ceci (un billet) à Toulan, que dorénavant nous appellerons *Fidèle*. Si vous ne pouvez le lui remettre au moment du dîner, vous irez demain, afin de pouvoir rendre réponse sur ce qu'il doit nous remettre aujourd'hui. Dites les mauvaises nouvelles comme les bonnes quand il y en aura. »

Tandis que les infortunes de la famille royale attendrissaient ceux qui n'en avaient été les ennemis que parce qu'ils l'avaient mal connue, elle éprouvait les traits les plus atroces de la part de quelques autres qui avaient eu l'honneur de l'approcher lorsqu'elle était dans toute sa splendeur, ou qui lui devaient leur fortune. Un jour, la Reine m'ayant dit : « Turgy, j'ai cassé mon peigne, je vous prie de « m'en acheter un autre, » le poète D. C. (Dorat-Cubières), municipal, s'écria : « Achetez-en un de corne, le buis serait « trop bon pour elle. » La Reine, comme si elle n'eût point entendu cette indignité, continua de me donner des ordres. Je remplaçai le peigne, qui était d'écaille, par un semblable. En le voyant, cette princesse me dit : « Vous avez donc outrepassé les ordres de « D. C. ; car il prétend que le buis est trop bon pour « nous, lui qui, sans les bienfaits du Roi.... » Sa Majesté s'arrêta. Je me permis de répondre : « Madame, il y « avait beaucoup de personnes qui avaient l'air de faire « leur cour à la famille royale, mais ce n'était qu'à cause « du Trésor. » La Reine daigna me dire : « Vous avez « bien raison, Turgy ! »

Le 2 décembre, la municipalité du 10 août fut remplacée par celle dite *provisoire*. On doubla le nombre des commissaires surveillants auprès du Roi et de la famille royale. L'on connut bientôt à quels hommes nous allions avoir à faire, par le trait suivant. La Reine ayant été malade pendant la journée du lendemain, et n'ayant pris aucun aliment, me fit dire de lui apporter un bouillon pour souper. Au moment où je le lui présentai, cette princesse, apprenant que la femme Tison se trouvait indisposée, ordonna qu'on lui portât ce bouillon, ce qui fut exécuté. Je priai alors un des municipaux de me conduire à la Bouche, pour aller y prendre un autre bouillon : aucun d'eux ne voulut m'y accompagner, et Sa Majesté fut obligée de s'en passer.

Toulan, qui avait été réélu à cette municipalité, continua de me donner, sur le caractère et les sentiments de ses collègues, des renseignements qui ont été bien utiles pour la conduite à tenir avec eux.

Ce fut M. Parisot [1] qui me donna le décret portant que le Roi serait conduit à la barre de la Convention pour répondre aux questions qui lui seraient faites. Je le plaçai sous le lit de Cléry, et Sa Majesté le lut de suite. Ce zélé royaliste m'a remis souvent des écrits, des notes d'une grande importance. De son côté, Toulan procurait aux princesses des avis certains sur ce qui se tramait aux Jacobins et dans les comités de la Convention. Il trouva aussi le moyen d'être souvent de service dans cette terrible circonstance. Son dévouement et les témoignages de sensibilité que s'empressaient de donner plusieurs municipaux, dont je regrette bien de ne pouvoir aujourd'hui me rappeler les noms, procurèrent des consolations et même quelque espoir à la Reine et à la famille royale.

Cléry a dit de quelle manière nous avions établi une correspondance entre le Roi et les princesses, dès le moment que toute communication fut interdite entre eux. Tandis qu'il était témoin des malheurs et du courage sublime de Louis XVI, je l'étais des craintes, des lueurs d'espérance et des angoisses de la Reine, de Monsieur le Dauphin et des princesses [2].

---

1. Jacques Parisot, avocat; blessé le 10 août aux Tuileries dans les rangs des défenseurs du château; plus tard membre du conseil des Cinq-Cents; auteur d'une *Vie de Madame Élisabeth* publiée en 1814, sans nom d'auteur.
2. Malheureusement Turgy n'a laissé que des notes trop incomplètes à ce sujet. Essayons d'y suppléer par quelques extraits des journaux du temps :
On lit dans *la Révolution de 92*, numéro du 26 décembre :
« Louis XVI est toujours occupé avec ses conseils. Marie-Antoinette et sa fille paraissent jouir de la plus grande tranquillité. Voici à peu près l'ordre de leur journée. Les premiers instants qui suivent le lever sont consacrés à la lecture. Ensuite on se promène dans la chambre jusqu'au moment où on se rassemble pour dîner. Elles ne s'entretiennent que d'une manière très réservée. Jamais elles n'adressent la parole aux commissaires de service auprès d'elles que pour leur demander des objets essentiels ou pour leur faire différentes questions. Les commissaires leur répondent toujours sur le même ton, ayant toujours leur cha-

L'exécrable 21 janvier arriva. Sur les dix heures du matin, la Reine voulut engager ses enfants à prendre quelque nourriture : ils refusèrent. Bientôt on entendit tirer des armes à feu. Madame Élisabeth, levant les yeux aux ciel, s'écria : « Les monstres, ils sont contents à présent !.... » La Reine étouffait de douleur ; le jeune prince fondait en larmes ; Madame Royale jetait des cris perçants. Que l'on juge de ce tableau au milieu des roulements du tambour et des cris des forcenés qui gardaient le Temple !

Cléry resta encore plus d'un mois à la tour, mais sans pouvoir communiquer avec nous. Lorsque je le revis, après sa sortie, il me remit et je reçus avec un sentiment inexprimable de douleur et de respect ce billet que le Roi, dans sa bonté infinie, lui avait laissé pour moi :

« 21 janvier 1793, 7 heures trois quarts du matin.

« Je vous charge de dire à Turgy combien j'ai été con-

---

peau sur la tête. Quant au jeune Louis, quoique d'une pénétration et d'une raison au-dessus de son âge, il est très gai et ne paraît pas du tout affecté de sa captivité. La petite anecdote suivante en est une preuve. On avait servi une brioche au dîner d'hier. Il en avait demandé à sa tante, qui lui en avait servi. Au moment de la desserte, il voyait avec regret qu'on allait lui enlever le gâteau. « Si tu veux, maman, s'écria-t-il, je t'in-
« diquerai une armoire où tu pourras serrer ici le restant de la brioche.
« — Où est donc cette armoire ? » lui répondit Marie-Antoinette. « Elle
« est là, » lui répondit le jeune Louis, en montrant sa bouche.

On lit encore dans le *Courrier français* du 28 décembre, sous la rubrique : *Anecdotes intéressantes du jeune fils de Louis XVI* :

« Marie-Antoinette proposait à son fils de prendre de l'eau d'orge pour sa santé. « Je ne m'en soucie pas, maman, dit l'enfant ; je ne l'aime pas.
— Vous en prendrez demain, » répond Marie-Antoinette : « car on n'a pas toujours ses aises, » continua-t-elle en jetant un profond soupir.

« A dîner il regardait une pomme avec un air de concupiscence. Sa tante lui dit : « Tu parais désirer cette pomme, et tu ne la demandes pas ? — « Ma tante, » répond l'enfant, d'un ton ferme et sérieux, « mon caractère « est vrai, et ferme, et si j'eusse désiré cette pomme, je l'aurais demandée « au même instant. »

Dans le numéro du 30 décembre, le *Courrier français* ajoute : « Cette anecdote-là, très certainement, a été tirée d'un rapport fait à ce sujet par un commissaire au Temple. »

tent de son fidèle attachement pour moi et du zèle avec lequel il a rempli son service. Je lui donne ma bénédiction, et le prie de continuer ses soins avec le même attachement à ma famille, à qui je le recommande. »

VI.

GORET

~~~

EXTRAIT

de

MON TÉMOIGNAGE SUR LA DÉTENTION DE LOUIS XVI ET DE SA FAMILLE DANS LA TOUR DU TEMPLE.

Je vais tâcher de retracer en peu de mots ce dont j'ai été témoin, *de visu et auditu*, dans la tour du Temple, pendant que Louis XVI et son auguste famille y étaient détenus. On a beaucoup écrit sur cet affligeant sujet, et chacun a dit ce qu'il avait vu ou entendu, comme aussi ce qu'il n'avait ni vu ni entendu; Cléry lui-même, qui fit une histoire du Temple. Je ne veux pas encourir ce reproche.

On peut d'abord demander comment j'ai approché des augustes prisonniers, dans la tour du Temple, auprès desquels je me suis trouvé très fréquemment, et notamment pendant tout le temps qu'a duré la détention de Louis XVI. J'étais membre de la fameuse Commune du 10 août 1792. Ce qui pourra paraître étonnant, c'est que je dusse mon envoi à ce poste, qui fut si périlleux, au célèbre abbé

Delille et à plusieurs de ses collègues, professeurs au Collège de France, de qui j'avais l'honneur d'être connu, et qui, m'ayant envoyé chercher chez moi, dès le matin du 10 août, usèrent, lorsque je fus près d'eux, de tout l'ascendant qu'ils pouvaient avoir sur moi, pour me décider à remplacer dans ce poste M. l'abbé Cournand, leur collègue, qui y avait été nommé dans la nuit du 9 au 10 août, par la section de Sainte-Geneviève, aujourd'hui du Panthéon. Malgré ma résistance, il me fallut céder, et ces messieurs, qui n'étaient pas sans influence dans la section, y obtinrent aussitôt la substitution de mon nom à celui de M. Cournand. En me remettant l'acte de nomination [1], ils me dirent : « Nous vous connaissons, et « nous espérons que vous vous conduirez suivant nos dé- « sirs dans ce poste. » Je ne crois pas avoir trompé leurs espérances.

Me voilà sur les bancs du Conseil général de la Commune, vers les neuf à dix heures du matin du 10 août. Il est inutile de rapporter ici ce qui s'y passait dans ces moments les plus orageux; assez de personnes en ont été témoins. C'est de là que je fus envoyé de garde, en qualité de membre du Conseil général, auprès des augustes prisonniers, peu de jours après leur entrée au Temple. Ils étaient alors dans le bâtiment adossé à la tour, et dont l'escalier s'embranchait avec celui de cette tour. Il y avait quatre à cinq petites pièces, peu logeables, n'ayant en meubles que le strict nécessaire; cet appartement n'était qu'à quinze ou seize pieds du sol, les fenêtres n'étaient pas grillées. Je reviendrai plus loin sur cette observation.

Je me présentai dans la pièce où était rassemblée l'au-

---

[1]. Il est nommé *Gorel* dans la liste des membres de la Commune du 10 août.

guste famille; la consigne qui m'avait été donnée était de garder le chapeau sur la tête en entrant; je commençai par violer cette consigne; elle était aussi de qualifier le Roi de *Monsieur* seulement; j'avais appris que cela lui était indifférent, mais qu'il montrait de la répugnance pour le nom de Capet lorsqu'on le lui donnait; aussi jamais il n'est sorti de ma bouche en sa présence; alors il était encore revêtu de ses décorations, dont il fut dépouillé par la suite. Au moment de mon entrée, il faisait la partie d'échecs avec Madame Élisabeth, sa sœur; je m'étais assis au fond de la pièce, dont le plafond n'était pas beaucoup plus élevé que celui d'un entre-sol, ce qui la rendait un peu obscure; pour paraître moins décontenancé, j'avais retiré un livre d'une petite bibliothèque qui était là, comme pour m'occuper à lire. Un moment après, la Reine, qui regardait faire la partie avec ses enfants, auprès de la fenêtre, m'adressa la parole avec un air de bonté, en me disant : « Approchez-vous, Monsieur, où nous sommes: « vous y verrez mieux pour lire. » Je la remerciai, en observant que la lecture m'attachait peu, sans en dire davantage; mais la vérité est que j'aurais craint d'être aperçu en obtempérant à l'invitation de la Reine, parce que je savais que des gardes nationaux, en sentinelle à la porte, pouvaient regarder par la serrure et apercevoir ce qui se passait dans l'intérieur. Déjà il avait été fait au Conseil général des rapports qui venaient de cette source, et qui avaient compromis ceux qu'ils concernaient. Madame Élisabeth, tout en faisant la partie avec le Roi, paraissait s'amuser de mon embarras, fort naturel à un nouveau débarqué, capable de réfléchir sur les vicissitudes de la vie. Voilà! me disais-je, une famille que j'ai vue au faîte de la puissance, des grandeurs et des honneurs, renfermée dans cet humble et obscur réduit, sans qu'il me soit permis de lui témoigner la moindre complaisance; tandis que jadis je me serais trouvé bien honoré, bien heureux de lui voir agréer mes soumissions. Il me semblait que Madame Élisabeth lisait dans ma pensée, surtout en lui entendant dire plaisamment en jouant : « Allons, monsieur le roi, marchez, » en parlant de la pièce qui porte ce nom au jeu d'échecs. Bientôt le Roi, se levant, vint à moi pour me dire qu'ils étaient dans l'usage de descendre pour aller promener sous le couvert du jardin, et qu'il fallait en obtenir la permission d'un Conseil qui se tenait au Temple. A l'instant j'envoyai demander cette permission à mes collègues qui formaient ce Conseil; dès qu'elle me fut parvenue, l'on se disposa à descendre. Madame Élisabeth s'approcha de moi et me dit : « Comme c'est la pre« mière fois que vous venez ici, vous ne connaissez peut« être pas, Monsieur, l'ordre et la marche; je vais vous « mettre au fait : placez-vous en tête et nous vous sui« vrons. » Je me conformai à la leçon de l'auguste maîtresse de cérémonies, et nous voilà en chemin. Arrivés au pied de l'escalier, la sentinelle qui y était placée me demanda s'il fallait présenter les armes; je lui répondis simplement : « Vous devez connaître votre consigne. » Comme je ne fis que passer, je ne pus voir le parti qu'elle avait pris. Parvenus sous le couvert du jardin, le Roi et Cléry, le valet de chambre, s'amusèrent à exercer le jeune prince avec un petit ballon; la Reine s'assit sur un banc, ayant à sa droite les princesses, sa fille et Madame Élisabeth; j'étais à sa gauche; elle entama la conversation sur la tour qui était en face de nous, en me demandant comment je la trouvais : « Hélas ! Madame, « lui répondis-je, il n'y a pas de belle prison; celle-ci « m'en rappelle une autre que j'ai vue dans ma jeunesse, « celle où fut enfermée Gabrielle de Vergy. — Quoi ! me

« répondit la Reine, vous avez vu cette autre prison ? — « Oui, Madame, repartis-je, c'est une tour encore plus « considérable que celle que nous voyons; elle est située « à Couci-le-Château, où je demeurai dans ma jeunesse. » Aussitôt la Reine appela son mari, qui s'approcha, et lui ayant dit ce que je viens de rapporter, le Roi me demanda quelques détails sur la tour en question ; je lui en dis ce que j'en avais remarqué, et il parut satisfait; en même temps, il nous fit la description géographique de Couci-le-Château en véritable géographe : l'on sait qu'il possédait cette science au plus haut degré. Cette promenade dura une heure ou deux, après quoi la famille demanda à rentrer ; même cérémonie que pour la sortie. Le Roi se retira dans sa chambre à coucher; les princesses se rendirent dans la leur avec les enfants, et je restai seul dans la pièce d'entrée, servant de petit salon, où la famille se réunissait pour causer ou pour le jeu. Madame Élisabeth y rentra la première; elle vint s'appuyer sur le dos du siège sur lequel j'étais assis, et se mit à chanter une ariette; sa nièce survint presque aussitôt, et elle l'invita à chanter avec elle ; la jeune princesse s'y refusa obstinément avec des manières enfantines. Je pris ce refus pour l'effet du sentiment de sa dignité, ou de sa trop faible connaissance de la position dans laquelle elle se trouvait, et que sentait mieux sa tante. La Reine entra dans ce moment, et Madame Élisabeth exposa le refus qu'elle essuyait de la jeune princesse : « Votre fille « aura de la tête, lui dit-elle ; et bien de la tête, je vous « en assure, ma sœur, » ajouta-t-elle. Je crus remarquer que ce refus avait un peu piqué Madame Élisabeth, qui se retira avec sa nièce. La Reine resta seule : elle retira d'un petit meuble une pincée de papillottes, qu'elle vint développer devant moi, en disant : « Ce sont des cheveux de « mes enfants, ils sont de tel âge. » Je remarquai qu'ils étaient tous plus ou moins blonds; la Reine les remit dans l'endroit d'où elle les avait retirés et revint près de moi en se frottant les mains d'une essence, et en me les passant devant le visage pour me faire respirer cette essence, qui avait une odeur très suave. Le Roi était resté dans sa chambre. Le valet de chambre vint annoncer que le dîner était servi, et l'on se rendit dans la pièce qui servait de salle à manger. La table était servie, je pourrais dire splendidement; le Roi se plaça au milieu, les princesses et ses enfants à ses côtés; j'étais assis à peu de distance de la table, violant toujours la consigne qui voulait que j'eusse la tête couverte; j'étais seulement revêtu de mon écharpe. Toute la famille me parut manger de bon appétit, montrant un air de tranquillité tel qu'on pouvait le remarquer à Versailles, où elle était entourée, pendant son grand couvert, de tout ce qui pouvait contribuer à sa splendeur et à sa sûreté. La conversation entre la famille, pendant ce repas, ne roula que sur des choses indifférentes.

Que l'on ne s'étonne pas si je dis que le repas était servi splendidement; ce n'est que la vérité, et il en a été toujours ainsi pendant tout le temps que je me suis rendu au Temple, jusque vers le mois d'avril 1793, pour y remplir une aussi pénible fonction. On s'en étonnera moins en apprenant que des officiers de bouche, des chefs de cuisine qui avaient été de service à Versailles, étaient à la tête de celle du Temple [1], et la commission que le Conseil général avait établie veillait à ce qu'il ne manquât rien à ce service; tellement que la dépense s'en élevait à plus de 80,000 fr. par mois [2]. Il faut dire qu'on comprenait dans

---

1. Voir dans M. de Beauchesne, t. I, p. 332, note, l'état nominatif de toutes les personnes employées à la bouche et au service de la famille royale au Temple.
2. C'est une erreur; il résulte du compte dressé par le rapporteur Cail-

cette dépense celle de toutes les personnes attachées à un service dans le Temple, et qui y étaient nourries. Il y avait aussi une table entretenue pour ceux des membres du Conseil général qui étaient de garde, ordinairement au nombre de douze ou quinze, et quelques officiers de l'état-major de la garde nationale. Les repas du matin et du soir ne laissaient non plus rien à désirer.

L'heure du coucher arrivée, les princesses avec leurs enfants se retiraient dans leur chambre, après avoir donné au Roi les marques de leur attachement, de leur tendresse et de leur respect.

Le Roi passait dans sa chambre à coucher accompagné de Cléry, je les y suivais ; pendant que ce dernier faisait tous les préparatifs pour son maître, celui-ci entrait dans une petite tourelle servant de cabinet à la chambre, pour y faire sa prière ; je l'y accompagnais : cet endroit n'avait qu'environ quatre pieds de diamètre, il était si resserré qu'à peine y tenait-on deux sans être gêné. Le Roi m'en fit l'observation tout en faisant sa prière dans un bréviaire, et en me mettant en main un livre que je reconnus être l'*Imitation de Jésus-Christ*. Voyant que cet état de gêne contrariait le Roi, car il ajouta : « Je ne me sauverai pas, n'en ayez pas peur, » je me retirai dans la chambre, où Sa Majesté rentra après avoir fait sa prière. Il se déshabillait, aidé par Cléry, et se couchait ; je restais seul avec le Roi dans cette chambre. Je me jetais, tout habillé, sur un canapé, pour tâcher d'y prendre un peu de repos, ce qu'il ne m'était pas possible d'obtenir, car le Roi n'était pas plus tôt couché qu'il paraissait dormir d'un profond

leux, à la date du 4 mars 1793, que, pour la bouche et tout ce qui y était relatif, les dépenses s'élevèrent, du 13 août 1792 à la fin de janvier 1793, à la somme de 69,917 l. 11 s. — Papiers du Temple. Cabinet du baron de la Morinerie.

sommeil, avec un ronflement continuel et des plus extraordinaires.

Le matin, au lever du Roi, j'étais relevé de cette garde par l'un de mes collègues qui, sans doute, ainsi que ceux qui lui succédaient, voyait se passer la même chose ou à peu près ce que j'avais vu. Ainsi la relation d'une de ces séances, qui furent si pénibles pour moi, peut servir de comparaison avec toutes celles que mes collègues ont eu à faire en cet endroit, que la famille royale n'occupa que pendant le temps qu'on mit à préparer la tour où elle fut ensuite transférée. Dire que tous ceux de mes collègues qui eurent à remplir la même fonction y ont tenu le même maintien que moi, c'est ce que je n'affirmerai pas.

On sait que le Conseil général de la Commune était très nombreux et composé d'hommes de toutes les classes ; on y remarquait des savants, des hommes de lettres, des artistes, des négociants, des marchands, des artisans, depuis le cordonnier jusqu'au tailleur de pierres, et dans ce nombre il pouvait se trouver quelques hommes que le défaut d'éducation rendit peu propres à remplir dignement cette fonction, et qui cependant la remplissaient à leur tour ou lorsque le sort les en chargeait.

Sans doute, la famille royale savait remarquer, au premier abord, si ceux qui l'approchaient étaient susceptibles des sentiments que sa présence et sa situation devaient inspirer, et réglait sa conduite en conséquence.

Je vais actuellement faire la relation de ce que j'ai vu et entendu dans la tour, en y remplissant les mêmes fonctions, lorsque la famille royale y fut transférée. L'aspect de cet endroit avait quelque chose de sinistre.... L'étage où était renfermée la famille royale était fort élevé au-dessus du sol et hors la portée de toute escalade ; la porte du premier guichet, au rez-de-chaussée, était en chêne, d'environ six à huit pouces d'épaisseur, garnie de fortes bandes de fer, de fortes serrures et d'énormes verrous en dedans. L'escalier était peu large, plusieurs autres guichets y étaient établis jusqu'à la porte d'entrée de l'endroit où était renfermée la famille ; cette porte était de fer massif, garnie de fortes serrures et aussi de très forts verrous en dedans ; elle avait environ un pouce d'épaisseur ; il n'y avait au dehors qu'un petit palier, qui n'aurait pu donner prise pour l'attaquer.

La première fois que j'entrai dans cette nouvelle prison [1], la Reine, m'ayant reconnu, vint me dire : « Nous sommes bien aises de vous voir. » Cet endroit était fraîchement décoré, si l'on peut dire ainsi à propos d'une prison. La pièce d'entrée, celle où nous restions, mes collègues et moi, car alors nous y fûmes souvent au moins deux de garde, était tendue en papier d'architecture. Elle donnait entrée à une petite salle à manger et à la chambre qu'occupait le Roi, dans laquelle nous ne restions pas la nuit ; à côté de celle-ci était la chambre qu'occupaient les princesses et les enfants [2]. Cléry avait la sienne ensuite. Ces locaux étaient proprement décorés et meublés ; les fenêtres, dans des embrasures d'environ six pieds d'épaisseur, étaient garnies de forts barreaux de fer, avec abat-jour en dehors, de manière qu'il était impossible qu'on pût voir, des endroits élevés du dehors, l'intérieur de cette prison. Le Roi et sa famille ne montraient plus la même sérénité que je leur avais remarquée précédemment ; le Roi allait et venait, se promenait de sa chambre dans la pièce d'entrée où nous restions. Il levait

---

1. C'était le 6 novembre. Goret fut de garde les 6 et 7 de ce mois. Archives nationales, F7 4390.
2. C'est une erreur. On a vu plus haut (p. 124) que la Reine et les princesses occupaient le troisième étage.

quelquefois les yeux au haut de la fenêtre et demandait quel temps il faisait ; je l'ai vu les jeter sur une grande pancarte qui était posée en tableau dans cette même pièce, et sur laquelle étaient inscrits les Droits de l'homme ; le Roi, après l'avoir lue, disait : « Cela serait beau si cela pouvait s'exécuter. » La Reine était plus sédentaire dans sa chambre ; Madame Élisabeth allait et venait comme le Roi ; elle tenait souvent un livre à la main. Les enfants allaient et venaient de même : mais quelle différence dans l'air et le maintien que j'avais remarqué dans toute la famille avant sa translation en cet endroit ! Tout semblait présager les plus grands malheurs dont nous avons été témoins. Le père, l'épouse, la sœur s'entretenaient beaucoup moins, et plus rarement ils communiquaient entre eux ; il semblait qu'ils craignaient d'aggraver leurs peines en se les représentant, situation la pire de toutes, lorsqu'on n'est plus accessible aux consolations. Les enfants ne montraient plus cet air d'enjouement qu'ils avaient conservé jusque-là ; en un mot, tout se ressentait du ton sombre qu'on avait donné à cet endroit en n'y laissant pénétrer le jour que par le haut des fenêtres.

Qui avait fait prendre toutes ces précautions, dont une partie pouvait être superflue ? Je l'ignore, je ne les ai pas entendues délibérer dans le Conseil général, et j'ai toujours pensé qu'un parti occulte et puissant mettait la main à tout cela, à l'insu de ce Conseil, et même du maire, qui le présidait.

La Reine et Madame Élisabeth s'occupaient de quelques petits ouvrages dans leur chambre, et de l'éducation de la jeune princesse, comme le Roi de celle de son fils dans la sienne, éducation que la Reine ne négligeait pas non plus, car un jour que le jeune prince sortait de chez elle pour se rendre dans la pièce où je venais d'entrer, et qu'il était passé devant moi en me regardant sans me saluer, la Reine, s'en étant aperçue, l'appela et lui dit d'un ton sévère : « Mon fils, retournez et saluez Monsieur en passant devant lui ; » ce qu'il fit. Cette circonstance, qui peut paraître indifférente, ne l'est cependant pas ; elle prouve au moins que cette mère ne savait inspirer à son fils que des sentiments bien opposés à ceux que la calomnie a voulu lui supposer depuis ; sur quoi j'aurai occasion de revenir avant de terminer. Enfin l'espèce d'affinité qui s'était établie entre les augustes prisonniers et quelques-uns de leurs gardiens devint moins remarquable ; mais comme nous étions alors plusieurs de garde ensemble, toujours au moins deux, ils pouvaient avoir observé le caractère de chacun et se croire obligés de se montrer plus réservés. Cependant, une fois que je me trouvais seul, Madame Élisabeth vint me demander si je n'avais pas de journaux à leur prêter ; je lui répondis que je n'en avais point, ce qui était vrai ; elle m'observa que quelques-uns de mes collègues leur en prêtaient quelquefois, mais qu'elle ne voudrait point que cela pût les compromettre. C'est, je crois, dans ce moment que je lui appris, comme nouvelle fraîche, que Pétion venait d'être suspendu de ses fonctions de maire par le département, ce qu'elle alla aussitôt annoncer au Roi et à la Reine.

Ces petits détails minutieux, mais exacts, peuvent laisser juger quelle était la situation ordinaire des augustes prisonniers. J'en ajouterai encore quelques-uns qui compléteront le tableau de cette situation.

Quelques historiens ont parlé de deux ou trois de mes collègues comme s'étant montrés très zélés à se rendre utiles aux augustes prisonniers : sans doute ce zèle était très louable, mais comme j'en ai quelquefois été témoin, je dirai qu'il était souvent indiscret, ou peu réfléchi, et que ces hommes, abstraction faite du motif qui pouvait les faire agir, firent presque toujours plus de mal à l'auguste famille qu'ils ne lui firent de bien; leur zèle, quelquefois imprudent, ne manquait presque jamais de frapper les oreilles du Conseil général, d'où il arrivait qu'on augmentait la rigueur des mesures pour la garde des illustres prisonniers, garde dont une loi spéciale avait rendu ce conseil responsable, et il y eut même des membres dont je parle auxquels l'entrée du Temple fut interdite.

Mais comme j'ai promis encore quelques détails, je dirai qu'un jour que j'étais seul de garde, le Roi s'approcha de moi, et me demanda si je l'avais vu et le connaissais avant la circonstance qui m'amenait près de lui. Je lui répondis que je n'avais point eu cet honneur, quoique j'eusse été très souvent à Versailles, et même dans le château. « Comment ne m'y avez-vous pas vu ? — C'est, répondis-je, « que je suis myope, et qu'il ne m'a jamais été possible de « distinguer les personnes tant soit peu éloignées de moi. « — Quelle chose vous attirait si souvent à Versailles ? — « Un procès que je suivais au Conseil des dépêches. — « Quel procès ? C'était le conseil que je présidais ordi- « nairement en personne. — Une demande de plusieurs « communes de la province d'Artois qui réclamaient « contre l'exécution de lettres patentes que les états de « cette province avaient obtenues, et qui autorisaient le « partage des communaux. — Je me souviens très bien de « cette affaire, répondit le Roi, et même les habitants ont « gagné leur procès. » M. de Malesherbes entra comme cette conversation en était là; le Roi lui en fit part, et M. de Malesherbes parut se rappeler aussi ce procès; il me dit : « Comme les habitants obtinrent leur demande, « ils durent être bien contents ? — Oui, Monsieur, lui ré- « pondis-je, mais leur joie fut un peu troublée par le sou-

« venir des maux encore récents qu'ils avaient endurés
« pendant sept à huit ans qu'avait duré ce procès, et pen-
« dant lequel temps les états de la province, leurs adver-
« saires, avaient exercé contre ces habitants une persécu-
« tion inouïe. — Comment cela? répliqua M. de Males-
« herbes. — Ce que je dis est exact, répondis-je; une com-
« mune, celle d'Henin-Lietard, fut comme assiégée parce
« qu'elle était du nombre de celles qui réclamaient; ses of-
« ficiers municipaux, ceux d'autres communes, des fa-
« milles entières, hommes et femmes, furent jetés dans les
« prisons; et lorsque les habitants, à force de sollicitations,
« avaient obtenu quelque espoir, des lettres ministérielles,
« surprises par les députés qui allaient à la cour, replon-
« geaient les habitants dans tous les malheurs. » Le Roi
prit alors la parole, et dit (ce sont ses propres expressions que je rapporte) : « Ce fut M. Deconzié, évêque d'Ar-
ras [1], qui fit traîner cette affaire en longueur. »

Je ne pus m'empêcher de faire au Roi une réponse dont
j'eus regret, parce qu'elle me parut l'avoir affecté. La
voici : « Hélas! le clergé et la noblesse vous ont fait bien
du mal. » Cette conversation en resta là; le Roi rentra de
suite dans sa chambre avec M. de Malesherbes.

Ce qui put surtout affecter le Roi, c'est qu'il pouvait
penser que l'Artois, étant une province frontière, il pouvait être intéressant pour lui, dans les circonstances,
qu'elle lui fût favorable. Depuis il m'adressa quelquefois
la parole, mais il ne me reparla point de cette affaire.

Adoucissons-en le récit par celui d'une autre visite que
nous fit le Roi. Nous nous amusions quelquefois, mes collègues et moi, avec Cléry, à jouer aux dominos : il arrivait
que le Roi s'approchait de nous, s'emparait des dominos,

---

1. Louis-François-Marc-Hilaire de Conzié.

dont il figurait très adroitement de petits édifices, ce qui témoignait qu'il avait des principes d'architecture et qu'il connaissait les lois de l'équilibre. L'on sait d'ailleurs qu'il s'était occupé de tout temps de mécanique, notamment en serrurerie, ce qui ne l'empêchait pas de s'occuper aussi de science, de littérature ; il expliquait des auteurs latins, et l'on trouva sur sa cheminée, après sa mort, un Tacite qu'il tenait souvent à la main, et dans lequel il avait laissé des remarques frappantes pour la situation où il était. On pouvait lui appliquer cet adage : *Mens sana in corpore sano*. Il était de la constitution la plus forte ; je ne l'ai point vu se plaindre de la moindre indisposition tout le temps que je me suis rendu près de lui.

Comme je ne fais qu'un précis, je pense que ce que j'ai exposé doit suffire pour faire sentir quelle était la position de Louis XVI et de sa famille dans la tour du Temple, quel était leur maintien [1]....

M. de Malesherbes, son sage conseil, était fréquemment auprès de lui, surtout dans les derniers temps de sa captivité. Un jour que je reconduisais cet homme vertueux comme il quittait le Roi, étant au pied de l'escalier, nous allions passer l'escalier en violant la consigne, qui était d'entrer dans la pièce du bas de l'escalier pour y faire reconnaître l'identité de M. de Malesherbes, consigne à laquelle il s'était conformé en entrant ; ce respectable magistrat s'arrêta en me disant : « Il faut entrer ici pour y « faire reconnaître mon identité. — Cela n'est pas néces- « saire, lui répondis-je, Monsieur, en le retenant par le « bras, puisque vous êtes avec moi. — Qu'importe, me re- « partit-il, il ne faut jamais manquer à une consigne ; » et

---

[1]. Nous ne reproduisons point ici des réflexions, sans intérêt, qui remplissent les pages 28 à 31 de Goret.

il entra. Un tel homme était bien fait pour être un législateur, sachant donner l'exemple de la soumission à la loi; ensuite nous traversâmes la grande cour jusqu'à la porte de sortie du Temple, où sa voiture l'attendait. Chemin faisant, nous causâmes de la situation de Louis XVI; c'était peu de jours avant le moment fatal. Voici ce que je n'ai pu oublier de cette conversation : « Je ne puis, me dit M. de « Malesherbes, occuper le Roi de son affaire, l'y faire « penser; toute grave qu'elle soit, il en montre la plus « grande indifférence. » Voilà bien l'impassibilité dont j'ai parlé plus haut. Ce fut la dernière fois que je me rendis au Temple jusqu'à la mort du Roi.

Ce jour, de si triste mémoire, je restai chez moi jusque vers le soir, que je me rendis au Conseil général; je n'y trouvai qu'un petit nombre de mes collègues sur les bancs, tous dans un morne silence qui ne fut rompu que par Jacques Roux, prêtre infâme, qui s'était trouvé à l'exécution et qui avait fait le procès-verbal de mort, dont il fit lecture avec un ton de férocité [1]. Il avait été accompagné d'un autre prêtre nommé Danjou [2], aussi membre du Conseil. Deux prêtres voulurent être présents à cette horrible exécution! Ah! laissons les réflexions.

Il est bon que l'on sache comment ces deux prêtres furent nommés, par le Conseil général, la veille de l'exécution, pour y assister. Chaumette était au bureau; il requit de nommer deux commissaires parmi les membres du Conseil, pour être présents à l'exécution, et constater, par procès-verbal, la mort du Roi, parce que la garde de sa personne avait été confiée, par une loi spéciale, à ce Conseil. Aucun des membres ne parut disposé à accep-

---

[1]. Voir *Documents officiels*, n° CCXXX.
[2]. Erreur: c'était Jacques-Claude Bernard.

ter cette mission. On allait nommer par la voie du sort, lorsque les deux prêtres ci-dessus cités s'offrirent spontanément à remplir cette horrible mission, qu'aucun autre membre du Conseil n'aurait peut-être voulu accepter ; car, je le dis avec vérité, excepté les Chaumette, les Hébert, tous gémissaient de cette affreuse catastrophe, tous se disaient : « Pourquoi le mettre à mort ? Que ne l'envoie-« t-on en Autriche ? Il n'y ferait pas plus de mal que ceux « de sa famille qui y sont. » Il n'y avait qu'une voix pour ce dernier parti, et je puis dire encore, avec la même vérité, et sans prétendre excuser ce Conseil des torts qu'il peut avoir eus dans quelques circonstances, qu'il prouva dans celle-ci l'amour qu'il avait dans le cœur pour le Roi, ainsi que l'avait la majorité des citoyens, et que témoigna l'avoir également cette sentinelle dont j'ai parlé, qui, au bas de la tour du Temple, me demanda s'il fallait porter les armes lorsque le Roi y passait, témoignage du respect que cet homme conservait pour le Roi, malgré l'effervescence de ce temps, où l'on n'envoyait à ce poste que des hommes qui se montraient les plus dévoués à la Révolution.

Émigrés, qui pensez avoir été les seuls dont le cœur palpitait pour le Roi que vous avez abandonné au moment du danger, qu'avez-vous à répondre à cela ? Que n'êtes-vous plutôt restés dans votre patrie pour y seconder les dispositions de la majorité des citoyens ! Mais j'oublie que je suis dans le Conseil général, au moment que le Roi n'existe plus. J'avais eu la précaution de porter avec moi mon bonnet de nuit, dans l'espérance de pouvoir me faire envoyer au Temple, ce jour-là, auprès de la Reine et de sa famille, et je réussis à me faire nommer.

J'arrivai à ce poste, à l'étage au-dessus de celui qu'avait occupé le Roi jusqu'à sa mort, et qu'avait occupé avec lui sa famille, jusqu'au moment où elle en fut séparée, séparation dont je n'ai pas été témoin, parce que je n'étais pas au Temple lorsqu'elle se fit; mais je remarquai, la première fois que j'y allai ensuite, combien elle avait influé sur toute la famille; la Reine surtout, tombée dans un état de maigreur extrême [1], n'était plus reconnaissable. Comme elle, Madame Élisabeth gardait un morne silence; les enfants paraissaient interdits, et le Roi parut aussi plus accablé depuis cette séparation; mais, hélas! il n'existait plus au moment dont je parle.

Dès que la Reine m'aperçut de sa chambre, où elle était avec sa famille, elle me fit inviter par Tison, valet de chambre qu'elle avait alors, Cléry n'ayant pas eu la permission de se rendre près d'elle après la mort du Roi; la Reine me fit inviter, dis-je, à m'approcher, ce que je fis aussitôt; elle était avec Madame Élisabeth et les enfants, autour d'un guéridon; tous fondaient en larmes. « Madame, » dis-je à la Reine d'une voix tremblante, « vous avez à vous conserver pour votre famille. » C'est tout ce que je pus lui dire; elle n'interrompit ses sanglots que pour prononcer ces paroles : « Nous savons le malheur « qui nous est arrivé, nous en avons entendu ce matin « tous les apprêts, le mouvement des hommes et des che- « vaux; notre malheur est certain, et nous désirons avoir « des habits de deuil. » Ne pouvant dissimuler, je ne prononçais que quelques paroles entrecoupées : « Hélas! Madame, hélas! Madame. » Je me retirai en assurant à la Reine que j'allais m'occuper du deuil qu'elle désirait : « Le plus simple, » ajouta-t-elle.

Rentré dans la pièce où je restais, je me mis à écrire cette demande au Conseil; la Reine arriva près de moi, et me

---

1. Il y a aux Archives nationales (F4 1310), parmi les mémoires des dépenses faites au Temple pour la famille royale, une note de 25 livres pour avoir rétréci le corset de la Reine, à la date du 14 décembre.

dit qu'elle désirait avoir, pour faire ce deuil, une ouvrière dont elle me donna le nom et l'adresse ; dès le lendemain la demande de la Reine fut accordée. Je me retirai sur le soir, ne laissant auprès de la famille que le valet de chambre et sa femme. Je me rendis de suite auprès de Cléry, retiré dans une des chambres du bâtiment adossé à la tour, et dont j'ai parlé; il avait été mis là comme aux arrêts, le matin, au moment où il fut séparé du Roi. Je le trouvai aussi fondant en larmes et déplorant la perte de son bon maître. Que dire en pareil cas? J'étais fort embarrassé pour faire admettre à Cléry quelques paroles de consolation ou de condoléance.

L'on vint me chercher pour me rendre au souper ; ne voulant pas laisser Cléry seul, je l'engageai à venir avec moi, ce que j'obtins avec beaucoup de peine. Il se plaça à table en face de moi; il ne voulut prendre que peu de chose. Le général Santerre et quelques officiers de son état-major survinrent et se placèrent aussi à table. Le premier se mit à raconter, avec un sang-froid sans égal, comment l'exécution avait eu lieu, sans en omettre aucune circonstance, pas même celle du roulement qu'il avait ordonné, lorsque le Roi voulut parler au peuple, et en ajoutant que l'exécuteur paraissant indécis, il lui avait dit fortement : « Fais ton devoir. »

Cette conversation, bien faite sans doute pour affliger ceux qui, avec une âme un peu sensible, l'entendaient, affecta sensiblement Cléry; aussi lui fis-je signe de se lever ; il se rendit aussitôt dans sa chambre, où je le suivis, et je passai la nuit près de lui. Plusieurs fois, il fut près de se trouver mal ; j'employai, pour le soulager, quelques spiritueux qui se trouvaient là. Tout ce que je pus entendre de lui furent ces paroles : « Hélas ! mon bon maître « se serait sauvé s'il l'eût voulu ; il n'y a que quinze à seize

« pieds des fenêtres de cet endroit jusqu'au sol ; tout avait
« été préparé pour le sauver pendant qu'il y était encore ;
« mais il s'y refusa, parce qu'on ne pouvait sauver sa fa-
« mille avec lui. Voilà, disait-il en me le montrant, son
« bréviaire qu'il m'a laissé avec sa montre et quelques pe-
« tites choses. » Mais Cléry paraissait attacher le plus
grand prix à ce bréviaire, qu'il disait être dans l'intention
d'offrir au pape : je ne sais s'il a exécuté ce dessein.

. . . .

La bonté du caractère et du cœur de Louis XVI va se
peindre dans le peu de mots qui suivent. Le Roi sortant
de sa prison pour n'y plus rentrer, accompagné de ceux
qui le conduisaient au martyre, descendait l'escalier ; il y
rencontra Mathé, qui, remplissant les fonctions de concierge, allait sans doute fermer la porte de l'endroit d'où
sortait le Roi, qui le reconnut comme s'étant souvent
présenté devant lui pour demander s'il ne désirait rien.
Un jour que le Roi était assis devant la cheminée, Mathé,
sans plus d'égards, se plaça à côté de lui, en tendant la
jambe et posant le pied sur l'un des tisons. Ce maintien
put ne pas plaire au Roi, qui alors dit à cet homme :
« Mathé, j'ai besoin d'être seul, laissez-moi. » Celui-ci
parut choqué de ces paroles et se retira ; le Roi ne le vit
plus reparaître. Mais le Roi, se rappelant sans doute sur
l'escalier, à la rencontre de Mathé, la circonstance que je
rapporte, et qui avait pu décider ce dernier à ne plus reparaître comme de coutume, le Roi, dis-je, s'arrêta, et
adressant la parole à Mathé, lui dit : « Mathé, est-ce que
« vous m'en voudriez ? Pour moi, je ne vous en veux pas. »
Et lui prenant la main pour se la porter à l'endroit où le
cœur bat, il ajouta avec l'accent de la bonté : « Tenez,
« portez plutôt là votre main. »

VII.

VERDIER

*TABLEAU HISTORIQUE DE LA FAMILLE ROYALE
AU TEMPLE, DEPUIS LE 10 AOUT 1792* [1]

J'écris dans cet ouvrage avec d'autant plus de satisfaction une notice historique de la malheureuse famille de Louis XVI celerée (*sic*) dans le Temple, que non seulement j'en puis parler comme témoin oculaire, mais encore qu'il y a eu peu, parmi les municipaux de la fameuse Commune du 10 août, qui ayent suivi autant que moi ces infortunés et qui eussent le talent de voir et d'écrire ; que d'ailleurs tous les récits qu'on en a faits sont erronés et mensongers. Le fameux *cimetière* de la Magdeleine [2] n'est qu'un

---

1. Nous faisons observer de nouveau que le manuscrit de Verdier est d'une fort mauvaise écriture, et que, malgré nos efforts, il ne nous a pas été possible de déchiffrer certains mots.

2. Il s'agit de l'ouvrage de J.-B. Regnault-Warin, *Le Cimetière de la Madelaine*, publié à Paris, chez Lepetit jeune, an VIII-an IX (1800-1801) en 4 volumes in-12. Ce roman eut alors une grande vogue, fut traduit en espagnol, et une édition, *corregida y aumentada*, parut encore en 1833. Voici ce que dit Michaud jeune, dans la *Biographie universelle*, de Regnault-Warin et de son roman : « Voyant cependant le succès qu'avaient alors les écrits royalistes, il hasarda son *Cimetière de la Madelaine*, où sont décrits une partie des malheurs de Louis XVI et de sa famille. Cet ouvrage eut un succès dont il faut attribuer au moins une partie à l'intérêt du

pur roman, où l'on serait trompé si l'on y cherchait une seule phrase de vérité, comme je pourrai en convaincre en y relevant des erreurs annoncées avec une assurance qui peut en imposer à bien des lecteurs.

J'en excepte les mémoires de M. Cléry, valet de chambre de Louis XVI, que j'y ai vu et qui m'y a vu. Lui-même il désavoue comme mensonger ce qu'on a écrit sous son nom avant ses mémoires, quoiqu'à ce qu'il paraît d'après ses instructions. Je rendrai justice à sa véracité. Mais Cléry ne pouvait voir que ce qui se passait dans les appartements, et j'ai vu une bonne partie de ce qu'il y a vu et de ce qui se passait dans les autres lieux du Temple, puisque ma carte était une clef qui me les ouvrait tous. D'ailleurs cet écrivain loyal et respectable ne paraît avoir écrit que de mémoire, sans avoir le talent de bien rendre ses idées, et moi je vais écrire, et de mémoire, et d'après des pièces que j'ai pu conserver. Il n'a pu guère recueillir que des détails minutieux, et je crois pouvoir en donner de plus intéressants. Mais je m'étayerai de son témoignage dans les choses qu'il a mieux vues et mieux sues que moi.

Ces motifs m'obligent à donner à cette notice une étendue plus grande que ne comportent les proportions prescrites à mes tableaux.

Point de journée plus célèbre dans celle *(sic)* de la Révolution que celle du 10 août 1792. Tous les citoyens de Paris qui existaient alors en ont une idée plus ou moins étendue et plus ou moins juste ou fausse, et elle a été et

sujet. C'était du reste à cette époque un acte de courage, et qui attira sur son auteur toutes les haines du parti révolutionnaire encore très puissant. Le livre fut saisi par la police consulaire, et l'auteur, mis en arrestation, n'en sortit que par l'intervention de Mme Bonaparte, qui l'avait lu et qui avait pleuré sur les malheurs de la famille royale. » En l'an XI (1803) avait paru, en 3 volumes in-12, un autre ouvrage de Regnault : *Les prisonniers du Temple*, suite du *Cimetière de la Madelaine*, dont Regnault n'avoua que les deux premiers volumes et les soixante premières pages du troisième.

sera encore décrite par tant d'écrivains qu'elle tiendra toujours une place distinguée et brillante dans les fastes du genre humain. Il n'est point de mon objet de la peindre. Je ne pourrais qu'ajouter à ses tableaux quelques traits relatifs à mon but et à mon objet.

Cette journée fut une vraie et grande révolution dans le gouvernement monarchique et même dans la marche révolutionnaire, et ce fut l'ouvrage de la nuit du 9 au 10 août par les principaux acteurs du comité des sections, des membres (mot illisible) des clubs des Jacobins et des Cordeliers, des Marseillais alors en armes et en grand nombre dans Paris et par les sections assemblées dès le matin de ce grand jour et tenues en permanence les suivants pour sur les dangers de la Patrie (sic). Mais il y avait longtemps qu'elle était concertée et qu'un grand nombre de meneurs y travaillaient. C'était la reprise de l'expédition manquée du [20] (en blanc) juin précédent, et pendant que le comité des sections s'est tenu en juillet, Pétion, maire de Paris, haranguait presque tous les jours à la Commune à onze (sic) du matin ceux qui s'y trouvaient à dessein ou par hasard sur les causes de la mauvaise issue de celle du [20] juin, et sur sa reprise, sur les moyens de parvenir au but. Mais il ne s'expliquait point sur ce but. Il ne se proposait alors que de préparer les ardents patriotes à bien le seconder dans l'exécution du projet qu'il méditait avec les grands meneurs. Je l'ai entendu plusieurs fois, dans ces harangues improvisées par les circonstances et par les fausses tentatives qui se faisaient de temps en temps, surtout au faubourg Saint-Antoine ; mais je ne le comprenais pas. Pour l'entendre, il fallait avoir une clef, et je ne l'avais pas.

Dans cette nuit se forma spontanément la fameuse Commune du 10 août par les plus ardents commissaires des comités des sections et par des municipaux nommés dans ce jour par les sections au nombre de six par chambre. J'étais de ce grand comité, comme je l'ai déjà dit, mais je ne fus point appelé à cette grande expédition, sans doute parce qu'on se défiait de moi. Sur le bruit public de ce qui se passait, je fus à l'assemblée générale de ma section, celle des Plantes. On y nomma plusieurs citoyens honnêtes et de marque pour aller se joindre aux nouveaux municipaux, mais qui, sans avoir le courage de refuser, n'aurait *(sic)* pas celui de s'y rendre ; et c'est sans doute cette crainte pusillanime et générale dans toutes les sections qui ont composé cette Commune de tant de gens ineptes pris dans les basses classes. Quelavaine (?) voulut me faire nommer, mais un des meneurs, qui prédominait ce jour-là et que j'avais entendu vouloir démontrer publiquement qu'il fallait se défaire du Dauphin, détourna l'attention sur d'autres sujets, sans doute parce qu'il me jugeait incapable de cette mission. Je pouvais bien m'y rendre sans cette attache, puisque les commissaires du comité étaient les premières colonnes de ce nouvel édifice ; mais, en me faisant un devoir d'assister à toutes les assemblées, je me fis une règle de ne rien demander et de ne rien refuser, mais de ne rien faire sans une mission bien en règle.

Les clameurs et les mouvements des révolutionnaires allèrent chaque jour en augmentant dans le commencement du mois d'août, et la cour, qui avait partout ses émissaires, ne pouvait ignorer leur projet. Le 9, à huit heures du soir, dit Cléry, les cours du château des Tuileries étaient remplies, ainsi que les appartements et les souterrains, d'environ huit mille hommes en uniforme de garde nationale et de la garde suisse, qui paraissaient disposés à défendre le Roi. Les personnes de la cour et du service de la famille royale se rassemblaient auprès d'elle, en cette soirée, avec inquiétude [1]. Les ministres mandaient Pétion aux Tuileries et l'y retinrent en otage, ce qui a été regardé comme un crime de lèze majesté nationale. Après minuit, l'on sonna le tocsin à l'hôtel de ville et l'on battit la générale. Au bruit, l'on relâcha le maire, qui fut *oriender* (?) la commune naissante.

Le 10, à six heures du matin, le Roi descendit dans les cours du château et passa en revue les gardes nationaux et les Suisses, qui jurèrent de le défendre. La Reine et les enfants suivaient le Roi, avec Mme de Tourzel et Mme de Lamballe. On entendit dans les rangs quelques voix qui témoignaient du mécontentement de la présence et des paroles de la Reine. A ces voix succédèrent les cris de : *Vive le Roi! Vive la nation!* Mais aussi c'est cette imprudence de la Reine qui faisait dire et chanter aux révolutionnaires que *Madame Veto* (c'était sous cette dénomination qu'ils désignaient toujours la Reine) avait voulu massacrer tout Paris.

Après cette heure, le bataillon des Marseillais marcha vers le château avec ses canons [2]....

La famille détenue au Temple était composée de cinq personnes : le Roi et la Reine, le Dauphin ou prince royal et la princesse royale, leurs enfants, et Madame Élisabeth, sœur du Roi, qui voulut les accompagner. La Commune de Paris, qui en reçut la garde sur sa responsabilité, les faisait garder tous cinq à vue par huit municipaux munis de leur écharpe, qui y restaient quarante-huit heures et dont

1. Ici le manuscrit contient un renvoi, où l'auteur dit qu'un grand nombre de gardes nationaux se retirèrent et qu'il ne resta que quatre à cinq cents *citoyens* et trois à quatre cents hommes, « gens de la cour et de service seulement, armés d'épées et de pistolets qu'on leur donna. »

2. Nous ne donnons point la suite du récit de Verdier, qui ne contient rien de neuf.

quatre y étaient envoyés chaque jour. Ces municipaux étaient chargés, comme tous les autres gardiens, d'intercepter toute communication entre les détenus et le dehors, et de ne leur rien laisser parvenir qui ne fût bien visité par la commission qu'ils formaient au Temple.

Un jeune homme, fils d'un médecin accoucheur de mes amis, qui avait été mon élève et était un peu outré dans son patriotisme, y fit pourtant une action délicate qu'on apprendra peut-être avec plaisir. Il était un de ceux qui conduisirent la famille au Temple et y demeura trois jours, le dernier seul. Étant assez mal vêtu et malpropre, Madame Élisabeth et Mme de Tourzel le persiflèrent et se moquèrent de lui, et il les écouta dans un coin sans leur répondre. Mais Mme de Tourzel l'ayant ensuite reconnu à sa figure pour le fils de son accoucheur, elles lui adressèrent la parole et se popularisèrent avec lui, et le jeune homme leur répondit avec honnêteté. Elles prirent assez de confiance en lui pour que Madame Élisabeth lui présentât une lettre, en le priant de la mettre à la poste. Le jeune homme lui prit la main, la lui porta de manière à lui faire brûler sur une bougie qui était allumée, en lui disant ces belles paroles : « Madame, voilà tout ce que je « peux faire pour vous. »

Bientôt on apprit que le roi de Prusse était entré dans la Champagne, qu'il marchait sur Châlons et menaçait Paris. Déjà l'on formait un camp près de Paris ; l'on voulait lui opposer des troupes. Un grand nombre de volontaires se présentèrent d'eux-mêmes. On en forma des légions. Mais on dit que ces volontaires ne voulurent pas partir avant d'être sûrs que leurs femmes et leurs enfants demeureraient en sûreté dans Paris ; ou du moins ce fut là le prétexte des massacres inouïs qui commencèrent dans les prisons le dimanche 2 septembre, à midi de ce jour terrible.

Le canon d'alarme fut tiré sur le Pont Neuf en (*sic*) fut en quelque sorte le signal de cette horrible expédition déjà annoncée dans le peuple.

Aussitôt deux municipaux furent envoyés au Temple vers la famille royale. Matthieu, ex-capucin, qui porta la parole, annonça au Roi l'arrivée du roi de Prusse en Champagne, et le sollicita de lui écrire pour l'arrêter et se préserver, ainsi que la ville, des malheurs auxquels se trouverait exposée la patrie déclarée en danger. Et il conduisit M. Hue à la Force [qui s'était obstiné à écarter Tison et sa femme du service personnel de la famille] [1]. Je crois que la princesse Lamballe et Mme Tourzel y étaient déjà.

Le soir les massacres commencèrent.... La princesse Lamballe était à la Force. Les municipaux présents voulurent la sauver des assassins. Ils l'arrachèrent des mains d'un d'eux que je connaissais pour un très honnête homme et qui me l'a rapporté. On lui trancha la tête, et dans cette horrible journée les assassins promenèrent dans les rues son corps traîné par des cordes et sa tête élevée sur une pique. Dans l'après-midi, l'on traîna et porta ces dépouilles au Temple pour les faire voir aux détenus et faire baiser la tête à la Reine, suivant que me l'a rapporté depuis un des municipaux présent à cette horrible scène [2]. Mais les municipaux de service au Temple persuadèrent au peuple de n'y point laisser entrer le corps ; ils persuadèrent ensuite, avec bien de la peine, les conducteurs réunis dans la Chambre du conseil de ne point porter la tête aux appartements de la Reine, et ils se contentèrent en effet de la porter, avec de grands cris, autour de la

---

1. Addition du manuscrit.
2. Dans la copie : « Sandart (?) me l'a rapporté, et depuis un des municipaux de service qui était spectateur de cette horrible scène. »

tour du Temple. Mais, pendant ces débats, Paloi, qui conduisait les ouvrages du Temple [1], monta vers les détenus pour les préparer à ce spectacle; mais ils n'en ont eu que l'effrayante annonce, et Cléri l'a nécessairement mal rapporté.

L'abbé d'Anjou, que je connais et qui n'était alors que sous-diacre et bénéficier, et les municipaux alors de service, arrêtèrent une foule énorme de peuple qui voulait suivre cette tête; et ils imaginèrent un trait que toute personne sans prévention admirera. La grande porte d'entrée du Temple devait être toujours ouverte, parce que tout devait se faire, disait-on, sous les yeux du peuple souverain. Ils lui représentèrent qu'il devait obéir avec confiance aux magistrats qu'il s'était nommés; ils barrèrent la porte ouverte avec un petit ruban tricolore, et cette singulière barrière ne fut point franchie et ne l'a point été depuis : on ne la passait qu'avec la permission des sentinelles [2].

Les royalistes ont répandu que des municipaux ordonnèrent les massacres dans les prisons. Les apparences, sans doute, plus que leur mauvaise foi, leur ont inspiré cette calomnie. Les municipaux qui composaient le Conseil de la Commune, excepté ceux initiés aux mystères, voyaient de plus près les horreurs qui se passaient, mais ils n'en connaissaient pas plus les causes et les motifs et les instruments que les autres citoyens. Lorsqu'on annonça les massacres au Conseil de la Commune, il envoya des députés pour les faire cesser. Ils y trouvèrent en

---

1. Il résulte du compte dressé par Cailleux le 2 mars 1793 que Palloy présenta, pour son inspection des travaux du Temple du 14 août au 8 septembre 1792, un mémoire de 6,360 livres, qui fut réduit à 1,647 l. 9 s. Papiers du Temple. Cabinet du baron de la Morinerie.

2. Voir, à l'appendice donné dans le tome II, une note sur cet épisode et sur la distinction à établir entre *Danjou* et *Daujon*.

chambre [1] environ douze juges qui, autour d'une table, jugeaient les prisonniers qu'on leur présentait, et, aussitôt après le jugement, des assassins les expédiaient. Ces municipaux voulaient remplir leur mission ; mais l'assemblée leur dit avec ce ton qui faisait trembler tous ceux à qui ces hommes terribles parlaient : « Mettez vos écharpes dans vos poches et présidez-nous ! » Il fallut obéir, et ils retinrent malgré eux ces municipaux. Ils ne purent faire beaucoup de bien, mais du moins ils empêchèrent quelques maux. J'ai su ce fait de plusieurs d'entre eux qui ont présidé en diverses prisons.

Pendant ces massacres même, la Commune, composée de six députés de chaque section, se trouva surchargée de travaux et demanda à chaque section deux nouveaux commissaires. Dans l'assemblée de ma section, lorsqu'il fut question de nommer ces deux commissaires, un écolier de dix-sept ans (?), d'une pension où il m'avait vu et entendu avec son maître, mon ami, me proposa ; et tout à coup je fus nommé par acclamation, et dès le soir, 4 septembre, je me présentai au Conseil de la Commune, où je fus admis. L'on me joignit un autre citoyen, mais qui n'osa pas m'accompagner et n'a point paru au Temple. Et comme le secrétaire ne vit que moi et que le nom de mon collègue finissait en *in*, lisant mal son nom, il m'inscrivit sous le nom de *Martin Verdier*, sous lequel j'ai toujours été connu quoique je me nomme *Jean*.

Ceux qui connaissaient mon ami m'ont beaucoup loué de mon courage dans cette acceptation. Des royalistes, au contraire, gens justes en théorie, mais bas en pratique et qui n'ont été attachés à la famille royale que par leurs propos, m'en ont fait un crime. Ils ne voyaient pas, les in-

---

1. La copie porte : « en chemise. »

sensés! combien plus grande aurait été l'infortune des détenus, s'ils n'avaient pas eu auprès d'eux des municipaux probes, sensibles et humains, et j'ose dire qu'ils furent le plus grand nombre.

Le Conseil de la Commune était en permanence, et il y avait toujours à l'hôtel de ville, jour et nuit, dans les intervalles des assemblées générales, douze municipaux pour répondre à ceux qui venaient le consulter pour agir suivant leur convenance. Je fus un des municipaux permanents, le 6 et le 7 septembre. Dans la nuit, l'un de mes collègues, le citoyen Marino, ouvrier, démocrate effréné, grand bavard, et qui n'avait pas l'ombre du sens commun, fut scandalisé de mes discours, et m'annonça qu'il me ferait guillotiner; et lui-même il l'a été! Les propos d'un homme aussi sot me firent rire. Mais un autre, nommé Chevalier [1], avec qui je me trouvai seul dans un coin, me tint ce discours, sous le sceau du secret. Après quelque temps de conversation : « Citoyen, je vois que vous êtes
« un honnête homme, mais qui avez une franchise qui
« pourrait ici vous être funeste. Nous sommes un ramas-
« sis d'hommes presque le plus grand nombre ineptes,
« dont les uns sont d'honnêtes gens et les autres sans au-
« tres principes qu'une démocratie effrénée, et dont
« quelques-uns sont de vrais scélérats. Il faut, en général,
« parler leur langage jusqu'à un certain point. Un mot
« peut perdre le plus honnête patriote. Tout ce que vous
« allez voir est et sera l'ouvrage du comité de surveil-
« lance, et nous n'en sommes que d'aveugles instruments.
« Ce comité a été nommé d'abord par le Conseil de la
« Commune et composé de douze municipaux, et j'en étais
« un. Six ont proposé les projets les plus affreux; moi et

---

1. Jean Chevalier, de la section du Roule.

« cinq autres avons voulu faire des représentations. Les
« six autres nous ont renvoyés promener comme gens in-
« capables du grand travail à faire, et nous nous sommes
« retirés sans répliquer. On nous a remplacés par Marat
« et cinq autres patriotes de sa trempe, qui ne sont point
« de la Commune. Ce sont ces douze hommes qui com-
« mandent les massacres, organisent les assassins, en-
« voyent des députés révolutionnaires dans tous les dépar-
« tements et opèrent tout ce qu'on attribue à la Commune
« sans la consulter ni lui faire aucun rapport, mais par des
« agents les uns attachés et les autres étrangers à la Com-
« mune, qui sont dans le secret et leurs affidés, et do-
« minent dans les délibérations générales. » Ces bons
avertissements m'ont fait tracer le plan de conduite que
j'ai toujours suivi et avec succès, sans beaucoup de danger. Je n'ai pourtant nullement changé d'opinion ni de
conduite; j'ai toujours dit ma façon de penser; mais dans
un style et avec des ménagements et des précautions que
j'ai crus propres à écarter toutes suspicions [1].

Quelques jours après je fus envoyé au Temple pour y
faire les quarante-huit heures de garde usités (*sic*). L'on m'y
donna mes instructions, qui consistaient à ne pas perdre
de vue un moment les détenus que j'aurais à garder, à
avoir toujours le chapeau sur la tête, à s'asseoir quand on
le jugeait à propos, à ne leur parler que pour répondre à
leurs demandes, à ne leur rien apprendre de tout ce qui
se passait, et à ne leur donner que le titre de *Monsieur* ou
de *Madame*, mais de leur parler honnêtement, et à ne
rien leur dire qui pût les offenser ou les inquiéter. Les dé-

---

[1]. On lit en marge : « Ajouter ici ma présidence à la séance du 7 septembre. — C'est le 6 septembre que Verdier occupa le fauteuil. Voir Procès-
verbaux de la Commune de Paris, dans le volume de la *Collection des mémoires* consacré aux journées de septembre 1792, p. 285.

tenus étaient alors dans la petite tour latérale adossée à la grande pendant qu'on leur préparait les appartements de la grande. Je fus introduit sur les onze heures, après souper, au troisième, dans l'antichambre du Roi, qui dormait profondément et ronflait fort haut. Je passai la nuit dans un petit cabinet pris dans une tourelle. J'y vis sur la table une douzaine de livres qui faisaient alors la bibliothèque du Roi; c'étaient des heures, les *Pensées chrétiennes* et autres livres. Le Roi, levé et habillé, sortit de sa chambre. Je lui cédai le cabinet; il s'y mit en prières, et fit ensuite de longues lectures.

A neuf heures, la Reine et ses enfants et Madame Élisabeth montèrent. Ils embrassèrent le Roi, en furent embrassés, et conversèrent bien affectueusement. On leur servit ensuite un ample déjeuner, consistant en café, chocolat, fruits et laitages [1]. Après le déjeuner, ils s'occupèrent, le Roi à donner une leçon de géographie à son fils, la Reine à faire une dictée à sa fille, et de plus, avec elle et Madame Élisabeth, aux soins du petit ménage, comme une bonne mère de famille bourgeoise.

Les dîners et les soupers étaient pareillement amples et excellents. Ils étaient ordonnés et faits sur leurs ordres par un chef de cuisine et un chef d'office qui avaient sous eux onze subalternes. Les municipaux leur faisaient porter les mets à la tour; mais auparavant ils faisaient goûter par les officiers chacun des mets et chacun des vins. On

---

1. On lit dans le rapport de Verdier sur la nourriture (Bibl. Carnavalet, ms. 29726, appendice, f. 3) :

« Voilà sans doute un déjeuné avec le prix duquel on pourrait faire un bon dîner. Tout est-il consommé par ceux auxquels il est porté? Non, ils sont trop sobres. Mais il n'y a rien de perdu; vous voudrez bien vous rappeler que la cuisine et l'office font vivre, outre ces cinq personnes, trois qui les servent à la tour et treize officiers, c'est-à-dire en tout vingt-une personnes. »

leur faisait deux services et le dessert. On leur servait vin rouge et vin blanc. Ils faisaient leur repas promptement. Le Roi mangeait de bon appétit, mais sobrement; il ne buvait qu'environ une demi-bouteille de vin blanc de Champagne et une topette de vin de Malvoisie.

Je ne reconnais point les détenus au ton hautain que Cléri leur attribue avoir eu envers tous les gens du dehors. Au contraire, je les ai trouvés affables, simples et même gais. Ils parlaient, il est vrai, bien plus entre eux qu'avec nous. Cependant ils prenaient grand soin de nous observer. Ils parvenaient toujours à connaître nos noms, notre état, nos mœurs, même notre demeure. Mais ils n'avaient pas l'art de se faire des instruments de nous. Ils compromettaient même ceux auxquels il échappait de leur dire des choses qu'on voulait leur taire. J'ai pensé moi-même être victime de mon imprudence dès cette première garde.

L'on a débité que les municipaux les traitaient durement. C'est une calomnie inventée par l'esprit de parti. Il se peut faire que quelques-uns se soient oubliés, mais le nombre en a été très petit. Le geôlier Rocher, qui gardait la première porte de la petite tour, voulait essaier (?) de montrer son patriotisme par des discours grossiers lorsque la famille passait près de lui pour se rendre dans la salle à manger. Il poussa l'injure jusqu'à renvoyer de la fumée de sa pipe au Roi dans ce passage. Le Roi s'en plaignit. On fit venir l'insolent au Conseil; on lui enjoignit de cesser ces procédés et même de fumer à sa porte sous peine d'être chassé, et la famille n'a plus reçu d'outrages de cette sorte.

Le Roi s'était trouvé indisposé, et depuis quelques jours il n'était point descendu à la promenade dans le jardin avec sa famille. Après le déjeuner du second jour de ma garde, la Reine me dit qu'ils avaient dessein de se promener sur les onze heures. Je fus l'annoncer à mes collègues; ils me répondirent qu'ils venaient d'arrêter qu'ils ne se promèneraient plus. Je leur fis mes représentations sur les mauvaises suites du défaut d'exercice sur leur santé. Ils s'obstinèrent, et moi aussi. Je leur dis que s'ils ne se rendaient pas à mes justes représentations, je les porterais le soir à l'assemblée générale. On s'y rendit alors, en me traitant d'entêté à qui tous devaient céder. Je fis ensuite descendre les détenus moi-même. Quatre municipaux et le commandant de la garde du Temple les accompagnaient et conversaient avec eux dans cette promenade, pendant que Cléri faisait jouer le petit prince.

Les deux derniers jours de septembre furent des jours bien affreux pour la famille, mais qui pourtant trouva sa consolation dans ceux même qu'elle accusait de ses maux. On vint leur signifier un arrêté du Conseil général de la Commune, qui ordonnait d'enlever papier, encre, plumes et crayons aux prisonniers et à ceux qui les servaient, en enjoignant à Cléry de venir au bureau du Conseil écrire sur un registre les demandes des détenus. Cet arrêté était motivé sur les lettres et billets qu'on savait bien qu'ils écrivaient et qu'ils faisaient passer au dehors, même par des municipaux.

Ensuite des municipaux vinrent leur annoncer que, d'après un autre arrêté, le Roi allait être transféré dans la grande tour, que les dames demeureraient dans la petite, qu'ils ne mangeraient plus ensemble et même qu'ils ne se verraient que très rarement. Ce fut un coup de foudre pour les prisonniers, qui versèrent des torrents de larmes et jetèrent des cris affreux. Simon, le fameux Simon, l'un des municipaux, dit à la Reine : « Ah! vous pleurez, Ma-
« dame; vous ne pleuriez pas le 10 août, lorsque vous pas-

« siez la revue pour faire assassiner le peuple. » Alors les deux dames sentirent qu'il fallait plier sous l'autorité de la force, et elles attendrirent les municipaux.

Cléri veut persuader, à mon grand étonnement, que les détenus s'étaient attiré cette disgrâce affreuse par leurs imprudences continuelles avec lui-même, et je n'ai rien vu de tout ce qu'il dit. J'ai vu que le seul reproche qui a été le motif de ce rigoureux arrêté [a été] que, malgré l'invitation qu'on leur avait faite et réitérée de toujours parler haut devant les municipaux, ils se parlaient trop souvent bas.

Simon, attendri de leurs douleurs et de leurs prières, le leur observa; elles (sic) promirent de se corriger sur ce point. Alors les municipaux prirent sur eux de les faire trouver et manger ensemble dans ce jour, et de demander au conseil de les tenir ensemble et comme auparavant. Tous furent placés dans la grande tour : le Roi et son fils dans un appartement, au second; les dames dans un autre, au troisième, et tous y sont demeurés pendant tout le temps que j'ai été au Temple.

Les appartements de la grande tour étaient bien plus grands et plus commodes que ceux de la petite. Cependant, il paraît que les détenus regrettèrent ceux-ci pour une bonne raison : les fenêtres en étaient libres et ils pouvaient par leur moyen jeter leurs regards sur le voisinage, peut-être même y voir des personnes des maisons voisines, et s'entendre avec quelques-unes par signaux convenus; mais celles des appartements de la grande tour étaient garnies d'abat-jour qui leur interceptaient une partie de l'air et de la lumière et bornaient leurs regards à leurs appartements.

Charbonnier et Simon, auxquels Cléri seul prête des rôles dans ces moments, le premier marchand mercier, et l'autre cordonnier, étaient deux membres d'une commission envoyée au Temple pour y surveiller les travaux qu'on faisait pour l'enceinte et aux bâtiments du Temple [1]. Simon n'y a jamais été chargé des dépenses des détenus comme le dit Cléri, et pendant tout le temps que le Roi y a vécu, le prince royal n'a point eu d'autre instituteur que son père et sa mère. Charbonnier était un bonhomme tout rond; Simon avait un bon fonds de sensibilité, d'humanité et même de générosité, mais il n'était pas fort spirituel, et était enthousiasmé de la liberté et de l'égalité; il jouissait avec délices de leurs droits, dans toute leur étendue, avec les détenus comme avec les municipaux et tout le monde.

L'on en peut juger par ce trait. Il entra un jour dans les appartements tout en sueur. La Reine lui dit : « Vous avez « bien chaud, monsieur Simon, voudriez-vous boire un « coup de vin? — Madame, lui répondit Simon avec sa « fierté républicaine, je ne bois pas comme ça avec tout le « monde. »

Mais l'un des substituts du procureur de la commune, si connu sous le titre de *Père Duchesne*, en voulut faire l'instrument de ses scélératesses par les louanges qu'il donnait sans cesse à Simon et qui le persuadèrent qu'il était le premier des patriotes et qui l'ont mené comme lui à la guillotine.

Pendant tout ce temps, la Commune se trouvait fort embarrassée de faire vivre les détenus au Temple. Elle avait épuisé 15,000 fr. qui s'étaient trouvés dans les coffres; elle était obligée de continuer les dépenses et ne pouvait rien payer. M. Roland, ministre de l'intérieur, contre lequel elle s'était élevée, qui lui attribuait tous les maux qu'il ne

---

[1]. Voir leur rapport aux *Documents officiels*, n° XLVIII.

pouvait empêcher, avec son peu d'autorité, et qui la détestait, ne voulait pas lui donner un sou et l'accusait de dissipations qu'elle n'avait pas même pu faire. Cependant l'Assemblée législative avait décrété la somme de 500,000 livres pour l'entretien des détenus au Temple pendant deux mois. L'on me chargea et (en blanc) [1], jeune homme qui avait beaucoup de talent, d'aller réclamer cette somme avec le maire, partout où il le faudrait. Pétion se dispensa sous différents prétextes, mais nous permit de parler en son nom. Mon collègue, fort occupé de son état de maçon [2], me laissa presque toutes les démarches. Je fus trouver M. Roland, que je connaissais particulièrement pour un homme savant, probe, mais souvent dissimulé. Il répondit à mes demandes et à mes bonnes raisons qui me démontraient ses mauvaises intentions contre la Commune (sic), et ne voulut rien m'accorder. Je m'adressai aux bureaux de la chancellerie et de la Convention pour avoir une copie du décret qui avait affecté les 500,000 livres aux détenus. L'on ne put en trouver aucune trace.

La Convention n'avait point encore nommé de comité des finances. Mais quatre députés, qui demeuraient de l'ancien, en faisaient provisoirement (sic). Je fus les trouver tous les quatre pour les prier de m'entendre. M. Cambon et M. Gueton de Morveau se trouvèrent seuls au rendez-vous qu'ils m'avaient donné. Ils sentaient la nécessité de ma demande et le tranchant Cambon dit : « Il n'est pas be-
« soin du décret. Tout le monde le connaît. Demain j'en

---

1. C'était Profinet. Voir l'arrêté du Conseil général en date du 29 septembre. *Documents officiels*, n° XLVI.
2. Les souvenirs de Verdier semblent ici peu fidèles. Son collègue n'était ni jeune ni maçon. Profinet, membre du Conseil général pour la section de l'Oratoire, doit être Louis Profinet, perruquier, âgé de quarante-neuf ans, qui figure parmi les électeurs de 1792 de cette section, devenue la section des Gardes-françaises. Voir *Almanach national*, année 1793, p. 350.

« ferai rendre un second d'après lequel le ministre de l'in-
« térieur délivrera particiellement la somme de 400,000 li-
« vres pour les dépenses du Temple sur les ordonnances
« de la Commune. » Le décret fut en effet rendu, et le
soir, mon collègue et moi rendîmes compte du succès de
notre mission au Conseil de la Commune, et fîmes lecture
du journal du soir qui annonçait ce décret du ... octobre [1].

Le Conseil, enchanté, nous nomma aussitôt M. (en
blanc) et moi, avec un perruquier [2], pour suivre l'exécution de ce décret, et par conséquent pour payer et suivre
la dépense faite et à faire au Temple. Nous y trouvâmes,
avec les huit municipaux de garde, deux commissions,
l'une de trois membres pour la conservation des meubles et de la bibliothèque du Temple, l'autre de six pour
surveiller les bâtisses du Temple; mais nous avons été
seuls chargés de l'entretien des détenus et des dépenses.
Le perruquier s'est dispensé de venir avec nous, sans
doute parce qu'il n'était pas capable de ce travail, et nous
convînmes, mon collègue [3] et moi, qu'il se chargerait
particulièrement des dépenses pour la bâtisse, et moi de
celles pour les provisions, le linge, les vêtements et de
tous les objets intérieurs.

Le 7 octobre fut un jour mémorable au Temple et qui
mérite d'être connu. Cléri l'a décrit, mais sa mémoire l'a
mal servi, et il a voulu y suppléer par un rôle qu'il n'a
pas joué et par une éloquence qui n'y a point eu lieu et

---

1. Voir décret de la Convention nationale du 4 octobre. *Documents officiels*, n° L.
2. Il s'agit bien ici de Profinet, seul désigné, avec Verdier, dans l'arrêté
du Conseil général cité plus haut.
3. Ce collègue s'appelait Roché; son nom se trouve, avec celui de Verdier, au bas des mémoires visés par les deux commissaires de la Commune ; il ne figure pas dans les listes des membres de la Commune du
10 août qui ont été imprimées.

qui n'y a point été nécessaire. Je vais la rapporter dans toute la simplicité et la bonhomie que Manuel mettait en tout ce qu'il disait et faisait, comme je le fais moi-même [1].

A l'arrivée de Manuel, procureur de la Commune et membre de la Convention, tous les commissaires alors au Temple nous assemblâmes au conseil et chacun lui rendit compte pour sa partie. Je lui exposai l'état des dépenses qui se faisaient pour la bouche du Roi. Il en trouva la dépense excessive, et proposa de renvoyer tous les cuisiniers et de mettre en leur place une cuisinière qui lui mettrait le pot-au-feu et ferait à la famille une cuisine bourgeoise ; il donnait pour raison que quand on était enfermé et qu'on ne faisait point d'exercice, il fallait manger moins, et il se donna pour exemple en disant que pendant son séjour à la Bastille il mangeait très peu. Je réfutai sa motion et, parmi mes arguments, celui qui frappa le plus fut que le changement de régime pourrait faire tomber le Roi et sa famille malades, et qu'on en accuserait ainsi la Commune, qui en était chargée sur sa responsabilité. J'observai même qu'on pourrait nous accuser de les avoir empoisonnés. Tout le monde fut de mon avis, et la table est demeurée sur le même pied.

Manuel nous demanda ensuite si nous avions annoncé à Capet [2] qu'il n'était plus roi. On lui répondit qu'on ne faisait au Temple que ce dont on était chargé par le conseil de la Commune, qui n'avait point reçu d'ordres sur ce point. Il conseilla de le faire, et il s'ouvrit des débats sur sa proposition, mais je les terminai par cette proposition : « Vous avez, citoyen Manuel, le caractère pour dire et « faire tout ce que vous jugerez à propos au nom de la

---

1. Voir *Documents officiels*, n° LVI.
2. Le manuscrit portait *Au Roi*; ces mots ont été barrés par l'auteur, qui y a substitué ceux-ci : *A Capet*.

« Commune ; ainsi faites vous-même cette annonce, et
« nous vous accompagnerons. »

Aussitôt nous montâmes à la tour au nombre d'une douzaine, Manuel à notre tête, à huit heures, et la séance ou l'entretien fut d'au moins trois quarts d'heure.

Le Roi était assis sur un fauteuil, en face de l'escalier, et nous demeurâmes debout autour de Manuel et à côté du Roi. Manuel porta la parole le premier, et voici la conversation :

« Bonjour, Monsieur.

« Ah ! bonjour, monsieur Manuel, comment vous por-
« tez-vous ?

« Je me porte assez bien, et vous ?

« Et moi aussi.

« Êtes-vous content de ces citoyens ?

« Je n'ai pas lieu de m'en plaindre.

« Vous donne-t-on tout ce que vous demandez ?

« Oui, excepté la lumière ; je ne sais pas pourquoi l'on
« nous en prive par ces abat-jour (en les montrant) ?

« C'est l'effet des circonstances ; savez-vous ce qui se
« passe ?

« Moi, non ; je suis ici comme un Chartreux.

« Comment, on ne vous donne pas les journaux ?

« Non, Monsieur m'en a donné un, et voilà tout » (en montrant un municipal qui était à côté de lui).

Ce municipal, bien sot, dit :

« Je vous l'ai donné, Monsieur, parce que vous me l'a-
« vez demandé. »

Le Roi répliqua, avec un ton d'humeur que je ne lui ai vu que dans ce moment :

« Moi, vous le demander, c'est au-dessous de moi !

« Eh bien, vous n'êtes plus roi, reprit Manuel, nous
« nous sommes mis en république.

« Je savais bien que c'était votre dessein.

« Non, cela s'est fait comme par un mouvement spontané
« et universel, le 22 septembre.

« Et moi, je sais que cela avait été décidé longtemps
« auparavant.

« Eh non! vous dis-je. Grégoire en fit la motion, et
« aussitôt tous les députés répondirent par acclamation.

« Et moi, je vous dis que je savais que cela serait. »

Je me mêlai alors de la conversation par ces paroles :

« Monsieur veut peut-être parler de ce qui a été arrêté
« au Comité des sections le 7 juillet?

« Oui, c'est cela, » répondit-il brusquement.

Manuel reprit :

« Je viens vous apprendre des nouvelles. M. de Mon-
« tesquiou a pris la Savoie et la ville de Nice en peu de
« temps ; il va vite en besogne.

« Oui, mais il n'a pas pris Montmélian. »

Alors, le Roi s'entretint avec Manuel sur cette forteresse et d'autres lieux, de manière à faire connaître qu'il
savait bien la géographie et les fortifications.

Manuel finit par dire au Roi :

« Puisque vous n'êtes plus roi, ces décorations vous de-
« viennent inutiles et ridicules. »

Ils se saluèrent; nous nous retirâmes, et Manuel s'en
alla.

Comme je sortis le dernier, Cléri vint à moi, me dé-
montra son embarras et me demanda ce qu'il avait à faire.
Je lui répondis que je n'avais rien à lui ordonner, ni lui
rien à faire, et qu'il ne donnât les cordons que quand le
Roi les lui demanderait. Et le lendemain, il vint me dire
avec une sorte de satisfaction : « Je n'ai point été embar-
« rassé. Aussitôt que vous avez été sorti, le Roi m'est
« venu trouver dans ma chambre et m'a ordonné d'enle-

« ver les ordres de dessus ses habits. » Il ne portait plus que ceux de Saint-Louis et de la Toison d'Or ; il ne portait plus celui du Saint-Esprit, supprimé par l'Assemblée constituante.

Aussitôt que nous fûmes en fonctions, mon collègue et moi, nous nous empressâmes de fournir aux détenus tout ce dont ils avaient besoin et tout ce qu'ils demandaient, car ils n'avaient pas autre chose que ce qu'ils avaient apporté sur leur corps des Tuileries. Je leur fis faire tous les vêtements qu'ils demandèrent, avec l'approbation du Conseil du Temple et quelquefois du Conseil général.

Je ne changeai rien à la cuisine et à l'office, mais je vérifiai toutes les fournitures sur les mémoires des fournisseurs [1].

Mais, si les détenus faisaient bonne chère, les municicipaux et les officiers de la garde qui prenaient leur repas au Temple en faisaient une bien mauvaise. Ils étaient servis par un traiteur à qui l'on était convenu de donner quatre [2] francs par jour pour le déjeuner, le dîner et le souper. Un limonadier était, en outre, chargé de donner une demie tasse de café à chacun ou un verre d'eau-de-vie, moyennant.... Les repas étaient malsains et le vin exécrable. Je fis un peu augmenter le service de table, sans augmenter le payement, mais par l'espérance de faire payer ces services à ceux qui n'avaient encore rien reçu, et les espérances que j'avais données furent effectuées promptement.

Je ne me trouvai point au Temple cinq jours après la réunion (?) des dames avec le Roi, dit Cléri, et du (mot illi-

---

[1]. On trouve aux Archives nationales, dans les cartons F4 1308-14, les quatre-vingts mémoires vérifiés par Roché et Verdier, et qui sont revêtus de leur visa.

[2]. On lit *deux* au-dessus, sans que le mot *quatre* ait été effacé.

sible) aussi que l'enfant fut mis avec le Roi, que le député Drouot y vint faire visite avec cinq autres conventionnels [1], et je n'ai pas sur (*sic* pour su) l'objet de leur mission ; mais il y a erreur en ce que dit Cléri que le Roi leur demanda qu'on lui envoyât 2,000 fr., tant pour le restant de ses gages que pour d'autres petites dépenses, et qu'on leur envoyât du linge et des vêtements. C'était la Commune qui payait Cléri, et, de concert avec lui, j'avais fait fixer ses gages à 6,000 fr. ; et les détenus ne manquaient de rien, puisque nous leur faisions fournir, et avec soin, tout ce qu'ils demandaient. La commission dont il parle était la nôtre, et elle avait été nommée un mois auparavant, sans le rapport des députés au maire de Paris. Les députés et la Convention n'ont donné aucun ordre au Temple de mon temps, et tout ce qu'il a dit des mémoires à payer qu'il nous a présentés à payer est une fable inventée. Je ne sais pourquoi cet homme se déshonore lui-même.

Il y a encore plus d'inexactitude et même d'erreur en ce qu'il dit de leur indisposition et de l'introduction de médecins. C'est moi qui leur en ai fait donner, et voici à quelle occasion. Le médecin Leclerc [2], municipal, fut dénoncé au conseil du Temple pour avoir donné secrètement une consultation et des drogues à Madame Élisabeth [3]. L'on fit pressentir les suites de son imprudence ; l'on m'envoya demander le paquet à la princesse, et l'apportai. J'observai qu'il serait inconvenant que les médecins qui se trouvaient parmi nous s'ingérassent de les traiter, et je fis arrêter sur les registres qu'on leur ferait venir les officiers de santé qu'ils demanderaient, et j'en fis part

---

1. 1ᵉʳ novembre. Voir *Documents officiels*, nᵒ LXXIII.
2. Le docteur Le Clerc était professeur de physiologie à la faculté de médecine.
3. Voir *Documents officiels*, nᵒ LXX.

à Madame Élisabeth. Alors, elle demanda M. (en blanc)[1], médecin des enfants de France, et M. Lemonnier, premier médecin ordinaire du Roi, qui furent appelés.

Je ne puis parler de ce qui s'est passé au Temple après le 2 décembre 1792, que d'après les mémoires de Cléri, et je serai succinct et sans critique. Les commissaires de la nouvelle municipalité furent, dit-il, moins polis que nous et nous firent regretter des détenus. Le conseil d'administration fut transféré de la salle du palais où il était dans une des pièces de la tour....

Suit un bref résumé chronologique, qui se termine ainsi :

Le lendemain 21 janvier, au matin, il (Louis XVI) fut exécuté sur la place de la Révolution. Sur l'échafaud, il voulut haranguer le peuple. Mais le général Santerre fit faire une roulade des tambours pour empêcher qu'il fût entendu. Son corps fut porté au cimetière de la Magdeleine.

---

1. C'était Brunyer.

VIII.

MOELLE

EXTRAIT

DE

SIX JOURNÉES PASSÉES AU TEMPLE

Ce fut le 5 décembre 1792 que je parus pour la première fois au Temple, comme commissaire de la Commune ; je venais d'être nommé à la municipalité provisoire qui remplaça celle du 10 août. J'arrivai au Temple avec trois autres commissaires, à un peu plus de dix heures du soir, pour être relevé, ainsi qu'eux, le surlendemain à pareille heure. Le Conseil général de la Commune nommait, à sa séance du soir, ceux de ses membres destinés à ce service, et les renouvelait chaque jour par moitié. Ils étaient, dans ce temps-là, au nombre de huit, dont deux, tirés au sort, étaient attachés, l'un à l'appartement du Roi, et l'autre à celui des princesses ; ils y restaient pendant vingt-quatre heures, à commencer du jour de leur arrivée ; leur nombre fut doublé, peu de jours après, à chaque appartement. Le lendemain ils faisaient partie de ce qu'on appelait le *Conseil du Temple*, composé du surplus des commissaires de service. A ce Conseil étaient confiées toutes les mesures d'exécution et de surveillance, dont il était tenu un registre-journal signé par tous les commissaires, en forme de délibération, et par Cléry en ce qui concernait les demandes faites par la famille royale, ce qui avait toujours lieu par écrit. Ce même Conseil était dépositaire des clefs de sept guichets distribués depuis le bas de l'escalier de la grande tour jusqu'à la plate-forme, ainsi que des portes extérieures de chaque appartement, qui ne s'ouvraient, pour ce qui concernait le service intérieur, que quand les commissaires qui y étaient attachés en donnaient le signal par une sonnette qui correspondait à la salle du Conseil.

C'étaient d'ailleurs ses membres qui escortaient les aliments à chaque repas. On les préparait aux anciennes cuisines du grand prieuré, et tout ce qui les composait était soumis à l'épreuve la plus rigoureuse. Trois garçons de service, nommés Turgi, Chrétien et Marchand, chargés du transport de ces aliments, attendaient dans la pièce d'entrée la fin des repas, dont la desserte était destinée à Cléry, à un nommé Tison et à sa femme, qui mangeaient ensemble depuis la mort du Roi ; car auparavant Cléry avait la même table que les commissaires. Tout se reportait ensuite aux cuisines avec les mêmes précautions, et après avoir été visité par les commissaires, principalement le linge de table et tout ce qui avait été employé à l'usage de la famille royale. Les garçons servants étaient aussi chargés, sous l'inspection des commissaires, du transport du bois de chauffage déposé dans la tourelle gauche, ayant son entrée dans la salle à manger, pour l'appartement du Roi, et pour celui des princesses, dans la chambre occupée par Tison et sa femme. Au reste, ceux-ci étaient préposés pour le service des princesses ; mais en même temps, ils épiaient tous ceux qui approchaient la famille royale, même les commissaires, dont ils dénoncèrent quelques-uns, comme on le verra dans la suite de cette relation [1].

Tel est le régime que j'ai vu établi au Temple.

Lorsque j'y arrivai, le 5 décembre, la Commune n'ayant donc pas encore arrêté d'attacher deux commissaires à la fois auprès du Roi et des princesses, l'appartement de Sa Majesté m'échut par le sort. Le Roi était couché ; un lit de sangle, placé en travers de la porte de sa chambre, était disposé pour moi. J'y passai la nuit dans une vive agitation ; un mélange de crainte, d'attendrissement et de respect en était la cause. Aussi Cléry me trouva sur pied lorsqu'il se présenta, vers les six heures et demie du matin, pour entrer chez Sa Majesté, où je le suivis.

Auprès du lit du Roi, à découvert, était celui de Monsieur le Dauphin, que notre entrée n'éveilla point. Le Roi écarta son rideau, et ses premiers regards se fixèrent sur moi. Comme je paraissais devant lui pour la première fois, et que d'ailleurs on venait de refondre la Commune, il était naturel que je fusse pour Sa Majesté un objet d'attention. Pendant cette scène muette, Cléry allumait le feu. En se levant, le Roi passa une robe de chambre ; il fut chaussé étant assis sur le bord de son lit, et se rasa lui-même. Cléry fit le reste de sa toilette [2], et ensuite celle de Monsieur le Dauphin, qui, en se réveillant et lorsqu'on l'habil-

[1] « Ayant monté la garde au Temple au commencement de septembre 1792 et ayant été placé factionnaire à un poste de la petite tour, à l'étage occupé par le Roi, le désir d'être utile à la famille royale m'avait fait observer avec beaucoup d'attention la distribution du local, et adresser même quelques questions à Tison ; il s'en rappela lorsqu'il me vit paraître au Temple comme officier municipal. J'ai su depuis, par Cléry auquel il s'en ouvrit alors, qu'il voulait me dénoncer, d'après les premiers soupçons qu'il avait conçus sur mon compte, mais Cléry parvint à l'en détourner. » (Note de Moelle.)

[2] « La garde-robe de Louis XVI, au Temple, était composée de deux habits semblables, qu'il mettait alternativement. Ils étaient de couleur marron pâle mélangé et doublés d'une toile fine écrue ; les boutons étaient

lait, s'était livré à ces saillies et à ces badinages si intéressants de l'enfance, dans lesquels il avait une grâce particulière. Le Roi souriait tristement, et laissait échapper sur son fils toute la tendresse d'un regard paternel. Enfin, Monsieur le Dauphin, étant habillé, fit sa prière sous les yeux de son auguste père, qui aussitôt après alla, selon son usage, se recueillir dans le cabinet pratiqué dans la tourelle qui lui servait d'oratoire, où il resta environ un quart d'heure. C'est pendant ce temps-là qu'ayant ouvert un livre que le Roi parcourait lorsqu'on le coiffait, je vis que c'était un volume du *Mercure* de Visé, dont un recueil faisait partie du peu de livres rassemblés sur les demandes successives de Sa Majesté.

Toute cette première scène m'a vivement pénétré. On y voit avec quelle simplicité le Roi en agissait dans son intérieur, combien il était susceptible des affections de la nature, et avec quelle exactitude il remplissait ses devoirs privés. Il était impossible que des habitudes si pures ne tinssent pas à un caractère vertueux ; et qui peut douter que ce ne fût celui de Louis XVI !

Le moment du déjeuner arriva. On le servait ordinairement chez les princesses, où le Roi monta avec son fils. Ce n'était pour Sa Majesté qu'une occasion de se réunir avec les siens : elle se tint debout sans rien prendre. Tous les commissaires étaient présents à ce repas, et Cléry y assistait pour le service. Tison et sa femme étaient dans leur chambre, séparée de la pièce d'entrée où la famille royale était réunie, par une cloison vitrée qui les mettait à portée de tout observer. La Reine, Madame Élisabeth et la jeune princesse avaient leur habillement du matin, qui consis-

de métal doré, à filigrane. Quelques vestes de piqué blanc, des culottes de drap de soie noir et une redingote de couleur cheveux de la Reine, formaient le surplus de cette garde-robe. » *(Note de Moelle.)*

tait dans une robe de basin blanc ; un simple bonnet de linon était leur coiffure habituelle. Elles quittaient la robe du matin pour un vêtement de toile fond brun à petites fleurs, qui fut leur unique parure de la journée jusqu'à la mort du Roi, que toute la famille prit le deuil.

Immédiatement après le déjeuner, le Roi descendit chez lui avec Monsieur le Dauphin, accompagné de Cléry, qui se retira dans sa chambre, et de moi, qui me tins dans la pièce d'entrée où j'avais passé la nuit. La porte de Sa Majesté était ouverte. Jusqu'à l'heure de la promenade, le Roi employa le temps à donner une leçon de géographie à Monsieur le Dauphin, et à une lecture particulière. Durant cette lecture, le jeune prince allait de la chambre de son auguste père à la pièce où je m'étais tenu par respect, près d'un poêle de faïence qui conservait un reste de chaleur du feu qu'on y avait allumé le matin, et qu'on n'avait pas entretenu, ainsi que celui du Roi, quoiqu'il fît assez froid, parce que cela entrait dans le régime de Sa Majesté. Je parcourais ainsi un Tacite que j'avais pris dans un placard de l'antichambre, où quelques livres à l'usage du Roi étaient rassemblés. Le jeune prince vint voir ce que je lisais, et j'entendis qu'il dit à Sa Majesté en revenant auprès d'elle : « Mon papa, ce monsieur-là lit Tacite. » Le Roi en prit occasion, environ un quart d'heure après, de m'adresser la parole sur cette lecture, et voulut bien approuver quelques observations que je fis sur ma manière de saisir le sens de cet auteur.

A mesure que cette première journée s'avance, des scènes d'un nouvel intérêt se présentent, et celle de la promenade ne fut pas une des moins attachantes. Elle se faisait encore au jardin du Temple, dans une allée de marronniers qu'on n'avait pas détruite. En prenant cette faible distraction, la famille royale était accompagnée de tous les commissaires, dont la plupart se tenaient sur le même rang qu'elle. Cléry occupait séparément le jeune prince de différents jeux et l'exerçait à la course. Je méditais, à part, en le voyant ainsi, sur l'abandon de son âge, qui contrastait si sensiblement pour moi avec les inquiétudes de ses augustes parents et le maintien qu'ils étaient obligés de garder dans une aussi cruelle position. Madame Élisabeth, qui avait remarqué ce que j'éprouvais alors, d'après l'attention mélancolique avec laquelle je suivais les mouvements du jeune prince, daigna me le dire dès qu'elle en trouva le moment, et voulut bien m'en remercier. Le tendre attachement de cette vertueuse princesse pour sa famille captive, et dont elle avait voulu partager les malheurs, la rendait ainsi attentive et ingénieuse à découvrir ceux d'entre les commissaires dont les égards et la conduite annonçaient quelque humanité, et elle ne dédaignait pas de les y encourager par la reconnaissance qu'elle leur en témoignait.

Le dîner, qui se servait dans l'appartement du Roi, me présenta sous un nouvel aspect la réunion de la famille royale. Le service était encore délicat et soigné. Les augustes détenus en usèrent avec la plus grande sobriété. Les princesses et Monsieur le Dauphin ne buvaient que de l'eau ; le Roi en mélangeait beaucoup son vin, et ne se permit, au dessert, qu'un seul verre de vin de liqueur. Son adresse à découper les viandes était remarquable, et il en était de même des ouvrages de main, dont il faisait une partie de ses distractions dans des temps plus heureux. La famille parla peu ; la présence des commissaires rendait cette réserve nécessaire. Quant à moi, le rôle que je m'étais imposé me tourmentait par l'amère réflexion que je contribuais aussi à porter la gêne de l'auguste famille jusqu'à ses repas. Cette situation était vraiment déchirante.

Ce jour-là, à leur sortie de table, Leurs Majestés firent un piquet à écrire. Il survint un coup auquel je crus m'apercevoir qu'elles attachaient un augure qui me parut s'appliquer à l'issue de leur position actuelle. La Reine avait conduit le Roi à ses deux dernières cartes, qui étaient deux as, du choix desquelles dépendait un capot, et le Roi, après avoir hésité quelque temps, se défit de la carte qui le lui aurait évité. Le résultat que ce coup semblait annoncer répandit dans les regards et sur le visage de la Reine une expression d'attendrissement et de douleur qui confirma mon observation. Le Roi n'y répondit que par un sourire de résignation. Hélas ! cette curiosité inquiète qui, dans le malheur, transforme tout en présage, est une faiblesse qui confond tous les rangs, parce qu'il n'en est aucun à l'abri des revers. Mais ici elle avait un objet bien touchant et bien respectable, par les justes craintes que les augustes captifs avaient mutuellement sur leur sort, et qui se réalisèrent d'une manière si funeste !

Durant cette même partie, Santerre, commandant de la garde nationale de Paris, qui s'était arrogé le droit de vérifier l'existence de la famille royale au Temple, fut introduit; son maintien avait assez de liberté, et il affecta même d'y mettre une sorte de gaieté. Sa présence fit sur Madame Élisabeth, Madame Royale et Monsieur le Dauphin une impression d'horreur qui se manifesta dans tous leurs traits. Le jeune prince et Madame interrompirent aussitôt une partie de siam dont ils étaient occupés. Le Roi et la Reine seuls conservèrent du sang-froid, et le Roi prit même sur lui d'adresser à Santerre quelques paroles. Heureusement que la visite de cet homme fut courte. Sa sortie soulagea toute l'auguste famille et me délivra moi-même d'un poids insupportable.

J'arrive au moment de cette journée où je pus faire connaître aux princesses les intentions qui m'avaient conduit au Temple. Le Roi était resté chez lui, et les princesses étaient remontées à leur appartement, où je devais remplacer le commissaire de service qui était à dîner, et qui en avait fait de même à l'appartement du Roi. Dès que les princesses furent réunies chez la Reine, je m'empressai de leur déclarer que je ne paraissais ainsi devant elles que pour leur offrir toutes les preuves de mon dévouement. La Reine et Madame Élisabeth daignèrent répondre à cette ouverture avec une bonté touchante. La Reine me questionna ensuite sur mon nom et ma famille ; je pus lui dire que, du côté de ma mère, je descendais de parents qui avaient été attachés à la maison de Lorraine, et qu'un oncle, mort capitaine au service de son auguste mère, était filleul du duc Léopold, son aïeul. C'est lors de cet entretien que Madame Élisabeth voulut bien m'apprendre l'observation qu'elle avait faite à mon égard à la promenade. Comme Tison et sa femme étaient à portée de pouvoir entendre la conversation, elle se fit à voix basse. Je dois dire que les princesses avaient beaucoup plus que moi la crainte de me compromettre, et qu'elles me le témoignèrent avec une bonté et une délicatesse admirables.

Le jour suivant, je payai le bonheur que je venais d'obtenir par une des situations les plus douloureuses de ma vie, je veux parler de celle où Cléry me met en scène, pages 105 et 106 de son *Journal*. Je ne peux que le copier ici : « Le 7 décembre, dit-il, un municipal, à la tête d'une députation de la Commune, vint lire au Roi un arrêté qui ordonnait d'ôter aux détenus « couteaux ciseaux, canifs, et tous autres instruments tranchants dont on prive les prisonniers présumés criminels, et d'en faire la plus exacte recherche tant sur leurs personnes que dans leurs appartements. » Pendant cette lecture, le municipal avait la voix altérée; il était aisé de s'apercevoir de la violence qu'il se faisait à lui-même, et il a prouvé depuis, par sa conduite, qu'il n'avait consenti à être envoyé au Temple que pour chercher à être utile à la famille royale [1]. »

Le fond de ce récit est exact; seulement Cléry a commis une petite erreur en introduisant auprès du Roi une députation de la Commune pour exécuter l'arrêté dont il parle. Ce furent les commissaires de service ce jour-là au Temple, où cet arrêté avait été apporté la veille au soir [2], qui le notifièrent au Roi et aux princesses, et je fus choisi, bien malgré moi, pour leur en donner lecture. J'avais prévenu Cléry de cette nouvelle mesure pour qu'il en avertît le Roi, et il fut présent à la contestation que j'eus à ce sujet avec le nommé Sermaize [3], qui me reprocha ma mollesse dans cette circonstance. Cela ne m'empêcha point d'appuyer Cléry contre ce même Sermaize, qui voulait le contraindre d'ôter au Roi le nécessaire de poche qui lui était resté. J'en fis sentir l'inconvenance aux autres commissaires, et Sermaize prit sur lui d'exécuter la mesure, comme on en voit le détail, pages 108 et 109 du *Journal* de Cléry. Du reste, ce fut moi également qui mis fin à la contestation qui s'était élevée entre les commissaires au sujet des couteaux et des fourchettes, dont quelques-uns d'eux voulaient que l'on privât la famille royale à ses repas, et qui les déterminai à laisser subsister les choses à peu près sur l'ancien pied.

Le même jour, 7 décembre, je provoquai un arrêté du Conseil du Temple pour réprimer la féroce insolence

---

1. Voir ci-dessus, p. 141.
2. Voir *Documents officiels*, n° CXVII.
3. « Ce municipal était un ancien procureur au Parlement. Son véritable nom était Guillaume Leroi, qu'il changea, depuis le 10 août, pour prendre celui de Sermaize, village de Champagne, son lieu de naissance. » (*Note de Moelle.*)

d'une espèce de guichetier nommé Rocher, depuis longtemps en possession d'outrager la famille royale, et particulièrement les princesses, à leur passage. Il lui fut défendu de réitérer ces insultes [1]. Je fis aussi interdire l'entrée de la tour à d'anciens membres parasites de la Commune du 10 août, qui s'étaient maintenus jusqu'alors à prendre leurs repas avec les commissaires de service, sans autre titre que la crainte qu'ils inspiraient, et qui s'immisçaient même d'influencer le Conseil, toujours d'une manière oppressive pour la famille royale. J'employai, pour obtenir leur exclusion, des motifs d'ordre et d'économie. La délibération qui fut prise à ce sujet a été rédigée par moi [2]. C'est la seule à laquelle j'ai coopéré au Temple.

La Reine et Madame Élisabeth, qui avaient remarqué combien la mesure à laquelle j'avais été obligé de prendre part m'avait été pénible, daignèrent me dire que je devais m'y croire étranger, et voulurent bien saisir la première occasion de me rassurer à cet égard.

La journée du 7 décembre finit par un trait qui prouve la mémoire extraordinaire dont le Roi était doué, et en même temps son extrême bonté. Après le souper et que les princesses eurent remonté à leur appartement, la plupart des commissaires étaient restés dans celui du Roi, et l'avaient suivi dans sa chambre à coucher où, malgré ce qui s'était passé le matin, il leur fit, sur eux et leur famille, les questions les plus obligeantes. Ayant ainsi adressé la parole à l'un d'eux, homme fort insignifiant, il lui dit, lorsqu'il se fut nommé, qu'il devait avoir été électeur de sa section en 1791, et cela était vrai. Ce trait de

---

1. Voir *Documents officiels*, n° CXX.
2. Nous n'avons pas le texte de cette délibération. — Voir le procès-verbal de la séance du Conseil général de la Commune en date du 18 décembre. *Documents officiels*, n° CLI.

mémoire est d'autant plus remarquable qu'il a fallu que le Roi rapprochât aussitôt le nom de cet homme d'une liste d'électeurs assez ancienne; que celui-ci convînt qu'il ne l'avait été que cette seule fois, et qu'ayant été nommé tout récemment à la Commune, son nom ne pouvait être familier à Sa Majesté. Ce trait prouve aussi que le Roi n'oubliait rien de ce qui avait rapport aux affaires du temps. Je fus le dernier auquel il adressa la parole. Sa Majesté le fit avec un regard qui m'annonçait qu'elle avait connaissance de mon entretien avec les princesses, et qu'elle m'en savait gré.

Peu de temps avant, la séparation de la famille royale s'était faite, comme la veille, avec l'expression touchante des sentiments qui l'unissaient. Le Roi tendit la main à la Reine et à Madame Élisabeth, et la leur serra; il embrassa sa fille, et Monsieur le Dauphin, qui restait encore près de son père dont il était si près d'être privé, alla dans les bras des trois princesses recevoir et leur rendre les dernières caresses de la journée.

Voilà ce que j'ai vu les deux premières journées que j'ai passées au Temple. Quelques-uns de ces détails paraîtront peut-être peu importants; mais, dans une telle circonstance, tout m'a paru remarquable; tout y a reçu pour moi l'empreinte des hautes infortunes dont j'ai été témoin....

Le 11 décembre, un décret de la Convention avait ordonné que le Roi serait traduit à sa barre, et que la Commune de Paris était chargée de sa translation. Le maire et un certain nombre de municipaux tirés au sort, parmi lesquels je me trouvais, devaient former le cortège, ainsi que le procureur de la Commune et le secrétaire-greffier. On arriva vers midi au Temple, et, à une heure, Chambon, maire de Paris, que j'ai connu sous des rapports honorables; Chaumette, procureur de la Commune; Coulombeaux, secrétaire-greffier; plusieurs municipaux et moi, montâmes chez le Roi, ainsi que Santerre et ses aides de camp. Chambon, avec qui j'étais lié, m'avait prié de ne pas le quitter dans cette circonstance, et j'avais cru devoir ne pas m'y refuser, malgré ma douleur, dans l'espérance de pouvoir donner quelque avis au Roi touchant la découverte des papiers sur lesquels on voulait établir son procès. A notre arrivée, le Roi était debout au milieu de l'antichambre. On venait, dans la matinée, de lui ôter son fils, qu'il avait vainement réclamé. Le maire, d'une voix émue, lui annonça l'objet de sa mission, et Coulombeau lui donna la lecture du décret. Le détail de cette scène est parfaitement exact dans le *Journal* de Cléry. L'observation que fit le Roi sur le nom de *Capet* que lui donna le décret; ce qu'il dit sur sa séparation d'avec son fils, ainsi que sa protestation contre la violence exercée sur lui-même au nom de la Convention, sont rapportés par Cléry dans les propres paroles dont se servit Louis XVI [1]. Le maire, auquel il s'adressait, ne put que garder le silence, et, comme il me l'a dit le même jour, respecter la douleur d'un père et la juste indignation d'un Roi réduit par des factieux à un tel abaissement. Descendue de son appartement et parvenue au bas de la tour, où se trouvait le carrosse du maire, Sa Majesté s'y plaça dans le fond, ayant le maire à sa droite. Chaumette et Coulombeau occupèrent le devant.

Pendant tout le trajet, jusqu'à la porte des Feuillants, je ne quittai point la portière du côté de Sa Majesté. On prit le chemin de la salle du Manège, en traversant le cloître des Feuillants. Le Roi avait à sa droite le maire de

---

[1]. Voir le procès-verbal de la translation et le récit d'Arbellier. *Documents officiels*, n⁰ˢ CXXXI et CXXXIV.

Paris et moi à sa gauche. Je ne pus lui témoigner mes regrets et le désir de lui faire quelques communications que par quelques regards auxquels il daigna répondre en me fixant, ainsi qu'il avait fait à ceux que je lui avais adressés dans le même sens durant le chemin.

Arrivée à la barre de la Convention, où un siège lui était préparé, Sa Majesté s'assit en face du président. La barre était d'ailleurs remplie par plusieurs des officiers municipaux, parmi lesquels j'étais, et par des généraux.

Barrère présidait la Convention. Il lut les chefs d'accusation, en adressant la parole au Roi, et en l'interpellant de répondre à chacun d'eux. Valazé, membre de la commission du procès, de l'autre côté de la barre, présentait à Sa Majesté les pièces, à mesure qu'elles concernaient un chef d'accusation. Le Roi répondit à tout avec une précision et une justesse rares, et sans la moindre hésitation. Comme j'étais à portée de suivre tous ses mouvements, j'ai pu remarquer qu'en recevant chaque pièce de Valazé, sa main était ferme. Il les discuta avec le plus grand sang-froid, en reconnut qui n'étaient, en grande partie, que des projets qui lui avaient été adressés par différentes personnes, dont il n'avait fait aucun usage, et qui ne pouvaient, à son égard, motiver aucune accusation. Le Roi déclara, sur beaucoup de pièces, qu'il ne les reconnaissait point. J'ai surtout été touché de sa réponse à l'accusation d'avoir fait distribuer différentes sommes dont on produisait les états. « Ces paiements, dit ce prince, étaient faits à
« des personnes que les événements avaient réduites à la
« nécessité, et je n'avais pas autrefois de plus grand plaisir
« que de soulager les malheureux. » Louis XVI fut sublime dans cette discussion. Mais je m'aperçus que cette dignité et ce talent, auxquels beaucoup de conventionnels ne s'attendaient pas, leur causèrent un étonnement qui me parut

les déterminer d'autant plus à poursuivre leur attentat. Effet étrange des qualités de ce monarque infortuné, qui, par la perversité de ses ennemis, n'ont fait que tourner à sa perte.

La séance se prolongea jusqu'à cinq heures, et le Roi fut reconduit au Temple. Le maire de Paris m'avait dit que l'administration de police avait été avertie qu'il se préparait quelques mouvements; mais rien n'éclata à portée du cortège pendant le trajet du Temple à la Convention et au retour.

Je ne dois pas omettre, après ce récit de la première comparution de Louis XVI à la Convention, un trait d'aménité inouï dans une pareille position. Le maire de Paris, qui, comme je l'ai dit, était dans sa voiture, à la droite du Roi, tenait une tabatière sur laquelle était une miniature qui fut remarquée par Sa Majesté. Ce prince lui ayant demandé si c'était le portrait de son épouse, ajouta, sur la réponse affirmative du maire, qu'il le félicitait d'avoir une compagne aussi aimable [1]. Le Roi avait sans doute remarqué combien la position du maire lui était pénible. Il voulut le lui faire connaître par ce trait de bonté.

Le 26 décembre, Louis XVI fut de nouveau conduit à la barre de la Convention, et je fus encore du nombre des officiers municipaux tombés au sort pour l'accompagner [2]. Pendant le trajet, je me tins toujours à sa portière, et je ne pus, comme la première fois, que lui témoigner par mes regards les nouveaux regrets dont j'étais pénétré. Après avoir attendu l'ouverture de la séance dans la salle des pétitionnaires, où le Roi trouva ses trois défen-

---

1. Voir la relation de Coulombeau, aux *Documents officiels*, n° CLXX.
2. Voir *Documents officiels*, n° CLXIV.

seurs, Sa Majesté fut introduite avec eux à la barre. M. Desèze prononça le discours que l'on connaît, et obtint le plus grand silence. Cette défense éloquente étant terminée, le Roi, qui était demeuré assis, se leva et lut un petit écrit qu'il ne put terminer sans émotion [1]. Il venait de dire que « peut-être il parlait ainsi pour la dernière fois ! » La séance levée, Sa Majesté fut reconduite dans la salle des pétitionnaires, où ses défenseurs conférèrent avec elle jusqu'à ce qu'elle fût ramenée au Temple, vers les cinq heures du soir.

Le Roi descendit de voiture à la porte du principal pavillon, ayant toujours le maire de Paris à sa droite, et moi à sa gauche. Dans le trajet du pavillon à la grande tour, Sa Majesté saisit l'instant de me faire, à voix basse, un remerciement, et ajouta plus haut, pour donner à ce qui se passait un air d'indifférence, que « j'avais dû trouver bien de la boue en route. » Je répondis, dans le même sens, « que les ruisseaux avaient lavé mes bottes ; » car il avait plu ce jour-là. Un municipal, nommé Sabarrou [2], chirurgien de profession, qui suivait, ayant entendu quelque chose de ce petit dialogue, et remarqué que le Roi m'avait parlé plus bas, me dénonça au Conseil du Temple, lorsque nous eûmes remis ce prince à son appartement, comme ayant eu avec lui un entretien suspect. Mais le maire, par ses observations sur le vague de cette dénonciation, et moi, par quelque fermeté, la réduisîmes à une vaine déclamation qui n'eut point de suite.... Je n'ai plus revu le Roi !

1. La minute de cette déclaration est aux Archives nationales, C 182. Voir *Musée*, n° 1334.
2. C'est Pierre-Fidel Sabarot, de la section des Champs-Élysées, qui était de service au Temple le 26 décembre ; il était homme de loi et non chirurgien.

Le 21 janvier 1793, jour à jamais déplorable, tous les membres de la Commune avaient été convoqués pour huit heures du matin. De son côté, l'état-major, présidé par Santerre, préludait par un déjeuner à la scène de cette épouvantable journée; Chaumette et Hébert étaient de cette orgie. J'ai su que Santerre y témoigna de l'inquiétude sur sa mission et paraissait y craindre du danger.

Dans le même temps, le Conseil général délibérait sur le choix de ceux de ses membres qui devraient assister à l'exécution, et si le scrutin ou le sort en déciderait. Il est certain que le plus grand nombre des membres du Conseil avait un véritable effroi d'assister à cette horrible exécution, et que, pour mettre fin aux débats qui se prolongeaient à ce sujet, deux prêtres s'offrirent! C'étaient Jacques Roux et Pierre Bernard [1]. Ce dernier, ancien génovéfain, ne s'était pas fait remarquer par trop d'exagération; il crut probablement, au milieu des idées qui dominaient, avoir besoin de donner cette garantie de son *patriotisme*. Il a péri avec Robespierre. Pour Jacques Roux, prêtre habitué de la paroisse de Saint-Nicolas-des-Champs, il s'était fait connaître par les opinions les plus violentes; il était généralement détesté, et a fini par être enfermé à Bicêtre, où il a terminé ses jours par le suicide. Ces deux hommes sont un terrible exemple des excès où se laissent entraîner ceux qui, en violant tous leurs devoirs, prennent un rôle dans les révolutions et dans les partis: il est toujours extrême; c'est l'effet naturel des apostasies de tous genres.

On a également remarqué, le 20 janvier, veille de la

---

[1]. Jacques Roux, âgé de quarante et un ans, et Jacques-Claude Bernard, âgé de trente-deux ans. — Moelle a confondu ce dernier avec Pierre Bernard, autre prêtre défroqué, membre de la Commune pour la section du Jardin des Plantes et chapelain constitutionnel de l'hôpital de la Pitié.

mort du Roi, l'extrême répugnance de beaucoup de membres du Conseil général à aller au Temple, lorsqu'il a fallu choisir ceux qui devaient ce jour-là y être de service. Des hommes odieux et redoutés, excités par l'atroce curiosité de voir le Roi après son jugement, et peut-être par le besoin de le tourmenter encore, se présentèrent, et il fallut les choisir [1]. Louis XVI a donc vu ajouter à ses douleurs d'être entouré d'ennemis à ses derniers moments et d'être privé de ceux d'entre les commissaires qui auraient pu les adoucir par des témoignages d'intérêt et leur humanité [2]. Je peux affirmer que je me serais consacré à ce devoir cher et funeste, si j'avais pu m'offrir avec quelque espérance d'être accepté, et si mes fonctions d'administrateur ne m'avaient pas écarté du service du Temple [3]. J'ai amèrement regretté de n'avoir pu donner au Roi cette dernière preuve de mon dévouement.

Beaucoup de membres de la Commune qui ont vu la famille royale au Temple se sont réellement montrés sensibles à ses malheurs, car il était difficile de ne pas en être touché. A l'exception de ceux avec lesquels je m'y suis trouvé de service la première fois, je n'y ai guère vu les deux autres que des hommes honnêtes, mais faibles, que la crainte et les événements avaient maîtrisés. Je citerai pour exemple Vincent, dont Cléry parle avec éloge et qui l'a mérité. Il a été impliqué dans le procès de la Reine

---

1. Les commissaires de service au Temple les 20 et 21 janvier furent : Mercereau, Pécoul, Minier, Pelletier, Teurlot, Baudrais, Paffe, Deslauriers, Bodson, Figuet, Douce, Destournelles, Jon, Gillet-Marie, Cailleux et Bourdier. Voir *Documents officiels*, n°˚ CCIII, CCXVI et CCXXV.

2. Cf. ce que dit Cléry à ce sujet; voir plus haut, p. 182.

3. « Mon service au Temple fut interrompu pendant trois mois par ma nomination à l'une des quatre places d'administrateur des domaines, finances et contributions de Paris, » dit Moelle à la page 23; mais cela ne l'avait pas empêché d'accompagner Louis XVI à la Convention les 11 et 26 décembre.

et traduit ensuite au tribunal révolutionnaire, d'où il fut, après son acquittement, renvoyé à ses fonctions au Conseil général de la Commune. La fatalité a voulu qu'il y restât malgré lui sous Robespierre, avec lequel il a péri comme un de ses complices. Cet autre exemple prouve que les circonstances où l'on s'est trouvé pendant la Révolution ont difficilement permis de se faire une règle de conduite, et que presque toujours elles nous ont entraînés par leur violence. On peut d'autant moins douter de ce que je viens de dire de plusieurs membres de la Commune, que Louis XVI a bien voulu leur rendre ce témoignage à la fin de son testament; ma consolation a toujours été de pouvoir me dire que j'ai fait en sorte de le mériter.

La destinée a aussi voulu que je fusse un des premiers qui connurent ce testament, monument précieux du meilleur des rois. Le 21 janvier 1793, le maire de Paris, le vice-président de la Commune et le parquet étaient fort occupés de plusieurs mesures à l'administration de police : le Conseil général était permanent, et divers de ses membres se succédaient au fauteuil, où je présidais par hasard, lorsque des commissaires du Temple apportèrent à la Commune le testament du Roi. C'est à moi qu'ils le remirent, et j'en fis d'abord la lecture à part. Comme il s'agissait de contresigner cette pièce intéressante, et d'en donner la décharge aux commissaires, je ne pus me résoudre à figurer ainsi dans une circonstance qui était pour moi un si vif sujet de regrets, et je remis le fauteuil à un membre du Conseil, nommé Scipion Duroure, qui, en prenant la présidence, contresigna l'acte précieux et en donna la décharge [1]. Le testament de Louis XVI est écrit sur une feuille de papier à lettre qu'il remplit entièrement, de ma-

---

1. Voir *Documents officiels*, n° CCXXIV.

nière que l'apostille de Duroure, qui se trouve, à ce que je crois me rappeler, sur la première page, a eu beaucoup de peine à trouver sa place [1]. Il a d'abord été déposé au secrétariat de la Commune. D'après ce même testament, il doit en exister un double : on le croit enrichi de notes précieuses, et j'ai cru longtemps que le Roi l'avait remis à M. de Malesherbes.

1. C'est exact. On lit en marge de la première page : « Paraphé et vu au Conseil général de la Commune. Ce 21 janvier 1793, l'an deuxième de la république, à une heure après midi. — SCIPION DUROURE, *vice-président.* »

IX.

LEPITRE

EXTRAIT
DE
QUELQUES SOUVENIRS OU NOTES FIDÈLES SUR MON SERVICE AU TEMPLE DEPUIS LE 8 DÉCEMBRE 1792 JUSQU'AU 26 MARS 1793.

Une municipalité provisoire fut installée le 2 décembre 1792. Depuis plus de trois mois, la famille royale était enfermée au Temple : on n'ignorait point ce qu'elle avait eu à souffrir du plus grand nombre des membres de la Commune chargés de sa garde. Les citoyens honnêtes de ma section [1] m'engagèrent à prendre une place dans cette nouvelle municipalité. Ils connaissaient mes sentiments, et je consentis sans peine à me charger d'une mission où je pouvais être de quelque utilité.

Ma nomination ne fut point contestée. On m'associa deux collègues dont la probité m'était connue et à qui je me plais à rendre justice [2].

---

1. La section de l'Observatoire.
2. « MM. Tolm.... et Jacquotot; celui-ci est avoué au tribunal de première instance; je ne sais ce que le premier est devenu depuis 1794. » *(Note de*

Mon premier soin, en arrivant au Conseil de la Commune, fut d'examiner chacun des membres qui la composaient. Cet examen ne leur fut pas favorable. Je vis une majorité composée d'hommes avides de places, et qui ne dissimulèrent pas leurs prétentions, quand on choisit les quarante-huit membres du corps municipal. Jamais on ne mit plus d'impudence à solliciter les suffrages. Mon seul but était d'aller au Temple, et les fonctions des municipaux les en éloignant assez souvent, je refusai des fonctions qui n'étaient nullement de mon goût et je restai confondu dans la foule. Quel spectacle que celui de cette assemblée! Des hommes sans talents, sans instruction, ne sachant pas ou sachant à peine signer leur nom, venaient en veste, avec leur tablier de travail, ceindre l'écharpe municipale, occuper la place de président, et décider des intérêts d'un peuple entier ; car cette Commune de Paris se mit bientôt au niveau de la Convention, à laquelle souvent elle dicta des lois.

Les avocats étaient alors en petit nombre : parmi eux se mêlaient quelques médecins, quelques négociants et gens de lettres ; mais une grande partie de l'assemblée était composée d'artisans de tous les états. Dans la foule se trouvaient des nobles, dont l'un, D.... C.... [1], renia son père, abjura sa famille et se déclara vilain pour conserver la place de secrétaire-greffier adjoint; l'autre, Sci.... Du.... [2], se traînait au Conseil appuyé sur deux béquilles qu'il n'a point toujours gardées, et s'y distingua plus d'une fois par son impudence et sa méchanceté.

(Suivent des détails sur Chambon, Chaumette et Hébert.)

Lepitre.) Le personnage que Lepitre ne nomme qu'avec discrétion était Jean Telmon, « vicaire métropolitain. »
1. Dorat-Cubières.
2. Scipion Duroure.

Tels étaient ceux qui dirigeaient en apparence les opérations de la Commune ; mais les véritables moteurs étaient dans les comités de la Convention....

On avait arrêté, pour la garde du Temple, que chaque soir on tirerait au sort les noms des membres destinés à remplir cette mission. Ils se rendaient aussitôt à leur poste et relevaient ceux qui les avaient précédés deux jours auparavant. Le 9 décembre, M. Jacquotot et moi fûmes désignés pour aller au Temple.

Je ne saurais peindre les sentiments qui m'agitaient en entrant dans cette tour : depuis longtemps l'image de cette famille auguste, victime des complots les plus affreux, privée de la liberté, exposée à tous les outrages, se présentait à mon esprit. J'allais donc voir un prince que ses vertus avaient placé au nombre des meilleurs Rois ; son épouse, autrefois l'idole de la nation ; sa sœur, si pieuse, si sensible, modèle parfait de l'héroïsme fraternel ; ce fils, naguère héritier présomptif d'un trône qui paraissait inébranlable, aujourd'hui n'ayant d'autre héritage que l'infortune de ses augustes parents ; enfin une jeune princesse associée aux malheurs de sa famille, sans espoir de les voir finir. Mon cœur se serrait ; je respirais à peine, lorsque tirant au sort pour connaître ma destination, je me vis désigné pour la garde de la Reine et des princesses.

Il est nécessaire de donner ici quelques détails sur la disposition de la tour et le service qu'y faisaient les commissaires envoyés par la Commune.

La grande tour, dans laquelle la famille royale avait été transférée quelque temps avant que je vinsse au Temple, peut avoir cent cinquante pieds de hauteur et forme quatre étages, à chacun desquels se trouve une pièce très vaste ; celle-ci fut divisée, au second et au troisième étage, en quatre chambres séparées par de minces cloisons. Les gros murs ont à peu près sept ou huit pieds d'épaisseur.

Une partie des commissaires se tenait au rez-de-chaussée. Au premier étage était un corps de garde ; le Roi occupait le second. Sa chambre était au fond, et seule elle avait une cheminée ; l'ameublement était simple, et n'offrait que le strict nécessaire.

La pièce d'entrée était destinée aux surveillants : deux pièces sur le côté servaient, l'une de salle à manger, l'autre de logement à Cléry, valet de chambre de Sa Majesté.

Le troisième étage était distribué comme le second ; la salle d'entrée, où devaient rester les commissaires de la Commune, tenait lieu de salle à manger. La chambre du fond était celle de la Reine, où couchaient aussi Mgr le Dauphin et Madame Royale [1]. Sur le côté, la chambre de Madame Élisabeth et celle où restaient Tison et sa femme, employés l'un et l'autre au service des princesses. A chacun des étages et aux angles de la tour étaient quatre tourelles, dans l'une desquelles se trouvait l'escalier ; les autres étaient employées à différents usages. Le service des commissaires était de quarante-huit heures : on arrivait le soir à neuf heures ; on soupait, et l'on tirait au sort pour savoir qui serait placé au second ou au troisième étage. On passait vingt-quatre heures auprès des prisonniers, vingt-quatre heures dans la salle du Conseil. Ceux que leur billet désignait pour la nuit montaient après le souper et restaient chez le Roi ou chez la Reine jusqu'au lendemain onze heures ; après leur dîner, ils reprenaient leur poste jusqu'à l'arrivée des nouveaux commissaires. Le second jour, on faisait encore quelques heures de service.

Il était près de minuit, lorsque mon collègue Jacquotot

[1]. Le Dauphin coucha chez son père jusqu'au 11 décembre.

et moi nous montâmes chez la Reine. Tout était tranquille ; Tison même et sa femme dormaient profondément ; nous nous plaçâmes sur deux mauvais lits de sangle, légèrement chargés d'un matelas épais de trois doigts. Nous n'avions, pour nous défendre du froid, qu'une mince couverture : nous nous plaignîmes beaucoup le lendemain, et nous obtînmes que l'on ajouterait au moins des draps, pour la plus grande satisfaction de ceux qui tenaient à la propreté. Nous fûmes sur pied avant le jour. Tison se présenta le premier à nos yeux. Cet homme fourbe et méchant savait composer sa figure, et tâchait de s'insinuer dans l'esprit des commissaires qu'il voyait pour la première fois. Atroce dans ses discours avec ceux dont la scélératesse lui était connue, affectant une certaine pitié en parlant aux hommes qui lui paraissaient honnêtes et sensibles, je l'ai vu moi-même s'extasier sur les qualités charmantes du jeune prince ; mais, averti de son caractère, je me tins en garde contre son patelinage ; ce qui ne m'empêcha pas d'être sa victime. Sa femme se modelait sur lui ; mais la crainte que son mari lui inspirait y avait plus de part que son propre penchant. Quoi qu'il en soit, ses dépositions contre moi et quelques-uns de mes collègues ne nous furent pas moins funestes.

Le service de ces deux individus était plus ou moins dur pour la famille royale selon le caractère des membres de la Commune chargés de la surveillance. Il est cependant difficile d'imaginer avec quelle douceur et quelle honnêteté la Reine et les princesses leur demandaient la moindre chose.

A huit heures, la Reine ouvrit sa porte et passa chez Madame Élisabeth. Son œil scrutateur s'arrêta sur nous, et nous vîmes aisément qu'elle cherchait à démêler quels sentiments nous apportions auprès d'elle. Notre mise était décente; elle contrastait même avec celle de la plupart des autres commissaires. Il était facile de lire sur nos visages l'expression du respect que l'on doit au malheur. Madame vint à la porte de sa chambre et nous examina quelque temps. Enfin la Reine et Madame Élisabeth s'approchèrent de nous pour demander quelle était notre section, en remarquant que nous venions pour la première fois au Temple. Pendant le déjeuner, auquel assista un autre commissaire (car on ne servait aucun repas sans qu'il fût accompagné par un membre du Conseil), nous restâmes dans la salle d'entrée, n'osant nous fier à celui de nos collègues qui se trouvait alors avec nous.

C'était Toulan, un des hommes qui ont montré le plus de zèle et rendu le plus de services à la famille royale pendant son séjour au Temple. Je ne le connaissais point encore, et j'étais loin d'apprécier tout son mérite. Je l'avais même entendu, à la Commune, se permettre sur les détenus quelques remarques, sinon peu respectueuses, du moins inconséquentes. Né en Gascogne, à toute la vivacité naturelle au pays, il joignait une extrême finesse; ne redoutant aucun danger, il s'exposait à tout pour être utile; mais, habile à se couvrir du masque du républicanisme, il servait d'autant mieux la famille royale qu'on le soupçonnait moins d'attachement pour elle.

Lorsqu'il fut parti, j'osai demander à la Reine si elle était bien sûre de l'homme avec qui je l'avais vue s'entretenir, et je lui citai quelques mots dont j'avais été choqué. « Soyez sans inquiétude, me répondit-elle, je sais « pourquoi il agit ainsi : c'est un fort honnête homme. » Peu de jours après, Toulan me dit que les princesses lui avaient recommandé de connaître quel homme j'étais et de se concerter avec moi, s'il pouvait le faire en sûreté.

Le déjeuner fini, mon collègue, ayant aperçu un clavecin à l'entrée de la chambre de Madame Élisabeth, essaya d'en tirer quelques sons ; il était en si mauvais état qu'il ne put réussir. Aussitôt la Reine s'avança et nous dit : « J'aurais désiré me servir de cet instrument pour « continuer de donner des leçons à ma fille ; mais on ne « peut en faire usage dans l'état où il est, et je n'ai pu ob- « tenir encore qu'on le fît accorder. » Nous promîmes que dans la journée même nous ferions venir la personne dont elle nous donna le nom : nous lui envoyâmes un exprès, et le soir le clavecin fut accordé. En parcourant le peu de musique qui était sur cet instrument, nous trouvâmes un morceau intitulé : *La Reine de France*. « Que les temps sont changés ! » nous dit Sa Majesté, et nous ne pûmes retenir nos larmes.

Le 11 décembre, on fit monter Monsieur le Dauphin chez sa mère, sans dire au Roi le motif de cette séparation. Bientôt arrivèrent le maire de Paris, Chaumette, Coulombeau, secrétaire-greffier, quelques officiers municipaux, précédés de Santerre et de ses aides de camp; ils venaient chercher le Roi pour le conduire à la Convention. Toulan instruisit la Reine et sa famille du départ et du retour de Sa Majesté. Je montai chez le Roi à huit heures du soir, quand on lui servit son dîner. Il était calme, et s'entretint quelques instants avec un des commissaires, qu'il savait être géographe. On n'ignore point que Louis XVI possédait cette science mieux que beaucoup de maîtres.

Le même jour, je sortis du Temple, et j'y retournai le 15. Je fus de service chez le Roi depuis onze heures du matin jusqu'au soir. Ne sachant comment employer mon temps avec un collègue maussade et taciturne, que la Reine surnomma *la pagode*, parce qu'il ne répondait que par un signe de tête, je passai dans l'appartement de Sa Majesté et lui demandai la permission de prendre sur la cheminée les œuvres de Virgile. « Vous savez donc le latin ? me dit le Roi. — Oui, Sire, » répondis-je bien bas.

> Non ego cum Danais Trojanam exscindere gentem
> Aulide juravi....

Un regard expressif me prouva que j'avais été compris, et Sa Majesté parla de moi à Cléry, qui la confirma dans la bonne opinion que je lui avais inspirée.

Pendant que je lisais, une députation de la Convention apporta les prétendues pièces du procès. Je n'assistai point à l'examen tout entier. Je montai plusieurs fois chez la Reine, et parvins à lui donner quelques détails sur ce qui se passait.

Je vis le lendemain chez elle le nommé Mercereau, tailleur de pierres, dans l'accoutrement le plus sale, s'étendre sur le canapé de lampas où s'asseyait ordinairement la Reine, et justifier cette licence par les principes de l'égalité. On pouvait peut-être pardonner à cet individu, assez sot et assez ignorant pour y croire ; mais que certains hommes, qui vantaient leurs lumières et leur excellente éducation, vinssent insolemment se placer dans un fauteuil, devant la cheminée, les pieds sur les chenets, de manière à ne point laisser aux princesses la possibilité de se chauffer, comment ne point appeler atroce une pareille conduite, quand on voyait surtout qu'elle était le résultat d'une combinaison perfide et de l'intention bien prononcée d'outrager le malheur ?

Le mouvement qui avait eu lieu au Temple pendant ces deux jours ne m'avait pas permis de rester auprès de la famille royale aussi longtemps que je le désirais ; mais je savais qu'on ne manquait pas de moyens pour lui donner au moins une connaissance légère des événements. Quelques billets remis avec adresse, soit par Toulan, soit par un serviteur affidé [1], dont le zèle ne s'est jamais démenti, instruisaient réciproquement les illustres prisonniers de ce qu'il leur importait de savoir [2]. Depuis que tous les journaux leur avaient été interdits, un crieur à voix de stentor était payé pour répéter, sous les murs du Temple, le sommaire de son journal. Il s'acquittait à merveille de cette commission; mais il ne pouvait donner que des renseignements vagues, et qui souvent excitaient de plus vives inquiétudes. Il fallut chercher des moyens sûrs et multipliés; nous sûmes les trouver, en rendant nos visites plus fréquentes.

Parmi les membres de la Commune, un grand nombre n'était point curieux d'aller au Temple le vendredi ou samedi soir, pour y passer le dimanche; ce jour paraissait trop précieux à des hommes occupés toute la semaine, pour vouloir sacrifier le plaisir et le repos qu'il leur procurait au soin de garder la famille royale, en restant enfermés auprès d'elle. Nous fûmes assez heureux, Toulan et moi, pour faire concevoir à nos collègues le projet de nous charger, ces jours-là, d'une mission qu'ils trouvaient si désagréable. Professeur dans l'Université de Paris, j'étais libre le samedi soir et le dimanche; Toulan, chef d'un bureau, se faisait aisément remplacer. Malgré nos objections, faites pour la forme, on nous désigna presque tous les vendredis, et nous obéîmes, à notre grande satisfaction.

La veille de Noël 1792, Chaumette fit arrêter que la messe de minuit ne serait point célébrée [3]. On lui repré-

---

[1]. « M. Turgis, aujourd'hui premier huissier de la chambre de Madame la duchesse d'Angoulême. » *(Note de Lepitre.)*

[2]. « Quelquefois pendant la nuit, au moyen d'une ficelle, on descendait ou l'on montait les billets par les fenêtres du second et du troisième étage. » *(Note de Lepitre.)*

[3]. Voir à ce sujet un article de *la Révolution de 92*, numéro du 26 décembre 1792.

senta inutilement que cette défense pourrait donner lieu à quelque émeute; que le peuple n'était pas aussi philosophe que Chaumette, et qu'il tenait encore à ses anciens usages. On arrêta que des officiers municipaux ou des membres du Conseil se rendraient aux différentes paroisses et s'opposeraient à ce qu'on ouvrît les portes. Qu'arriva-t-il? Les membres de la Commune furent bafoués et battus; la messe fut chantée, et Chaumette en devint plus furieux contre la religion et ses ministres. Le 25 décembre, en entrant chez la Reine, je lui avais parlé de cet arrêté de la Commune, dont j'ignorais les suites. Le soir, nous vîmes entrer Beugneou [1], maître maçon, l'un de nos collègues, le visage légèrement balafré. Ce fut lui qui nous raconta de quelle manière les femmes de la Halle l'avaient accueilli à Saint-Eustache. Il riait de sa mésaventure. Homme bon et honnête, il ne savait qu'obéir, et il fut, dans cette conjoncture, victime de son obéissance.

J'avais porté à la Reine, selon ses ordres, deux espèces de journaux; l'un était dans les bons principes, l'autre moins modéré. Toujours couvert d'une large pelisse par-dessus mes habits, je m'arrangeais facilement pour introduire ce qui m'était demandé et emporter de la tour ce qu'il fallait dérober à tous les regards. Tous les vendredis, je remettais ainsi les journaux à la Reine et à Madame Élisabeth; elles se retiraient dans une tourelle pour les lire, et me les rendaient un instant avant mon départ. Je lui procurai également les ouvrages qui pouvaient l'intéresser, surtout *l'Ami des Lois*, qui faisait alors grand bruit, et excitait plus d'une scène orageuse. Pendant cette lecture, et lorsque Sa Majesté faisait sa correspondance, je causais

---

[1]. Nicolas-Marie-Jean Beugnot, ou Bugniau, qualifié d'architecte, âgé de trente-huit ans.

avec Madame et le Dauphin : ce que Tison remarquait avec peine et dénonça plus d'une fois aux commissaires de la Commune.

Le temps le plus désagréable pour moi était celui qu'il fallait passer dans la salle du Conseil. Souvent j'eus à souffrir des sottes plaisanteries de mes collègues sur ce qu'ils appelaient la bienveillance des détenues pour leur complaisant gardien. Aussi me chargeais-je avec empressement de toutes les fonctions qui pouvaient m'éloigner d'eux. J'allais recevoir les différentes provisions et le vin que l'on apportait journellement au Temple ; il me fallait donner un reçu, et plusieurs des honorables membres eussent été fort embarrassés pour l'écrire. J'accompagnais ceux qui montaient à la tour pour y porter les repas. La table de la famille royale était alors très bien servie. Un nombre suffisant de personnes était occupé à l'office et à la cuisine ; la plupart étaient d'anciens serviteurs qui avaient brigué cet emploi. Ils étaient aussi chargés du dîner et du souper des commissaires envoyés par la Commune. Ces repas avaient été précédemment fournis par un traiteur du dehors ; mais ils étaient si mauvais et à la fois si chers qu'on prit le parti d'employer à ce service les personnes payées pour celui de la famille royale, et l'on n'eut point à s'en repentir. Ce fut une bonne fortune pour certains individus, peu accoutumés à une table aussi abondante. Afin de ne point compromettre la dignité municipale, on ne donnait, à la fin de chaque repas, qu'une demi-bouteille de liqueur pour dix ou douze personnes ; mais le refus de quelques convives tournait au profit des autres, et je vis un tailleur, nommé Léchenard [1], avaler d'un trait cette demi-bouteille avant de

---

[1]. Jean-François Léchenard, âgé de trente-cinq ans, de la section de Bon-Conseil.

monter le soir chez la Reine. Il fallut que son collègue le couchât, et le lendemain son lit et le carreau de la chambre déposaient de son intempérance. Lorsqu'à huit heures la Reine sortit de son appartement, il était étendu sur son grabat, se connaissant à peine, et Sa Majesté n'eut que le temps de rentrer chez elle, en criant à Madame Élisabeth : « Ma sœur, ne sortez point de votre chambre. » J'appris d'elle-même ces détails lorsque je remplaçai cet honnête municipal. Nous lui fîmes quelques reproches; il s'en vengea sur nous dans la suite.

Toulan retourna seul au Temple le premier jour de l'an 1793. Ce fut lui qui transmit à la famille royale les vœux de Louis XVI, et qui lui rapporta ceux de son épouse, de sa sœur et de ses enfants. Pendant ce temps-là, je courais inutilement chez le président de la Convention (feu M. Treilhard) pour l'engager à obtenir la réunion du Roi et de sa famille; j'allais chez M. Tronchet, qui, occupé de la défense de Louis XVI, ne voyait personne. Je lui fis remettre une lettre où je lui exprimais, de la part de la Reine, le vif désir qu'avait cette famille infortunée de se trouver quelquefois avec son auguste chef; mais la demande fut refusée.

Tant que dura le procès, toutes les fois que je fus de service au Temple, j'introduisis M. de Malesherbes. La seconde fois qu'il y vint, j'allai le recevoir dans la première cour. Il paraissait éprouver un certain malaise; car la veille il avait eu à souffrir de la grossièreté du commissaire chargé de le conduire auprès de Sa Majesté. Il me regarda; j'osai lui prendre la main et lui dis : « Rassurez-« vous, Monsieur; *non sum unus a multis*, je ne suis pas « du grand nombre. — Que vous me faites de bien ! » répondit ce respectable vieillard; « veuillez donc me rece-« voir vous-même toutes les fois que vous serez ici. » Je n'ai introduit qu'une seule fois le courageux Tronchet : ce fut le jour où la Commune nous fit tenir un arrêté portant que les Conseils de Louis XVI seraient déshabillés et visités avec la dernière exactitude, *même dans les endroits les plus secrets*, pour savoir s'ils ne portaient pas quelques instruments dont on pût abuser [1]. La lecture de cet arrêté nous indigna tous ; car le Conseil était bien composé ce jour-là. Nous repoussâmes une mesure aussi indécente, à laquelle M. Tronchet ne se serait pas soumis. Il se borna à vider ses poches. L'arrêté de la Commune fut rapporté [2].

Dans les premières semaines de janvier, Toulan et moi n'avions pas dissimulé à la Reine toutes les menées des scélérats et la puissance du parti qui les soutenait. Elle ne pouvait bannir toute espérance. Elle ne croyait pas que les Français, que les Rois étrangers pussent voir un attentat aussi atroce sans chercher à s'y opposer. Elle ignorait ce dont était capable une minorité audacieuse, qui ne voyait de sûreté pour elle que dans la mort du Roi ; qui, soudoyant une foule d'hommes perdus de crimes, comprimait une majorité pure, mais timide, sans chefs, sans moyens réels, et n'ayant pas même un point de ralliement. Certes, je puis l'attester, sans crainte d'être démenti : le jour où Louis XVI perdit la vie fut un jour de deuil pour le plus grand nombre des Français ; mais on pleurait dans l'intérieur des maisons, on gémissait sur le sort d'une illustre famille, sur celui de la France entière : on vouait au courroux de la Divinité les monstres auteurs de tant de maux ; mais on n'osait au dehors laisser lire sur son visage les sentiments de son âme. On craignait qu'un air triste

---

1. Voir *Documents officiels*, n° CXXXVI.
2. Voir *Documents officiels*, n°ˢ CXLIV et CXLVI.

et morne ne choquât l'œil défiant des scélérats, et que l'apparence d'un regret ne devînt un arrêt de mort.

J'étais à la Commune le 20 janvier, lorsqu'on demanda des commissaires pour accompagner le Roi dans la funeste journée qui devait suivre. Tous les membres montrèrent leur répugnance ; deux seuls se levèrent avec empressement et s'offrirent pour cette mission affreuse. C'étaient, faut-il le dire? deux prêtres, Jacques Roux et Pierre Bernard [1]; mais quels prêtres ! L'un, prêchant le meurtre et le pillage, aurait bu du sang avec délices ; l'autre, aussi cruel, mais plus immoral, vivait dans la débauche avec une femme dont il avait plusieurs enfants. Tous deux ont péri misérablement, le dernier en rendant le sang par tous les pores, l'autre en se perçant de cinq coups de couteau pour se soustraire au supplice qui l'attendait. Bernard se faisait un plaisir d'insulter au malheur de la famille royale ; et tels furent un soir ses outrages, qu'à peine assises les princesses se virent obligées de quitter la table pour ne point entendre les horribles propos de cet énergumène. Jacques Roux employait un autre moyen pour troubler leur repos : il chantait toute la nuit, sans que les prières mêmes de Tison pussent l'engager à se taire [2].

Nous fûmes envoyés au Temple peu de jours après le 21 janvier.... Nous trouvâmes la famille royale plongée dans l'affliction la plus profonde. En nous apercevant (Toulan et Lepitre), la Reine, sa sœur et ses enfants, fondirent en larmes. Nous n'osions avancer. La Reine nous fit signe d'entrer dans sa chambre. « Vous ne m'avez pas

---

1. Lepitre commet la même erreur que Moelle.
2. « C'est encore ce Jacques Roux qui, refusant de recevoir le testament de Louis XVI, lui dit avec un horrible sang-froid : « Je suis ici pour vous conduire à l'échafaud. » *(Note de Lepitre.)*

« trompée, nous dit-elle, ils ont laissé périr le meilleur des
« Rois ! » Nous donnâmes les divers papiers et journaux
que nous avions apportés ; ils furent lus avec avidité, souvent arrosés de pleurs. On nous questionna beaucoup, et
nos réponses ne faisaient qu'augmenter la douleur et les
regrets....

Cléry, qui était encore au Temple, me donna la nappe
qui avait servi à Louis XVI pour communier le matin du
21 janvier. Je la déposai à Juvisy, chez son épouse, que
j'avais vue quelquefois dans la tour, quand elle venait
voir Cléry et lui apporter des nouvelles ; elle était toujours accompagnée par une de ses amies, qui partageait
son dévouement pour la famille royale et courut plus d'un
danger en tâchant de lui être utile.

X.

MALESHERBES

I. — *PREMIÈRE VERSION* [1]

« Eh ! le Roi ! s'écria M. de Malesherbes, parlons de ses malheurs et oublions les nôtres. M. Turgot et moi, nous étions deux fort honnêtes gens, très instruits, passionnés pour le bien : qui n'eût pensé qu'on ne pouvait mieux faire que de nous choisir ? Cependant, nous avons très mal administré ; ne connaissant les hommes que par les livres, manquant d'habileté pour les affaires, nous avons laissé diriger le Roi par M. de Maurepas, qui ajouta toute sa faiblesse à celle de son élève, et sans le vouloir ni le prévoir, nous avons, par nos idées mêmes, contribué à la Révolution....

« Dès que j'eus la permission d'entrer dans la prison du Roi, j'y courus. A peine m'eut-il aperçu, qu'il quitta un Tacite ouvert devant lui, sur une petite table ; il me serra entre ses bras ; ses yeux devinrent humides, les miens se remplirent de larmes, et il me dit : « Votre sacrifice est « d'autant plus généreux que vous exposez votre vie, et que « vous ne sauvez pas la mienne. » Je lui représentai qu'il ne pouvait y avoir de danger pour moi, et qu'il était trop facile à défendre victorieusement pour qu'il y en eût pour

[1]. Voir notre introduction.

lui. Il reprit : « J'en suis sûr, ils me feront périr ; ils en ont
« le pouvoir et la volonté. N'importe, occupons-nous de
« mon procès comme si je devais le gagner ; et je le gagne-
« rai en effet, puisque la mémoire que je laisserai sera
« sans tache. Mais quand viendront les deux avocats ? »
Il avait vu Tronchet à l'Assemblée constituante ; il ne connaissait pas de Sèze. Il me fit plusieurs questions sur son
compte. et fut très satisfait des éclaircissements que je lui
donnai. Il parla sans amertume des refus de Target.

« Il travaillait avec nous chaque jour à l'analyse des
pièces, à l'exposition des moyens, à la réfutation des griefs,
avec une présence d'esprit et une sérénité que ses deux
défenseurs admiraient ainsi que moi ; ils en profitaient
pour prendre des notes et éclairer leur ouvrage. Tronchet
qui, par caractère, est froid, et qui l'était encore par prévention, fut touché de la candeur et de l'innocence de son
client, et termina avec affection le ministère qu'il avait
commencé avec sévérité.

« Ses conseils et moi nous nous crûmes fondés à espérer
sa déportation. Nous lui fîmes part de cette idée ; nous
l'appuyâmes : elle sembla adoucir ses peines. Il s'en occupa pendant plusieurs jours ; mais la lecture des papiers
publics la lui enleva, et il nous prouva qu'il fallait y renoncer.

« Quand de Sèze eut fini son plaidoyer, il nous le lut. Je
n'ai rien entendu de plus pathétique que sa péroraison ;
Tronchet et moi nous en fûmes touchés jusqu'aux larmes.
Le Roi dit : « Il faut la supprimer ; je ne veux pas les atten-
drir. »

« Une fois que nous étions seuls, ce prince me dit : « J'ai
« une grande peine. De Sèze et Tronchet ne me doivent
« rien ; ils me donnent leur temps, leur travail, peut-être
« leur vie. Comment reconnaître un tel service ? Je n'ai

« plus rien, et quand je leur ferais un legs, on ne l'acquit-
« terait pas. — Sire, leur conscience, l'Europe, la postérité
« se chargent de leur récompense. Vous pouvez déjà leur
« en accorder une qui les comblera. — Laquelle ? — Em-
« brassez-les. » Le lendemain, il les pressa contre son
cœur, et tous deux fondirent en larmes.

« Nous approchions du jugement; il me dit un matin :
« Ma sœur m'a indiqué un bon prêtre, qui n'a pas prêté
« serment, et que son obscurité pourra soustraire, dans la
« suite, à la persécution. Voici son adresse. Je vous prie
« d'aller chez lui, de lui parler, et de le préparer à venir,
« lorsqu'on m'aura accordé la permission de le voir. » Il
ajouta : « Voilà une commission bien étrange pour un phi-
« losophe ! car je sais que vous l'êtes : mais si vous deviez
« souffrir autant que moi et que vous dussiez mourir,
« comme je vais le faire, je vous souhaiterais les mêmes
« sentiments de religion, qui vous consoleraient bien plus
« que la philosophie. »

« Après la séance où ses défenseurs et lui avaient été entendus à la barre, il me dit : « Vous êtes certainement
« bien convaincu actuellement que, dès le premier instant,
« je ne m'étais pas trompé, et que ma condamnation avait
« été prononcée avant que j'eusse été entendu. »

« Lorsque je revins de l'Assemblée, où nous avions demandé l'appel au peuple, et où nous avions parlé tous les
trois, je lui rapportai qu'en sortant j'avais été entouré d'un
grand nombre de personnes qui toutes m'avaient assuré
qu'il ne périrait pas, ou au moins que ce ne serait qu'après
eux et leurs amis. Il changea de couleur et me dit : « Les
« connaissez-vous ? Retournez à l'assemblée, tâchez de les
« rejoindre, d'en découvrir quelques-uns ; dites-leur que
« je ne leur pardonnerai pas, s'il y avait une seule goutte
« de sang de versée pour moi. Je n'ai pas voulu qu'il en fût

« répandu, quand peut-être il aurait pu me conserver le
« trône et la vie : je ne m'en repens pas. »

« Ce fut moi qui lui annonçai le premier le décret de mort; il était dans l'obscurité, le dos tourné à une lampe placée sur la cheminée, les coudes appuyés sur la table, le visage couvert de ses mains. Le bruit que je fis le tira de sa méditation ; il me fixa, se leva, et me dit :

« Depuis deux heures je suis occupé à rechercher si,
« dans le cours de mon règne, j'ai pu mériter de mes su-
« jets le plus léger reproche. Eh bien! monsieur de Ma-
« lesherbes, je vous le jure dans toute la sincérité de mon
« cœur, comme un homme qui va paraître devant Dieu,
« j'ai toujours voulu le bonheur du peuple, et jamais je n'ai
« formé un vœu qui lui fût contraire. »

« Je revis encore une fois cet infortuné monarque. Deux officiers municipaux étaient debout à ses côtés; il était debout, et lisait. L'un des officiers municipaux me dit : « Causez avec lui, nous n'écouterons pas. » Alors j'assurai le Roi que le prêtre qu'il avait désiré allait venir. Il m'embrassa, et me dit : « La mort ne m'effraie pas et j'ai la plus
« grande confiance dans la miséricorde de Dieu. »

II. — *VERSION DE FRANÇOIS HUE* [1]

Quelques mois après la mort du Roi, ayant été traîné de prison en prison, je me trouvais dans celle du Port-Royal, lorsque M. de Malesherbes y fut conduit. Si quelque chose a pu suspendre mes douleurs, ce fut le plaisir de converser avec ce respectable vieillard et de m'entretenir avec lui de l'objet commun de nos regrets. Je ne pouvais aller

---

[1] *Dernières années de la vie et du règne de Louis XVI*, 3ᵉ édition, p. 420-440.

que la nuit, et sans lumière, dans le réduit où couchait M. de Malesherbes. Quel tendre accueil je recevais de ce digne ami de Louis XVI! Avec quelle avidité j'écoutais ce nouveau Socrate! Avec quel respect je recueillais ses paroles!....

« J'ai vu Louis XVI arriver au trône, me disait M. de Malesherbes : quoique dans l'âge où les passions sont les plus vives et les illusions les plus fortes, il y apportait des mœurs pures, le mépris du faste, une sage disposition au tolérantisme, et le désir inépuisable de faire le bien. Son respect pour la religion était égal à la fermeté de sa croyance. Plus d'une fois, m'exprimant combien il souhaitait que je partageasse ses opinions religieuses, il me disait : « Sans religion, mon cher Malesherbes, point de « vrai bonheur pour les sociétés ni pour les individus. La « religion est le plus ferme lien des hommes entre eux ; « elle empêche l'abus de la puissance et de la force, pro- « tège le faible, console le malheureux, garantit dans l'or- « dre social l'observation des devoirs réciproques. Croyez- « moi, il est impossible de gouverner le peuple par les « principes de la philosophie. » — Cette conviction était dans Louis XVI la base solide de ses vertus; elle en fit un Roi juste, clément, humain, bienfaisant; elle le rendit époux fidèle, père tendre, bon frère, bon maître ; en un mot, un modèle de vertus morales et domestiques.

« A mon entrée dans le ministère, désirant vérifier les motifs des lettres de cachet précédemment données, j'avais conçu le projet d'une visite générale des prisons d'État. J'aurais voulu que le Roi fît lui-même la visite de quelques prisons, qu'il en connût le local et le régime intérieur ; je désirais surtout que des prisonniers trop légèrement ou depuis trop longtemps enfermés reçussent de la bouche même du monarque l'annonce de leur liberté. Le

fond de mon projet plut beaucoup au Roi, il m'ordonna d'en suivre l'exécution, et d'y employer les intendants des provinces. — « Pour moi, ajouta-t-il, je ne visiterai au-
« cune prison. Faisons le bien, monsieur de Malesherbes;
« mais faisons-le sans ostentation. »

« C'est ainsi que le Roi mettait sur ses vertus un voile qu'il étendait jusque sur ses connaissances. C'est un mal ; un Roi doit laisser voir les unes et les autres. Un jour, travaillant avec Sa Majesté, je fus surpris du développement et de l'étendue de ses lumières. Le Roi s'en aperçut. —
« J'ai senti, me dit-il, au sortir de mon éducation, que
« j'étais loin encore de l'avoir complétée. Je formai le plan
« d'acquérir l'instruction qui me manquait. Je voulus sa-
« voir les langues anglaise, italienne et espagnole : je les
« appris seul. Je me rendis assez fort dans la littérature
« latine pour traduire aisément les auteurs les plus diffi-
« ciles. Ensuite, m'enfonçant dans l'histoire, je remontai
« jusqu'aux premiers âges du monde ; puis, descendant de
« siècle en siècle jusqu'à nos jours, je m'arrêtai plus spé-
« cialement à l'histoire de France : je m'imposai la tâche
« d'éclaircir ses obscurités. Je méditai la législation et les
« coutumes du royaume ; je comparai la marche des diffé-
« rents règnes, j'analysai les causes de leur prospérité et
« de leurs revers. A ce travail habituel je joignais la lec-
« ture de tous les bons ouvrages qui paraissaient. Ceux qui
« traitaient de matières d'administration ou de politique
« m'attachaient spécialement ; j'y faisais mes observa-
« tions. »

« Cet aveu du Roi, continua M. de Malesherbes, me donna une haute idée de la constance de son caractère et de sa capacité. Chaque jour, pendant mon ministère, j'eus occasion de reconnaître que la timidité assez habituelle dans ce prince n'était que l'effet d'une trop grande modestie, qui le tenait continuellement en garde contre la présomption, et le portait à penser que ses ministres avaient en affaires un discernement supérieur au sien ; voilà ce qui lui faisait sacrifier si facilement son opinion à celle de son Conseil. Ce bon prince craignait aussi de ne pas rendre clairement sa pensée. — « J'aime mieux, me disait-il un « jour, laisser interpréter mon silence que mes paroles. »

« Du même fonds de modestie naissait l'indécision apparente que vous lui avez peut-être entendu reprocher. J'en étais journellement le témoin au conseil d'État ; j'ai vu qu'elle n'était en lui que l'hésitation sur le meilleur parti à prendre, et sur les nombreuses difficultés qui se présentaient. — « Quelle responsabilité ! disait-il souvent : cha« cune de mes actions influe sur le sort de vingt-cinq mil« lions d'hommes. » — Si, dans le cours de cette révolution, il lui est arrivé quelquefois de prendre le mauvais parti, c'était, m'a-t-il répété, par des raisons qui eussent rendu celui qu'il a pris le meilleur, sans les trahisons contre lesquelles la prudence la plus éclairée n'a point de précautions à prendre.

« Le Roi me savait un gré particulier du dédain que j'avais pour ces formes extérieures que le monde appelle grâces, mais qui, trop souvent, sont le masque de la fausseté. — « Monsieur de Malesherbes, me disait-il, vous et « moi avons ici le ridicule de tenir aux mœurs du vieux « temps ; mais ce ridicule ne vaut-il pas mieux que les « beaux airs d'aujourd'hui ? Leur vernis cache souvent de « vilaines choses. » — Le Roi n'ignorait pas les plaisanteries que la jeunesse de la cour se permettait sur ses manières : il méprisait sa critique.

« Dans mon ministère, je ne le vis ordonner ou approuver aucune dépense superflue. — « Soyons, disait-il à ses « ministres, avares dispensateurs du trésor public ; il est le

« prix des sueurs et quelquefois des larmes du peuple. »
— Malheureusement tous ses ministres ne partagèrent pas ce sentiment.

« J'ai souvent admiré l'opinion flatteuse que le Roi avait de sa nation ; il mettait de l'orgueil à rappeler et à compter les grands hommes qu'elle a produits. Il ordonna de rassembler leurs statues dans la galerie du Louvre : le ciseau des meilleurs artistes fut employé à les exécuter. C'était offrir aux talents et aux vertus un objet d'émulation, et aux arts un moyen d'encouragement. — « Je veux
« avoir sous les yeux, me disait Sa Majesté, les images de
« ceux à qui la France doit sa gloire ; les voir chaque jour
« sera pour moi une leçon et une jouissance. » — Le Roi fit modeler à la manufacture de porcelaine de Sèvres ces statues en proportions réduites, et les distribua dans ses appartements intérieurs.

« A peine arrivé au ministère, je m'occupai de rendre au Roi le cœur d'une partie de ses sujets, et aux protestants la jouissance de l'état civil. J'eus à cet égard plusieurs entretiens avec lui. Frappé des considérations que je lui présentais : — « Oui, me disait-il, je conviens avec
« vous que l'humanité réclame la tolérance. La persécution
« ne convertit point ; elle ne fait que des hypocrites et des
« traîtres. La douceur qui persuade vaut mieux que la sé-
« vérité qui aigrit ; aussi ne veux-je pas que, pour l'unique
« fait d'opinions religieuses, aucun Français soit recher-
« ché ni puni. Mais la loi qui statue sur le sort des protes-
« tants est une loi de l'État, Louis XIV en est l'auteur : les
« cours souveraines sont d'avis de la maintenir. Ne dépla-
« çons pas les bornes anciennes ; la sagesse les a posées.
« Défions-nous surtout des conseils d'une aveugle philan-
« thropie. »

« J'ai plus d'une fois remarqué que, dans les changements proposés au Roi, rien ne l'arrêtait autant que son respect pour les anciennes institutions, et surtout pour la mémoire de Louis XIV. « Sire, reprenais-je, les temps et « les circonstances demandent d'autres mesures. Ce qui « fut jugé utile par Louis XIV peut aujourd'hui devenir « nuisible. D'ailleurs, l'utilité ni la politique ne prescri- « vent jamais contre la justice. — Où est donc, répliqua le « Roi, l'atteinte portée à la justice ? Le salut de l'État « n'est-il pas la suprême loi ? Depuis près de deux cents « ans des guerres de religion agitaient la France. « Louis XIV, en éloignant de la grande famille quelques « membres turbulents, a voulu ramener la paix dans son « sein ; comme Roi, c'était son devoir. Que les protestants, « s'ils trouvent ma domination trop dure, vendent ce qu'ils « possèdent dans mes États, et qu'ils aillent s'établir ail- « leurs ; je ne l'empêche pas. Mais la justice est-elle de sa- « crifier au bien-être d'un petit nombre de mes sujets la « tranquillité de tous ? »

« Malgré mes tentatives fréquemment réitérées, je n'obtins du Roi, en faveur des protestants, que la suppression des dispositions pénales portées contre eux. Le cardinal de Loménie, sans doute par l'ascendant de l'état qu'il professait, fut plus heureux que moi. Sous son ministère, les protestants ont recouvré la jouissance de l'état civil. Cette faveur méritait de leur part quelque reconnaissance. Vous savez comme moi que le Roi n'a point eu de plus mortels ennemis. »

Le nom du cardinal de Loménie amena M. de Malesherbes à me parler du ministère en général, et des continuelles mutations qui s'y opéraient.

« On les a attribuées, me dit-il, tantôt à l'inconstance, tantôt à la faiblesse du Roi ; elles ne doivent l'être ni à l'une ni à l'autre. Tant que vécut le comte de Maurepas, ce principal ministre, arbitre de tous les choix, fit et défit les ministres. Après sa mort, le Roi crut ne pouvoir mieux faire que de se déterminer par l'opinion publique; cette opinion l'a souvent égaré. Il est si rare que le public, toujours prompt à s'enthousiasmer ou à se prévenir, juge d'une manière saine des talents et des vertus! D'ailleurs, pour faire un bon ministre, l'instruction et la probité ne suffisent pas. Turgot et moi en avons été la preuve : notre science était toute dans les livres; nous n'avions nulle connaissance des hommes.

« Heureusement, je ne fus pas longtemps à le reconnaître. Ne convenant pas plus au ministère que le ministère et la cour ne convenaient à mes goûts, je demandai au Roi la permission de me retirer. — « Pourquoi? me « répondit-il avec bonté. — Sire, pour la retraite et pour « l'étude. — Que ne puis-je en faire autant! reprit le Roi ; « car, dans les temps où nous vivons.... »

« Débarrassé des affaires, j'avais partagé mon temps entre mes goûts champêtres, mes livres, ma famille et mes amis. La révolution m'a rappelé à la ville. Tant que je l'ai pu, je me suis tenu à portée du Roi, et quand la Convention l'a mis en jugement, j'ai sollicité et j'ai obtenu l'honneur de le défendre.

« La première fois qu'à ce titre il me fut permis d'entrer dans la tour du Temple, le Roi m'eut à peine aperçu, que, sans me laisser le temps d'achever ma révérence, il vint à moi, et me serrant dans ses bras : « Ah! c'est vous, mon « ami! me dit-il les yeux baignés de larmes ; vous voyez « où m'ont conduit l'excès de mon amour pour le peuple « et cette abnégation de moi-même qui me fit consentir à « l'éloignement des troupes destinées à défendre mon « pouvoir et ma personne contre les entreprises d'une « Assemblée factieuse. Vous venez m'aider de vos con-

« seils; vous ne craignez pas d'exposer votre vie pour
« sauver la mienne, mais tout sera inutile. — Non,
« Sire, je n'expose pas ma vie, et même j'ose croire que
« celle de Votre Majesté ne court aucun danger. Sa cause
« est si juste, et les moyens de défense si victorieux ! —
« Non.. Ils me feront périr. N'importe; ce sera gagner ma
« cause que de laisser une mémoire sans tache. Occupons-
« nous de mes moyens de défense. » — Ensuite le Roi me
questionna sur MM. Tronchet et de Sèze, mes adjoints.
Le premier, ayant été membre et président de l'Assemblée constituante, lui était connu. Il me demanda quelques détails sur M. de Sèze, qu'il ne connaissait que
comme un avocat renommé.

« Lorsque le Roi fut conduit à l'Assemblée dite *Convention nationale,* pour y être interrogé, on le fit attendre
vingt-trois minutes dans une salle qui précédait la barre
de l'Assemblée. Sa Majesté se promenait; MM. Tronchet
et de Sèze se tenaient, ainsi que moi, à quelque distance
du Roi. Il m'adressait de temps à autre la parole; j'em-
ployais, en lui répondant, les mots *Sire, Votre Majesté.*
Treilhard, l'un des députés, entra tout à coup, et, furieux
d'entendre les expressions dont je me servais en parlant
au Roi, il se plaça entre lui et moi. — « Qui vous rend
« donc si hardi, me dit-il, de prononcer ici des mots que
« la Convention a proscrits ? — Mépris pour vous, lui ré-
« pondis-je, et mépris de la vie. »

« J'eus dans la tour avec le Roi plusieurs entretiens dans
lesquels il me fit d'importantes ouvertures; il me parla de
la guerre des puissances alors coalisées contre la France.
— « La guerre, me disait-il, dût-elle opérer le rétablisse-
« ment de mon trône, est un moyen violent qui, loin de
« me ramener les cœurs, ne fera que les aigrir davantage.
« Le trône, reconquis par la force, éprouvera chaque jour

« de nouvelles secousses. L'épuisement des finances et
« une sage politique ne permettront pas de garder long-
« temps au sein du royaume des troupes étrangères en as-
« sez grand nombre pour m'aider à y rétablir l'ordre. Ces
« troupes seront à peine éloignées que les factieux intri-
« gueront de nouveau. Il serait plus heureux pour moi, et
« beaucoup plus sûr pour le repos de l'État, que je dusse
« à l'amour des Français le retour à mon autorité. »

« Ma première idée avait été que, n'osant prononcer contre le Roi un décret de mort, la Convention nationale le condamnerait à la déportation. Dans cette hypothèse, je lui demandai quel pays il préférerait habiter. — « La « Suisse, répondit-il, ce que l'histoire rapporte du sort des « rois fugitifs.... — Mais, Sire, repris-je, si, rendu à lui-« même, le peuple français vous rappelait, Votre Majesté « voudrait-elle revenir? — Par goût, non ; par devoir, « oui ; mais, dans ce cas, je mettrais à mon retour deux « conditions : l'une, que la religion catholique, apostolique « et romaine continuerait, sans néanmoins exclure les au-« tres cultes, d'être la religion de l'État ; l'autre, que la « banqueroute, si elle était inévitable, serait déclarée par « le pouvoir usurpateur. C'est lui qui l'aurait rendue né-« cessaire, ce serait à lui d'en porter la honte. »

« Un jour, la conversation ayant pour objet les divers partis qui divisaient la Convention : « La plupart des dé-« putés, me dit le Roi, auraient été faciles à acheter. — « Eh bien, Sire, quel motif a pu retenir Votre Majesté ? « Les moyens lui manquaient-ils? — Non; j'avais les « moyens. L'argent m'était prêté; mais un jour il eût fallu « le rembourser des deniers de l'État. Je n'ai pu me ré-« soudre à les faire servir pour la corruption. Les fonds « de la liste civile, n'étant que la juste représentation des « fonds de mes domaines, me laissaient peut-être plus de

« liberté ; mais l'irrégularité des paiements et la nécessité
« de mes dépenses opposaient de grands obstacles. »

« Un autre jour, le Roi me laissa connaître la détresse
absolue dans laquelle on le tenait depuis sa captivité. —
« Vos deux collègues, me dit-il, se sont dévoués pour ma
« défense. Ils me consacrent leur travail ; et, dans la posi-
« tion où je suis, je n'ai aucun moyen d'acquitter ma dette
« envers eux. J'ai songé à leur faire un legs ; mais le
« paierait-on ? — Il est payé, Sire.... ! Le Roi, en les choi-
« sissant pour ses défenseurs, a immortalisé leur nom. »

« Dans le même entretien, ayant vu le Roi sensiblement
peiné de ne pouvoir faire à qui que ce fût la moindre lar-
gesse, j'arrivai le lendemain au Temple avec une bourse
remplie d'or. « Sire, dis-je en la lui présentant, permet-
« tez qu'une famille riche en partie de vos bienfaits et de
« ceux de vos aïeux dépose cette offrande à vos pieds. »
Le Roi hésita. J'insistai ; il se rendit à mes instances. J'ai
su depuis qu'après sa mort cette bourse avait été trouvée
intacte parmi ses effets. Le Roi avait eu la précaution d'y
attacher cet avis, écrit de sa main : *Argent à rendre à
M. de Malesherbes*. Cette recommandation n'a point été
suivie.

« Un jour que j'étais revenu au Temple, après avoir
passé presque consécutivement trente-six heures dans
plusieurs comités de la Convention, le Roi m'en fit des
reproches. — « Mon ami, me dit-il, pourquoi vous exté-
« nuer de la sorte ? Ces fatigues fussent-elles utiles à ma
« cause, je vous les interdirais ; mais vous ne m'obéiriez
« pas. Du moins, abstenez-vous-en quand je vous assure
« qu'elles seront infructueuses. Le sacrifice de ma vie est
« fait ; conservez la vôtre pour une famille qui vous
« chérit. »

« Le Roi était si frappé du pressentiment de sa mort

que, dès le premier jour où je fus admis à le voir, il me prit à l'écart et me dit : « Ma sœur m'a donné le nom et la « demeure d'un prêtre insermenté qui pourrait m'assister « dans mes derniers moments. Allez le voir de ma part; « disposez-le à m'accorder ses secours. C'est une étrange « commission pour un philosophe ; mais si vous étiez à ma « place, combien je vous souhaiterais de penser comme « moi! Je vous le répète, mon ami, la religion console « tout autrement que la philosophie [1]. — Sire, repris-je, « cette commission n'a rien de si pressant. — Rien ne l'est « davantage pour moi, » répondit-il. Quelques jours après, le Roi me montra, écrits de sa main, son testament et un codicille. Sa Majesté me permit d'en prendre une copie, sur laquelle même sont quelques corrections de sa main. J'emportai ces pièces avec moi; je suis parvenu à les envoyer hors de France; j'ai même acquis la certitude qu'elles sont arrivées à leur destination.

« Dès mon entrée au Temple, le Roi m'avait exprimé l'envie de lire quelques journaux. Je m'empressai de satisfaire ce désir. J'étais souvent témoin du sang-froid avec lequel il lisait les motions qui se faisaient contre lui à la tribune. Néanmoins, parmi les qualifications qu'on lui prodiguait, celle de *tyran* l'offensait toujours. « Moi, tyran! « disait-il; un tyran rapporte tout à lui ; n'ai-je pas cons« tamment tout rapporté à mon peuple ? Qui d'eux ou de « moi hait plus la tyrannie? Ils m'appellent tyran, et sa« vent comme vous ce que je suis. » Je lui apportai aussi un exemplaire de la romance faite alors et chantée dans

---

[1]. Plus le Roi approchait du terrible dénouement, plus sa force d'âme grandissait. Le chargé d'affaires anglais resté à Paris écrivait à lord Gower le 10 janvier : « I understand His Majesty has been in better spirits since his trial began that he has been since he entered the Temple. » (*The despatches of Earl Gower*, p. 276.)

tout Paris. Elle était intitulée *Louis XVI aux Français*, et parodiée sur ce passage de Jérémie : *Popule meus, quid feci tibi ?* « O mon peuple, que t'ai-je fait ? » Sa lecture procura au Roi quelques instants de consolation [1].

« Un matin, j'attendais dans la salle du Conseil le moment d'être introduit dans la tour ; je parcourais quelques feuilles périodiques. Un municipal m'interpella. — « Com-« ment, me dit-il, vous, l'ami de Louis, osez-vous lui com-« muniquer des écrits dans lesquels il est habituellement « si maltraité ? — Louis XVI, répondis-je, n'est pas un « homme comme tant d'autres. » Ce municipal était un gentilhomme [2].

« Le Roi voyait avec une surprise mêlée de peine des gentilshommes servir bassement les ennemis du trône et de la noblesse. « Que des hommes, me disait-il, nés dans « une condition obscure, que des gentilshommes même « qui n'ont jamais été dans le cas de me connaître, aient « cru et suivi aveuglément les ennemis de mon autorité, « je ne m'en étonne pas ; mais que des gens attachés au « service de ma personne, et la plupart comblés de mes « bienfaits, aient grossi le nombre de mes persécuteurs, « voilà ce que je ne saurais concevoir. Dieu m'est témoin « que je ne conserve contre eux aucun sentiment de haine ; « et même, s'il était en mon pouvoir de leur faire du bien, « je leur en ferais encore. »

Tandis que M. de Malesherbes m'honorait de ces entretiens, un événement affreux vint les suspendre pour quelque temps. La même prison renfermait, avec ce respectable vieillard, ses enfants et ses petits-enfants. C'était à qui allégerait le plus le poids de sa captivité. Chaque

---

[1]. « L'auteur de la romance est M. Hennet, premier commis des finances. » (*Note de Hue.*)

[2]. C'était Michel de Cubières, connu sous le nom de *Dorat-Cubières*.

jour, quelques amis se réunissaient à cette intéressante famille, et en partageaient à l'envi les égards et les soins. Soudain un ordre du tribunal révolutionnaire cita devant ce tribunal de sang M. Lepelletier de Rosambo, gendre de M. de Malesherbes. Le digne fils de M. de Rosambo conduisit son vertueux père jusqu'au guichet de la prison. Ce guichet, qui s'ouvrit pour envoyer à la mort ce magistrat aussi courageux que fidèle, se referma sur son fils, jusqu'au moment où la plus grande partie de cette famille malheureuse fut traînée à l'échafaud.

Lorsque M. de Malesherbes eut payé à la nature le tribut de douleur qu'il lui devait, je le priai de reprendre avec moi ses conversations nocturnes ; il se plaisait tant à me parler du Roi, que, malgré ses chagrins, il se rendit à mes instances.

« Je ne vous ai pas encore entretenu, me dit-il, d'un cruel sujet de peine pour le Roi : c'est de l'injustice des Français envers la Reine. « S'ils savaient ce qu'elle vaut, m'a-t-il ré-
« pété souvent avec amertume, s'ils savaient à quel degré
« de perfection elle s'est élevée depuis nos infortunes,
« ils la révéreraient, ils la chériraient : mais, dès avant nos
« malheurs, ses ennemis et les miens ont eu l'art, en se-
« mant des calomnies parmi le peuple, de changer en haine
« cet amour dont elle fut si longtemps l'objet. » Puis, entrant dans le détail des griefs qu'on lui imputait, il faisait l'apologie de la Reine.

« Vous l'avez vue, me disait-il, arriver à la cour ; elle
« sortait à peine de l'enfance. Ma grand'mère et ma mère
« n'étaient plus : mes tantes lui restaient ; mais leurs
« droits sur elle n'étaient pas les mêmes. Placée au milieu
« d'une cour brillante, vis-à-vis d'une femme que l'in-
« trigue y soutenait, chaque jour la Reine, alors Dau-
« phine, avait sous les yeux l'exemple du faste et de la

« prodigalité. Quelle opinion ne dut-elle pas concevoir de
« sa puissance et de ses droits, elle qui réunissait sur sa
« tête tant d'avantages !

« Vivre dans la société de la favorite était indigne de la
« Dauphine. Forcée d'embrasser une sorte de retraite,
« elle adopta ce genre de vie exempt d'étiquette et de con-
« trainte ; elle en porta l'habitude sur le trône. Ces ma-
« nières, nouvelles à la cour, se rapprochaient trop de
« mon goût naturel pour que je voulusse les contrarier.
« J'ignorais alors de quel danger il est pour les souve-
« rains de se laisser voir de trop près. La familiarité
« éloigne le respect, dont il est nécessaire que ceux qui
« gouvernent soient environnés. D'abord le public applau-
« dissait à l'abandon des anciens usages ; ensuite il en a
« fait un crime.

« La Reine voulut avoir des amies. La princesse de
« Lamballe fut celle qu'elle distingua davantage. Sa con-
« duite dans le cours de nos malheurs a pleinement justifié
« ce choix. La comtesse Jules de Polignac lui plut ; elle
« en fit son amie. A la demande de la Reine, j'accordai à
« la comtesse, depuis duchesse de Polignac, et à sa fa-
« mille, des bienfaits qui éveillèrent l'envie. La Reine et
« son amie sont devenues l'objet de la plus injuste censure.

« Il n'est pas, ajoutait le Roi, jusqu'à son sentiment pour
« l'Empereur Joseph II, son frère, que la calomnie n'ait
« attaqué. D'abord on a débité sourdement, puis imprimé
« dans plusieurs journaux, enfin on a affirmé à la tribune
« de l'Assemblée nationale que la Reine avait fait passer à
« Vienne et donné à l'Empereur des millions sans nombre ;
« calomnie atroce qu'un député du clergé a victorieuse-
« ment détruite.

« Les factieux, continuait le Roi, ne mettent cet achar-
« nement à décrier et à noircir la Reine que pour préparer

« le peuple à la voir périr : sa mort est résolue. En lui lais-
« sant la vie, on craindrait qu'elle ne me vengeât. Infor-
« tunée princesse ! Mon mariage lui promit un trône ; au-
« jourd'hui quelle perspective lui offre-t-il ! » — En prononçant ces derniers mots, le Roi me serra la main, et
laissa échapper quelques larmes.

« La veille, le Roi m'avait demandé si j'avais rencontré
dans les environs du Temple la *Femme blanche*. « Non,
« Sire, lui répondis-je. — Eh quoi ! répliqua-t-il en sou-
« riant, vous ne savez donc pas que, suivant le préjugé
« populaire, lorsqu'un prince de ma maison va mourir,
« une femme vêtue de blanc erre autour du palais 1 ? »

« Quand, malgré les soins de mes collègues et les miens,
le fatal jugement eut été prononcé, ils me prièrent de
prendre sur moi la douloureuse commission de l'annoncer
au Roi. Je le vois encore ; il avait le dos tourné vers la
porte, les coudes appuyés sur une table, et le visage couvert de sa main. Au bruit que je fis en entrant, le Roi se
leva. « Depuis deux heures, dit-il en me fixant, je re-
« cherche en ma mémoire si, durant le cours de mon
« règne, j'ai donné volontairement à mes sujets quelque
« juste motif de plainte contre moi. Eh bien, je vous le
« jure en toute sincérité, je ne mérite de la part des Fran-
« çais aucun reproche : jamais je n'ai voulu que leur bon-
« heur. »

« Alors, prenant la parole, j'annonçai au Roi le jugement rendu par la Convention ; et comprimant la douleur
dont j'étais navré : « Un espoir, lui dis-je, nous reste encore : l'appel à la nation. » Un signe de tête m'indiqua

---

1 Cette conversation de Malesherbes, avec l'allusion à la *Dame blanche*,
est rapportée dans *la Révolution de 92*, numéro du 10 janvier 1793. Voir aussi
Agonie et mort héroïque de Louis XVI..., par le citoyen Antoine-Vérité
Windtsor (Paris, 1793, in-8°), p. 33.

qu'il n'en attendait rien. Sa résignation, son courage, firent sur moi l'impression la plus vive. Le Roi s'en aperçut. « La Reine et ma sœur, me dit-il, ne montreront pas « moins de force et de résignation que moi. Mourir est « préférable à leur sort. »

« Malgré l'opinion du Roi, continua M. de Malesherbes, l'appel à la nation me laissait encore quelque espérance; mais Sa Majesté connaissait mieux que moi ses implacables ennemis. Je comptais aussi sur quelque mouvement favorable. Revenant avec mes collègues de l'Assemblée, où nous étions allés, de la part du Roi, notifier sa déclaration d'appel, quelques personnes qui m'étaient inconnues m'avaient entouré dans les corridors de la salle, et m'avaient assuré que de fidèles sujets arracheraient le Roi des mains de ses bourreaux, ou périraient avec lui. Je le dis au Roi. — « Les connaissez-vous? me répondit-il. — « Non, Sire ; mais je pourrais les retrouver. — Eh bien ! « tâchez de les rejoindre, et déclarez-leur que je les re- « mercie du zèle qu'ils me témoignent. Toute tentative « exposerait leurs jours, et ne sauverait pas les miens. « Quand l'usage de la force pouvait me conserver le trône « et la vie, j'ai refusé de m'en servir ; voudrais-je au- « jourd'hui faire couler pour moi le sang français ! »

« Après cette pénible conférence, j'eus encore une fois l'honneur d'entretenir le Roi. Au moment de me séparer de lui, je ne pus retenir mes larmes. — « Sensible vieil- « lard, dit le Roi en me serrant la main, ne pleurez pas : « une meilleure vie nous réunira. Je regrette de quitter « un ami tel que vous. Adieu ! Au sortir de ma chambre, « contraignez-vous ; il le faut. Songez que l'on vous obser- « vera…. Adieu !…. Adieu ! »

« Je sortis du Temple le cœur brisé. Un Anglais de ma connaissance, m'ayant rencontré la veille du jugement

rendu par la Convention, m'avait dit : « Ce qui rassure les
« bons citoyens, c'est que le plus malheureux des Rois a
« pour défenseur le plus vertueux des hommes. — Si
« Louis XVI succombe, lui répondis-je, le défenseur du
« plus vertueux des Rois sera le plus malheureux des
« hommes. » Dès ce moment, ma réponse se réalisa. »

XI.

L'ABBÉ EDGEWORTH DE FIRMONT

RELATION DES DERNIERS MOMENTS DE LOUIS XVI

Texte original et texte de Bertrand de Moleville [1].

Le sort du Roi n'était pas encore décidé, lorsque M. de Malesherbes, dont je n'avais pas l'honneur d'être personnellement connu, ne pouvant ni me recevoir chez lui, ni se transporter chez moi, me fit demander un rendez-vous en maison tierce : il eut lieu chez Mme de Senosan.

Là, M. de Malesherbes me rendit un message du Roi, par lequel cet infortuné monarque me proposait de l'assister à la mort, si l'atrocité des hommes le conduisait jusque-là. Ce message était conçu en des termes que je me ferais un devoir de supprimer ici, s'ils ne peignaient au naturel

---

Quand M. de Malesherbes vint au Temple pour la première fois, en sa qualité de conseil, le Roi, qui regardait sa condamnation comme certaine, témoigna le plus vif désir d'entretenir un prêtre, et nomma l'abbé Edgeworth, grand vicaire de Paris et confesseur de Madame Élisabeth, comme celui qu'il préférait. Il pria M. de Malesherbes de lui procurer cette vi-

---

1. Voir notre introduction.

l'âme du prince dont je vais décrire les derniers moments. Il poussait la délicatesse du procédé jusqu'à nommer *grâce* le service qu'il attendait de moi ; il le réclamait « comme un dernier gage de mon attachement pour lui ; il espérait que je ne le lui refuserais pas...., et ce n'était que dans le cas où je ne m'en sentirais pas le courage qu'il me permettait de substituer à ma place un autre ecclésiastique, dont il voulait bien encore m'abandonner le choix. »

Un pareil message eût sans doute été une invitation bien pressante pour tout autre ; il fut un ordre absolu pour moi, et je chargeai M. de Malesherbes de faire parvenir au prince, s'il en avait encore les moyens, tout ce que me dictèrent, en ce moment, une âme sensible et un cœur flétri par la douleur.

Quelques jours se passèrent ; et, n'entendant plus parler de rien, je me livrais déjà à l'espoir d'une déportation, ou tout au moins d'un sursis, lorsque, le 20 janvier, sur les quatre heures du soir, un inconnu se présenta chez moi, et me remit un billet du Conseil exécutif provisoire, conçu en ces termes : « Le Conseil exécutif ayant une affaire de « la plus haute importance à communiquer au citoyen Ed« geworth de Firmont, l'invite à passer, sans perdre un « instant, au lieu de ses séances. » L'inconnu ajouta qu'il

---

site, sans que l'abbé fût exposé à quelqu'outrage, et il voulut que l'on n'insista (*sic*) pas auprès de l'abbé lui-même, si quelque motif de crainte l'empêchait de consentir à l'entrevue. Le Roi, dans ce cas, s'en rapportait à son choix.

M. de Malesherbes, ayant exécuté la commission du Roi, trouva M. Edgeworth disposé à remplir son devoir ; mais ce ne fut que le 20 janvier 1793, à quatre heures de l'après-midi, qu'il fut mandé au palais des Thuileries, par le conseil qui s'y tenait assemblé. Il pénétra dans la salle des ministres et fut frappé de terreur et de consternation de leur maintien.

avait ordre de m'accompagner, et qu'une voiture m'attendait dans la rue. Je descendis, et partis avec lui.

Arrivé aux Tuileries, où le Conseil tenait ses séances, j'y trouvai tous les ministres réunis. La consternation était sur leur visage. Dès que je parus, ils se levèrent et vinrent m'entourer avec une sorte d'empressement. Le ministre de la justice prenant la parole : « Êtes-vous, » me dit-il, « le « citoyen Edgeworth de Firmont ? » Je lui répondis qu'oui. « Louis Capet, » reprit le ministre, « nous ayant témoigné « le désir de vous avoir auprès de lui dans ses derniers mo- « ments, nous vous avons mandé pour savoir si vous con- « sentez à lui rendre le service qu'il attend de vous. » Je lui répondis que puisque le Roi témoignait ce désir et me désignait par mon nom, me rendre auprès de lui était un devoir. « En ce cas, » ajouta le ministre, « vous allez venir « avec moi au Temple, car je m'y rends de ce pas. » Il prend aussitôt une liasse de papiers sur le bureau, confère un instant, à voix basse, avec les autres ministres, et, sortant brusquement, me donne ordre de le suivre. Une escorte de gardes à cheval nous attendait à la porte, avec la voiture du ministre. J'y monte, et il prend place après moi.

J'étais en habit laïque, comme l'était, à cette époque, tout le clergé catholique de Paris. Mais songeant en ce moment à ce que je devais d'une part au Roi, qui n'était

---

« Louis Capet désire vous voir, lui dit le ministre Garat. « Voulez-vous aller au Temple ?

« Oui, sans doute, reprit l'abbé, et le désir du Roi est un « ordre à mes yeux.

« Suivez-moi donc, je vous y conduirai, » lui répondit le ministre.

Il allait effectivement notifier à Louis XVI le décret de la Convention, et lui annoncer que le lendemain, à dix heures, serait le moment de l'exécution. L'abbé monta dans sa voi-

pas familiarisé avec un pareil costume, et de l'autre la religion elle-même, qui recevait pour la première fois une sorte d'hommage du nouveau gouvernement, je crus avoir le droit de reprendre, en cette occasion, les marques extérieures de mon état ; du moins en faire une tentative me parut être un devoir. J'en parlai donc au ministre avant de quitter les Tuileries ; mais il rejeta ma proposition en termes qui ne me permirent pas d'insister, sans cependant y mêler rien d'offensant.

Le trajet des Tuileries au Temple se passa dans le plus morne silence. Deux ou trois fois cependant le ministre essaya de le rompre. « Grand Dieu ! » s'écria-t-il, après avoir levé les glaces de la voiture, « de quelle affreuse « commission je me vois chargé ! Quel homme ! » ajouta-t-il, en parlant du Roi, « quelle résignation ! quel courage ! « Non, la nature toute seule ne saurait donner tant de force. « Il y a quelque chose de surhumain. » De pareils aveux me présentaient une occasion bien naturelle d'entrer en conversation avec lui, et de lui dire d'*affreuses* vérités. J'hésitai un moment sur le parti que je devais prendre ; mais songeant, d'un côté, que mon premier devoir était de procurer au Roi les secours de la religion qu'il me demandait avec tant d'instance, et, de l'autre, qu'une conversation fortement nuancée, comme elle aurait dû l'être, pouvait m'empêcher de le remplir, je pris le parti du silence le plus absolu. Le ministre parut comprendre tout ce que ce

---

ture, et plusieurs fois, pendant la route, le ministre cria avec l'accent du désespoir : « Quelle effroyable commission ! »

M. Edgeworth, appelé à remplir les devoirs les plus solennels, les plus sacrés de la religion, désira observer scrupuleusement toutes les formes, et demanda qu'il lui soit (*sic*) permis d'approcher le Roi en habit ecclésiastique.

« C'est impossible, » répliqua Garat.

silence lui disait, et il n'ouvrit plus la bouche durant le reste du chemin.

Nous arrivâmes ainsi au Temple sans presque nous être parlé, et la première porte nous fut aussitôt ouverte. Mais, parvenus au bâtiment qui sépare la cour du jardin, nous fûmes arrêtés. C'était, je crois, une consigne générale, et, pour passer outre, il fallait que les commissaires de la tour vinssent faire la reconnaissance des personnes, et savoir quelle affaire les amenait en ce lieu. Le ministre lui-même parut être, comme moi, assujetti à cette formalité. Nous attendîmes les commissaires près d'un quart d'heure, et sans nous parler.

Enfin ils se présentèrent. L'un d'eux était un jeune homme de dix-sept à dix-huit ans; ils saluèrent le ministre d'un air de connaissance; celui-ci leur dit en peu de mots qui j'étais et quelle était ma mission. Ils me firent signe de les suivre, et nous traversâmes tous ensemble le jardin qui mène à la tour.

Ici la scène devint affreuse au delà de tout ce qu'il m'est possible d'exprimer. La porte de la tour, quoique très petite et très basse, s'ouvrit avec un fracas horrible, tant elle était chargée de verrous et de barres de fer. Nous passâmes, à travers une salle remplie de gardes, dans une salle plus vaste encore, et qui, à sa forme, me parut avoir été autrefois une chapelle. Là, les commissaires de la Commune, chargés de la garde du Roi, se trouvaient as-

---

Ils arrivèrent au Temple, et trouvèrent la tour entourée d'une garde considérable. On les introduisit auprès de douze à quatorze membres de la Commune, qui formaient le conseil de la Commune séant au Temple. Six ou sept d'entre eux accompagnèrent le ministre chez le Roi. Les autres retinrent l'abbé, quoique le ministre eût exprimé le désir de le présenter lui-même.

semblés. Je ne remarquai pas à beaucoup près sur leur physionomie cette consternation et cet embarras qui m'avaient frappé chez les ministres. Ils étaient à peu près douze, et la plupart en costume jacobin; leur air, leurs manières, leur sang-froid, tout annonçait des âmes atroces, que la vue du plus grand des crimes n'épouvantait pas. Je dois cependant à la vérité de dire que ce portrait ne convenait pas à tous, et que, dans le nombre, je crus en entrevoir quelques-uns que la faiblesse seule avait conduits dans ce lieu d'horreur.

Quoi qu'il en soit, le ministre les emmena tous indistinctement dans un coin de la salle, et leur lut, à voix basse, les papiers qu'il avait apportés des Tuileries. Cette lecture faite, il se retourna brusquement, et me dit de le suivre; mais le Conseil s'y opposa avec une espèce d'émotion. Ils se réunirent encore une seconde fois, délibérèrent quelques instants, en se parlant à l'oreille; et le résultat fut qu'une moitié du Conseil accompagnerait le ministre qui montait chez le Roi, tandis que l'autre moitié resterait pour me garder.

Quand la séparation fut faite, et les portes de la salle bien fermées, le plus ancien des commissaires s'approcha de moi d'un air honnête, mais embarrassé ; il me parla de la responsabilité terrible qui pesait sur ma tête, me demanda mille excuses de la liberté qu'il était forcé de prendre, etc. Je compris que ce préambule allait aboutir à me fouiller, et je le prévins en lui disant que, la réputation de M. de Malesherbes ne l'ayant pas exempté de cette formalité, je ne m'étais pas flatté, en venant au Temple,

---

Ce conseil certainement était la réunion des hommes les plus durs et les plus insensibles de toute la municipalité. Ils traitèrent M. Edgeworth sans compassion et lui montrèrent une joie féroce. Ils fouillèrent ses poches, ouvrirent sa taba-

qu'on ferait une exception pour moi; que du reste je n'avais dans mes poches rien de suspect, et qu'il ne tenait qu'à lui de s'en assurer. Malgré cette déclaration, la fouille se fit avec assez de rigueur. Ma tabatière fut ouverte et le tabac fut éprouvé; un petit crayon d'acier, qui se trouvait par hasard dans ma poche, fut examiné scrupuleusement, de peur qu'il ne renfermât un poignard. Quant aux papiers que j'avais sur moi, ils n'y firent aucune attention; et tout se trouvant d'ailleurs en règle, on me renouvela les excuses par lesquelles on avait débuté, et l'on m'invita à m'asseoir. Mais à peine eus-je pris un fauteuil, que deux des commissaires qui étaient montés chez le Roi descendirent pour me dire qu'il m'était permis de le voir.

Ils me conduisirent par un escalier tournant, et si étroit que deux personnes avaient peine à se croiser; de distance en distance, cet escalier était coupé par des barrières; à chaque barrière on voyait une sentinelle en faction. Ces sentinelles étaient de vrais *sans-culottes*, presque tous ivres; et les cris affreux qu'ils poussaient, répétés par les voûtes du Temple, avaient quelque chose de vraiment effrayant.

Parvenu à l'appartement du Roi, dont toutes les portes étaient ouvertes, j'aperçus le prince au milieu d'un groupe de huit à dix personnes. C'était le ministre de la justice,

---

tière pour s'assurer qu'elle ne contenait pas de poison. Ils examinèrent son crayon, sous prétexte qu'il pouvait contenir un stylet. Ils le firent ensuite monter chez le Roi par un petit escalier dérobé, où des sentinelles, disposées par intervalles, juraient, chantaient et s'enivraient comme ils (*sic*) eussent fait à la taverne.

Le ministre de la justice était encore avec le Roi, ainsi que les membres de la Commune. La dignité, la sérénité de Louis XVI contrastait fortement avec le trouble et l'égarement des coupables qui l'entouraient. Aussitôt que le Roi

accompagné de quelques membres de la Commune, qui venaient de lui lire le fatal décret qui fixait irrévocablement sa mort au lendemain. Il était au milieu d'eux, calme, tranquille, gracieux même ; et pas un seul de ceux qui l'environnaient n'avait l'air aussi assuré que lui.

Dès que je parus, il leur fit signe avec la main de se retirer ; ils obéirent sans mot dire ; lui-même ferma la porte après eux, et je restai seul dans la chambre avec lui.

Jusqu'ici, j'avais assez bien réussi à concentrer les différents mouvements qui agitaient mon âme ; mais à la vue de ce prince, autrefois si grand, et alors si malheureux, je ne fus plus maître de moi-même ; mes larmes s'échappèrent malgré moi, et je tombai à ses pieds, sans pouvoir lui faire entendre d'autre langage que celui de ma douleur. Cette vue l'attendrit mille fois plus que le décret qu'on venait de lui lire. Il ne répondit d'abord à mes larmes que par les siennes ; mais bientôt, reprenant son courage : « Pardonnez, me dit-il, Monsieur, pardonnez à
« ce mouvement de faiblesse, si toutefois on peut le nom-
« mer ainsi. Depuis longtemps je vis au milieu de mes
« ennemis, et l'habitude m'a en quelque sorte familiarisé
« avec eux : mais la vue d'un sujet fidèle parle tout autre-
« ment à mon cœur ; c'est un spectacle auquel mes yeux
« ne sont plus accoutumés, et il m'attendrit malgré moi. »

---

vit l'abbé Edgeworth, il fit un mouvement pour exprimer le désir d'être seul avec lui. Tout le monde se retire ; le Roi ferme la porte et se tourne vers l'abbé qui, se jettant à genoux, baise la main de son prince et la baigne de larmes. Le Roi, vivement ému, le relève et lui dit :

« Je n'ai vu depuis longtemps que des êtres insensibles,
« mes yeux y sont accoutumés. Mais la vue d'un homme
« compatissant, la vue d'un sujet fidèle ébranle toute mon
« âme et me met dans l'état où vous me voyez. »

En disant ces paroles, il me releva avec bonté, et me fit passer dans son cabinet, afin de m'entretenir plus à son aise; car, de sa chambre, tout était entendu. Ce cabinet avait été pratiqué dans une des tourelles du Temple; il n'avait ni tapisserie ni ornements; un mauvais poêle de faïence lui tenait lieu de cheminée, et l'on n'y voyait pour tout meuble qu'une table et trois chaises de cuir.

Là, me faisant asseoir auprès de lui : « C'est donc à pré-
« sent, me dit-il, Monsieur, la grande affaire qui doit
« m'occuper tout entier! Hélas! la seule affaire impor-
« tante ! Car que sont toutes les autres affaires auprès de
« celle-là ? Cependant je vous demande quelques mo-
« ments de répit, car voilà que ma famille va descendre.
« Mais, en attendant, ajouta-t-il, voici un écrit que je suis
« bien aise de vous communiquer. »

En disant ces paroles, il tira de sa poche un papier ca-
cheté, et en brisa le sceau. C'était son testament, qu'il avait fait dès le mois de décembre; c'est-à-dire à une époque où il doutait encore si on lui permettrait d'avoir un prêtre catholique pour l'assister dans son dernier combat. Tous ceux qui ont lu cette pièce si intéressante et si digne d'un Roi chrétien, jugeront aisément de l'impres-
sion profonde qu'elle dut faire sur moi. Mais ce qui les étonnera sans doute, c'est que ce prince eut la force de la lire lui-même, et de la lire jusqu'à deux fois. Sa voix était ferme, et il ne paraissait d'altération sur son visage que lorsqu'il rencontrait des noms qui lui étaient chers. Alors, toute sa tendresse se réveillait; il était obligé de s'arrêter un moment, et ses larmes coulaient malgré lui. Mais lors-

---

Quand il fut remis, il conduisit l'abbé dans son cabinet, il le fit assoir et lut deux fois son testament d'un ton ferme et avec l'accent convenable, mais la voix lui manqua à l'article de la Reine, de ses enfants et de sa sœur.

qu'il n'était question que de lui-même et de ses malheurs, il n'en paraissait pas plus ému que ne le sont communément les autres hommes lorsqu'ils entendent le récit des maux d'autrui.

Cette lecture étant finie, et la famille royale ne descendant pas, le Roi se hâta de me demander des nouvelles de son clergé et de la situation actuelle de l'Église de France. Malgré la rigueur de sa prison, il en avait appris quelque chose. Il savait en général que les ecclésiastiques français, obligés de s'expatrier, avaient été accueillis à Londres; mais il ignorait absolument les détails.

Le peu que je me fis un devoir de lui en dire parut faire sur lui la plus profonde impression, et, en gémissant sur les maux du clergé de France, il ne se lassait pas de rendre hommage à la générosité du peuple anglais, qui travaillait à les adoucir.

Mais il ne s'en tint pas à ces questions générales; et, venant bientôt à des détails qui m'étonnèrent moi-même, il voulut savoir ce qu'étaient devenus plusieurs ecclésiastiques auxquels il semblait prendre un intérêt plus particulier. M. le cardinal de La Rochefoucauld et M. l'évêque de Clermont parurent surtout le fixer; mais son intérêt redoubla au seul nom de M. l'archevêque de Paris. Il me demanda où il était, ce qu'il faisait, et si j'avais des moyens de correspondre avec lui : « Marquez-lui, me dit-« il, que je meurs dans sa communion, et que je n'ai ja-« mais reconnu d'autre pasteur que lui. Hélas! je crains

---

« Qu'est devenu, dit ensuite le Roi, qu'est devenu le bon
« cardinal de la Rochefoucault? Et l'archevêque de Paris, en
« avez-vous quelques nouvelles? Je crains qu'il ne soit pas
« bien content de moi; il m'écrivit pendant que j'étais aux
« Thuileries, je ne lui fis pas de réponse. J'étais si observé!
« Il me pardonnera. Assurez-le que je meurs dans la com-

« qu'il ne m'en veuille un peu de ce que je n'ai pas fait ré-
« ponse à sa dernière lettre. J'étais encore aux Tuileries ;
« mais en vérité les événements se pressaient tellement
« autour de moi à cette époque que je n'en trouvais pas le
« temps. Au surplus, il me pardonnera, j'en suis sûr, car
« il est bon ! » M. l'abbé de Floirac eut aussi son mot. Le
Roi ne l'avait jamais vu, mais il connaissait tous les services
que ce respectable ecclésiastique avait rendus au diocèse
de Paris, durant les temps les plus difficiles. Il me demanda ce qu'il était devenu ; et sur ce que je lui dis qu'il
avait eu le bonheur d'échapper, il m'en parla en termes
qui marquaient tout le prix qu'il attachait à sa conservation et l'estime qu'il faisait de ses vertus.

« munion [1], et qu'en dépit des changements qu'on a faits, je
« me considère toujours comme étant de son troupeau. »
Il serait difficile de rendre assez de justice aux sentiments
pieux, sublimes, héroïques, qu'exprima le Roi dans cette intéressante conférence ; il parla de sa situation, de celle de sa
famille, mais il s'étendit surtout sur les malheurs de son pays.
« Ce peuple, disait-il, est naturellement bon, mais aujour-
« d'hui des chefs sans principes l'égarent et l'enchaînent à la
« fois. Il n'aurait pas souffert qu'on m'accusât de tyrannie
« s'il avait su combien son bonheur m'était cher et combien
« je l'avais désiré. Plus j'ai été privé des moyens et de l'espé-
« rance d'y atteindre, moins la vie m'a été précieuse. J'en fais
« aujourd'hui le sacrifice sans regret : un temps viendra, j'en
« suis bien sûr, où le peuple pleurera ma perte. Oui, j'en ai
« la confiance ; oui, il rendra justice à ma mémoire, quand il
« saura la vérité, quand il aura recouvré la liberté de se
« montrer juste. Mais, hélas ! jusqu'à ce que ce temps arrive
« il est et sera bien malheureux ! »
Cette réflexion sur les malheurs de sa patrie arracha de
nouvelles larmes à ce monarque généreux.

1. « Dans sa communion. » *Histoire de la Révolution*, t. X, p. 415. — Cette seconde version de Bertrand de Moleville est bien inférieure à celle que nous donnons, comme naturel et comme simplicité de style.

Je ne sais par quel hasard la conversation tomba sur M. le duc d'Orléans. Le Roi me parut être très instruit de ses menées et du rôle affreux qu'il jouait à la Convention. Mais il en parlait sans ombre d'amertume et avec plus de pitié que de courroux. « Qu'ai-je donc fait à mon cousin, « me dit-il, pour qu'il me poursuive ainsi ?.... Mais pour- « quoi lui en vouloir ? Ah ! il est plus à plaindre que « moi.... Ma position est triste, sans doute ; mais le fût- « elle encore davantage, non, très certainement, je ne « voudrais pas changer avec lui. »

Cette conversation, si intéressante, fut ici interrompue par un des commissaires, qui vint annoncer au Roi que sa famille était descendue, et qu'il lui était permis enfin de la voir. A ces mots il parut très ému, et il partit comme un trait. L'entrevue eut lieu (autant que j'en puis juger, car je n'y assistai pas) dans une petite pièce qui n'était sé- parée que par un vitrage de celle qu'occupaient les com- missaires : en sorte que ceux-ci pouvaient tout voir et tout entendre. Moi-même, quoique enfermé dans le cabinet où

Il parla du duc d'Orléans et dit :

« Je ne sais ce que j'ai fait à mon cousin pour motiver toute « sa conduite à mon égard ; il faut le plaindre, il est encore « plus malheureux que moi, et je ne changerais pas de con- « dition avec lui.

Il se leva et dit ensuite :

« Il faut que, pour la dernière fois, j'aille voir ma famille, « cette épreuve est la plus cruelle ; quand cela sera fait, je « ne m'occuperai uniquement que de mon salut. »

Il laissa l'abbé Edgeworth, et ce prince infortuné fut re- joindre sa famille. La salle où elle se tenait n'était séparée que par une porte de glaces de celle où jour et nuit veillaient deux commissaires. Ces deux hommes purent donc tout voir et tout entendre.

le Roi m'avait laissé, je distinguais facilement les voix, et, malgré moi, j'étais témoin de la scène la plus touchante qui eût jamais frappé mes oreilles. Non, jamais ma plume ne saurait rendre tout ce qu'elle eut de déchirant. Pendant près d'un quart d'heure, on n'articula pas une seule parole. Ce n'étaient ni des larmes ni des sanglots; c'étaient des cris perçants, qui devaient être entendus hors de l'enceinte de la tour. Le Roi, la Reine, Monseigneur le Dauphin, Madame Élisabeth, Madame Royale, tous se lamentaient à la fois, et les voix semblaient se confondre. Enfin les larmes cessèrent, parce qu'on n'eut plus la force d'en répandre. On se parla à voix basse et assez tranquillement. La conversation dura à peu près une heure, et le Roi congédia sa famille, en lui donnant l'espérance de la revoir le lendemain.

Il revint aussitôt à moi, mais dans un état de trouble et d'agitation qui montrait une âme profondément blessée. « Ah! Monsieur, » me dit-il en se jetant sur une chaise, « quelle rencontre que celle que je viens d'avoir! Faut-il « donc que j'aime si tendrement, et que je sois si tendre- « ment aimé!.... Mais c'en est fait; oublions tout le reste,

---

C'est dans ce lieu, c'est dans une circonstance pareille que le roi de France vint trouver sa famille. Sa mort prochaine, ses malheurs sans exemple la lui rendaient encore plus chère. Là se passe une scène de douleur qu'aucun pinceau ne pourrait rendre et dont une âme sensible pourra seule concevoir l'idée.

Le cœur compatissant de M. Edgeworth fut percé par les gémissements et les sanglots du désespoir.

Cette déchirante entrevue dura plus d'une heure, et le Roi en revint dans un état inexprimable.

« Pourquoi, » dit-il, s'adressant à l'abbé après quelques moments de silence, « pourquoi aimai-je avec tant de tendresse, « pourquoi suis-je si tendrement aimé? mais à présent ce pé- « nible sacrifice est fait; ne songeons plus qu'à mon salut. »

« pour ne penser qu'à l'unique affaire. Elle seule doit con-
« centrer dans ce moment toutes mes affections et toutes
« mes pensées. »

Il continuait à me parler ainsi, en termes qui marquaient à la fois sa sensibilité et son courage, lorsque Cléry vint lui proposer le souper. Le Roi hésita un moment ; mais, par réflexion, il accepta l'offre. Le souper ne dura pas plus de cinq minutes. Étant rentré dans son cabinet, il me proposa d'en faire autant. Je n'en avais guère le courage ; mais, pour ne pas le désobliger, je crus devoir obéir.

Une pensée occupait fortement mon esprit depuis que je voyais de plus près le Roi : c'était de lui procurer, à quelque prix que ce fût, la sainte communion, dont il avait été si longtemps privé. J'aurais pu la lui apporter en secret, comme on était obligé de le faire alors à tous les fidèles qui étaient retenus chez eux ; mais la fouille exacte qu'il fallait subir en entrant au Temple, et la profanation qui en eût été infailliblement la suite, furent des raisons plus que suffisantes pour m'arrêter.

Après cette touchante exclamation, il médita quelques instants dans un silence interrompu par des soupirs et par des larmes ; puis il commença l'entretien sur les grandes vérités de la religion : son confesseur resta aussi surpris de l'étendue de ses connaissances qu'édifié de sa piété.

A dix heures, Cléri, son fidèle valet de chambre, vint lui proposer de souper. Le Roi y consentit, moins par le besoin de manger que pour obliger le bon Cléri qui l'en priait les larmes aux yeux. Après avoir pris un morceau, il se leva de table, et dit à M. Edgeworth :

« Vous devriez prendre un peu de nourriture, vous devez
« être épuisé. »

Ce léger repas fini, l'abbé demanda au Roi s'il ne désirait pas entendre la messe et recevoir la communion. Le Roi lui répondit qu'il le désirait avec ardeur, mais qu'il espérait peu qu'on le lui accordât.

Il ne me restait donc d'autre ressource que de dire la messe dans la chambre même du Roi, si j'en pouvais trouver les moyens. Je lui en fis la proposition, mais il en parut d'abord effrayé ; cependant, comme il sentait tout le prix de cette grâce, qu'il la désirait même ardemment, et que toute son opposition ne venait que de la crainte de me voir compromis, je le suppliai de me donner son agrément, en lui promettant que j'y mettrais prudence et discrétion. Il me le permit enfin : « Allez, me dit-il, Mon« sieur ; mais je crains bien que vous ne réussissiez pas ; « car je connais les hommes auxquels vous allez avoir « affaire : ils n'accordent que ce qu'ils ne peuvent refuser. »

Muni de cette permission, je demandai à être conduit à la salle du conseil, et j'y formai ma demande au nom du Roi. Cette proposition, à laquelle les commissaires de la tour n'étaient pas préparés, les déconcerta extrêmement, et ils cherchaient différents prétextes pour l'éluder. « Où « trouver un prêtre à l'heure qu'il est ? » me dirent-ils. « Et quand nous en trouverions un, comment faire pour « se procurer les ornements ? — Le prêtre est tout trouvé, « leur répliquai-je, puisque me voici ; et quant aux orne« ments, l'église la plus voisine en fournira : il ne s'agit « que de les envoyer chercher. Du reste, ma demande est « juste, et ce serait aller contre vos propres principes que « de la refuser. »

Un des commissaires prit aussitôt la parole, et (quoiqu'en termes assez ménagés) donna clairement à entendre

« Il faut, dit-il, que j'en obtienne la permission de ce conseil « du Temple, et jusqu'ici il ne m'a accordé que ce qu'il ne « pouvait absolument me refuser. »

M. Edgeworth sortit, et fit la demande au nom du Roi. Elle éprouva plusieurs difficultés.

« Il y a des exemples dans l'histoire, dit un membre, que « plus d'une fois des prêtres ont empoisonné des hosties.

que ma demande pouvait n'être qu'un piège, et que, sous prétexte de donner la communion au Roi, je pouvais l'empoisonner. « L'histoire, » ajouta-t-il, « nous fournit à cet « égard assez d'exemples pour nous engager à être cir- « conspects. » Je me contentai de regarder fixement cet homme, et de lui dire : « La fouille exacte à laquelle je « me suis soumis en entrant ici a dû vous prouver que je « ne porte pas de poison sur moi : si donc il s'en trouvait « demain, c'est de vous que je l'aurais reçu, puisque tout « ce que je demande pour dire la messe doit passer par « vos mains. » Il voulut répliquer, mais ses confrères lui imposèrent silence ; et, pour dernier subterfuge, ils me dirent que, le conseil n'étant pas complet, ils ne pouvaient rien prendre sur eux: mais qu'ils allaient appeler les membres absents, et qu'ils me feraient part du résultat de la délibération.

Un quart d'heure se passa, tant à convoquer les membres absents qu'à délibérer. Au bout de ce temps, je fus introduit de nouveau, et le président, prenant la parole, me dit : « Citoyen ministre du culte, le conseil a pris en « considération la demande que vous lui avez faite au

---

« Vous m'avez assez examiné, répondit M. Edgeworth, pour « être sûrs que je ne porte pas de poison ; mais pour vous « en rendre plus certains, fournissez-moi vous-mêmes les « hosties, et si elles sont empoisonnées, je n'en serai pas res- « ponsable. »
Le conseil délibéra dans le lieu ordinaire de ses séances. On fit ensuite entrer l'abbé, et le président lui dit : « Citoyen « ministre du culte, la demande de Louis Capet n'étant point « contraire à la loi, nous l'accordons, mais à deux conditions : « d'abord vous signerez la requête, et en second lieu, la céré- « monie se terminera avant sept heures, parce qu'à huit Louis « Capet sera conduit à l'échafaud. »

« nom de Louis Capet, et il a été résolu que sa demande
« étant conforme aux lois qui déclarent que tous les cultes
« sont libres, elle lui serait accordée. Nous y mettons ce-
« pendant deux conditions : la première, que vous dresse-
« rez à l'instant une requête constatant votre demande, et
« signée de vous ; la seconde, que l'exercice de votre
« culte sera achevé demain à sept heures au plus tard,
« parce qu'à huit heures précises Louis Capet doit partir
« pour le lieu de son exécution. »

Ces derniers mots me furent dits, comme tout le reste, avec un sang-froid qui caractérisait une âme atroce, qui envisageait sans remords le plus grand des crimes. Quoi qu'il en soit, je mis ma demande par écrit, et je la laissai sur le bureau [1].

On me reconduisit aussitôt chez le Roi, qui attendait avec une sorte d'inquiétude le dénouement de cette affaire ; le compte sommaire que je lui rendis, en supprimant toutes les circonstances, parut lui faire le plus sensible plaisir.

Il était plus de dix heures, et je restai enfermé avec le Roi jusque bien avant dans la nuit ; mais, le voyant fatigué, je lui proposai de prendre un peu de repos. Il y consentit avec sa bonté ordinaire, et il m'engagea à en faire

---

L'abbé se soumit à tout, et en informa le Roi, qui exprima toute sa joie de l'espoir qu'il avait d'entendre encore une fois la messe et de recevoir la communion. Il tomba à genoux, rendit grâces au Tout-Puissant et commença sa confession. Quand elle fut achevée, M. Edgeworth, voyant le Roi presque épuisé par la douleur et la fatigue, lui conseilla de se mettre au lit et de prendre un peu de repos. Le Roi y consentit et obtint de l'abbé qu'il se jetterait sur le lit de Cléri, qui était dans la même chambre.

1. Voir *Documents officiels*, n° CCXV.

autant. Je passai, par ses ordres, dans la petite pièce qu'occupait Cléry. Cette pièce n'était séparée de la chambre du Roi que par une cloison, et tandis que j'étais livré aux pensées les plus accablantes, j'entendis ce prince donner tranquillement ses ordres pour le lendemain et se coucher ensuite.

Dès cinq heures, il se leva, et fit sa toilette à l'ordinaire. Peu après il m'envoya chercher, et m'entretint près d'une heure dans le cabinet où il m'avait reçu la veille. Au sortir du cabinet, je trouvai un autel tout dressé dans la chambre du Roi. Les commissaires avaient exécuté à la lettre tout ce que j'avais exigé d'eux ; ils avaient même été au delà de mes désirs, car je n'avais demandé que le simple nécessaire.

Le Roi entendit la messe à genoux par terre, sans prie-Dieu et sans coussin ; il y communia. Je lui laissai ensuite quelque temps pour achever ses prières. Bientôt il m'envoya chercher de nouveau, et je le trouvai assis près de son poêle, et ayant peine à se réchauffer. « Mon Dieu, « dit-il, que je suis heureux d'avoir mes principes ! Sans « eux, où en serais-je maintenant ? Mais, avec eux, que la « mort doit me paraître douce ! Oui, il existe en haut un « juge incorruptible, qui saura bien me rendre la justice « que les hommes me refusent ici-bas. »

Le ministère que j'ai rempli auprès de ce prince ne me permet pas de citer quelques traits épars des différentes

---

Après un sommeil tranquille, le Roi appela Cléri de bonne heure. Il entendit la messe et reçut la communion avec une dévotion profonde. Sa prière finie, il dit à M. Edgeworth :

« Combien je suis heureux d'avoir conservé la foi ! Quel « serait mon état à ce moment si, par la grâce de Dieu, je « n'en avais conservé le bienfait ? Oui, je le sens, je leur « montrerai que je ne redoute pas la mort. »

conversations qu'il eut avec moi durant ses seize dernières heures ; mais, par le peu que j'en dis, on peut juger de tout ce que je pourrais ajouter s'il m'était permis de tout dire.

Le jour commençait à paraître, et déjà on battait la générale dans toutes les sections de Paris. Ce mouvement extraordinaire se faisait entendre très distinctement dans la tour, et j'avoue qu'il me glaçait le sang dans les veines : mais le Roi, plus calme que moi, après y avoir prêté un moment l'oreille, me dit sans s'émouvoir : « C'est proba-
« blement la garde nationale qu'on commence à rassem-
« bler. » Peu après, des détachements de cavalerie entrèrent dans la cour du Temple, et on entendit parfaitement la voix des officiers et les pieds des chevaux. Le Roi écouta encore, et me dit, avec le même sang-froid : « Il y a
« apparence qu'ils approchent. »

Il avait promis à la Reine, en la congédiant la veille, qu'il la reverrait encore le lendemain ; et, n'écoutant que son cœur, il voulait lui tenir parole. Mais je le suppliai instamment de ne pas la mettre à une épreuve qu'elle n'aurait pas la force de soutenir. Il s'arrêta un moment, et, avec l'expression de la douleur la plus profonde : « Vous
« avez raison, me dit-il, Monsieur ; ce serait lui donner le
« coup de la mort ; il vaut mieux me priver de cette triste
« consolation, et la laisser vivre d'espérance quelques mo-
« ments de plus. »

Depuis sept heures jusqu'à huit, on vint, sous différents prétextes, frapper à la porte du cabinet où j'étais renfermé avec le Roi, et à chaque fois je tremblais que ce ne fût la dernière ; mais le Roi, plus ferme que moi, se levait sans

---

Un bruit qui s'entendit soudain fit tressaillir le confesseur. Il crut l'instant fatal arrivé. Le Roi ne parut point ému et garda sa sérénité. C'était la garde qu'on relevait. Le Roi

émotion, allait à la porte, et répondait tranquillement aux personnes qui venaient ainsi l'interrompre.

J'ignore quelles étaient ces personnes; mais, parmi elles, se trouvait certainement un des plus grands monstres que la révolution eût enfantés, car je l'entendis très distinctement dire à ce prince, d'un ton moqueur (je ne sais à quel propos) : « Oh, oh ! tout cela était bon lorsque vous « étiez Roi; mais vous ne l'êtes plus. » Le Roi ne répliqua pas un mot; mais, revenant à moi, il se contenta de me dire : « Voyez comme ces gens-là me traitent ! mais il faut « savoir tout souffrir. »

Une autre fois, après avoir répondu à un des commissaires, qui était venu l'interrompre, il rentra dans le cabinet, et me dit en souriant : « Ces gens-là voient partout « des poignards et du poison; ils craignent que je ne me « tue. Hélas! ils me connaissent bien mal : me tuer se- « rait une faiblesse. Non, puisqu'il le faut, je saurai bien « mourir. »

---

parla à l'une des sentinelles et ce malheureux eut la brutalité de lui répondre :

« Citoyen, c'était bon ça lorsque vous étiez Roi, à présent « vous ne l'êtes plus. »

« Vous voyez comme on me traite, dit le Roi à M. Edge- « worth ; mais maintenant rien ne m'affecte plus. Voilà qu'on « vient, » ajouta-t-il avec le même calme, et plusieurs personnes montèrent l'escalier.

C'étaient les commissaires de la Commune, avec un prêtre à leur tête, appelé Jacques Roux. Ils venaient annoncer l'instant.

« Cela suffit, dit le Roi, je vais vous joindre. Je désire seu- « lement passer quelques minutes seul avec mon confesseur. »

Ils se retirèrent; le Roi ferma la porte et dit en tombant à genoux :

« Tout est consommé ! Donnez-moi votre dernière béné- « diction. »

Enfin on frappa à la porte pour la dernière fois : c'était Santerre et sa troupe. Le Roi ouvrit la porte à son ordinaire, et on lui annonça (je ne pus entendre en quels termes) qu'il fallait aller à la mort. « Je suis en affaire, » leur dit-il avec autorité; « attendez-moi là; dans quelques « minutes je serai à vous. » En disant ces paroles, il ferma la porte, et vint se jeter à mes genoux : « Tout est con- « sommé, me dit-il; Monsieur, donnez-moi votre der- « nière bénédiction, et priez Dieu qu'il me soutienne jus- « qu'au bout. »

Il se releva bientôt, et, sortant du cabinet, il s'avança vers la troupe qui était au milieu de sa chambre à coucher. Leurs visages n'annonçaient rien moins que l'assurance. Ils avaient cependant tous le chapeau sur la tête, et le Roi, s'en apercevant, demanda aussitôt le sien. Tandis que Cléry, baigné de larmes, court pour le chercher : « Y « a-t-il parmi vous quelque membre de la Commune? » leur dit le Roi. « Je le charge d'y déposer cet écrit. »

C'était son testament, et un des assistants le prit de la main du Roi. « Je recommande aussi à la Commune Cléry,

---

La crainte du danger où s'exposerait l'abbé, en l'accompagnant au supplice, avait empêché le Roi de lui en faire la demande, et il croyait qu'ils allaient se séparer. Mais quand il sut que cet homme vénérable, digne, vraiment digne de ses fonctions sacrées, était déterminé à le suivre, il se sentit pénétré de tendresse et de consolation.

Le Roi ouvrit lui-même la porte : « Marchons, » dit-il d'un ton ferme à Santerre qui l'attendait.

Le Roi voulut confier au prêtre Roux son testament cacheté, en le chargeant de le remettre à la Commune. Le barbare refusa de s'en charger, et répondit que son unique devoir était de le conduire à l'échafaud. Un de ses camarades, moins endurci que ce Roux, prit le paquet et le remit à la Commune.

« mon valet de chambre, des services duquel je n'ai qu'à
« me louer. On aura soin de lui donner ma montre et tous
« mes effets, tant ceux que j'ai ici que ceux qui ont été
« déposés à la Commune. Je désire également qu'en récom-
« pense de l'attachement qu'il m'a témoigné, on le fasse
« passer au service de la Reine, — de ma femme » (car le
Roi dit les deux). Personne ne répondant : « Marchons, »
leur dit le Roi d'un ton ferme.

A ces mots, toute la troupe défile. Le Roi traversa la
première cour (autrefois le jardin) à pied. Il se retourna
une ou deux fois vers la tour, comme pour dire adieu à
tout ce qu'il avait de plus cher en ce bas monde; et, au
mouvement qu'il fit, on voyait qu'il rappelait sa force et
son courage.

A l'entrée de la seconde cour se trouvait une voiture de
place ; deux gendarmes tenaient la portière. A l'approche
du Roi, l'un deux y entra le premier, et se plaça sur le devant. Le Roi monta ensuite, et me plaça à côté de lui dans
le fond; l'autre gendarme y sauta le dernier, et ferma la
portière [1]. On assure qu'un de ces deux hommes était un
prêtre déguisé : je souhaite, pour l'honneur du sacerdoce,
que ce soit une fable. On assure également qu'ils avaient

Au haut de l'escalier, le Roi, voyant qu'ils étaient tous
couverts, pria Cléri de lui donner son chapeau. Un détachement très nombreux l'escortait. Il traversa la première cour
à pied et trouva une voiture dans la seconde. Deux hommes,
d'un extérieur sinistre et vêtus en gendarmes, se tenaient à
la portière. Un d'eux monta le premier, le Roi et l'abbé le
suivirent, et l'autre se plaça en quatrième.

[1]. Le municipal Baudrais, dans la relation de l'exécution donnée par
Prudhomme, *Révolutions de Paris*, n° 185 (voir plus loin), dit que l'un de
ces gendarmes se nommait Lebrasse. — Jean-Maurice-François Lebrasse fut
guillotiné le 24 germinal an II; il est l'auteur de plusieurs pièces de
théâtre.

ordre d'assassiner le Roi au moindre mouvement qu'ils remarqueraient dans le peuple. J'ignore si c'était là leur consigne ; mais il me semble qu'à moins d'avoir sur eux d'autres armes que celles qui paraissaient, il leur eût été bien difficile d'exécuter leur dessein ; car on ne voyait que leurs fusils, dont il leur était impossible de faire usage.

Au reste, ce mouvement qu'on appréhendait n'était rien moins qu'une chimère. Un grand nombre de personnes dévouées au Roi avaient résolu de l'arracher de vive force des mains de ses bourreaux, ou du moins de tout oser pour cela. Deux des principaux acteurs, jeunes gens d'un nom très connu, étaient venus m'en prévenir la veille ; et j'avoue que, sans me livrer absolument à l'espérance, j'en conservai cependant une lueur jusqu'au pied de l'échafaud.

J'ai appris depuis que les ordres de cette affreuse matinée avaient été conçus avec tant d'art, et exécutés avec tant de précision, que, de quatre ou cinq cents personnes qui s'étaient ainsi dévouées pour leur prince, vingt-cinq seulement avaient réussi à gagner le lieu du rendez-vous. Tous les autres, par l'effet des mesures prises dès la pointe du jour dans toutes les rues de Paris, ne purent pas même sortir de leurs maisons [1].

Quoi qu'il en soit, le Roi, se trouvant resserré dans une voiture où il ne pouvait ni me parler ni m'entendre sans

---

L'air féroce, l'égarement, les figures de ces hommes firent penser à M. Edgeworth qu'ils avaient ordre d'assassiner le Roi, s'il se faisait quelques mouvements en sa faveur. Les papiers publics du lendemain prouvèrent que ce soupçon était trop bien fondé.

1. Voir sur la tentative faite par le baron de Batz, pour délivrer Louis XVI, l'article BATZ de la *Biographie universelle*, dû à Eckard, et les lettres du vicomte de Batz d'Aurice dans Nettement, *Études critiques sur les Girondins*, p. 85-89.

témoins, prit le parti du silence. Je lui présentai aussitôt mon bréviaire, le seul livre que j'eusse sur moi, et il parut l'accepter avec plaisir. Il témoigna même désirer que je lui indiquasse les psaumes qui convenaient le mieux à sa situation, et il les récitait alternativement avec moi. Les gendarmes, sans ouvrir la bouche, paraissaient extasiés et confondus tout ensemble de la piété tranquille d'un monarque qu'ils n'avaient sans doute jamais vu d'aussi près.

La marche dura près de deux heures. Toutes les rues étaient bordées de plusieurs rangs de citoyens armés, tantôt de piques et tantôt de fusils. En outre, la voiture elle-même était entourée d'un corps de troupes imposant, et formé sans doute de tout ce qu'il y avait de plus corrompu dans Paris. Pour comble de précaution, on avait placé, en avant des chevaux, une multitude de tambours, afin d'étouffer par ce bruit les cris qui auraient pu se faire entendre en faveur du Roi. Mais comment en aurait-on entendu? Personne ne paraissait ni aux portes ni aux fenêtres, et on ne voyait dans les rues que des citoyens armés, c'est-à-dire des citoyens qui, tout au moins par faiblesse, concouraient à un crime qu'ils détestaient peut-être dans le cœur.

La voiture parvint ainsi, dans le plus grand silence, à la place Louis XV, et s'arrêta au milieu d'un grand espace

---

Un profond silence régna parmi le peuple pendant tout le trajet du Temple à la place Louis XV. Toutes les rues étaient bordées de gardes nationales sous les armes. On n'entendait que les tambours. La voiture cheminait lentement. Le Roi pria l'abbé de lui donner un livre de prières. Il n'avait que son bréviaire, dans lequel il lui marqua les psaumes analogues à sa situation. Le Roi les lut avec une dévotion extrême jusqu'à l'arrivée de la voiture aux pieds (sic) de l'échafaud. L'exécuteur ouvrit la portière, le Roi posa la main sur le genou de l'abbé, et dit aux deux gendarmes :

vide qu'on avait laissé autour de l'échafaud. Cet espace était bordé de canons, et au delà, tant que la vue pouvait s'étendre, on voyait une multitude en armes.

Dès que le Roi sentit que la voiture n'allait plus, il se retourna vers moi et me dit à l'oreille : « Nous voilà arrivés, si je ne me trompe. » Mon silence lui répondit qu'oui. Un des bourreaux vint aussitôt ouvrir la portière, et les gendarmes voulurent descendre ; mais le Roi les arrêta, et appuyant sa main sur mon genou : « Messieurs, » leur dit-il d'un ton de maître, « je vous recommande Monsieur que « voilà : ayez soin qu'après ma mort il ne lui soit fait au- « cune insulte. Je vous charge d'y veiller. » Ces deux hommes ne répondant rien, le Roi voulut reprendre d'un ton plus haut ; mais l'un deux lui coupa la parole : « Oui, « oui, » lui répondit-il, « nous en aurons soin ; laissez-nous « faire. » Et je dois ajouter que ces mots furent dits d'un ton de voix qui aurait dû me glacer, si dans un moment tel que celui-là il m'eût été possible de me replier sur moi-même.

Dès que le Roi fut descendu de voiture, trois bourreaux

« Messieurs, je remets M. Edgeworth sous votre protection. » Ils ne répondirent pas d'abord, et le Roi reprit avec chaleur : « Je vous conjure de le préserver de toute insulte après ma « mort. »

« Bien ! bien ! dit l'un d'eux, d'un ton ironique, nous aurons « soin de lui, ne vous troublez pas. »

Le Roi ôta sa redingote et allait monter à l'échafaud ; les exécuteurs prirent ses mains pour les lier. Comme il n'était point préparé à ce nouvel outrage, il fut près de le repousser avec indignation. M. Edgeworth, convaincu que toute résistance serait vaine et aurait de plus fâcheuses suites, prit la parole et dit au Roi : « Cette nouvelle humiliation, Sire, rap- « proche vos souffrances de celles du Sauveur. Vous allez en « recevoir le prix. »

l'entourèrent, et voulurent lui ôter ses habits. Mais il les repoussa avec fierté, et se déshabilla lui-même. Il défit également son col, ouvrit sa chemise et l'arrangea de ses propres mains. Les bourreaux, que la contenance fière du Roi avait déconcertés un moment, semblèrent alors reprendre de l'audace. Ils l'entourèrent de nouveau, et voulurent lui prendre les mains : « Que prétendez-vous ? » leur dit le prince en retirant ses mains avec vivacité. — « Vous lier, » répondit un des bourreaux. — « Me lier ! » repartit le Roi d'un air d'indignation, « je n'y consentirai « jamais ! Faites ce qui vous est commandé, mais vous ne « me lierez pas ; renoncez à ce projet. » Les bourreaux insistèrent ; ils élevèrent la voix, et semblaient déjà vouloir appeler du secours pour le faire de vive force.

C'est ici peut-être le moment le plus affreux de cette désolante matinée : une minute de plus, et le meilleur des rois recevait, sous les yeux de ses sujets rebelles, un outrage mille fois plus insupportable que la mort, par la violence qu'on semblait vouloir y mettre. Il parut le craindre lui-même ; et, se retournant vers moi, il me regarda fixement comme pour me demander conseil. Hélas ! il m'était impossible de lui en donner un, et je ne lui répondis d'abord que par mon silence. Mais comme il continuait de me regarder : « Sire, » lui dis-je avec des larmes, « dans

---

Ces mots bannirent toute sa répugnance. Il présenta ses mains avec une majestueuse résignation, et comme on faisait plusieurs nœuds, le Roi dit avec douceur : « Il n'est pas nécessaire de serrer aussi fort. »

Ce fut en montant à l'échafaud, soutenu par l'abbé Edgeworth, que ce fidèle serviteur de Dieu dit au Roi, comme par une inspiration sublime : *Fils de saint Louis, montez au ciel* [1] !

1. Voir tome II, à l'appendice, notre dissertation à ce sujet.

« ce nouvel outrage je ne vois qu'un dernier trait de
« ressemblance entre Votre Majesté et le Dieu qui va être
« sa récompense. » A ces mots, il leva les yeux au ciel
avec une expression de douleur que je ne saurais jamais
rendre. « Assurément, » me dit-il, « il ne faudra rien moins
« que son exemple pour que je me soumette à un pareil
« affront. » Et se tournant vers les bourreaux : « Faites ce
« que vous voudrez, » leur dit-il ; « je boirai le calice jus-
« qu'à la lie. »

Les marches qui conduisaient à l'échafaud étaient extrêmement roides à monter. Le Roi fut obligé de s'appuyer
sur mon bras ; et, à la peine qu'il semblait prendre, je
craignis un moment que son courage ne commençât à fléchir. Mais quel fut mon étonnement lorsque, parvenu à
la dernière marche, je le vis s'échapper pour ainsi dire de
mes mains, traverser d'un pied ferme toute la largeur de
l'échafaud, imposer silence par son seul regard à quinze
ou vingt tambours qui étaient placés vis-à-vis de lui, et,
d'une voix si forte qu'elle dut être entendue du Pont
Tournant, prononcer distinctement ces paroles à jamais
mémorables : « Je meurs innocent de tous les crimes qu'on
« m'impute. Je pardonne aux auteurs de ma mort, et je prie

Arrivé sur l'échafaud, le Roi s'avança d'un pas ferme et se
plaça du côté qui faisait face aux Thuileries. Il pria les tambours de cesser de battre, et fut obéi à l'instant, en dépit des
ordres qu'ils avaient reçus. Il prononça alors d'une voix forte
et sonore, que l'on pouvait entendre du jardin même des
Thuileries :

« Je meurs innocent de tous les crimes que l'on m'impute,
« je pardonne à mes ennemis. Je prie Dieu, du fond de mon
« cœur, de leur pardonner comme moi, et de ne pas venger sur
« la nation française le sang que l'on va répandre. »

Il allait continuer quand le plus méchant des hommes, Santerre, courut en furieux aux tambours et les força de battre

« Dieu que le sang que vous allez répandre ne retombe
« jamais sur la France. »

Il allait continuer ; mais un homme à cheval et en uniforme national, fondant tout à coup, l'épée à la main, et avec des cris féroces sur les tambours, les obligea de rouler.

Plusieurs voix se firent entendre en même temps pour encourager les bourreaux. Ils parurent s'animer eux-mêmes et, saisissant avec effort le plus vertueux des Rois, ils le traînèrent sous la hache, qui d'un seul coup fit tomber sa tête [1].

---

sans interruption. Les bourreaux en même temps s'emparèrent de leur victime, et le forfait fut consommé.

On a lieu de croire que Santerre et le conseil du Temple avaient pris la peine de choisir, pour exécuter un tel crime, des hommes dont le patriotisme n'était connu que par le meurtre. Autrement, comment expliquer la férocité du jeune homme qui, en ce moment, prêta son ministère? Il avait dix-huit ou vingt ans : dès que la tête du Roi fut séparée de son corps, ce jeune cannibale la saisit par les cheveux et, dansant autour de l'échafaud, la fit voir à tout le peuple, en criant : *Vive la nation!*

[1]. Lombard de Langres, dans ses *Mémoires anecdotiques pour servir à l'histoire de la Révolution française* (1823, t. II, p. 75), après une longue citation de la Relation de l'abbé Edgeworth, ajoute : « J'ai connu un nommé Bouvard, ou Boulevard.... Ce M. Bouvard était, en 1792, 93 et 94, acteur du théâtre de la République.... L'ayant revu à Paris, après la journée de thermidor, il me dit que le bataillon de sa section ayant été commandé pour l'exécution, il s'était trouvé (lui Bouvard) placé en première ligne auprès de l'échafaud, et de manière à ne perdre aucune des paroles ni des mouvements du roi; que le roi avait parlé avec une voix de stentor et avec autant d'assurance que de dignité; mais qu'il fallait qu'il eût espéré d'émouvoir le peuple, parce que, au moment où le roulement des tambours lui avait coupé la parole, il était devenu jaune comme un coing (c'est son expression). Il ajouta, et c'est ici l'objet de mes réflexions, que le roi, resté sur le bord de l'échafaud, avait l'air de vouloir attendre que le roulement cessât pour parler encore; et que, quand les bourreaux, excités par des clameurs à se saisir de sa personne, se jetèrent tous sur lui à la fois, le roi avait paru leur résister. »

Tout cela fut l'ouvrage de peu d'instants. Le plus jeune des bourreaux (il ne semblait pas avoir plus de dix-huit ans) saisit aussitôt sa tête, et la montra au peuple en faisant le tour de l'échafaud. Il accompagnait cette cérémonie monstrueuse des cris les plus atroces et des gestes les plus indécents. Bientôt quelques cris de : *Vive la république!* se font entendre. Peu à peu les voix se multiplièrent, et dans moins de dix minutes ce cri, mille fois répété, devint le cri de la multitude, et tous les chapeaux furent en l'air [1].

Vingt-un janvier 1793, dix heures dix minutes du matin.

L'abbé Edgeworth, qui s'était tenu à genoux sur l'échafaud pendant le temps de l'exécution, et qui se trouvait encore dans la même posture, aurait été couvert de sang, si un mouvement involontaire, que depuis il a regretté, ne l'eût fait retomber quand ce monstre approcha de lui. Les cris de *Vive la nation*, à ce spectacle horrible, le tirèrent de la stupeur. Il se leva précipitamment, descendit de l'échafaud, perça la garde sans difficulté, et vit les rangs s'ouvrir au seul mouvement de sa main. Il se mêla dans la foule et courut chez M. de Malesherbes.

Le Roi l'avait chargé de plusieurs commissions pour lui. Il voulait qu'il sût le nom de la personne à qui le duplicata du testament avait été confié, dans le cas où celui remis par Sa

---

1. Sneyd Edgeworth ajoute ici (p. 94) :

« Il est digne de remarque que, dans le récit des derniers moments de Louis XVI, l'abbé Edgeworth a oublié de rapporter cette belle apostrophe qui est gravée dans tous les souvenirs, et que chacun croit avoir été adressée au Roi, à son dernier moment : *Fils de saint Louis, montez au ciel!*

« On a demandé à M. l'abbé Edgeworth s'il se rappelait cette exclamation. Il a répondu qu'il ne pouvait affirmer s'il l'avait faite ou non; qu'il était possible qu'elle lui fût échappée; sans que pour cela il en eût connaissance, parce que son âme était dans un tel état d'exaltation, et ses facultés dans un si grand abattement que sa mémoire ne lui retraçait rien de particulier sur ce qu'il avait pu dire dans ce terrible moment. Son incertitude à cet égard semble prouver que s'il a prononcé ces paroles ce fut uniquement par inspiration. »

Majesté au commissaire de la Commune ne serait pas rendu public. A la vue de cet homme courageux, qui avait assisté le Roi, qui avait connu ses souffrances, et dans le sein duquel le martyr royal avait déposé ses pensées dernières, le vieillard fondit en larmes, et s'écria en l'embrassant : « Tout est fini, « mon cher abbé ! Recevez mes remerciements et ceux de « tous les dignes Français, pour la fidélité que vous avez « montrée à notre bon maître ! »

XII.

RÉCITS DE L'EXÉCUTION DE LOUIS XVI

TIRÉS DES JOURNAUX DU TEMPS ET D'ÉCRITS CONTEMPORAINS

I. — *Le Patriote français.*

Numéro du mardi 22 janvier 1793.

L'exécution de Louis s'est faite aujourd'hui vers dix heures du matin, sur la place de la Révolution, auprès du piédestal sur lequel s'élevait, il y a quatre mois, la statue de son aïeul. Une force publique immense était sur pied. Le calme le plus imposant a régné dans la place et dans toute la ville. Louis a montré plus de fermeté sur l'échafaud qu'il n'en avait déployé sur le trône. Il a dit quelques mots; il a parlé de son innocence, du pardon qu'il accordait à ses ennemis, des malheurs qui suivraient sa mort. Ses restes ont été déposés dans le cimetière de la Magdelaine, où avaient été déposés, il y a plusieurs années, les restes des malheureux écrasés ou étouffés à la fête donnée pour son mariage sur cette même place qui devait être le théâtre de sa fin tragique.

II. — *Le Républicain, journal des hommes libres de tous les pays.*

Numéro du mardi 22 janvier 1793.

Aujourd'hui s'est résolue cette grande vérité, que les

préjugés de tant de siècles avaient étouffée; aujourd'hui l'on vient de se convaincre qu'un roi n'est qu'un homme, et qu'aucun homme n'est au-dessus des lois. Capet n'est plus. Peuples de l'Europe! peuples de la terre! contemplez les trônes, vous voyez qu'ils ne sont que poussière!

La France vient de donner un grand exemple aux peuples et une grande leçon aux rois pour le bonheur de l'humanité. Les uns et les autres puissent-ils en profiter!

Jour célèbre! jour à jamais mémorable! puisses-tu arriver pur à la postérité! que la calomnie ne t'approche jamais! Historiens! soyez dignes de l'époque. Écrivez la vérité, rien que la vérité. Jamais elle ne fut plus sainte, jamais elle ne fut plus belle à dire!

A cinq heures du matin, l'on a rappelé dans toutes les sections. Entre sept à huit heures, toute la force armée était sous les armes, et tous les bataillons se sont portés à leurs postes respectifs. Capet est sorti à neuf heures moins un quart du Temple; il était dans une voiture verte avec son confesseur; les chevaux de la voiture allaient au pas. Le plus grand calme a régné sur son passage. Il est arrivé à dix heures et un quart sur la place de la Révolution. L'échafaud était placé à peu près au pied du piédestal où jadis était la statue de l'avant-dernier tyran, en sorte que le criminel fît face à la maison des Thuileries.

Capet a resté pendant quelque temps avant de descendre de voiture. Enfin il en est sorti avec le ministre du culte, qui était simplement en habit noir. Il est monté sur l'échafaud d'un pas ferme, en camisole blanche, et les mains attachées. Il s'est avancé sur le bord, la tête levée, et a promené ses regards de la droite à la gauche. Le plus grand silence régnait. Il n'a proféré que ces paroles : « Je pardonne à mes ennemis. » Alors on l'a fait reculer pour le placer, et l'exécution n'a pas duré huit secondes. Mais à peine le balancier de la guillotine s'est-il détaché, qu'un cri universel de *Vive la république* s'est fait entendre, et que tous les chapeaux ont été agités en l'air sur les baïonnettes et les piques.

L'exécuteur de la justice a pris sa tête et l'a montrée au peuple; et son corps, suivant l'usage, a été mis dans le panier et transporté à l'église de la Magdelaine. Entre autres discours du peuple, dignes d'être recueillis, on a remarqué celui-ci. On l'a invité à ne pas dégrader sa majesté en troublant le cortège du mort qui se rendait à la Magdelaine : « Qu'on le mène où l'on voudra ! Qu'est-ce « que cela nous fait ? Nous avons toujours voulu de lui; « il n'a jamais voulu de nous ! » On ne peut pas de sanction plus authentique du décret de mort contre Louis Capet.

Capet est mort à dix heures vingt-quatre minutes. La plus grande tranquillité règne dans Paris. Point de joie affectée, mais point de tristesse qui annonce des regrets. Le peuple est à la hauteur de sa souveraineté.

III. — *Journal de Perlet*.

Numéro du mardi 22 janvier 1793.

Louis n'avait pas vu sa famille depuis dimanche matin; dimanche soir, il a soupé avec bon appétit : il a dormi tranquillement la nuit du dimanche au lundi; hier matin, il s'est réveillé en sursaut à sept heures, s'est jeté au bas de son lit, et s'est habillé sans mot dire; il n'avait rien pris lorsqu'il est sorti à neuf heures et demie pour aller au supplice; il y a été conduit dans la voiture qui l'avait mené à la Convention, lors de sa comparution à la barre; son confesseur et un officier de gendarmerie sont montés avec lui dans la voiture. Le long du chemin il n'a pas dit un mot; il avait l'air pensif, mais non pas abattu. Il était escorté par la cavalerie de l'école militaire et la gendarmerie. Le silence a régné pendant toute la route, seulement quelques voix ont crié grâce, à la sortie du Temple.

Arrivé au pied de l'échafaud, il est resté à peu près quatre ou cinq minutes dans la voiture, parlant bas à son confesseur, puis il est descendu d'un air déterminé ; il était vêtu d'un habit puce, veste blanche, culotte grise, bas blancs; ses cheveux n'étaient pas en désordre, son teint ne paraissait pas altéré. Il monte sur l'échafaud, le bourreau lui coupe les cheveux, cette opération le fait un peu tressaillir : il se tourne vers le peuple, ou plutôt vers la force armée qui remplissait toute la place, et d'une voix très forte, prononce ces paroles:

« Français, je meurs innocent, c'est du haut de l'écha-
« faud, et prêt à paraître devant Dieu, que je vous dis
« cette vérité, je pardonne à mes ennemis; je désire que
« la France.... »

Ici il a été interrompu par le bruit des tambours qui a couvert quelques voix qui criaient grâce ; il ôte lui-même son col et se présente à la mort, la tête tombe, il est dix heures un quart. Le bourreau la prend, et l'élevant en l'air pour la montrer au peuple, fait deux fois le tour de l'échafaud. Un cri s'élève du sein du silence : *Vive la nation ! vive la république !*

Nulle insulte n'a été faite au cadavre de Louis : il été mis dans le panier, placé dans une voiture qui l'attendait au pied de l'échafaud, et transporté à la Magdelaine dans une fosse qu'on a remplie de chaux vive. Beaucoup de personnes ont paru curieuses de se partager ses vêtements. Du sang qui avait coulé sur la place a été recueilli avec du papier, avec des mouchoirs blancs, par des personnes qui n'avaient l'air d'y attacher aucune superstition politique. On a remarqué deux jeunes gens bien mis. L'un, qui avait l'air d'un étranger, d'un Anglais, a donné quinze francs à un enfant et l'a prié de tremper un très beau mouchoir blanc dans les traces de sang qui restaient.

L'autre jeune homme a semblé attacher de l'importance à se procurer le ruban de queue et des cheveux de Louis. Il les a payés un louis [1]. Tout cela appartient à l'histoire, qui jugera en dernier ressort.

IV. — *Courrier de l'Égalité*, par Lemaire.

Numéro du mardi 22 janvier 1793.

Il a suivi tous les boulevards dans le carrosse du maire. Pendant toute la route, le silence le plus profond a régné. Arrivé à la place Louis XV, à dix heures, il est descendu; il était en habit violet. Alors il a monté avec fermeté sur le théâtre de son supplice, qui était très élevé. Il refusait qu'on lui attachât les mains, mais on les lui a garrottées. Il a voulu proférer quelques mots, en s'adressant aux nombreux spectateurs; mais le bruit de tambours l'ayant empêché d'être entendu, il a un moment levé les yeux et s'est courbé sous le glaive qui a tranché ses jours. Le peu-

---

1. On lit dans le *Journal français, ou tableau politique et littéraire de Paris*, numéro du 24 janvier 1793 : « Un étranger nous a fait voir une petite touffe de cheveux arrachés du crâne de Louis, qu'il a payée quinze livres sur la place même où l'exécution s'est faite. »
Le numéro du 28 janvier des *Annales patriotiques* contenait la lettre suivante :

« Paris, le 23 janvier, l'an 2 de la République.
« Citoyens, j'apprends dans le moment qu'il coure *(sic)* le bruit que je vends ou fais vendre les cheveux de Louis Capet. S'il en a été vendu, ce commerce infâme ne peut avoir eu lieu que par des fripons. La vérité est que je n'ai pas souffert que personne de chez moi en rapportât ou en prît le plus léger vestige. Signé : Sanson,
« *Exécuteur des jugements criminels.* »

ple avait resté morne pendant tout ce temps. Au moment que le ciseau fatal fut tombé, des cris de *Vive la liberté, vive la nation*, se sont fait entendre, et tous les bonnets et chapeaux furent mis au bout des piques et des bayonnettes.

V. — *La Gazette nationale, ou le Moniteur universel.*

Numéro du mercredi 23 janvier 1793.

Lundi, 21 janvier, était le jour fixé pour l'exécution du décret de mort prononcé contre Louis Capet. A peine lui avait-on signifié la proclamation du conseil exécutif provisoire, relative à son supplice, qu'il a demandé à parler à sa famille; les commissaires lui ayant montré leur embarras, lui proposèrent de faire venir sa famille dans son appartement, ce qu'il accepta. Sa femme, ses enfants et sa sœur vinrent le voir; ils conférèrent ensemble dans la chambre où il avait coutume de manger; l'entrevue a été de deux heures et demie; la conversation fut très chaude.... Après que sa famille se fut retirée, il dit au commissaire qu'il avait fait *une bonne mercuriale à sa femme*.

Sa famille l'avait prié de lui permettre de le voir le matin; il se débarrassa de cette question en ne répondant ni oui ni non. Madame ne l'a pas vu davantage. Louis criait dans sa chambre : « Les bourreaux ! les bourreaux !.... » En adressant la parole à son fils, Marie-Antoinette lui dit : « Apprenez par les malheurs de votre père à ne pas vous « venger de sa mort.... »

Le matin de sa mort, Louis avait demandé des ciseaux pour se couper les cheveux ; ils lui furent refusés....

Lorsqu'on lui ôta son couteau, il dit : « Me croirait-on assez lâche pour me détruire ? »

Le commandant général et les commissaires de la Commune sont montés à huit heures et demie dans l'appartement où était Louis Capet. Le commandant lui a signifié l'ordre qu'il venait de recevoir pour le conduire au supplice : Louis lui a demandé trois minutes pour parler à son confesseur, ce qui lui a été accordé. Un instant après Louis a présenté un paquet à un des commissaires, avec prière de le remettre au Conseil général de la Commune. Le citoyen Jacques Roux a répondu à Louis qu'il ne pouvait s'en charger, parce que sa commission était de l'accompagner au supplice [1]. Il a répondu : « C'est juste. » Le paquet a été remis à un autre membre de la Commune, qui s'est chargé de le rendre au Conseil général.

Louis a dit alors à Santerre : « Marchons, je suis prêt. » En sortant de son appartement, il a prié les officiers municipaux de recommander à la Commune les personnes qui avaient été à son service, et de la prier de vouloir bien placer auprès de la reine Cléry, son valet de chambre ; il s'est repris et a dit : « auprès de ma femme. » Il a été répondu à Louis que l'on rendrait compte au Conseil de ce qu'il demandait.

Louis a traversé à pied la première cour ; dans la seconde, il est monté dans une voiture où étaient son confesseur et deux officiers de gendarmerie. (L'exécuteur l'attendait à la place de la Révolution.) Le cortège a suivi les boulevards jusqu'au lieu du supplice ; le plus grand silence régnait tout le long du chemin. Louis lisait les prières des agonisants ; il est arrivé à dix heures dix minutes à la place de la Révolution. Il s'est déshabillé, est monté d'un pas assuré, et se portant vers l'extrémité gau-

---

[1]. Voir plus loin, p. 366, une note du § IX, relativement au mot prêté à Jacques Roux.

che de l'échafaud, il a dit d'une voix assez ferme : « Fran-
« çais, je meurs innocent. Je pardonne à tous mes enne-
« mis, et je souhaite que ma mort soit utile au peuple. » Il
paraissait vouloir parler encore; le commandant général
ordonna à l'exécuteur de faire son devoir.

La tête de Louis est tombée à dix heures vingt minutes
du matin. Elle a été montrée au peuple. Aussitôt mille
cris : *Vive la nation! vive la république française!* se sont
fait entendre. Le cadavre a été transporté sur le champ et
déposé dans l'église de la Madelaine, où il a été inhumé
entre les personnes qui périrent le jour de son mariage
et les Suisses qui furent massacrés le 10 août. Sa fosse
avait douze pieds de profondeur et six de largeur; elle a
été remplie de chaux.

Deux heures après, rien n'annonçait que celui qui naguère était le chef de la nation venait de subir le supplice
des criminels. La tranquillité publique n'a pas été troublée
un instant. Si la fin tragique de Louis n'a pas inspiré tout
l'intérêt sur lequel certaines gens avaient compté, son testament n'est pas propre à l'accroître : on y verra qu'après
avoir répété tant de fois qu'il avait sincèrement accepté
la constitution, le roi constitutionnel n'était à ses yeux
qu'un roi dépouillé de son autorité légitime, et qu'il re-
pousse jusqu'au titre de *roi des Français*, que la constitution lui avait donné, pour se décorer, au moins dans le
dernier acte de sa vie, de celui de *roi de France*. Les témoignages irrécusables de mauvaise foi contenus dans ce
testament pourront tarir quelques-uns des sentiments de
pitié que les âmes compatissantes aiment à ressentir. Il
est difficile de penser qu'il ait pu être assez content des
puissances belligérantes, de ses frères, et de cette noblesse
aussi plate qu'impuissamment rebelle, pour n'avoir cherché qu'à mériter leurs suffrages. En effet, qu'ont-ils fait

pour lui depuis que la mort planait sur sa tête ? Y a-t-il eu un seul témoignage d'intérêt, l'offre du moindre sacrifice ? Ils n'ont pas même eu l'hypocrisie de la sensibilité, et ils n'agissaient que pour ses intérêts !.... Mais laissons Louis sous le crêpe ; il appartient désormais à l'histoire. Une victime de la loi a quelque chose de sacré pour l'homme moral et sensible ; c'est vers l'avenir que tous les bons citoyens doivent tourner leurs vœux, leurs talents et leurs forces. Les divisions ont fait ou laissé faire assez de mal à la France. Tout ce qui est honnête doit sentir le besoin de l'union ; et ceux qui n'en aimeraient pas le charme ont encore la raison d'intérêt pour désirer qu'elle existe. Un peu de principes, un peu d'efforts, et la coalition fatale aux méchants sera consommée [1].

VI. — *La Révolution de 92, journal de la Convention nationale* [2].

Numéro du dimanche 20 janvier 1793.

L'infortuné prisonnier du Temple attend toujours sa dernière heure avec ce calme religieux de l'homme content de lui-même. Hier même, dans un de ces abandons généreux, fruits naturels d'une conscience pure, il disait à ses con-

---

[1]. D'autres relations, peu développées et ne contenant aucun détail nouveau, se trouvent dans le *Courrier français* du 22 janvier ; dans le *Courrier universel* de la même date ; dans le *Journal de Paris* de la même date ; dans la *Chronique de Paris* du 23 janvier, etc. Il nous a paru inutile de les reproduire. Mentionnons encore une courte relation envoyée par l'archevêque de Tours au comte de Fersen, à la date du 27 janvier, relation extraite des lettres de Paris. Voir *le Comte de Fersen et la Cour de France*, t. II, p. 401.

[2]. Ce journal, qui, ce me semble, a été négligé par les historiens de la Révolution et que Hatin mentionne à peine, mérite ici une place spéciale. Ce n'est pas sans étonnement qu'on lira ces articles consacrés à Louis XVI, dans une feuille dont le titre semblait indiquer des tendances révolutionnaires.

seils : « Je n'aurais pas écrit ma dernière lettre aux repré-
« sentants de la nation, si je n'avais été intimement con-
« vaincu qu'elle pouvait être plus utile au peuple qu'à
« moi. Mais puisque la Convention n'a pas cru de sa jus-
« tice de prendre en considération ma demande de l'appel
« de mon jugement à la France entière, je suis prêt à subir
« mon sort. Puisse le sacrifice de ma vie faire le bonheur
« d'un peuple que j'aimerai encore en mourant! »

(Suivent des détails sur l'émotion témoignée par les défenseurs du Roi, sur leur séparation d'avec Louis XVI, sur les
mesures prises pour la *sûreté générale* pendant l'exécution,
et le journal ajoute :)

Ainsi donc, au nom de la *tranquillité publique*, l'infortuné Louis XVI est privé, à sa dernière heure, de la présence affectueuse des trois seules personnes que la loi lui
accordait. Cette nouvelle coupe d'absynte n'étonnera personne, quand on saura que c'est aussi au nom de l'*humanité* que Robespierre, Marat, Tallien et autres Caraïbes
de cette race demandaient hier à la Convention que
Louis XVI fût exécuté sur-le-champ pour l'arracher au
supplice de son existence. Et ce sont des législateurs et
des juges qui osent proférer un pareil langage de sang ?...
La mesure des perversités qui nous frappent est incom-
mensurable, et notre seule consolation est dans la mort.

Numéro du lundi 21 janvier 1793.

Situation de Paris. — La foudre vient d'éclater. La
Convention a ratifié son effroyable arrêt contre Louis XVI
et demain...., *obstupescite cœli*, l'infortuné prisonnier du
Temple ne sera plus de ce monde. Tout se dispose pour
son supplice. L'appareil consterne tous ceux qui ont une
âme ; mais le peuple égaré croit voir dans cette mort la
source de son future (*sic*) bonheur. Il s'en faut bien que

tout le monde pense de même ; mais, hélas ! sa sentence est prononcée irrévocablement et la loi de la Convention sera exécutée. Qu'on se fasse, s'il est possible, un tableau de ce qui se passe dans l'intérieur du Temple. Qu'on se représente les derniers adieux d'un époux, d'un père malheureux, à une famille abîmée de consternation et de douleur. Quel rude combat pour la nature ! La religion seule peut soutenir de si rudes assauts. C'est le dernier consolateur de Louis XVI. Son âme a oublié cette terre, pour ne plus se nourrir que de l'idée d'une autre vie. Nous placerons ici un trait qui caractérise bien l'empire de la nature, même sur le cœur de la plus tendre enfance. Le jeune fils de Louis entend parler que son père va mourir ; aussitôt ses yeux innocents se fondent en larmes ; il s'adresse aux commissaires du Temple, et leur demande de lui permettre d'aller demander pardon, à genoux, à toutes les sections, pour obtenir la grâce de son père. Notre cœur se brise de douleur à ce récit, et nous nous arrêtons.

Numéro du mardi 22 janvier.

A peine avait-on fini de signifier à Louis XVI la proclamation du Conseil exécutif provisoire, relative à son supplice, qu'il a demandé à parler à sa famille. Les commissaires lui ayant montré leur embarras, lui proposèrent de faire venir sa famille dans son appartement, ce qu'il accepta. Sa femme, ses enfants et sa sœur vinrent le voir ; ils conférèrent ensemble dans la chambre où il avait coutume de manger. L'entrevue fut de deux heures et demie ; la conversation fut très empressée. Sa famille se retira, en le priant de venir le voir le matin. Il se débarrassa de cette question en ne répondant ni oui ni non. Madame ne l'a pas vu davantage. Louis criait dans sa chambre : « Les bourreaux, les bourreaux ! » En adressant la parole à son fils, Antoinette lui dit : « Apprenez par les malheurs de votre père à ne jamais vous venger de sa mort. » Le matin de sa mort, Louis avait demandé des ciseaux pour se couper les cheveux ; ils lui furent refusés.

C'est dans ce terrible moment que le commandant général et les commissaires de la Commune sont montés à huit heures et demie du matin dans l'appartement où était Louis XVI. Le commandant lui a signifié l'ordre qu'il venait de recevoir pour le conduire au supplice. Louis lui a demandé trois minutes pour parler à son confesseur, ce qui lui a été accordé. Un instant après, Louis a présenté un paquet à l'un des commissaires, avec prière de le remettre au Conseil général de la Commune. Le citoyen Jacques Roux a répondu à Louis qu'il ne pouvait s'en charger, parce que sa mission était de le conduire au supplice ; mais il a chargé un de ses collègues, de service au Temple, de remplir le vœu de Louis ; il a accepté la proposition. Louis a dit au commandant général qu'il était prêt, et en sortant de son appartement, il a prié les officiers municipaux de recommander à la Commune les personnes qui avaient été à son service, et la prier de vouloir bien placer auprès de la *Reine* Cléry, son valet de chambre. (Ici Louis s'est rétracté, et a dit : « auprès de *ma femme*. ») Il a été répondu à Louis qu'on rendrait compte au Conseil de ce qu'il demandait.

Louis a traversé, à pied, la première cour ; dans la seconde, il est monté dans une voiture où était son confesseur et deux officiers de gendarmerie. (L'exécuteur l'attendait à la place de la Révolution.) Le cortège a suivi les boulevards jusqu'au lieu du supplice. Le plus grand silence régnait tout le long du chemin. Louis lisait la prière des agonisants. Il est arrivé à dix heures dix minutes à la place de la Révolution. Il s'est déshabillé et est monté à l'échafaud avec la plus grande fermeté. Il a voulu haranguer le peuple ; mais l'exécuteur des jugements criminels, d'après l'ordre du général Santerre, l'a mis en devoir de subir son jugement. La tête de Louis est tombée ; elle a été montrée au peuple, et mise en spectacle ; aussitôt mille cris de : *Vive la nation, vive la république française*, se sont fait entendre. Des volontaires ont aussitôt teint leurs piques, d'autres leurs mouchoirs, enfin, leurs mains, dans le sang de Louis XVI. Le cadavre a été transporté sur-le-champ et déposé dans l'église de la Magdeleine, où il a été inhumé entre les personnes qui périrent le jour de son mariage, et les Suisses qui furent massacrés le 10 août dernier. Sa fosse avait douze pieds de profondeur et six de largeur.

Nous allons consigner ici, en fondant en larmes, le testament de mort de Louis XVI, qu'il a remis lui-même au citoyen Baudrais, officier municipal, de service au Temple, au moment même où il allait marcher à son supplice. (*Suit le Testament.*)

Numéro du mercredi 23 janvier.

Nous nous sommes forcés, en retraçant à nos lecteurs le noir tableau de l'effrayante catastrophe qui s'est opérée sous nos yeux. Quelqu'imparfaits encore qu'ayent été nos desseins (*sic*), nous nous garderons bien de vouloir y ajouter certaines nuances qui pourraient les rendre plus caractéristiques. Nous ne sommes pas les bourreaux des âmes sensibles. C'est bien assez que nous ayons senti profondément la blessure. Ainsi donc, le sacrifice étant consommé, nous nous contenterons de nourrir notre propre douleur, mais nous n'en parlerons plus à personne.

Un calme froid règne aujourd'hui dans cette capitale ; le peuple semble, au moins extérieurement, avoir oublié la terrible journée d'hier. Il est vrai qu'on n'ose guère se communiquer encore ce qu'on pense. La loi nationale a parlé ; à sa voix tout s'est humilié en tremblant ; le reste n'est que trop connu.... Nous observerons cependant que le projet des nouvelles visites domiciliaires, proposé hier à la Convention par quelques membres, qui ont au moins une expérience de leur *utilité*, alarme en ce moment les Parisiens, qui ne peuvent pas se rappeler, sans frémir d'horreur et d'indignation, les exécrables journées des 2, 3 et 4 septembre, qui furent le résultat d'une semblable opération. Déjà chacun parle de déserter la ville, et l'on rencontre à chaque instant des voitures de départ. Les places des diligences sont toutes retenues pour plus de huit jours de suite. Ainsi donc, si la justice et la sagesse des autorités constituées ne prennent ces craintes et ces alarmes en considération, Paris n'offrira bientôt plus qu'une vaste solitude....

Les jacobins affichent partout un air radieux, qui prouve que leur triomphe est complet. Une portion du peuple le partage, parce qu'on lui a inoculé qu'il allait maintenant être tout à fait heureux. Dieu les entende!

VII. — *Annales de la République française.*

Numéro du mardi 22 janvier.

Louis est mort! Il subit hier, à dix heures du matin, la peine portée par son jugement, dans la place de la Révolution, ci-devant Louis XV. Dès quatre heures, on battit la générale, et toute la force armée fut sur pied. Depuis le Temple jusqu'au lieu du supplice, trois rangs de fusiliers bordaient la haie ; toutes les avenues qui conduisent à la place de la Révolution étaient hérissées de canons. Les sections gardaient leurs quartiers respectifs.

Une foule immense remplissait la place. Louis, y étant arrivé dans une voiture fermée, monta sur l'échafaud avec autant de sens-froid que de courage. Il voulut parler au peuple ; l'exécuteur l'en empêcha, en lui disant : « La loi vous le défend ; » et le prenant par le haut de son habit, il le fit retourner vers la guillotine. Alors Louis ôta lui-même sa cravate, son habit, et se tournant vers le peuple, il s'écria : « Je meurs innocent, je pardonne à tous mes « ennemis. » L'exécuteur ayant voulu lui lier les mains derrière le dos : « Il n'est pas nécessaire, » dit Louis, et il s'étendit lui-même pour se mettre sous la hache.

L'exécution faite, l'exécuteur présenta la tête au peuple.... Nombre de personnes s'empressèrent de se procurer de ses cheveux, d'autres imbibèrent du papier et même leurs mouchoirs de son sang. Quelle que fût leur intention, il est certain que plusieurs achetèrent de ses cheveux, et qu'on leur voyait tendre les mains en criant : *A moi pour cinq livres ; à moi pour dix livres*, etc. Les uns criaient : *Vive la république* ; d'autres paraissaient consternés. Dans ce moment une morne stupeur régna dans toute la ville [1].

« La veille de sa mort, le jeune Louis, entendant dire que son père allait mourir, s'adressa aux commissaires du Temple, les yeux baignés de larmes, et les supplia en sanglottant de lui permettre d'aller demander pardon à genoux à toutes les sections, pour obtenir la grâce de son père.... » Le cœur se brise de douleur à ce récit, dit

---

[1]. On lit dans le *Journal français, ou tableau politique et littéraire de Paris*, numéro du 26 janvier : « Il est inutile de le dissimuler, Paris est plongé dans la stupeur ; la douleur muette, pour nous servir d'une expression de Tacite, se promène dans les rues, et la terreur, qui enchaîne l'expression de tous les sentiments, se lit gravée sur le front des citoyens. »

l'auteur du journal de la *Révolution de 92*, d'après lequel nous citons ce fait.

La *Gazette française* en rapporte un autre non moins touchant; le voici : « Le jour précédent, Malesherbes s'étant précipité à ses genoux, en fondant en larmes, Louis le pressa avec tendresse contre son sein, et chercha à le consoler : « Si vous m'aimez, mon cher Malesherbes, « lui dit-il, pourquoi m'enviez-vous le seul asile qui me « reste après tant de malheurs? » — « Ah! sire, » reprit Malesherbes en sanglottant, « il y a encore de l'espoir; « le peuple est généreux, il est juste. » — « Non, non, il n'y « en a plus ; ils veulent ma mort et je suis tout prêt.... Mon « cher Malesherbes, ne pleurez pas.... Nous nous rever- « rons peut-être un jour dans un monde plus heureux. »

Son corps a été enterré dans l'église de la Magdelaine.

Numéro du vendredi 25 janvier.

Nous avons donné bien des détails sur les derniers moments de Louis XVI : il en est d'autres encore que nous ne devons pas passer sous silence, pour satisfaire les personnes qui, éloignées des foyers des événements, attachent un intérêt plus ou moins vif à connaître les faits qui doivent être consignés dans les fastes de la république française, dit le *Courrier des départemens*.

Selon les *Annales patriotiques*, la dernière entrevue que Louis eut avec sa famille fut très animée, et quand Louis l'eut quittée, il dit au commissaire qu'il avait fait une bonne mercuriale à sa femme.

Nous ne trouvons ce fait consigné dans aucun autre papier public [1], et il paraît bien contradictoire avec les sentiments que Louis exprime dans son testament.

---

1. Voir la citation du *Moniteur universel*, donnée plus haut sous le § V.

La Vedette nous apprend que la veille de sa mort il soupa bien, dormit de même, et que s'étant réveillé le lendemain à sept heures, il fit entrer son confesseur, M. de Fermond, qui lui dit la messe, le communia et l'accompagna dans la voiture.

Dans sa route depuis le Temple jusqu'au lieu du supplice, Louis lut les prières des agonisants ; arrivé au pied de l'échafaud, il resta quatre à cinq minutes dans la voiture, parlant bas à son confesseur. Ensuite il descendit, quitta sa cravate et son habit (puce) ; sous cet habit était une longue camisole blanche ; il avait un pantalon gris : ses cheveux étaient retroussés avec un peigne.

Nous avons dit qu'il ne voulut pas se laisser lier les mains derrière le dos : la vérité est qu'on les lui lia avant qu'il montât sur l'échafaud ; et tandis qu'on les lui liait, il tressaillit ; il tressaillit de même quand l'exécuteur lui coupa les cheveux ; mais reprenant soudain son courage stoïque, il monta à l'échafaud avec cet air religieux et majestueux d'un prêtre vénérable qui monte à l'autel pour célébrer la messe. Ce sont les propres expressions d'un témoin oculaire dont le poste était précisément auprès de l'échafaud.

Quand il voulut parler au peuple, Santerre lui observa que ce n'était pas là le moment de parler, et tirant son épée en l'air, il commanda l'exécution [1]. Soudain le roule-

---

[1]. On trouve le même détail dans la plupart des relations contemporaines. Le *Journal français, ou tableau politique et littéraire de Paris*, dit dans son numéro du 22 janvier : « Là il s'est déshabillé lui-même ; il s'est tourné vers le peuple pour lui adresser un petit discours, et a dit : « Je meurs innocent ; je pardonne à mes ennemis. » A ces mots, Santerre a crié à ses aides de camp : « Non, non, ne le laissez pas parler ; » aussitôt les bourreaux s'en sont emparés et sa tête est tombée. » — Dans une relation tirée des *Mémoires inédits* de Mercier du Rocher, et publiée dans le *Publicateur, journal de la Vendée* du 23 janvier 1891, on lit : « A ces mots, Santerre brandit son sabre ; les tambours, qui étaient dans le centre,

ment des tambours étouffa la voix de Louis, dont on n'entendit que les paroles que nous avons citées. Lorsqu'il fut attaché à la planche fatale, il leva un moment les yeux au ciel et s'abaissa ensuite sous la hache.

Le bourreau fit deux fois le tour de l'échafaud en montrant sa tête au peuple, et le peuple cria : *Vive la nation! Vive la république!*....

Ce n'est pas seulement ses cheveux qu'on a vendus ; on avait le même empressement à se procurer un morceau de son habit. On a remarqué un jeune étranger, bien mis, deux autres jeunes gens bien mis, dont l'un, qui paraissait étranger, a donné quinze livres pour tremper un mouchoir blanc dans les traces du sang ; l'autre a semblé attacher une grande importance à se procurer des cheveux, qu'il a payés un louis. Plusieurs ont trempé leurs sabres ou leurs piques dans le sang de Louis.

Numéro du lundi 28 janvier.

.... C'est elle (la religion) qui a adouci les derniers moments de Louis et qui l'a fait monter sur l'échafaud en souriant. En effet, comme il était sur le point d'y monter,

<small>commencèrent un roulement qui ne permit plus d'entendre. Louis frappait du pied en leur disant de cesser. Les aides de camp du général pressent le bourreau de faire son métier. Richard, l'un d'eux, se saisit d'un pistolet et le met en joue. Le bourreau et ses valets ont ramené Louis et l'attachent ; il parlait sans cesse et au moment où la planche fait la bascule et le porte à la fatale lunette, il jette un cri affreux que la chute du couteau étouffe en emportant sa tête.... Santerre m'a dit que sans les roulements des tambours qui étouffèrent sa voix il y aurait eu un soulèvement. La foule commençait à s'émouvoir en sa faveur ; mais les dispositions étaient prises de manière qu'il eût été fusillé par les Marseillais au moindre mouvement qu'il aurait fait. » — On a beaucoup discuté au sujet de cet épisode, et M. Louis Combes y a consacré une dissertation spéciale : *le Roulement de tambours de Santerre* (voir *l'Amateur d'autographes*, t. II, p. 289, et *Épisodes et curiosités révolutionnaires*, p. 91). Le procès-verbal de la séance du conseil général de la Commune du 21 janvier, que nous publions plus loin, nous semble trancher la question. Voir *Documents officiels*, n° CCXXIV.</small>

Fermond, son confesseur, lui dit : « Fils de saint Louis, « montez au ciel...., » et Louis monta avec un air serein.

L'exécuteur, étonné de l'empressement de plusieurs à tremper leur sabre ou leur pique dans le sang de Louis. s'écria : « Attendez donc, je vais vous donner un baquet « où vous pourrez les tremper plus aisément. »

Au reste, Samson (l'exécuteur) vient d'écrire à plusieurs journalistes pour se plaindre de ce qu'on a faussement publié qu'il avait vendu les cheveux de Louis XVI. Il désigne comme des frippons ceux qui ont fait cet indigne trafic.

VIII. — *Journal de la République française*, par Marat.

N° CV, 23 janvier 1793.

La tête du tyran vient de tomber sous le glaive de la loi ; le même coup a renversé les fondements de la monarchie parmi nous ; je crois enfin à la république.

Qu'elles étaient vaines les craintes que les suppôts du despote détrôné cherchaient à nous inspirer sur les suites de sa mort, dans la vue de l'arracher au supplice ! Les précautions prises pour maintenir la tranquillité étaient importantes, sans doute ; la prudence les avait dictées ; mais elles se sont trouvées tout au moins superflues. On pouvait s'en fier à l'indignation publique. Depuis le Temple jusqu'à l'échafaud, pas une voix qui ait crié grâce pendant le supplice, pas une qui se soit levée en faveur de l'homme qui, naguère, faisaient (*sic*) les destinées de la France ! Un profond silence régnait tout autour de lui, et lorsque sa tête a été montrée au peuple, de toutes parts se sont élevés les cris de *Vive la nation ! Vive la république !*

Le reste de la journée a été parfaitement calme. Pour la première fois depuis la fédération, le peuple paraissait animé d'une joie sereine ; on eût dit qu'il venait d'assister à une fête religieuse. Délivré (*sic*) du poids de l'oppression qui a si longtemps pesé sur eux et pénétré (*sic*) du sentiment de la fraternité, tous les cœurs se livraient à l'espoir d'un avenir plus heureux.

IX. — *Révolutions de Paris,* par Prudhomme.

N° 185, du 19 au 26 janvier 1793.

MORT DE LOUIS XVI, DERNIER ROI DE FRANCE [1].

Discite, justitiam moniti.

Depuis plus de treize siècles la première nation de l'Europe en était la plus servile ; elle portait patiemment le joug de trois dynasties successives de despotes. Aucun peuple du monde n'avait à produire dans les fastes une aussi longue liste de tyrans ; et loin d'en rougir, elle étalait avec orgueil et complaisance les noms de ses soixante-cinq rois, tous impunis.

Nous devions à la terre, dont nous avions pour ainsi dire consacré l'esclavage par notre exemple, nous devions une grande leçon dans la personne du soixante-sixième de ces rois, plus criminel que tous ses prédécesseurs ensemble. Le sang de Louis Capet, versé par le glaive de la loi, le 21 janvier 1793, nous lave d'une flétrissure de treize cents années. Ce n'est que depuis lundi 21 que nous sommes républicains, et que nous avons acquis le droit de nous citer pour modèles aux nations voisines.

Cet acte éclatant de justice, auquel l'histoire des hommes n'a rien à comparer, aurait dû peut-être avoir lieu sur l'autel même de la fédération, souillé deux fois par le ser-

---

1. Comme on l'a vu dans notre introduction, la portion de cet article qui contient le récit des derniers moments et de l'exécution du Roi est due à l'officier municipal Baudrais.

ment réitéré du monarque parjure. L'étendue vaste du champ aurait permis à un bien plus grand nombre de témoins d'assister à ce mémorable événement qui ne pouvait en avoir trop. Ah! que tous les peuples de l'Europe n'ont-ils vu tomber la tête du despote!

Mais que de souvenirs utiles a dû rappeler le choix de la place de la Révolution, dite autrefois de Louis quinze!....

C'est là que Louis Capet devait expier sur l'échafaud ses crimes personnels, ceux de sa famille, de sa cour et les attentats de la royauté contre la souveraineté nationale....

La surveille et la veille de l'exécution, il courut un petit pamphlet de douze pages in-8°, intitulé : *Bréviaire des dames parisiennes pour la défense de Louis XVI.* Le fanatique imbécile, auteur de ce misérable papier, exhorte les femmes de Paris « à tirer leur bon prince de captivité.
« Dieu sait (dit il naïvement) combien ce bon prince a fait
« et dépensé pour empêcher, arrêter les progrès du répu-
« blicanisme. Citoyennes de Paris, femmes de la halle,
« qui tous les ans portiez des bouquets à la reine, à la fa-
« mille royale, et en receviez un accueil aussi gracieux que
« généreux, réparez vos fautes passées; ramenez dans son
« palais Louis XVI, cet illustre rejeton de saint Louis,
« Charlemagne et Henri-le-Grand..... Que lundi prochain
« Louis soit délivré! »

L'auteur signe son écrit « *de Salignac*, ci-devant cha-
« noine du chapitre royal de Péronne, prédicateur de feue
« la reine de Pologne et gouverneur du prince Xavier,
« oncle du Roi. » Il fut arrêté sur la section des Quatre-Nations, comme il colportait lui-même son petit libelle contre la république. Il est détenu à la prison de l'Abbaye.

Cet incident peut servir à rendre raison des sentiments pieux qui abondent dans le testament de Louis seize, qu'on trouvera ci-après. Condamné sans appel au tribunal de la justice et de la république, le ci-devant roi conservait encore quelque espoir et comptait un peu sur ses bons amis les prêtres, surtout si le sursis demandé avait été décrété.

La nuit qui précéda l'exécution, on trouva sur les bornes, en profusion, et l'on glissa sous les portes des libellés imprimés par lesquels on invitait le peuple à sauver le *meilleur des rois*, afin que d'Orléans, *perdu de mœurs, d'une conduite infâme*, ne montât pas à sa place sur le trône. Cet écrit commençait par ces mots : *Braves Parisiens!* et était signé *Cujus*.

En même temps, on assurait qu'une quantité de femmes de ci-devant, que des *demoiselles entretenues*, de riches marchandes, des accapareuses, devaient se déguiser en poissardes et aller chercher les femmes de la halle pour, conjointement avec elles, crier grâce en faveur de Louis Capet, et même tâcher de l'enlever : mais les poissardes, informées de ce complot, ont eu trop de patriotisme pour s'y prêter; elles ont décidé que le 21 elles ne se mettraient point à leurs places à la halle et dans les marchés, et qu'elles se tiendraient chacune chez elles. La police, de son côté, avait pris de sages précautions pour déjouer ce projet.

Tandis que quelques prêtres tramaient sourdement en faveur de leur ouaille auguste, des sicaires royalistes assassinaient un de nos plus estimables députés, apparemment pour glacer les autres de terreur et servir de présage sinistre à la journée qui allait suivre. Nous perdîmes un bon patriote, Pelletier de Saint-Fargeau, qui avait voté la mort du tyran. Le chef des assassins, celui des six qui porta le coup mortel, est ce Pâris dont nous avons parlé, ce même garde du roi que Capet et Antoinette honoraient de leur faveur....

Quelques autres députés et des magistrats, avant et après l'exécution, furent menacés, insultés, poursuivis ; mais ces provocations partielles et clandestines demeurèrent sans effet, par les mesures d'ordre que prescrivit le Conseil exécutif, et qui furent ponctuellement observées.

(Suivent les textes de l'arrêté du Conseil et de l'arrêté du Conseil général ; — viennent ensuite le décret portant refus de surseoir à l'exécution, la notification faite à Louis XVI, la demande signée du Roi, en date du 20 janvier, et sa lettre aux commissaires de la Commune.)

En général, la Commune ne s'est point fait honneur pendant tout le temps de la surveillance des prisonniers du Temple ; elle n'a pas su concilier ce qu'elle devait à l'humanité et à l'infortune avec les précautions qu'exigeait le dépôt qu'elle avait en garde. Jusqu'au dernier moment, elle a donné sujet au dévotieux Capet de se regarder comme un martyr prédestiné, et de se faire un mérite des mauvais procédés qu'on n'a cessé d'avoir pour lui dans tous les détails domestiques de sa détention, jusqu'à l'instant de son supplice, comme nous le verrons plus bas dans le rapport de Jacques Roux et de Claude Bernard, tous deux prêtres, c'est-à-dire sans entrailles.

Revenons sur les derniers instants de Louis Capet. Après que le ministre de la justice lui eut notifié son arrêt de mort, Louis rentra dans sa chambre et à l'instant, appelant par son nom un officier municipal, l'invita à s'approcher de lui, lui prit la main et la serra en lui disant : « Vous m'avez prouvé de la sensibilité. » Le municipal répondit : « Je suis homme et n'ai pu voir indifféremment « votre situation. — Louis. Je suis innocent. — Le muni-« cipal. Je le crois, vous avez été toute votre vie si mal « entouré, qu'il est possible qu'on vous ait fait faire beau-« coup de choses qui n'étaient pas dans votre cœur : mais il

« faut un sacrifice ; je vous connais assez de courage pour
« ne pas douter que vous ne le remplissiez dignement.
« — Louis. Vous me rendez justice ; je vais vous donner
« une marque de confiance. » — Le municipal, effrayé de
ce mot, se retira en arrière. — Louis. « Ne craignez rien,
« je ne veux rien vous proposer qui puisse blesser votre
« délicatesse. » En disant ces paroles, il tirait de sa poche
son portefeuille, en sortait un morceau de papier qu'il dé-
roulait, ce qui augmentait l'inquiétude du municipal. Louis
sortit de ce papier la clef du secrétaire ; voyant l'embarras du municipal augmenter, il lui dit : « Ce sont les
« 125 louis de Malesherbes, et l'un de vos collègues que
« voilà les a vus. » Il ouvrit le secrétaire, en tira les
trois rouleaux, et les remit dans les mains du municipal.

Les officiers municipaux et le ministre rentrés dans la
première pièce, le premier municipal rappela tous ses
collègues et le ministre autour de lui, et expliqua devant
eux tout ce qui s'était passé entre lui et Capet, en demandant à Louis, en leur présence, s'il déclarait de nouveau
que cette somme fût à Malesherbes. Louis répondit que
oui ; le municipal engagea le ministre à constater la remise de cette somme, et il y consentit.

Le ministre avait amené dans sa voiture le confesseur
qui attendait les volontés de Louis pour se rendre auprès
de lui ; le ministre étant sorti, le confesseur monta : peu
après Louis fit demander sa famille ; un municipal monta
chez les femmes et dit à Antoinette : « Madame, un décret
« vous autorise à voir M. votre mari, qui désire vous voir
« ainsi que vos enfants. »

A neuf heures du soir toute la famille entra ; il y eut
des pleurs, des sanglots, puis on s'entretint avec assez de
calme : la famille sortit à dix heures et demie. Au moment de la séparation, Louis, revenu auprès des munici-

paux, demanda à celui qui était près de lui s'il pourrait les faire descendre le lendemain matin ; il lui fut répondu que oui.

On soupa séparément.

Pendant la réunion de la famille, le confesseur avait été caché dans une tourelle. Après la séparation, il rejoignit Louis Capet. Peu de temps après le confesseur descendit au Conseil, où il dit que Louis désirant entendre la messe et communier, on lui procurât tout ce qui était nécessaire pour cette cérémonie. Le curé de Saint-François d'Assise envoya le tout d'après les demandes du Conseil du Temple. Louis soupa comme à l'ordinaire, seul ; il passa une partie de la nuit avec son confesseur ; ils se couchèrent chacun dans une chambre, à deux heures, en donnant ordre à Cléry d'entrer chez lui à cinq heures ; il reposa fort bien. A cinq heures, Cléry entra ; il se fit habiller et coiffer : pendant qu'on le coiffait, il essaya un anneau d'alliance qu'il détacha de sa montre, et sur lequel sont gravés l'époque de son mariage et les initiales du nom de sa femme. Il entendit la messe à six heures et demie, et communia ; il passa le reste du temps avec son confesseur ; sur les huit heures il demanda des ciseaux ; les municipaux lui dirent qu'ils allaient en délibérer, sur quoi il fut décidé qu'on ne lui en donnerait pas.

Au moment du départ, il demanda à se recueillir trois minutes. Ensuite il donna à Cléry la petite bague ci-dessus, en lui disant : « Vous remettrez ceci à ma femme, et lui « direz que je ne me sépare d'elle qu'avec peine. » Il lui donna en outre pour son fils un cachet de montre en argent sur lequel est gravé l'écu de France, plus un paquet de cheveux de toute sa famille pour sa femme, en ajoutant : « Vous lui direz que je lui demande pardon de ne « l'avoir pas fait descendre comme je lui avais promis

« hier ; ce n'est que pour éviter le moment cruel de la sé-
« paration. » Il voulut ensuite donner un papier à un des
municipaux, qui crut ne devoir pas s'en charger. Un
autre le prit (c'était le Testament). Il pria qu'on laissât
Cléry auprès de sa famille, et il partit avec assez de sang-
froid, sans être attaché, accompagné du citoyen Lebrasse,
lieutenant, et d'un maréchal des logis de la gendarmerie et
de son confesseur. On observa qu'il demanda à plusieurs
reprises son chapeau, qui lui fut donné. Louis, près de l'escalier, voulut parler à l'oreille d'un particulier ; le lieutenant de gendarmerie l'en empêcha : « N'ayez pas peur, »
lui dit-il. Il descendit de suite, et traversa à pied la première cour, au milieu de gendarmes formés en haies. Arrivé à la voiture, qui était celle du maire [1], il y monta :
son confesseur se mit auprès de lui ; le lieutenant et le
maréchal des logis en face ; pendant le trajet, il lut les
prières des agonisants et les psaumes de David. Le silence
le plus profond régnait de tous côtés. Arrivé à la place de
la Révolution, il recommanda, à plusieurs reprises, au
lieutenant son confesseur, et descendit de la voiture. Aussitôt il fut remis entre les mains de l'exécuteur : il ôta son
habit et son col lui-même, et resta couvert d'un simple
gilet de molleton blanc ; il ne voulait pas qu'on lui coupât
les cheveux, et surtout qu'on l'attachât : quelques mots
dits par son confesseur le décidèrent à l'instant. Il monta
sur l'échafaud, s'avança du côté gauche, le visage très
rouge, considéra pendant quelques minutes les objets qui

[1]. Le témoignage de Baudrais, sur ce point controversé, a une grande importance. D'après M. Courel, alors secrétaire intime de Clavière, et qui est
mort conseiller référendaire à la Cour des comptes, ce ne serait pas la voiture du maire de Paris, mais celle du ministre des finances Clavière qui
aurait été employée pour conduire Louis XVI à l'échafaud. Voir *l'Intermé-
diaire des chercheurs et des curieux*, t. III (1866), p. 320 et 470. Nous ferons
remarquer que l'abbé Edgeworth dit (voir p. 330) : « une voiture de place. »

l'environnaient, et demanda si les tambours ne cesseraient pas de battre : il voulut s'avancer pour parler, plusieurs voix crièrent aux exécuteurs, qui étaient au nombre de quatre, de faire leur devoir ; néanmoins, pendant qu'on lui mettait les sangles, il prononça distinctement ces mots : « Je meurs innocent, je pardonne à mes enne-
« mis, et je désire que mon sang soit utile aux Français et
« qu'il apaise la colère de Dieu. » A dix heures dix minutes sa tête fut séparée de son corps et ensuite montrée au peuple : à l'instant les cris de *vive la République* se firent entendre de toutes parts.

Les restes de Louis furent renfermés dans une manette d'osier et conduits, dans une charrette, au cimetière de la Madeleine, et placés dans une fosse entre deux lits de chaux vive. On y établit une garde pendant deux jours....

A l'exemple de Charles premier, Louis Capet, quand il monta sur la guillotine, était vêtu de blanc, symbole apparemment de son innocence. Cette affectation n'a point échappé à certaines gens, qui ont su gré à leur bon maître de soutenir son rôle jusqu'à la fin : d'ailleurs, diront ces amis du feu roi, il ne pouvait autrement protester de son innocence, prévoyant bien qu'on ne le laisserait pas haranguer le peuple, et Santerre n'y manqua point. Nous blâmerons le général ou les autorités qui lui ont donné cette consigne, mais dans un autre sens ; Capet aurait pu nous produire quelques révélations importantes. Il fallait le laisser parler sur l'échafaud ; il n'y avait pas d'inconvénient. Si Santerre a craint les effets de la commisération, il a fait injure aux républicains qu'il avait l'honneur de commander....

Les prêtres et leurs dévotes, qui déjà cherchent sur leur calendrier une place à Louis XVI parmi les martyrs, ont fait un rapprochement de son exécution avec la passion de leur Christ. A l'exemple du peuple juif de Jérusalem, le peuple de Paris déchira en deux la redingote de Louis Capet, *scinderunt vestimenta sua*, et chacun voulut en emporter chez soi un lambeau ; mais c'était par pur esprit de républicanisme. « Vois-tu ce morceau de drap, diront les grands-pères à leurs petits-enfants ; le dernier de nos tyrans en était revêtu le jour qu'il monta à l'échafaud pour périr du supplice des traîtres. »

Jacques Roux, l'un des deux municipaux, prêtres, nommés par la Commune commissaires pour assister à l'exécution de Louis Capet, dit que les citoyens ont trempé leurs mouchoirs dans son sang. Cela est vrai ; mais Jacques Roux, le prêtre, qui, dans sa mission près du ci-devant roi, lui parla plutôt en bourreau avide de hautes-œuvres [1] qu'en magistrat du peuple souverain, aurait dû ajouter, dans son rapport au Conseil général, que quantité de volontaires s'empressèrent de tremper dans le sang du despote le fer de leurs piques, la baïonnette de leurs fusils ou la lame de leurs sabres. Les gendarmes ne furent pas des derniers. Beaucoup d'officiers du bataillon de Marseille et autres imbibèrent de ce sang impur des enve-

---

[1]. Lorsque Jacques Roux alla avec son collègue chercher Louis au Temple, pour le mener à la mort, « marchons, lui dit-il, l'heure du supplice est arrivée. » Capet ayant voulu lui remettre son testament, Jacques Roux le refusa en disant : « Je ne suis chargé que de vous conduire à l'échafaud. » A quoi Louis répondit : « C'est juste. » *(Note de Prudhomme.)*

Dans le n° 186, du 26 janvier au 2 février 1793, p. 174, des *Révolutions de Paris*, nous trouvons une lettre de Jacques-Claude Bernard, où on lit : « Tu dis, page 200, n° 185 des *Révolutions de Paris :* « ....Dans le rapport de Jacques Roux et de Claude Bernard, etc.... » D'abord je n'ai point fait de rapport ; je désavoue même celui de Jacques Roux, au moins quant au propos qu'il dit avoir tenu et que je n'ai pas entendu. Il y a apparence que Jacques Roux a cru se faire un grand mérite en annonçant qu'il avait dit à Louis des paroles qui, bien loin de convenir à un magistrat, ne conviendraient pas même à l'exécuteur de la justice. » Sur le mot de Jacques Roux et sur le démenti que celui-ci aurait donné à ce sujet, voir une note de l'*Histoire de Louis XVI* par Durdent (Paris, 1817, in-8), p. 267. — Cf. le rapport de Jacques Roux, aux *Documents officiels*, n° CCXXX.

loppes de lettres qu'ils portèrent à la pointe de leur épée, en disant : « Voici du sang d'un tyran. »

Un citoyen monta sur la guillotine même, et plongeant tout entier son bras nu dans le sang de Capet, qui s'était amassé en abondance, il en prit des caillots plein la main, et en aspergea par trois fois la foule des assistants qui se pressaient au pied de l'échafaud pour en recevoir chacun une goutte sur le front. « Frères, disait le citoyen en fai-
« sant son aspersion, frères, on nous a menacés que le
« sang de Louis Capet retomberait sur nos têtes : eh bien !
« qu'il y retombe. Louis Capet a lavé tant de fois ses
« mains dans le nôtre ! Républicains, le sang d'un roi
« porte bonheur. »

. . . .

On ne manquera pas de calomnier le peuple à ce sujet ; mais la réponse la plus péremptoire qu'on puisse faire aux imputations odieuses dont on va s'efforcer de noircir Paris à cette occasion, c'est le calme qui régna la veille, le jour et le lendemain du supplice de Louis Capet, c'est la docilité des habitants à la voix des magistrats. Les travaux ont été un moment suspendus, mais repris presqu'aussitôt, comme si de rien n'eût été. Comme de coutume la laitière est venue vendre son lait, les marécheux ont apporté leurs légumes et s'en sont retournés avec leur gaieté ordinaire, chantant les couplets d'un roi guillotiné. Les riches magasins, les boutiques, les ateliers n'ont été qu'entr'ouverts toute la journée, comme jadis les jours de petite fête. La bourgeoisie commença un peu à se rassurer vers les midi, quand elle vit qu'il n'était question ni de meurtres, ni de pillage, malgré les prédictions charitables de quelques gens officieux. Il n'y eut point relâche aux spectacles. Ils jouèrent tous : on dansa sur l'extrémité du pont ci-devant Louis XVI.

La force armée, il est vrai, était imposante. Les citoyens qui la composaient se portèrent avec zèle à tous les postes indiqués, mais sans rien présager de sinistre....

On parlait de tirer le canon du Pont-Neuf au moment de l'exécution. Cela n'eut pas lieu; et, en effet, la tête d'un roi, en tombant, ne doit pas faire plus de bruit que celle de tout autre scélérat.

Le soir, les citoyens fraternisèrent plus encore qu'auparavant. Dans les rues, dans les cafés, ils se donnaient la main et se promettaient, en la serrant, de vivre plus unis que jamais, à présent qu'il n'y avait plus de pierre d'achopement. Les autres rois, se disait-on, ne nous en eussent pas moins fait la guerre; mais nous n'en serons que plus disposés à les battre : le même sang impur coule dans leurs veines; il en faut purger la terre.

Les femmes, de qui nous ne devons pas raisonnablement exiger qu'elles se placent tout de suite au niveau des événements politiques, furent en général assez tristes ; ce qui ne contribua pas peu à cet air morose que Paris offrit toute la journée. Il y eut peut-être quelques larmes de versées ; mais on sait que les femmes n'en sont pas avares. Il y eut aussi quelques reproches, même quelques injures. Tout cela est bien pardonnable à un sexe léger, fragile, qui a vu luire les derniers beaux jours d'une cour brillante....

X. — *Semaines parisiennes.*

Chap. ix, p. 421-424 [1].

RELATION DE VINGT HEURES D'ANGOISSES QUI ONT PRÉCÉDÉ LE MARTYRE DE LOUIS XVI [2].

Le 20 janvier, vers les quatre heures de l'après-midi, le Roi, après avoir entendu sa sentence de mort, obtint la permission de voir sa femme, ses sœurs et ses enfants, qui ignoraient encore le sort qui l'attendait. A la vue de l'air serein et tranquille avec lequel il entra dans leur appartement, ces malheureuses princesses furent portées à croire qu'il venait leur annoncer une sentence d'absolution, et firent éclater quelques signes de joie. On se flatte aisément lorsqu'on espère. Mais Sa Majesté les détrompa bientôt, en les informant qu'elle venait au contraire leur dire un éternel adieu.

Quelle est la plume qui pourrait décrire l'horreur de la scène de désespoir qui s'ouvrit dans ce moment? La Reine, en poussant des cris violents et en invoquant la pitié, voulut forcer les grilles de ses fenêtres. Madame Élisabeth et Madame Royale tombèrent muettes aux genoux du Roi ; et

---

1. Les *Semaines parisiennes*, publiées à l'occasion du procès de Louis XVI, paraissaient à Paris, chez Lallemand, libraire sur le Pont-Neuf, n° 19. Un prospectus de deux pages porte cette devise : *La publicité est la sauvegarde du peuple*, et cette indication : *Réd*. PIERRE DE SALLES. Ce recueil, extrêmement rare, forme un volume in-8° de 424 pages. Il se trouve aux Archives nationales, dans la Collection Rondonneau (AD xviii° 222) et à la Bibliothèque nationale (Lc² 2559). Le premier numéro parut le 19 septembre 1792.

2. Cette relation est reproduite presque textuellement, sauf certaines abréviations, dans un ouvrage publié en 1793 sous ce titre : *Liste comparative des cinq appels nominaux*, etc., in-8° p. 50-54 ; elle se trouve également, en substance, dans l'*Histoire de la Révolution du 10 aoust 1792* par Peltier (Londres, 1795, 2 vol. in-8°) au tome II, p. 30-44, chapitre intitulé : *Traits relatifs aux derniers momens et au supplice de Louis XVI*.

au milieu de cette scène déchirante, le jeune Dauphin, âgé maintenant de huit ans, trouva moyen de s'échapper et pénétrer sans être remarqué jusqu'à la première cour, à la porte de laquelle il fut arrêté. Il cria, gémit, supplia qu'on voulût bien le laisser passer. Un des gardes, touché de sa beauté et attendri par ses larmes, lui demanda où il voulait aller. « Je veux, » répondit ce descendant infortuné de tant de rois, « je veux aller prier le peuple de « ne pas faire mourir papa. Bon Dieu, ne n'empêchez pas « de parler au peuple ; » et en disant cela il s'efforçait, avec ses faibles bras, de se débarrasser des obstacles qu'on lui imposait.

Le Roi passa deux heures avec sa famille ; pour la première fois depuis son emprisonnement on lui permit de la voir sans témoin. Certes ! la séparation fut effroyable, quoique sa famille conservât l'espoir de le voir encore le lendemain matin. La Reine, comme en délire, serra ses genoux avec tant de violence que deux hommes usant de toute leur force eusent (sic) de la peine à desserrer ses bras. Madame Élisabeth et le Dauphin étaient étendus sur le plancher aux pieds du Roi, poussant des cris lamentables, et Madame Royale, sans connaissance, fut portée, comme morte, sur son lit. Le Roi retourna dans son appartement sans proférer une parole, cachant son visage dans ses mains. En entrant, il se jeta sur ses genoux, et passa presque toute la soirée en prières ; il se déshabilla, se mit au lit et dormit paisiblement pendant quelques heures. Lorsque le valet de chambre, noyé de larmes, entra le matin dans la chambre, il le prit par la main et lui dit : « Cléry (c'est son nom), vous avez tort de vous « affecter si fortement ; ceux qui ont de l'amitié pour moi « doivent, au contraire, se réjouir de me voir arrivé au « terme de mes souffrances. »

Alors le Roi se mit de nouveau à prier Dieu jusqu'à huit heures, qu'on vint l'avertir que tout était prêt. Il traversa d'un pas ferme la première cour; en tournant à diverses reprises les yeux où était renfermée sa famille, on lui vit faire un mouvement convulsif comme pour rappeler sa fermeté, et il se mit dans la voiture avec son confesseur et deux officiers de gendarmerie qui avaient ordre de le mettre à mort à la moindre apparence d'un tumulte populaire en sa faveur.

Toute la route, depuis le Temple jusqu'à la place Louis XV, était bordée, sans intervalle, de deux rangs de soldats, sur quatre de front. On remarquait l'épouvante sur tous les visages; on vit couler des larmes; mais ce fut la seule marque d'intérêt que reçut sur sa route, et dans une infortune sans exemple, ce vertueux monarque.

Le Roi fut près de deux heures en chemin, s'entretenant avec son confesseur et répétant les prières des agonisants.

Arrivé près de l'échafaud, comme ses prières n'étaient pas finies, il les acheva avec une grande tranquillité, descendit de la voiture avec calme, quitta sa redingote, délia ses cheveux, ôta sa cravate, ouvrit sa chemise, pour découvrir son col et ses épaules, et se mit à genoux pour recevoir la dernière bénédiction de son confesseur. Aussitôt il se releva et monta tout seul à l'échafaud. Ce fut dans cet instant d'horreur que son confesseur, comme inspiré par le courage sublime et la vertu héroïque du Roi, se jeta lui-même sur ses genoux, et élevant les yeux vers lui, lui dit d'une voix empruntée du ciel : « Allez, fils de saint Louis, montez aux cieux. »

Le Roi demanda à parler au peuple; les trois soudars qui s'étaient chargés de l'exécution lui répondirent qu'il fallait avant tout lui lier les mains et lui couper les cheveux. « Liez (sic pour lier) mes mains! » reprit le Roi un peu brusquement, et se remettant aussitôt, il leur dit : « Faites tout ce qu'il vous plaira, c'est le dernier sacrifice. » Lorsque ses mains eurent été liées et ses cheveux coupés, le Roi dit : « J'espère qu'à présent on me permettra de parler; » et aussitôt il s'avança sur le côté gauche de l'échafaud, fit signe aux tambours de cesser, et dit d'une voix haute et ferme : « Je meurs parfaitement « innocent des prétendus crimes dont on m'a chargé. Je « pardonne à ceux qui sont la cause de mes infortunes. « J'espère même que l'effusion de mon sang contribuera « au bonheur de la France, et vous, peuple infortuné.... » Ici le féroce brasseur, à qui ses exploits ont mérité le grade de général de la garde de Paris, l'interrompit et lui dit : « Je vous ai amené ici, non pour haranguer, mais pour mourir. » Aussitôt les tambours couvrirent toutes les voix et les trois misérables saisirent leur victime, l'attachèrent sur le fatal instrument, et la tête du monarque tomba. L'un des bourreaux la montra à la soldatesque et à la populace, qui crièrent : « Vive la nation! vive la république! »

Des témoins oculaires ont assuré que Philippe Égalité et son fils étaient présents à l'exécution : ce dont on peut être certain, c'est que cette infamie de plus n'ajoute rien au mépris et à l'horreur que leurs noms inspirent.

Le corps de l'infortuné monarque fut mis, sans bière ni cercueil, et couvert de chaux vive, dans une grande fosse creusée dans le cimetière de l'église de la Madeleine-la-Ville-l'Évêque, parmi les Suisses qui furent massacrés dans la journée du 10 août et ceux qui avaient péri, par leur propre imprudence, le jour du feu de joie qui fut tiré, en 1770, à l'occasion du mariage du Roi.

On a remarqué deux hommes armés qui, suivant le cortège à une certaine distance, entraient dans les cafés qui sont situés sur la route, pour demander s'il n'y avait personne qui voulût se dévouer à la mort pour sauver le Roi. Ils trouvèrent partout le silence de la terreur. Arrivés à la place de l'exécution, ils se perdirent dans la foule. On assure encore qu'il s'était formé en secret une troupe de dix-huit cents hommes, qui ne purent se rallier, et dont les efforts eussent été superflus.

Telle fut la fin d'un des plus vertueux des soixante-six monarques qui ont occupé le trône de France et dont la mort n'a plus que le ciel pour vengeur.

XI. — *Le Véridique ou l'antidote des journaux.*
N° VII, février 1793 [1].

Louis XVI meurt innocent !.... Il n'en faut pas de preuve plus convaincante que la barbarie avec laquelle il a été jugé, ou plutôt le déni perpétuel de justice qui lui a été fait depuis le 20 juin 1792 jusqu'à l'instant où il a cessé de vivre. C'est le 21 janvier 1793, à dix heures vingt-cinq minutes du matin, que son âme, dégagée de son enveloppe terrestre, s'est envolée dans le sein de l'Être suprême, pour y recueillir la gloire qui est promise à ses élus. Ses ennemis les plus acharnés ne peuvent lui reprocher que de la faiblesse dans le caractère. Cette faiblesse était un excès de défiance de lui-même. Elle a été funeste au royaume comme à lui, parce qu'il n'était environné que d'hommes pervers et corrompus. L'air de la Cour avait méphytisé les âmes même les plus honnêtes ; il repoussait leurs ver-

---

1. Ce recueil, publié sans aucune indication de lieu ni d'imprimeur, n'est pas moins rare que le précédent. Il eut dix numéros, dans le format in-4, d'octobre 1792 à mars 1793. La Bibliothèque nationale en possède la collection (sous la cote Lc² 731).

tus et rendait nuls jusqu'à leurs principes. Mais la Nation, qui censure en ce moment ses anciens administrateurs, est plus méphytisée encore, car elle a souffert que son Roi fût assassiné. Si Louis XVI eût été lui-même pervers, il aurait cru davantage à la méchanceté des hommes ; mais il était trop honnête homme pour régner sur un peuple en dissolution. Puisse son exemple profiter à son successeur; puisse son successeur hériter de toutes les qualités de Louis XVI, de son humanité, de sa bienfaisance, de sa justice scrupuleuse, et puisse-t-il ne pas laisser ébranler sa couronne !

. . . .

Excepté la Convention nationale, qui sans avoir de titre pour le faire, se joue néanmoins de notre apathique crédulité, il est certain que le commun vœu de la Nation et la majorité des peuples de l'Europe ne croit ni à la république française ni à la possibilité d'une république en France. Ils croient que la mort de Louis XVI a fait un Saint de plus et un Roi nouveau. Nous nous occuperons un jour à venir du Saint, allons au plus pressé, à un Roi. Suivant notre comput, ce Roi est le fils de Louis XVI, il n'est besoin que de lui chercher une régence....

N° viii, février 1793.

A peine le vénérable Fermont a-t-il fait entendre à l'illustre victime ces dernières paroles : « Montez, fils de saint Louis, les cieux vous sont ouverts, » que la hache homicide, rapide comme l'éclair, fond sur la tête sacrée.

. . . .

Les journaux ne vous disent pas que le prince de Condé a fait célébrer un service le 30 janvier, pour Louis XVI, dans la forêt noire. Eh bien ! moi, je vous le dis, il s'est trouvé là des Français qui ont pleuré pour leur Roi, qui lui ont rendu des devoirs funèbres. Or, il ne s'en est point trouvé en France qui aient acquitté ce devoir, donc il n'y a plus de Français en France.

N° IX, mars 1793.

......Si nous rentrons dans le royaume, nous voyons tous ses habitants, consternés de la mort de Louis XVI, témoigner leur indignation et couvrir ses assassins de malédictions ; la *soi-disant* république se désorganiser et appeler à grands cris les restaurateurs de la monarchie. La France, déchirée par des factions cruelles, en proie à des persécutions inouïes, ne présente plus qu'un squelette décharné....

XII. — *Le Magicien républicain*, par Rouy l'aîné (1794, in-18).

RÉCIT AUTHENTIQUE DE TOUT CE QUI S'EST PASSÉ A L'ÉGARD DES JUGEMENS ET EXÉCUTIONS DE LOUIS XVI, DIT CAPET, CI-DEVANT ROI DES FRANÇAIS, ET DE MARIE-ANTOINETTE DE LORRAINE D'AUTRICHE, SON ÉPOUSE, DÉCAPITÉS TOUS DEUX PLACE DE LA RÉVOLUTION, CI-DEVANT LOUIS XV, A PARIS, ÉCRIT PAR LE CITOYEN ROUY, L'AÎNÉ, TÉMOIN OCULAIRE [1].

Dès le moment que la Convention nationale eut porté le décret qui ordonnait l'exécution de son jugement dans les vingt-quatre heures, il fut expédié au Conseil exécutif provisoire, avec ordre d'en rendre compte à la Convention

---

1. L'*Almanach historique, ou recueil de tous les grands événemens qui sont arrivés jour par jour.... depuis le jour de l'abolition de la royauté jusqu'au 21 septembre 1793*, dédié et présenté à la Convention nationale par Rouy l'aîné, auteur du *Magicien républicain*, contenait (p. 53) l'article suivant :

« Lundi 21, Exécution de Louis XVI, lequel fut décapité sur la place de la Révolution, ci-devant Louis XV, à dix heures trente minutes du matin. Il sortit du Temple vers les neuf heures, étant escorté de plus de vingt mille hommes armés et en ayant au moins quatre-vingt mille sur son pas-

nationale le lendemain à onze heures du matin. Voici comment les choses se passèrent :

Le dimanche, vers les deux heures de l'après-midi, le ministre de la justice, accompagné du maire de Paris, du procureur de la Commune, et du procureur général syndic du département, se transportèrent à la tour du Temple, où ils trouvèrent Louis Capet dans un état assez tranquille; le ministre de la justice lui fit lecture du décret qui le condamnait à subir la mort le lendemain matin ; il entendit cette lecture avec beaucoup de calme et sans manifester aucun signe d'étonnement; il pria seulement le ministre de demander à la Convention nationale un sursis de trois jours, afin de lui donner le temps de se préparer à la mort, et à cet effet, il demanda pour son confesseur un prêtre irlandais, domicilié rue du Bacq, fauxbourg Saint-Germain ; après quoi il se mit à dîner avec le même sang-froid qu'à son ordinaire, et sans faire paraître la moindre affectation, parce qu'il savait bien que son supplice ne pouvait jamais égaler ses forfaits.

Le ministre s'acquitta de la mission dont il avait été chargé ; il fut à la Convention nationale faire la demande du sursis; mais l'Assemblée, considérant que la loi doit être la même pour tous, et que l'homme, quel qu'il soit, qui connaît le terme fatal de sa mort, la souffre mille fois pour une en attendant le moment qui doit couper le fil de vie, a pensé que l'humanité lui imposait le devoir rigou-

---

sage. Quand il arriva sur l'échafaud, il voulut parler au peuple; mais le général Santerre ordonna de l'en empêcher et de le guillotiner de suite; ce qui fut exécuté à l'instant. »

Et en note : « Voyez le *Magicien républicain*, dans lequel se trouve le récit exact de tout ce qui s'est passé au Temple et sur l'échafaud depuis le moment qu'il fut condamné à mort jusqu'à la chute de sa tête. »

Nous ne reproduisons ici que la partie du *Récit authentique* se rapportant à notre sujet ; elle occupe les pages 120 à 130.

reux de maintenir son premier décret, en passant à l'ordre du jour sur la demande du sursis. Ainsi il fut refusé.

Vers les quatre heures et demie, Marie-Antoinette, son épouse, descendit de sa chambre dans celle de Louis et le voyant tout contristé alors, elle lui demanda quel était l'objet de son affliction, sur quoi il lui répondit très prudemment : nous nous verrons demain, et l'invita de se retirer dans sa chambre, ce qu'elle exécuta à l'instant même.

Vers les sept heures, le ministre de la justice retourna au Temple, accompagné du prêtre irlandais, et fit part à Louis du refus de la Convention nationale sur la demande en sursis ; il en parut très affecté ; alors le prêtre s'approcha de lui, et fut reçu très froidement.

Le ministre se retira, et quelques moments après, Louis poussa des sanglots très amers et versa quelques larmes ; après quoi il reprit son calme ordinaire et soupa avec beaucoup d'appétit, puis se coucha vers les onze heures et demie, et dormit fort tranquillement jusques au lendemain six heures du matin.

Comme il avait invité le confesseur à célébrer une messe en son intention, celui-ci demanda un crucifix, un calice, une pierre bénite, et tous les ustensiles nécessaires pour cet office, lesquelles lui furent apportés à minuit précis.

Vers les six heures, Louis s'éveilla, et à six heures et demie, le prêtre célébra la messe et lui donna la communion.

Pendant ce temps, et même dès quatre heures du matin, un rappel général se faisait entendre dans toutes les rues de Paris. Avant huit heures, tous les citoyens étaient déjà sous les armes ; chacun au poste qui lui était assigné, et notamment sur les boulevards par où le cortège devait passer. A huit heures et demie, le général Santerre, accompagné des officiers municipaux, des membres du département et d'un nombreux détachement de gendarmerie à cheval et d'autre cavalerie, arrivèrent au Temple pour prendre le criminel et le conduire au lieu du supplice.

Comme les chevaux de la cavalerie faisaient beaucoup de bruit en entrant dans le jardin où est située la tour, Marie-Antoinette s'imagina bien qu'il y avait quelque chose d'extraordinaire, et pour éclaircir ses doutes, elle demanda aux officiers municipaux qui étaient auprès d'elle de lui permettre de descendre dans la chambre de son mari, à l'effet de le voir comme il la *(sic)* avait promis la veille; mais ceux-ci éludèrent sagement sa demande en lui disant que Louis était très occupé, et qu'il lui serait impossible d'avoir aucun entretien dans le moment avec elle; mais qu'au surplus, l'un d'eux allait lui demander s'il pouvait la voir à l'instant. Il descendit en effet, mais ne remonta qu'après que Louis fut hors du Temple, attendu qu'il ne demanda nullement à voir sa femme, n'y *(sic)* aucun de ses enfants.

A neuf heures précises il descendit de la tour avec un visage assez calme, vêtu d'un habit de couleur violette, coiffé à son ordinaire, et couvert d'un petit chapeau à trois cornes, auquel était attaché une cocarde nationale toute neuve. Il monta ainsi dans la voiture du maire de Paris, ayant son confesseur à son côté gauche, et deux gendarmes sur le devant. Le cortège se mit alors en marche, passant par la rue du Temple, et suivant les boulevards jusqu'à la place de la Révolution; la voiture dans laquelle il était se trouva escortée de plus de douze à quinze mille hommes bien armés, et plus de cent mille autres formaient deux chaînes impénétrables depuis les boulevards du Temple jusqu'au pont de la Liberté; des canons étaient braqués de distance en distance, et il fut ordonné à tous locataires de fermer toutes les croisées qui donnaient sur le passage; enfin, le tout avait été si prudemment concerté pour maintenir le calme, que tous les efforts des malveillants restèrent sans le moindre succès. [On a su très positivement que plus de six mille individus avaient été payés pour se réunir, crier grâce, et tenter d'arracher le tyran au supplice; mais les nombreuses et fréquentes patrouilles qui se faisaient partout les empêchèrent d'opérer leur réunion et d'exciter le plus léger mouvement 1.]

Jamais, non jamais l'univers ne vit un spectacle si imposant et si majestueux. L'ordre et la tranquillité qui régnaient par-tout furent des sujets de surprise et d'admiration pour tous ceux qui en furent témoins : pas une seule personne n'élevait la voix ; tous, au contraire, conservaient le plus morne et religieux silence, lequel, avec le temps calme, mais sombre et nébuleux qu'il était alors, produisait un effet le plus surprenant que jamais mortel puisse voir; aucun autre bruit que celui des tambours et des trompettes ne s'étant fait entendre pendant tout l'espace de temps qu'employa le cortège pour se rendre à sa destination.

C'est au milieu de ce calme imposant que la voiture arriva à dix heures et un quart au pied de l'échafaud qui était dressé sur la place de la Révolution, ci-devant Louis XV, en face le piédestal sur lequel avait été élevée et renversée la statue colossale du tyran de ce nom, et où toutes les avenues et passages étaient défendus par plusieurs pièces de canon. Étant arrivé à ce lieu terrible, Louis Capet fut livré aux exécuteurs des jugements crimi-

1. [ ] Ceci est en note.

nels, lesquels s'emparèrent de lui, lui coupèrent les cheveux, le déshabillèrent et lui lièrent les mains par derrière; ensuite de quoi ils lui demandèrent, par trois fois différentes, s'il croyait avoir quelque chose de plus à dire ou à déclarer à son confesseur; ayant persisté à répondre que non, celui-ci l'embrassa et lui dit en le quittant : *Allez, fils de saint Louis, le ciel vous attend;* alors on le fit monter sur l'échafaud, où étant arrivé, au lieu de s'en aller droit à la planche, il donna un coup de coude à celui des exécuteurs qui était à son côté gauche, et le dérangea suffisamment pour pouvoir s'avancer jusqu'au bord dudit échafaud, où il manifesta le désir de prononcer un discours aux citoyens qui étaient présents, dans l'espoir sans doute que sa voix serait parvenue à les apitoyer sur son sort, et à lui faire obtenir sa grâce; ou plutôt dans l'idée qu'on lui avait suggéré, et de laquelle il était fortement persuadé, que ses amis se trouveraient là en grand nombre pour le secourir, et qu'à cet effet, ils auraient tenté de renouveler la sanglante journée du 10 août; mais il vit le contraire, et il apprit à connaître, avant sa mort, que les crimes du méchant ne restent jamais sans punition; mais que tout s'intéresse plutôt à faire éclater un juste châtiment, puisque même les associés de ses forfaits l'abandonnèrent ou se trouvèrent sans moyens d'opérer son salut. Il voulut en effet commencer sa harangue, et fit signe aux tambours, qui faisaient un roulement continuel, de cesser, afin qu'il puisse se faire entendre; comme ils étaient pour le moins soixante, il s'en trouva plusieurs dans le nombre qui avaient déjà discontinué, lorsque tout à coup un mouvement d'agitation se manifesta parmi tous les citoyens armés; les uns demandant qu'on le laissât parler, et les autres, déjà trop ennuyés des longueurs que l'appareil avait occasionnées, s'opposant à ce qu'il fût entendu. Cette diversité d'opinions fit augmenter l'agitation, et déjà on craignait un soulèvement qui n'aurait pu être que des plus funestes, par les malheurs inévitables qui en auraient été la suite, lorsque le commandant général Santerre ordonna avec sagesse et prudence aux tambours de continuer le roulement, et aux exécuteurs de remplir leur devoir, puisque le criminel avait déclaré au bas de l'échafaud qu'il n'avait plus rien à dire. Cet ordre fut aussitôt exécuté qu'ordonné; les exécuteurs se saisirent de lui, l'emmenèrent à la planche fatale sur laquelle il prononça ces mots d'un ton de voix haute et distincte pendant qu'on l'attachait : *Je suis perdu, je meurs innocent; je pardonne ma mort à mes ennemis, mais ils en seront punis.* A peine avait-il achevé ces mots que le glaive vengeur tombe sur sa tête coupable et la sépare de son corps; l'un des exécuteurs la prit aussitôt par les cheveux et la montra au peuple à diverses reprises par les quatre côtés de l'échafaud. Au même instant se firent entendre de toutes parts les cris mille fois répétés de *Vive la république! Vive la liberté! Vive l'égalité! Périssent ainsi tous les tyrans!*

Les citoyens, ne sachant comment exprimer leur joie de se voir pour jamais délivrés du fléau de la royauté, s'embrassèrent tous avec l'épanchement de la plus douce union et de la plus heureuse fraternité; après quoi ils chantèrent des hymnes à la liberté, en formant des ronds de danses à l'entour de l'échafaud et sur toute la place de la Révolution [1].

---

1. Après avoir reproduit la relation de Rouy l'aîné, Dauban, dans son livre *La démagogie en 1793* (p. 35), ajoute :
« On remarquera dans le récit que le citoyen Rouy l'aîné, *témoin oculaire*, a publié du supplice de Louis XVI, des détails qu'on ne trouve que là, notamment sur la toilette du condamné et sur la ronde que des spec-

Dès l'instant que son corps et sa tête furent enlevés de l'échafaud, une foule innombrable d'hommes, de femmes et d'enfants coururent avec empressement tremper dans son sang impur, les uns leurs sabres, les autres leurs mouchoirs, etc. Son habit fut déchiré par petits morceaux et distribués (*sic*) à tous ceux qui purent en avoir ; ses cheveux même furent ramassés et devinrent une espèce de marchandise qui fut vendue fort chère par ceux qui les avaient.

Enfin cette journée terrible pour la tyrannie et la plus glorieuse pour la liberté des nations se termina avec le même calme qu'elle avait commencé, sans avoir vu le

tateurs dansèrent spontanément autour de l'échafaud après que la tête fut tombée, et pendant que les valets du bourreau tendaient aux sans-culottes leurs mains, et des mouchoirs teints de ce sang dans lequel la république croyait trouver sa consécration définitive. Par suite du silence des autres écrivains du temps, les faits que Rouy seul a racontés pourraient être l'objet d'un doute ; mais voici une pièce d'une authenticité incontestable qui vient les confirmer en tous points. C'est une grande composition due à un ami ou imitateur de David, à un fanatique partisan de la grécité, que nous croyons être Peyron, composition qui est restée à l'état de projet, et qui fait partie de la précieuse collection d'estampes relatives à l'histoire de France, léguée par le savant M. Hennin à la bibliothèque impériale. Ce dessin est un hymne farouche entonné par la haine de la tyrannie et l'amour de la liberté (?).... Cette scène renferme tous les commentaires que les montagnards et les exaltés tiraient de la mort du Roi.... Ce jour-là les esclaves ont conquis la dignité de l'homme libre, ils jurent sur le fût du canon de défendre la *liberté* contre les *hordes étrangères* ; le citoyen et le soldat en s'embrassant répètent le même serment ; à droite, deux jeunes gens épouvantés se jettent dans les bras d'un vieillard au visage sévère et triste qui déclare nécessaire au salut de la patrie ce cruel acte national ; à gauche du spectateur, un montagnard, coiffé du bonnet rouge, montre à des citoyennes l'instrument du supplice : Ainsi meurent les tyrans ! Ces groupes, leur langage que l'on entend par leur attitude, forment comme l'apologue du tableau, la moralité tirée par le peintre de l'événement. A côté figure la part de l'histoire, le fait lui même : la guillotine, le bourreau agitant la tête coupée ; ces hommes, haletants de la soif du sang, debout autour de l'échafaud, la jarret tendu, le corps dressé sur la pointe du pied, s'efforçant d'atteindre jusqu'à ces mains souillées...., ces furieux ivres de joie qui dansent devant Sanson.... Voilà l'histoire telle que l'annaliste Rouy l'aîné l'a vue et l'a écrite ce jour-là. »

moindre tumulte, ni d'autre sang couler que celui du tyran que la nature, les lois et la raison avaient justement condamné.

XIII. — *Histoire du dernier règne de la monarchie....* ou *Procès des Bourbons.*

T. II, p. 151-157.

Après qu'on eût notifié à Louis son jugement, il demanda à être seul; et il resta seul en effet pendant quelques heures; mais on le voyait : il demeura debout, et contempla à peu près une demi-heure; il rompit ce silence par un coup de pied contre le plancher, en signe de colère. Il se promena ensuite dans sa chambre en rêvant et manifestant des inquiétudes....

Parmi les officiers municipaux à la garde desquels il était confié se trouvait Mercereau, ce fameux tailleur de pierres, qui, avec son tablier de maçon, son chapeau à trois cornes rabattu sur le devant, présida le Conseil général de la Commune. Il sortit enfin de sa chambre, et vint dans celle des commissaires, qui était vis-à-vis ; il y entra d'un pas grave et lent : il s'y promena en divers sens, sans donner à ses pas aucune direction suivie. Ses regards se portèrent de tous les côtés ; il se fixa enfin sur la Déclaration des droits de l'homme; et en indiquant du doigt l'article 8, il dit à Mercereau : « Si on avait bien suivi cet ar- « ticle, on aurait évité bien du désordre. — Il est vrai, » lui répondit Mercereau.... Après s'être promené quelque temps dans la chambre, il dit qu'il allait monter chez sa femme pour la voir, ainsi que ses enfants: mais jusqu'alors, il n'y avait aucun ordre pour qu'il pût y aller : Mercereau s'y opposa. Louis crut être fondé à prouver qu'il avait ce droit, et il le prouva en effet, car on lui avait permis auparavant de voir sa famille; mais l'on n'avait point désigné le lieu où il la verrait. Mercereau résista avec fermeté à tout ce que put lui dire Louis, et lui refusa la permission de monter chez sa femme comme il le désirait.

Ce fut entre sept et huit heures qu'Antoinette, sa sœur et ses enfants, descendirent dans l'appartement de Louis.... Ils y étaient annoncés d'avance; et ils prouvèrent, en entrant, qu'ils savaient le malheur dont ils étaient frappés.... Il leur témoigna qu'il les attendait, et qu'il s'était disposé à les recevoir.... Antoinette, en entrant, se précipita aux genoux de son mari.... Sa sœur et ses enfants en firent de même.... Et Louis, qui n'était pas insensible à ces marques d'attendrissement et d'amitié, prouva, en les imitant, qu'il en avait beaucoup lui-même pour sa femme et sa famille. On les vit ainsi, dans les bras l'un de l'autre, pendant une demi-heure presque entière.... Les larmes, les sanglots et les soupirs entrecoupés furent pendant tout ce temps les expressions de leur douleur commune.... Ce fut après être restés une heure environ avec lui, qu'Antoinette, sa sœur et ses enfants se retirèrent, en lui faisant promettre de les aller voir avant de se coucher. En sortant de la chambre, Antoinette passa devant les officiers municipaux, et leur dit, d'un ton de colère et de menace : « Vous êtes tous des scélérats. » Le soir, vers dix heures, Antoinette et Élisabeth revinrent le voir [1]. Leur esprit était un peu plus calme; leur visite fut un peu moins longue; et en le quittant elles firent promettre à Louis de ne pas partir le lendemain sans les voir, ce qu'il leur promit [2].

---

1. Erreur; il n'y eut qu'une seule entrevue de Louis XVI avec les siens.
2. Un autre témoin rapporte le même fait ainsi qu'il suit :
« Lorsqu'on eut signifié à Louis la proclamation du Conseil exécutif provisoire, relative à son supplice, il demanda sur-le-champ à parler à sa femme; les commissaires manifestèrent quelque répugnance à le laisser partir. Pour lever toute difficulté, ils lui proposèrent de faire venir sa fa-

Le lendemain matin, dès les quatre heures, Louis était sur pied; il demanda son confesseur, qui se présenta. A cinq heures, il assista à la messe, il y fit sa dévotion. Plusieurs choses indifférentes se passèrent jusqu'à l'heure de huit, époque où l'on devait le prendre au Temple pour le conduire à sa destination. Plusieurs fois il voulut voir et s'entretenir avec son confesseur; plusieurs fois il demanda à être seul, et il se retira dans un petit cabinet, en forme de tourelle, pour y méditer.

Cléry entra quelque temps après dans sa chambre; il le prit par la main et lui dit : « Cléry, vous avez tort de vous « affecter si fortement; ceux qui ont encore de l'amitié « pour moi doivent, au contraire, se réjouir de me voir « arriver au terme de mes souffrances [1]. »

---

mille dans son appartement; ce qu'il accepta. Sa femme, sa sœur, ses enfants descendirent donc : l'entrevue eut lieu dans la salle où il avait coutume de manger, et dura une heure et demie. En se retirant, sa famille le pria de le voir encore une fois dans la matinée du lendemain. Louis se débarrassa de leurs pressantes sollicitations en ne répondant ni oui ni non; c'est ainsi qu'ils se quittèrent. Marie-Antoinette, de retour chez elle, se mit à crier : « Les bourreaux!.... » Puis, en adressant la parole à son fils, elle lui dit : « Apprenez, mon fils, par les malheurs de votre père, « si vous montez sur le trône, à ne pas vous venger de sa mort. » *(Note de la relation.)*

1. « Louis voyait arriver de sang-froid et avec calme l'instant qui devait terminer sa vie, et il y avait longtemps qu'il en avait fait le sacrifice, à en juger par l'anecdote suivante, dont plusieurs garantiraient l'authenticité. Il y a près de deux ans que M. de Liancourt, représentant à Louis que les modifications et le *veto* qu'il opposait à certains décrets pouvaient l'exposer : « Que me feront-ils ? répondit Louis XVI. Ils me tueront : eh « bien ! j'acquerrai une couronne immortelle pour une périssable. » On voit que c'est dans la religion seule que Louis puisait son courage et sa résignation. » *(Note de la relation.)*

Il faut rapprocher de ce récit le passage suivant des *Révolutions de Paris* par Prudhomme (n° 185, p. 214) : « La dernière parole de Charles (1er) avant de périr fut celle-ci : « Je passe d'une couronne temporelle à une éternelle.... » Mais qui croirait que Louis XVI a dit la même chose, presque mot par mot, il y a près de deux ans ? Liancourt l'engageait à ne pas mettre certains *veto*. « Eh bien ! que me feront-ils ? dit le ci-devant; ils « me trahiront, et j'acquerrai une couronne immortelle pour une péris-« sable. »

Huit heures sonnent ; deux commissaires de la Commune, spécialement nommés pour le conduire à l'échafaud, se présentent avec le chef de la force armée (Santerre). Ces deux commissaires étaient tous les deux prêtres ; l'un s'appelait Bernard, et l'autre Jacques Roux. Louis est effrayé à leur abord.... Il va se recueillir pendant quatre minutes dans la cellule de ses méditations ; il en sort assez rassuré, et s'adressant à Jacques Roux, il lui présente un paquet qui contenait son testament. « Mon« sieur, lui dit-il, je vous prie de remettre ce paquet au « président du Conseil général de la Commune. — Je ne « puis, lui répliqua Jacques Roux, me charger d'aucun « paquet ; ma mission se borne à vous conduire à l'écha« faud.... » Sur cette réponse barbare, Louis adressa les mêmes paroles au citoyen Baudrais, commissaire de garde au Temple, qui se chargea de son testament, et le remit au Conseil général de la Commune. Santerre était là ; il s'approcha de lui et lui dit : « Monsieur, l'heure « approche, il est temps de partir. » Louis demande à se retirer pour un instant dans son cabinet, afin de s'y recueillir.... Il en sortit un instant après ; et sur la seconde invitation de partir, qui lui fut faite par Santerre et les commissaires, après avoir levé les yeux au ciel, il frappa du pied droit contre le plancher, en disant ces mots : « Allons, partons, » et il partit en effet.

Depuis la porte de sortie dans la cour jusqu'à la grande porte qui donne sur la rue, il y avait une double haie de volontaires ; il monta en voiture....

Plus de dix mille hommes étaient aux environs du Temple, et surtout du côté où il devait passer. Une double haie bordait le chemin de l'un et de l'autre côté, depuis le Temple jusqu'à la place de la Révolution. Aucune voiture ne roulait ce jour-là ; et dans tous les quartiers où il devait passer, il y avait à peine des issues pour ceux qui étaient à pied. Nul ne pouvait y paraître s'il n'était armé d'un fusil, d'un sabre ou d'une pique. Il part.... Il était précédé d'une force armée, tant à pied qu'à cheval.

Louis fut près de deux heures en chemin, s'entretenant avec son confesseur, et répétant les prières des agonisants.

Arrivé près de l'échafaud, comme ses prières n'étaient point finies, il les acheva avec une grande tranquillité, et descendit de la voiture avec calme. Étant descendu, il porta les yeux sur la multitude de soldats qui l'environnait, et dit d'une voix terrible aux tambours : « Taisez-vous !.... » Et les tambours s'arrêtèrent soudain. Santerre était à quelque distance ; il accourt, et ordonne de continuer le roulement. Les tambours reprennent. Alors Louis, perdant tout espoir de se faire entendre, ne parla plus qu'à lui-même et à celui qui était chargé de lui ôter la vie : « Quelle trahison ! s'écria-t-il.... Je suis perdu !.... « je suis perdu !.... » Il quitta lui-même sa redingote, délia ses cheveux, ôta sa cravate, ouvrit sa chemise pour découvrir son col et ses épaules, et se mit à genoux pour recevoir la dernière bénédiction de son confesseur. Aussitôt il se releva et monta avec courage à l'échafaud.

Il demanda à parler au peuple ; on lui dit qu'il fallait, avant tout, qu'il eût les mains liées et les cheveux coupés. « Les mains liées ! » reprit Louis un peu brusquement. Et se remettant aussitôt, il leur dit : « Faites tout ce qu'il vous plaira. » Lorsque ses mains eurent été liées et ses cheveux coupés, Louis dit : « J'espère qu'à présent on me permettra de parler ; » et il s'avança sur le côté gauche de l'échafaud, fit signe aux tambours de cesser, et dit d'une voix haute et ferme : « Je meurs parfaitement innocent de tous les pré-« tendus crimes dont on m'a chargé. Je pardonne à ceux « qui sont la cause de mes infortunes. J'espère même que

« l'effusion de mon sang contribuera au bonheur de la
« France. Et vous, peuple infortuné.... » Ici Santerre l'interrompit, et lui dit : « Je vous ai amené ici non pour haranguer, mais pour mourir. » Aussitôt les tambours couvrirent toutes les voix, les exécuteurs l'attachèrent, et la tête de Louis tomba. L'un des bourreaux la montra au peuple, et le peuple cria : *Vive la nation! vive la république* [1] !

Dès l'instant que Louis fut sorti du Temple, son départ fut annoncé au Conseil général de la Commune, qui était en permanence. Toutes les six minutes à peu près, des hoquetons venaient annoncer au Conseil ce qui se passait, et à quelle distance était Louis. C'était le ci-devant marquis Duroure qui présidait le Conseil. A l'instant où l'on vint lui annoncer que la tête de Louis venait de tomber, Duroure partit d'un éclat de rire, en jetant en avant ses bras en signe de joie ; et adressant la parole à ses collègues et aux spectateurs, il leur dit : « Mes amis, l'affaire est faite, « l'affaire est faite. Tout s'est passé à merveille. »

XIV. — *Thermomètre du jour.*

N° 410, 13 février 1793.

ANECDOTE TRÈS EXACTE SUR L'EXÉCUTION DE LOUIS CAPET.

Au moment où le *condamné* monta sur l'échafaud (c'est Sanson, l'exécuteur des hautes œuvres criminelles, qui a raconté cette circonstance et qui s'est servi du mot *condamné*), je fus surpris de son assurance et de sa fermeté ; mais au roulement des tambours qui interrompit sa harangue, et au mouvement simultané que firent mes gar-

---

[1]. On remarquera que ce paragraphe est presque la reproduction du passage de la *Relation de vingt heures d'angoisses qui ont précédé la mort de Louis XVI*, que nous avons reproduit plus haut, d'après les *Semaines parisiennes*.

çons pour saisir le condamné, sur-le-champ sa figure se décomposa ; il s'écria trois fois de suite très précipitamment : « Je suis perdu [1] ! » — Cette circonstance, réunie à une autre que Sanson a également racontée, savoir que le condamné avait copieusement soupé la veille et fortement déjeuné le matin, nous apprend que Louis Capet avait été dans l'illusion jusqu'à l'instant précis de sa mort, et qu'il avait compté sur sa grâce. Ceux qui l'avaient maintenu dans cette illusion avaient eu sans doute pour objet de lui donner une contenance assurée qui pourrait en imposer aux spectateurs et à la postérité ; mais le roulement des tambours a dissipé le charme de cette fausse fermeté, et les contemporains, ainsi que la postérité, sauront actuellement à quoi s'en tenir sur les derniers moments du tyran condamné.

La publication de cet article valut au *Thermomètre du jour* une réclamation de Sanson, qui, sur la demande du journal, lui adressa une lettre, publiée dans le numéro du 21 février. L'original autographe de cette lettre est conservé à la Bibliothèque nationale (ms. fr. 10268). Elle a été bien souvent reproduite, notamment par M. de Beauchesne (*Louis XVII*, t. I, p. 477-478). Nous la publions ici, à l'exemple de ce dernier, avec les incorrections dont elle fourmille.

LETTRE DE SANSON

Au citoyen, citoyen Redacteur du journal LE THERMOMÈTRE, *à Paris.*

Paris, ce 20 février 1793, l'an II de la République française.

CITOYEN,

Un voyage d'un instant a été la cause que je n'aie pas eut l'honneur de répondre à l'invitation que vous me faite

---

[1]. Louis XVI a-t-il dit ces mots : « Quelle trahison ! Je suis perdu ! Je « suis perdu ? » Voir une réfutation de cette assertion dans *Les illustres victimes vengées de leurs contemporains et réfutation des paradoxes de M. Soulavie* (Paris, 1802, in-8), p. 376-416.

dans votre journal au sujet de Louis Capet. Voici, suivant ma promesse, l'exacte véritée de ce qui c'est passé.

Descendant de la voiture pour l'execution, on lui a dit qu'il faloit oter son habit ; il fit quelques difficultées, en disant qu'on pouvoit l'exécuter comme il étoit. Sur la représentation que la chose étoit impossible, il a lui-même aidé à oter son habit. Il fit encore la même difficultée lorsqu'il cest agit de lui lier les mains, qu'il donna lui-même lorsque la personne qui l'accompagnoit lui eut dit que c'étoit un dernier sacrifice. Alors il s'informa sy les tembours batteroit toujour ; il lui fut repondu que l'on n'en savoit rien. Et c'étoit la véritée. Il monta l'echaffaud et voulu foncer sur le devant comme voulant parler. Mais on lui représenta que la chose étoit impossible encore. Il se laissa alors conduire à l'endroit où on l'attachat, et où il s'est ecrié très haut : Peuple, je meurs innocent. Ensuitte, se retournant ver nous, il nous dit : Messieur, je suis innocent de tout ce dont on m'inculpe. Je souhaite que mon sang puisse cimenter le bonheur des Français. Voilà, citoyen, ses dernières et ses véritables paroles.

L'espèce de petit debat qui se fit au pied de l'échaffaud roulloit sur ce qu'il ne croyoit pas necessaire qu'il otat son habit et qu'on lui liat les mains. Il fit aussi la proposition de se couper lui-même les cheveux.

Et pour rendre homage à la véritée, il a soutenu tout cela avec un sang froid et une fermetté qui nous a tous etonnés. Je reste très convaincu qu'il avoit puisé cette fermetée dans les principes de la religion dont personne plus que lui ne paraissoit penetrée ny persuadé.

Vous pouvez être assuré, citoyen, que voila la véritée dans son plus grand jour.

J'ay l'honneur d'être, citoyen,
    Votre concitoyen.   SANSON.

XV. — RÉCIT D'UN TÉMOIN OCULAIRE

Cité dans *les Illustres victimes vengées des injustices de leurs contemporains.*

Paris, 1802, in-8°, p. 388-389 [1].

Voici ce que je tiens d'un témoin oculaire de cette exécution. Je lui dois toute confiance.

« L'échafaud, entouré d'une balustrade, était sur la place de la Révolution, entre les Champs-Élysées et la statue de la Liberté, et à quinze pas du socle de cette statue. J'étais de la section des Tuileries, commandé comme tout Paris. Le Roi, étant à l'échafaud, où il monta avec la plus grande résolution, tenu plutôt que soutenu par deux exécuteurs, ayant les cheveux coupés, et les mains liées derrière le dos, s'avança contre la balustrade, du côté gauche, vis-à-vis le Garde-Meubles, et dit, de la voix la plus forte : *Paix, tambours.... Paix, tambours.... Messieurs, je demande la parole.* Le plus grand silence se fit à l'instant dans toute la place. Alors le Roi dit avec la même force : *Je meurs parfaitement innocent.... Je pardonne de tout mon cœur à tous mes ennemis.* Aussitôt Santerre dit, en s'adressant au Roi : *Point de loquelle,* et aux exécuteurs : *Faites votre devoir.* Déjà il avait donné l'ordre aux tambours de recommencer le roulement. Les autres paroles que les historiens rapportent ne furent point entendues de la place. Je n'ai point entendu celles de M. de Fermont *(sic)* : *Fils de saint Louis, montez au ciel;* mais elles circulèrent dans les rangs, comme ayant été dites. »

---

[1]. Cet ouvrage, publié sans nom d'auteur, est dû à Charles-Claude de Montigny, ancien avocat au Parlement, né en 1744, mort en 1818. (Quérard, *France littéraire.*)

XVI. — DÉTAILS AUTHENTIQUES SUR LES DERNIERS MOMENS DE LOUIS XVI [1].

Paris, 21 janvier 1793.

Nous sommes dans un état de douleur et d'anéantissement qui tient de la stupidité. Louis XVI n'est plus : son exécution s'est faite ce matin vers dix heures un quart, à la place de Louis XV. L'échafaud était dressé entre le piédestal de la statue et les Champs-Élysées. Tout était prévu pour le maintien de la tranquillité ; tous les bourgeois indistinctement étaient commandés pour se trouver aujourd'hui à six heures du matin, en armes, à leur section. Le service a été fait par la garde soldée et par les fédérés, dont le nombre montait à quarante mille hommes. Santerre avait déclaré au Conseil général de la Commune qu'il avait une force de cent mille hommes à sa disposition : les femmes mêmes étaient consignées chez elles....

(Suivent des détails sur la notification de l'arrêt de mort et sur l'entrevue du Roi avec sa famille.)

Ce matin, à neuf heures, il est monté dans la voiture du maire avec son confesseur, un officier municipal et deux officiers de la gendarmerie nationale. Il a récité, pendant le trajet, les prières des agonisants. Arrivé au pied de l'échafaud, il s'est dépouillé de son habit, et est monté avec une fermeté sans égale, regardant tranquillement autour de lui. Du haut de l'échafaud il a adressé ces paroles au peuple : « Je meurs innocent, je pardonne à mes en-« nemis et je désire que la France.... » Ici il a été inter-

---

[1]. Cette relation se trouve, en *appendice*, dans l'*Histoire de la conspiration du 10 août 1792*, par L. C. Bigot de Sainte-Croix, ministre de S. M. T. C. Louis XVI, le 10 août 1792. Londres, 1793, p. 98-101.

rompu par le roulement des tambours.... et l'atroce Santerre a requis le bourreau de faire son devoir. On l'a lié à la planche, et quand la bascule a eu pris sa direction, il a encore relevé sa tête, regardant et fixant cette multitude. C'est alors que son confesseur, se penchant sur son visage, a articulé d'une voix très élevée : « Enfant de saint Louis, « montez au Ciel. » A l'instant même la ficelle a été coupée ; la tête tenait encore : on a pesé sur le fer, elle est tombée. Le bourreau l'a saisie, et l'a montrée au peuple en faisant le tour de l'échafaud. Ce bourreau était, dit-on, celui de Meaux. On assure que celui de Paris s'était refusé, et est en prison. Le corps a été transporté à la Madelaine, dans une fosse qu'on a remplie de chaux, pour condamner jusqu'à sa cendre et la ravir à une réparation future.

Ainsi s'est terminé cet horrible attentat. Pendant les apprêts du supplice, les soldats (car on n'a souffert personne dans l'enceinte, et toutes les avenues étaient barricadées et hérissées de canons) ont gardé le plus profond silence ; les cris de la pitié étaient contenus par la terreur, et lorsque la tête a tombé, on a entendu quelques voix crier : *Vive la Nation ! Vive la République !*

A l'exception de quelques scélérats payés qui courent la ville en chantant l'hymne des Marseillais, un sombre silence règne partout : mais ce silence ressemble à celui des tombeaux.

XVII. — LETTRE HISTORIQUE SUR LA MORT SUBLIME DE LOUIS XVI [1].

L'œuvre d'iniquité préparée depuis un demi-siècle par la nouvelle philosophie est enfin consommée, et la France,

---

1. Cet écrit, sans lieu ni date, forme 8 pages in-8. Il est conservé à la Bibliothèque nationale sous la cote Lb41 2601. — On rencontre d'autres écrits

sous le coup de la plus accablante douleur, voudrait pouvoir s'ensevelir dans le tombeau de son père et de son Roi.

. . . .

La consternation qui glace les esprits suspend toute

publiés au moment de la mort du Roi, et ne contenant guère de détails qui ne se trouvent dans d'autres relations contemporaines, tels que les suivants :

1° *Détail de l'exécution à mort de Louis Capet, ci-devant Roi, qui s'est faite le 21 janvier 1793, sur la place de la Révolution, ci-devant Louis XV, à Paris; précédé des Décrets relatifs à cette exécution, avec une lettre de Louis à la Convention, et copie de son Testament; suivi du rapport sur l'assassinat commis envers le citoyen* PELLETIER SAINT-FARGEAU, *député de la Convention*. A Paris, de l'imprimerie nationale, in-8° de 8 pages (Bibliothèque de M. Paul Lacombe).

2° RELATION *de l'exécution à mort de Louis XVI, dernier Roi des Français, qui s'est faite à Paris le 21 janvier 1793, sur la place de la Révolution, ci-devant de Louis XV, précédé du Jugement rendu contre lui par la Convention nationale; suivi d'un détail exact de toutes les circonstances qui ont eu lieu avant et après cette exécution, avec le Testament qu'il a fait quelque temps avant d'être conduit au supplice*. De l'imprimerie nationale, in-8 de 8 p. (épreuve avec corrections, dans la bibliothèque de M. Paul Lacombe).

3° *Derniers moments de Louis XVI, ou détail de ce qui s'est passé depuis sa communication avec sa famille jusqu'à son exécution*. Se vend chez Goujon, grande cour, au Palais de l'Égalité, à Paris (Bibliothèque nationale, in-8 de 8 p., Lb[41] 2616); cf. *Lætste Stonden van Louis XVI...* trad. sur l'ouvrage français qui se vend à Paris chez Goujon, s. l. ni d., in-8 de 8 p. non numérotées (*Idem*, n° 2657, et *Omstandig Verhael van de dood van Lodewyk*, etc., *waer by gewegt is syn Testament*. Malines, Hanicq, s. d., in-8 de 12 p. (*Idem*, n° 2658).— On lit à la page 7 : « Ensuite les garçons charpentiers offrent ses cheveux à prix d'argent ; le cordon même de la queue fut payé 10 livres. L'habit, resté sur l'échafaud, a été mis en petits morceaux, et chacun s'est empressé de se les partager. On a observé des hommes trempant leurs mouchoirs dans le sang. »

4° *Testament de Louis XVI, dernier roi des Français, ses dernières paroles sur l'échafaud et le procès-verbal des commissaires nommés par le Conseil exécutif pour assister à son exécution*. A Paris, de l'imprimerie de Caillot et Courcier, in-8 de 8 p. (Bibl. nat., Lb[41] 405.) On lit à la page 8 :

« *Nota*. Les spectateurs les plus près de l'échafaud ont entendu Louis dire, d'une voix forte, en s'avançant du côté gauche de son supplice : « Français, je meurs innocent ; je pardonne à mes ennemis. Je souhaite que ma mort soit utile au peuple.... » Et en se plaçant sous le fatal couteau : « Je remets mon âme à Dieu. »

5° *Testament de Louis XVI, précédé des détails sur tout ce qui s'est passé avant et après l'exécution*. De l'imprimerie de la Feuille de Paris, rue Grange-Batelière, n° 26, in-8 de 8 p. (*Idem*, n° 406). — Ces écrits ne contiennent rien qui ne se trouve ailleurs.

réflexion, et ne laisse en partage qu'une morne stupeur. La capitale, en stagnation depuis quelques jours, semble un désert. On ne s'y rencontre que pour lever les mains et les yeux au ciel, sans avoir ni le courage de parler (ici un blanc).... pousser un soupir.

Cependant cette tristesse universelle ne change rien au décret prononcé ou plutôt arraché. L 's apprend qu'il est jugé à mort, et il répond : « Tant mieux, je ne serai « plus dans l'incertitude. » Se promenant ensuite d'un air pensif, il demande un confesseur, et son entretien avec ses défenseurs roule sur des choses indifférentes, comme si la nouvelle de son exécution lui était étrangère.

Il n'y a que sa famille dont la douleur ne connaît point d'intermède, sans en excepter le jeune Dauphin qui, malgré la faiblesse de son âge, postule avec ardeur d'aller de section en section, solliciter la conservation *de son cher papa*.... Aimable et malheureux enfant !

. . . .

Minuit sonne, la fatale journée du 21 janvier commence, et dès cinq heures du matin le bruit alarmant des tambours répand l'effroi jusque dans les alcôves les plus enfoncées; on se réveille en sursaut, on croit rêver, lors même que l'ordre de la marche réglée par Santerre ne laisse plus de doute sur le malheur qui se prépare.

Déjà les terribles avant-coureurs de la funeste et coupable victoire remportée sur l'impuissance de Louis XVI, qui, dans les fers depuis cinq mois, n'a pas même les moyens de faire entendre sa voix, annoncent enfin aux Français qu'ils sont au moment de ne plus avoir de Roi. L'effrayant cortège part du Temple sur les huit heures, il s'avance au milieu des spectateurs, dont les uns, joyeusement barbares, les autres, profondément consternés, aperçoivent enfin la lugubre voiture où l'infortuné Louis XVI, ayant à ses côtés l'abbé Fermont, son confesseur, prêtre irlandais, aussi vertueux qu'éclairé, va d'un air serein chercher la mort.

Quelle différence entre cette journée et celle où Louis arrivait à Cherbourg, précédé des cris de l'allégresse, où Louis, l'objet de l'enthousiasme que produisent les vertus, se vit presque adoré.

Cependant, c'est le même Roi, et il n'a pas changé ; mais on a égaré le peuple, qui ne se montre cruel que parce qu'on lui persuade que Louis est un tyran.

Déjà il est en face des Tuileries, à la place nommée la *Révolution ;* et presque sur les débris de la statue de Louis XV, ne perdant rien de son courage et de sa dignité, il vole à l'échafaud, tandis que son confesseur lui adresse ces sublimes paroles : « Allez, fils de saint Louis, montez aux cieux. »

On l'entend, malgré le bruit des tambours, prononcer d'une voix forte ces mots, que le ciel même a recueillis : « Je meurs innocent, je pardonne à mes ennemis, je désire que ma mort puisse être utile à la patrie, etc. »

Mais Santerre ne lui donne pas le temps de continuer, et Louis XVI, le soixante-septième roi de la monarchie française, expire enfin à l'âge de trente-huit ans et demi, sous le fer qui tranche le fil de ses jours.

Des morceaux de papier trempés dans son sang servent de jouet à ces forcenés, tandis que des hommes vertueux se procurent une partie de ses cheveux, comme les précieux restes d'un martyr.

On transporte son corps à la Magdelaine, et pour le soustraire à la férocité des factieux qui rugissent dans l'impatience de le mettre en lambeaux, on le jette dans la chaux vive ; mais ses vertus lui servent de mausolée, et son testament, digne *du roi très chrétien,* l'emporte sur toutes les productions de cette stupide et stérile philosophie qui trouve de la grandeur à finir comme la bête.

ÉPITAPHE.

CI-GIT LOUIS QUI, MALGRÉ SES BIENFAITS,
FUT IMMOLÉ PAR SES PROPRES SUJETS,
ET QUI, PAR UN COURAGE INCONNU DANS L'HISTOIRE,
FIT DE SON ÉCHAFAUD LE TRONE DE SA GLOIRE.

XVIII. — *Les Souvenirs de l'histoire, ou le diurnal de la Révolution de France pour l'an de grâce 1797. Première partie contenant les six premiers mois de 1793* (Paris, chez J. Bridel, s. d., 2 vol. in-12 [1]).

T. I, p. 27-29.

La nuit qui précéda la journée du 21 avait été pluvieuse et sombre; le bruit des tambours, qui avaient sans cesse battu la générale dans toutes les rues, avait arraché de leurs domiciles le plus grand nombre des citoyens, et ceux qui étaient restés n'y avaient été retenus que par la terreur; le matin, la pluie continuait, toutes les boutiques étaient fermées; des patrouilles silencieuses circulaient dans les rues, presqu'entièrement désertes; la stupeur seule paraissait habiter Paris.

Louis XVI, qui s'était entretenu la veille pendant deux heures avec sa famille, ne voulut pas la voir le jour de son supplice; il conféra seulement pendant quelque temps avec son confesseur, et se présenta ensuite lui-même à ceux qui devaient le conduire à l'échafaud, en disant :

---

1. « Beaulieu, dit M. Dauban (*La démagogie en 1793 à Paris*, p. XVI-XVII), est l'auteur d'une histoire de l'année 1793, racontée jour par jour...., récit écrit par un homme intelligent qui a été le témoin de beaucoup des événements qu'il raconte, et qui s'est trouvé en relations intimes avec les personnages qu'il juge. Je ne prétends pas qu'il soit impartial; il ne faut pas demander l'impartialité aux contemporains. Mais rien ne peut tenir lieu de leurs impressions et rien n'y peut suppléer. »

« Marchons, je suis prêt. » Ce fut Santerre qui fut l'ordonnateur de ce triste cortège, et se chargea de faire au prince tous les cruels compliments usités en pareilles circonstances. A neuf heures, il sortit du Temple, dans une voiture, accompagné de son confesseur Fermond et d'un commissaire de la Commune, nommé Roux, prêtre apostat. Pendant la route, qui se fit lentement, le Roi eut continuellement les yeux attachés sur un livre de piété et le visage ombragé d'un chapeau rond qui ne permettait pas d'en observer les mouvements. Son escorte était composée de plusieurs détachements de cavalerie, de beaucoup de canons, qu'on traînait en avant et derrière lui, avec un fracas épouvantable.

Le peuple, répandu sur son passage, gardait un morne silence. Arrivé au pied de l'échafaud, il le fixa un instant, et y monta ensuite avec courage. Avant que l'exécuteur s'emparât de lui, il voulut élever la voix, mais on ne put savoir dans quelle intention; le bruit de cent tambours, à qui Santerre avait donné le signal, l'empêchèrent d'être entendu. Se voyant sans espoir, il se déshabilla lui-même, et fut aussitôt décapité.

Après cette exécution, on entendit des cris de *vive la république*, qui se prolongèrent avec enthousiasme dans le sein de la Convention nationale. Plusieurs personnes coupèrent des morceaux de l'habit du monarque expiré; d'autres tâchèrent de se procurer quelques parcelles de ses cheveux; des furieux trempèrent leur sabre dans son sang, prétendant que ce talisman, d'une espèce nouvelle, les rendrait vainqueurs de tous les aristocrates et de tous les tyrans de la terre. Un Anglais trempa aussi son mouchoir dans ce sang, mais dans une autre intention; il l'envoya à Londres, et on le vit quelques jours après placé en forme de drapeau sur la tour de cette ville.

Son corps fut inhumé dans le cimetière de l'ancienne église de la Magdelaine, où le Conseil général de la Commune le fit sur-le-champ dissoudre dans de la chaux vive, craignant que ses amis ne l'enlevassent, pour en faire un saint [1].

[1]. Dans l'atroce pamphlet intitulé : *Oraison funèbre de Louis Capet, dernier roi des Français, prononcée par le Père Duchesne* (voir le *Père Duchesne*, n° 212, et Buchez et Roux, *Histoire parlementaire de la Révolution*, t. XXIII, p. 311 et suiv.), Hébert s'exprime en ces termes : « Après un foutu procès de Normandie qui a duré quatre mois et qui a mis tous les ministres de la Convention à chien et à chat, justice enfin vient d'être faite. Comme Desrues il a été ferme et dévot jusqu'au dernier moment. En mourant il s'est flatté que son fils régnerait un jour et le vengerait en faisant tout le mal qu'il n'a pu faire lui-même. Le pape en va faire un nouveau saint ; déjà les prêtres achètent ses dépouilles et en font des reliques ; déjà les vieilles dévotes racontent des miracles de ce nouveau saint.... »

Buchez et Roux, dans leur *Histoire parlementaire de la Révolution*, en reproduisant l'*Oraison funèbre de Louis Capet*, citent à ce propos une « anecdote vraie ou fausse, » qu'ils tenaient d'un contemporain : « Le 21 janvier, pendant que Louis XVI allait à l'échafaud, et que de nombreux courriers se succédaient à l'hôtel de ville pour tenir le conseil général informé de ce qui se passait, Hébert pleurait à chaudes larmes. Un de ses voisins lui demanda pourquoi il se lamentait ainsi. « Le tyran, répondit Hébert, aimait beaucoup mon chien, et il l'a bien souvent caressé. J'y pense en ce moment. »

La plupart des historiens, et en particulier M. de Beauchesne (*Louis XVII*, t. I, p. 434), ont cité de confiance un récit fait par Hébert de l'attitude de Louis XVI quand le ministre Garat vint lui notifier l'arrêt de la Convention ; on y lit : « Il écouta avec un sang-froid rare la lecture de ce jugement.... Il mit tant d'onction, de dignité, de noblesse, de grandeur dans son maintien et dans ses paroles, que je ne pus y tenir. Des pleurs de rage vinrent mouiller mes paupières. Il avait dans ses regards et dans ses manières quelque chose de visiblement surnaturel à l'homme.... » Ceux qui ont indiqué la source où ils ont puisé ce récit (que Montjoie, dans son *Éloge funèbre de Louis XVI du nom* (Neufchastel, 1796, in-8°, p. 310-312) et dans son *Histoire de la Conjuration de J.-Ph.-Jos. d'Orléans* (Paris, 1796, t. III, p. 238), paraît avoir cité le premier) renvoient « au numéro du *Père Duchesne* qui parut vers le 21 janvier 1793. » Or il n'y a pas trace de ce récit dans le *Père Duchesne*, dont les articles étaient loin d'avoir cette note de sincérité et de respect. Jusqu'à plus ample information, nous croyons donc que ce récit d'Hébert doit être tenu pour apocryphe.

FIN DU TOME PREMIER.

TABLE DES MATIÈRES

INTRODUCTION.	VII
I. Madame Royale.	3
II. Madame de Tourzel	23
III. Hue	41
IV. Cléry.	83
Lettre de Cléry à Mme Vigée-Le Brun	193
V. Turgy	197
VI. Goret.	209
VII. Verdier.	229
VIII. Moelle	253
IX. Lepitre	273
X. Malesherbes	289
XI. L'abbé Edgeworth de Firmont.	309
XII. Récits de l'exécution de Louis XVI tirés des journaux du temps et d'écrits contemporains	339

BESANÇON. — IMPR. ET STÉRÉOTYP. DE PAUL JACQUIN.

www.ingramcontent.com/pod-product-compliance
Lightning Source LLC
Chambersburg PA
CBHW070203240426
43671CB00007B/536